Springer-Verlag Berlin Heidelberg GmbH

Wilhelm Gehrke

Die Programmiersprache F

Mit CD-ROM

 Springer

Wilhelm Gehrke
Universität Hannover
RRZN
Schloßwender Straße 5
D-30159 Hannover
http://unics.rrzn.uni-hannover.de/rrzn/gehrke/

Die Deutsche Bibliothek - CIP-Einheitsaufnahme

Gehrke, Wilhelm:
Die Programmiersprache F / Wilhelm Gehrke. - Berlin ; Heidelberg ;
New York ; Barcelona ; Budapest ; Hongkong ; Mailand ; Paris ;
Santa Clara ; Singapur ; Tokio : Springer, 1997

Additional material to this book can be downloaded from http://extras.springer.com.

ISBN 978-3-540-63376-1   ISBN 978-3-642-60887-2 (eBook)
DOI 10.1007/ 978-3-642-60887-2

Satz: Reproduktionsfertige Vorlage vom Autor
Umschlaggestaltung: Künkel + Lopka, Heidelberg

SPIN: 10639136   33/3142 - 5 4 3 2 1 0 – Gedruckt auf säurefreiem Papier

Vorwort

Fortran ist die wichtigste Programmiersprache für die Entwicklung technischer und wissenschaftlicher Anwendungen. Die aktuelle Fortran-Norm ist Fortran 90; noch in diesem Jahr wird es Fortran 95 sein. F™ ist eine Untermenge derjenigen Fortran-Sprache, die in der Norm Fortran 90 definiert ist. Von wenigen Ausnahmen abgesehen, ist F auch eine Untermenge von Fortran 95. Da die aus der Fortran 95-Norm entfernten Sprachmittel nicht in der Programmiersprache F enthalten sind, ist ein F-Programm sowohl ein normgerechtes Fortran 90-Programm als auch ein normgerechtes Fortran 95-Programm. Mit anderen Worten: ein F-konformes Fortran-Programm ist sowohl ein Fortran 90-konformes Fortran-Programm als auch ein Fortran 95-konformes Fortran-Programm.

Die für die Programmiersprache F ausgewählte Untermenge von Fortran definiert eine Programmiersprache, die fast so mächtig wie die Ausgangssprache ist, die die modernen Sprachmittel von Fortran enthält, die erheblich kleiner als Fortran ist, die diejenigen Sprachmittel von Fortran nicht enthält, die schwierig zu verstehen, zu verwenden, fehlerfrei zu machen und zu lehren sind, die viele der redundanten Sprachmittel von Fortran nicht enthält und die methodisches Programmieren erzwingt.

Die Programmiersprache F unterstützt nicht:

- Anweisungsmarken. Daher kann ein F-Programm z. B. kein GOTO, kein arithmetisches IF, keinen alternativen Rücksprung, keine DO–Abschlußanweisung mit Anweisungsmarke und kein CONTINUE verwenden.

- Speichereinheiten und Speicherfolgen. Daher kann ein F-Programm z. B. kein EQUIVALENCE, kein COMMON, kein ENTRY, kein SEQUENCE, keinen benutzerdefinierten Datentyp für Speicherfolge und keine Parameterzuordnung mittels Elementfolgen verwenden.

- aussterbende Sprachmittel von Fortran 90 und Fortran 95. Daher kann ein F-Programm z. B. keine Formelfunktion, keine geschachtelte DO–Schleife mit gemeinsamer Abschlußanweisung, keine doppelt genaue Laufvariable und keine feste Form des Quelltextes verwenden.

- äquivalente oder redundante Sprachmittel. Daher kann ein F-Programm z. B. kein INCLUDE, kein DATA, kein BLOCK DATA und kein internes Unterprogramm verwenden.

- selten verwendete Sprachmittel. Daher kann ein F-Programm z. B. keine NAMELIST-E/A und kein DO WHILE verwenden.

Der Name F ist ein Warenzeichen der Imagine1, Inc. (http://www.imagine1.com/imagine1/)

Ein F–Programm erfordert, daß

- alle Datenobjekte, die einen Namen haben, explizit vereinbart werden,

- Attribute für Datenobjekte in der Typvereinbarungs-Anweisung spezifiziert werden,

- benutzerdefinierte F–Unterprogramme Modul-Unterprogramme sind,

- Modulgrößen ein explizit spezifiziertes PUBLIC– oder PRIVATE–Attribut haben,

- F–Funktionen (fast) keine Nebenwirkungen haben,

- benutzerdefinierte Namen sich von den reservierten Namen unterscheiden,

- der Quelltext (abgesehen von Zeichen-Literalkonstanten und bestimmten benutzerdefinierten Namen) kleingeschrieben wird.

Im Anhang D finden Sie einen ausführlicheren Überblick über die Unterschiede zwischen **Fortran** und **F**.

Das Handbuch „Die Programmiersprache F" ist eine verständliche Beschreibung der vollständigen Programmiersprache **F**, die in [1] definiert ist. Hinsichtlich Stil und Aufbau ähnelt das Buch meinem „Fortran 95–Nachschlagewerk" [3].

Das Handbuch „Die Programmiersprache F" ist als Nachschlagewerk für Anfänger und für erfahrene Programmierer gedacht, es kann beim Unterricht in F–Programmierung oder in Programmierungstheorie verwendet werden. Das Buch beschränkt sich auf die Beschreibung der Programmiersprache als Werkzeug für den Programmierer und verzichtet auf subjektive, historische und philosophische Kommentare und Interpretationen.

Obwohl die Liste der Einschränkungen lang scheint, bleiben die modernen Sprachmittel von **Fortran** in der Programmiersprache **F** enthalten. Daher kann dieses Handbuch der Programmiersprache F auch für Kurse in **Fortran-Programmierung** verwendet werden. Und der erfahrene Programmierer kann es für die Entwicklung neuer **Fortran-Programme** verwenden.

Das Handbuch wird ergänzt durch eine CD-ROM, die insgesamt 9 F–Compiler für diverse Unix-, Linux- und PC-Plattformen enthält. Hiermit können Sie methodisches Programmieren mit **F** üben. Sie können die klare Struktur von F–Programmen aber auch kennenlernen, indem Sie mit einem der vielen syntaktisch vollständigen und/oder lauffähigen Programmbeispiele arbeiten, die sich ebenfalls auf der CD-ROM zum Buch befinden.

Quellen

[1] Imagine1, *BNF Syntax of the F Programming Language*,
     `http://www.imagine1.com/imagine1/bnf.html`

[2] Gehrke, *The F Language Guide*, Springer, 1997, ISBN 3-540-76165-9

[3] Gehrke, *Fortran 95–Nachschlagewerk*, RRZN, 1997

[4] Gehrke, *Fortran 90 Language Guide*, Springer, 1995, ISBN 3-540-19926-8

[5] Gehrke, *Fortran 95 Language Guide*, Springer, 1996, ISBN 3-540-76062-8

[6] ISO/IEC 1539:1991(E), *Fortran 90*, ISO, 1991

Layout

Folgende Konventionen werden in diesem Handbuch verwendet:

Großbuchstaben	ABC	bilden ein reserviertes Wort, das im Quelltext kleingeschrieben werden muß.
Kleinbuchstaben	abc	in einer Syntaxregel bezeichnen ein Sprachelement, das vom Programmierer einzufügen ist.
Sonderzeichen	+ *	des F–Zeichensatzes müssen wie vorgegeben geschrieben werden.
Eckige Klammern	[]	in einer Syntaxregel umschließen ein Sprachelement, das man verwenden oder weglassen darf.
Punktfolge	...	in einer Syntaxregel zeigt an, daß das davorstehende Sprachelement in eckigen Klammern so oft wie nötig wiederholt werden darf, aber auch ganz fehlen darf.
Geschweifte Klammern	{ }	in einer Syntaxregel umschließen mehrere Sprachelemente, von denen genau eines verwendet werden muß.

Laufender Text erscheint in dieser Schrift.
Formale Syntax erscheint in dieser Schrift.
`Beispiele erscheinen in dieser Schrift.`
Definitionen erscheinen in dieser Schrift.
Begriffe in dieser Schrift werden meistens an anderer Stelle definiert.

Anweisungs-Schlüsselwörter, die Namen vordefinierter Unterprogramme und ihrer Formalparameter, logische Literalkonstanten und logische Operatoren, der Exponentenbuchstabe in einer reellen Literalkonstanten, Formatelemente, usw. müssen im Quelltext einer Programmeinheit kleingeschrieben werden. Um die Lesbarkeit zu verbessern, sind Schlüsselwörter und andere grammatische Grundelemente jedoch außerhalb von Beispielen in diesem Handbuch großgeschrieben.

Die in diesem Handbuch verwendete formale Metasprache dient nur der präzisen Beschreibung einzelner Sprachmittel. Es handelt sich nicht um die formale Metasprache, die für die Sprachdefinition in [1] verwendet wurde. Anhang E dieses Handbuches enthält eine Darstellung der formalen Syntax der Sprache F in Form von Eisenbahnschienen-Diagrammen.

Einige Begriffe

Folgende Begriffe werden als bekannt vorausgesetzt oder werden irgendwo in diesem Handbuch definiert. Ihre Kenntnis erleichtert das Lesen dieses Buches:

Ausgangsobjekt: Ein Teilobjekt ist Teil eines Ausgangsobjektes.

Block: Eine Folge ausführbarer Anweisungen, die Teil einer ausführbaren Anweisungsgruppe ist.

Datengröße: Ein *Datenobjekt*, das Ergebnis der Auswertung eines Ausdruckes oder das Ergebnis eines Aufrufes einer Funktion.

Datenobjekt: Eine Variable oder eine Konstante.

Definition: Eine Typdefinition definiert einen benutzerdefinierten Datentyp. Eine Unterprogrammdefinition definiert eine benutzerdefinierte Subroutine oder Funktion. Eine Variable oder ein Datensatz einer internen Datei sind definiert, wenn sie einen gültigen Wert haben.

F–System: Das für die Übersetzung eines F-Programmes benutzte Rechensystem bestehend aus Software und Hardware.

Präsenz: Ein optionaler Formalparameter ist präsent, falls ihm ein Aktualparameter zugeordnet ist, der entweder ein präsenter Formalparameter des Aufrufers oder kein Formalparameter des Aufrufers ist.

Variable: Eine benannte Variable ist ein Skalar oder Feld mit eigenem Namen. Eine unbenannte Variable ist ein Feldelement (Skalar), ein Teilfeld (Feld), eine Strukturkomponente (Skalar oder Feld) oder eine Zeichenteilfolge (Skalar).

Dank

Dick Hendrickson danke ich für die Klärung vieler offener Fragen und die Bereitstellung der technischen Unterlagen und der F–Compiler für die CD-ROM.

Loren Meissner danke ich für Erlaubnis, die Programmbeispiele aus seinem Buch „Essential Fortran" auf der CD-ROM zu meinem Buch zur Verfügung zu stellen.

Meiner Frau Katrin und meiner Tochter Meike danke ich für ihre Hilfe und ihre unendliche Geduld.

Hannover
Juli 1997
W. G.

Inhaltsverzeichnis

Anhänge

1   Schreibweise des Quelltextes

Ein F-Programm besteht aus Programmeinheiten, und zwar aus dem Hauptprogramm und beliebig vielen (ggf. null) Modulen. Jede Programmeinheit besteht aus einer Folge von Programmzeilen, die F-Anweisungen und/oder Kommentare enthalten. Diese Programmzeilen müssen einerseits einer Reihe von Regeln genügen, die die Grammatik und die Bedeutung betreffen, und sie müssen andererseits bestimmten Regeln genügen, die ihre Schreibweise betreffen.

Eine **Programmzeile** ist eine Folge von Zeichen. Die Zeichenpositionen innerhalb einer Zeile werden von links nach rechts (beginnend mit 1) durchnumeriert.

Eine Programmzeile darf — außer in Zeichen-Literalkonstanten und Kommentaren — nur Zeichen des F-Zeichensatzes (s. u.) enthalten. Der F-Zeichensatz ist eine Untermenge des ASCII–Zeichensatzes. Außer ASCII–Steuerzeichen dürfen Kommentare und Zeichen-Literalkonstanten darüber hinaus auch bestimmte andere Zeichen des ASCII–Zeichensatzes enthalten.

Der **F-Zeichensatz** besteht mindestens aus den Zeichen der folgenden Tabelle:

Buchstaben: a b c d e f g h i j k l m n o p q r s t u v w x y z

                   A B C D E F G H I J K L M N O P Q R S T U V W X Y Z

Ziffern: 0 1 2 3 4 5 6 7 8 9

Sonderzeichen:		
	Leerzeichen	: Doppelpunkt
= gleich	+ plus	− minus
* Stern	/ Schrägstrich	(runde Klammer auf
) runde Klammer zu	, Komma	. Punkt
' Apostroph	! Ausrufungszeichen	" Anführungszeichen
% Prozent	& komerz. Und	; Semikolon
< kleiner als	> größer als	? Fragezeichen
$ Dollar	_ Unterstrich	

Jede Programmzeile enthält *maximal* 132 Zeichen. Eine Anweisung darf an beliebiger Stelle einer Programmzeile stehen.

Eine **Anweisungszeile** ist eine Programmzeile, die keine Leerzeile ist und deren erstes nichtleeres Zeichen kein „!" ist.

Eine Anweisung kann in der nächsten Zeile **fortgesetzt** werden. Das Zeichen „&" als letztes nichtleeres Zeichen einer Zeile außerhalb eines Kommentares zeigt an, daß die Anweisung in der nächsten Anweisungszeile mit Position 1 fortgesetzt wird. Eine Anweisung darf sich insgesamt über höchstens 40 Anweisungszeilen erstrecken. Eine Zeile darf kein „&" als erstes nichtleeres Zeichen haben.

Namen, Schlüsselwörter, Literalkonstanten, Operatoren, „=>", „(/" und „/)"
sind **grammatische Grundelemente**. Ausgenommen komplexe Literalkonstanten, die zwischen Real- und Imaginärteil getrennt werden dürfen, dürfen
grammatische Grundelemente nicht durch ein Zeilenende getrennt werden. Das
gilt ebenso für zusammengesetzte Schlüsselwörter wie END IF, usw.

Grammatische Grundelemente müssen, soweit möglich, mit Kleinbuchstaben geschrieben werden; das gilt nicht für Zeichen-Literalkonstanten und benutzerdefinierte Namen. Benutzerdefinierte Namen dürfen wahlweise mit Groß- oder
Kleinbuchstaben (auch gemischt) geschrieben werden. Im Geltungsbereich eines
bestimmten Namens muß jedoch immer dieselbe Schreibweise für diesen Namen verwendet werden. Die Namen vordefinierter Unterprogramme und ihre
Formalparameter müssen kleingeschrieben werden.

Leerzeichen dürfen nicht *innerhalb* grammatischer Grundelemente (außer in
Zeichen-Literalkonstanten) auftreten. Leerzeichen müssen als Trennzeichen ver-
wendet werden, um Schlüsselwörter, Namen und Konstanten von angrenzenden
Schlüsselwörtern, Namen und Konstanten zu trennen. Dabei haben mehrere
Leerzeichen die gleiche Bedeutung wie ein einziges Leerzeichen. In folgenden
Fällen *dürfen* dennoch Leerzeichen als Trennzeichen zwischen Schlüsselwörtern
fehlen:

ELSE IF	END DO	END FILE	END FUNCTION
END IF	END INTERFACE	END MODULE	END PROGRAM
END SELECT	END SUBROUTINE	END TYPE	END WHERE
IN OUT	SELECT CASE		

Leerzeichen haben also normalerweise die Bedeutung von Trennzeichen. Man
verwendet sie großzügig, um die Lesbarkeit des Programmes zu verbessern. Ausnahmen sind Leerzeichen in Zeichen-Literalkonstanten. Innerhalb einer Formatangabe dürfen keine Leerzeichen auftreten außer auf beiden Seiten eines Kommas, auf beiden Seiten einer runden Klammer, nach einer Wiederholungszahl,
vor der Angabe einer Feldweite oder vor einem Tabulatorzähler.

Ein **Kommentar** dient der Dokumentation des Programmes. Er hat keiner-
lei Einfluß auf die Bedeutung des Programmes und wird nicht übersetzt. Ein
Kommentar darf außer ASCII–Steuerzeichen auch solche Zeichen des ASCII–
Zeichensatzes enthalten, die nicht zum F-Zeichensatz gehören. Vollständig leere
Zeilen sind Kommentarzeilen und werden ignoriert. Sie dürfen an beliebiger
Stelle vor der END–Anweisung einer Programmeinheit oder eines Unterprogram-
mes auftreten.

Ein Ausrufungszeichen „!" leitet einen Kommentar ein, außer es tritt in Zeichen-
Literalkonstanten auf. Der Kommentar erstreckt sich bis zum Ende der Zeile,
d. h., er umfaßt die Positionen beginnend beim Ausrufungszeichen bis maximal
Position 132.

Ein „!" als erstes nichtleeres Zeichen einer Zeile kennzeichnet eine **Kommentarzeile**. Kommentarzeilen können nicht fortgesetzt werden.

Das folgende Beispiel soll lediglich die Schreibweise von F-Programmen zeigen:

```
!000000000000000000000000000000000000000000000000000...111111111111111
!000000001111111111222222222233333333334444444445...112222222222333
!234567890123456789012345678901234567890123456789...890123456789012
program pascal_dreieck                              !    Anweisungszeile
integer, dimension (13) :: basis = 1                !    Anweisungszeile
integer                 :: leerz = 23               !    Anweisungszeile
character (len = 11)    :: format                   !    Anweisungszeile
                                                    !    Kommentarzeile
write (unit=*, fmt="(tr5,a,tr5,i6/tr22,i6,i5)") &!    Anweisungszeile
  "Pascal-Dreieck",                    &          ! Fortsetzungszeile
  ! Ausgabe der ersten 3 Elemente                   Kommentarzeile
  basis(13), basis(12), basis(13)                 ! Fortsetzungszeile
                                                  !    Kommentarzeile
do i=12,2,-1                                       !    Anweisungszeile
  do j=i,12                                        !    Anweisungszeile
    basis(j) = basis(j) + basis(j+1)              !    Anweisungszeile
  enddo                                           !    Anweisungszeile
  leerz = leerz - 2                               !    Anweisungszeile
  write (unit=format, fmt="(a3,i2,a6)") &         !    Anweisungszeile
                    "(tr", leerz, ",13i5)" ! Fortsetzungszeile
  write (unit=*, fmt=format) basis(i-1:13)        !    Anweisungszeile
enddo                                             !    Anweisungszeile
end program pascal_dreieck                        !    Anweisungszeile
```

Dieses Programm erzeugt folgende Ausgabe:

```
        Pascal-Dreieck            1
                                1   1
                              1   2   1
                            1   3   3   1
                          1   4   6   4   1
                        1   5  10  10   5   1
                      1   6  15  20  15   6   1
                    1   7  21  35  35  21   7   1
                  1   8  28  56  70  56  28   8   1
                1   9  36  84 126 126  84  36   9   1
              1  10  45 120 210 252 210 120  45  10   1
            1  11  55 165 330 462 462 330 165  55  11   1
          1  12  66 220 495 792 924 792 495 220  66  12   1
```

Zusammenfassung

Position(en)	Zeichen	Bedeutung
1	!	kennzeichnet eine Kommentarzeile
1 – 132	!	leitet Kommentar ein
1 – 132	F-Zeichensatz	F-Anweisung
2 – 132	&	kennzeichnet Fortsetzung
1 – 132	nur Leerzeichen	Kommentarzeile

1.1 Klassifikation der F-Anweisungen

Es gibt drei große Klassen von F-Anweisungen, nämlich Spezifikationsanweisungen, Ablaufsteueranweisungen und Ein-/Ausgabe-Anweisungen. Sie werden in Kapitel 9, Kapitel 10 bzw. Kapitel 11 behandelt. Darüber hinaus gibt es weitere Anweisungen z. B. im Zusammenhang mit Zuweisungen, Unterprogrammen oder Speicherverwaltung.

Eine F-Anweisung ist entweder *ausführbar* oder *nicht-ausführbar*.

Folgende Anweisungen sind **ausführbare Anweisungen**. Sie bewirken Aktionen des Programmes:

ALLOCATE	BACKSPACE	Block-WHERE	CALL
CASE	CASE DEFAULT	CLOSE	CYCLE
DEALLOCATE	DO	ELSE	ELSEIF
ELSEWHERE	ENDDO	END FILE	END FUNCTION
ENDIF	END PROGRAM	END SELECT	END SUBROUTINE
END WHERE	EXIT	IF THEN	INQUIRE
NULLIFY	OPEN	PRINT	READ
RETURN	REWIND	SELECT CASE	STOP
WRITE	Zeigerzuweisung	Zuweisungsanweisung	

Alle anderen F-Anweisungen sind **nicht-ausführbare Anweisungen**.

Bestimmte ausführbare Anweisungen können nicht einzeln, sondern nur zusammen mit anderen Anweisungen geschrieben werden. Sie bilden **Anweisungsgruppen**, indem sie i. a. mehrere Anweisungen zu Anweisungsblöcken zusammenfassen:

CASE–Anweisungsgruppe:	SELECT CASE, CASE, END SELECT
DO–Schleife:	DO, CYCLE, EXIT, END DO
IF–Anweisungsgruppe:	IF THEN, ELSE IF, ELSE, END IF
WHERE–Anweisungsgruppe:	Block-WHERE, ELSEWHERE, END WHERE

Alle ausführbaren Anweisungen, die keine Anweisungsgruppe bilden, sind **einfache ausführbare Anweisungen.**

1.2   Anordnungsreihenfolge der F–Anweisungen

Das folgende Diagramm gibt einen Überblick über die Anordnungsreihenfolge von Anweisungen innerhalb einer Programmeinheit oder eines Unterprogrammes.

Ein Hauptprogramm wird in PROGRAM und END PROGRAM, ein Modul wird in MODULE und END MODULE, eine Funktion wird in FUNCTION und END FUNCTION, und eine Subroutine wird in SUBROUTINE und END SUBROUTINE eingeschlossen.

Man beachte, daß ein benutzerdefiniertes F–Unterprogramm als Modul-Unterprogramm in ein Modul eingebettet werden muß.

PROGRAM	MODULE	FUNCTION / SUBROUTINE
USE–Anweisungen	USE–Anweisungen	USE–Anweisungen
IMPLICIT NONE	IMPLICIT NONE	
	voreingestellte Sichtbarkeit: PUBLIC oder PRIVATE	
	PUBLIC–Anweisungen PRIVATE–Anweisungen	
INTRINSIC–Anw.	INTRINSIC–Anweisungen	INTRINSIC–Anweisungen
		Typvereinbarungen: Formalparam. Schnittstellenblöcke: Formalparam.
		Typvereinbarung: RESULT-Var.
Typvereinbarungen	Typvereinbarungen Typdefinitionen Schnittstellenblöcke	sonstige Typvereinbarungen
ausführbare Anw. ausf. Anw.gruppen		ausführbare Anweisungen ausführbare Anweisungsgruppen
	CONTAINS–Anweisung	
	Modul-Unterprogramme	
END PROGRAM	END MODULE	END FUNCTION / END SUBROUTINE

Die innerhalb eines Kästchens auftretenden Sprachmittel dürfen im Prinzip untereinander in beliebiger Reihenfolge auftreten. Dabei ist allerdings zu berücksichtigen, daß bestimmte Sprachmittel nur in bestimmten Programmeinheiten, nur in bestimmten Unterprogrammen oder nur in bestimmten Anweisungsgruppen auftreten dürfen. Waagerechte Linien begrenzen Gruppen von Sprachmitteln, die in der angegebenen Reihenfolge auftreten müssen.

Alle Spezifikationsanweisungen müssen allen ausführbaren Anweisungen und Anweisungsgruppen vorangehen. Die Reihenfolge der Spezifikationsanweisungen innerhalb eines Kästchens kann dann wichtig sein, wenn ein bestimmtes Datenobjekt in mehr als nur einer Anweisung dieser Art spezifiziert ist oder sogar verwendet wird.

Hauptprogramme und Module müssen untereinander so angeordnet sein, daß sichergestellt ist, daß das F-System einen Modulaufruf (USE-Anweisung) erst dann verarbeitet, wenn es das Modul bereits verarbeitet hat.

Eine Kommentarzeile, die vor einer PROGRAM-, MODULE-, FUNCTION- oder SUBROUTINE-Anweisung auftritt, gehört zu dem/der nachfolgenden Hauptprogramm, Modul, Funktion bzw. Subroutine. Eine Kommentarzeile, die einer END-Anweisung folgt, ist kein Teil der Programmeinheit oder des Unterprogrammes mit der END-Anweisung.

Die END-Anweisung ist in jedem Falle die letzte Anweisung einer Programmeinheit oder eines Unterprogrammes.

2 Typkonzept

Es gibt *vordefinierte Datentypen* und *benutzerdefinierte Datentypen*. Alle Eigenschaften der vordefinierten Datentypen sind dem F-System bereits bekannt, daher sind solche vordefinierten Datentypen an jeder Stelle des F-Programmes zu jeder Zeit verfügbar.

Fast alle vordefinierten Datentypen sind *parametrisiert*; d. h., man kann eine Variante eines solchen Typs spezifizieren, indem man einen *Typparameter* angibt. Andererseits gibt es von solch einem vordefinierten Datentyp jeweils eine Variante, die mit einem bestimmten Typparameter voreingestellt ist für den Fall, daß der Programmierer selber keinen Typparameter angibt. Die Wertemengen parametrisierter vordefinierter Datentypen sind vom Typparameter abhängig und unterscheiden sich je nach Datentyp hinsichtlich der internen Darstellung und/oder der Approximationsmethode ihrer Werte.

Darüber hinaus kann der F-Programmierer bei Bedarf aber auch geeignete Datentypen „ableiten", d. h., er kann sie selbst definieren. Solche *benutzerdefinierte Datentypen* werden meistens als Muster für die Vereinbarung von Datenstrukturen verwendet.

2.1 Vordefinierte Datentypen

Es gibt fünf vordefinierte Datentypen. Das sind

> die numerischen Typen   ganzzahlig, reell, und komplex, und
> die nicht-numerischen Typen   logisch und Zeichendatentyp.

2.1.1 Ganzzahliger Datentyp

Name: INTEGER.

Wertemengen: Die Wertemenge eines ganzzahligen Datentyps ist eine Untermenge der mathematischen ganzen Zahlen. Sie wird jeweils durch einen systemabhängigen kleinsten negativen Wert und durch einen systemabhängigen größten positiven Wert begrenzt.

Ein F-System muß mindestens eine interne Darstellungsart ganzzahliger Werte unterstützen. Jede dieser Darstellungsarten ist durch einen systemabhängigen Typparameterwert charakterisiert. Für eine ganzzahlige Datengröße kann (z. B. zusätzlich zum Schlüsselwort INTEGER) ein Typparameter spezifiziert werden. Wenn der Typparameter fehlt, handelt es sich um den **voreingestellten ganzzahligen Typ**. Für voreingestellt ganzzahlige Größen ist der Typparameterwert KIND(0)[1] vorgegeben.

---

[1] KIND ist eine vordefinierte Funktion. KIND(...) ist eine portable Schreibweise für einen Typparameterwert. Sogar die Typparameterwerte der voreingestellten vordefinierten Datentypen sind systemabhängig.

Die Wertemenge enthält die ganzzahlige Null, die weder positiv noch negativ ist. Die vorzeichenbehaftete Null bezeichnet in jedem Fall denselben Wert Null.

Schreibweise: Ein ganzzahliger Wert kann als *ganzzahlige Literalkonstante* mit oder ohne Typparameter geschrieben werden.

Operationen: Addition, Subtraktion, Multiplikation, Division, Exponentiation, Negation und Identität. Diese Operationen sind für alle numerischen Typen vordefiniert.

```
integer, parameter :: kurz = selected_int_kind(5)
```

Der Wert von **kurz** ist der Typparameterwert eines ganzzahligen Datentyps für den Wertebereich von -10^5 bis $+10^5$.

```
integer (kind = kurz) :: x, y      ! ist eine Typvereinbarung
```

2.1.2   Reeller Datentyp

Namen: REAL.

Wertemengen: Die Wertemenge eines reellen Datentyps ist eine Untermenge der (im mathematischen Sinne) reellen Zahlen. Eine reelle Zahl kann rechnerintern i. allg. nicht exakt dargestellt werden. Ein reeller Wert wird deshalb im Rahmen der verfügbaren Rechnergenauigkeit intern als Näherungswert einer reellen Zahl dargestellt. D. h., auch innerhalb des darstellbaren Wertebereiches sind die reellen Werte nur eine Untermenge der reellen Zahlen.

Ein solcher interner Näherungswert hat zwei ganz charakteristische systemabhängige Eigenschaften, nämlich eine *(dezimale) Genauigkeit* und einen *(dezimalen) Exponentenbereich*. Ein F-System muß mindestens zwei verschiedene Approximationsmethoden für die interne Darstellung reeller Werte unterstützen. Für den reellen Datentyp gibt es also mindestens zwei verschiedene Wertemengen. Diese beiden Wertemengen müssen sich in jedem Fall hinsichtlich der Genauigkeit unterscheiden, sie können sich auch hinsichtlich des Exponentenbereiches unterscheiden.

Die Approximationsmethoden sind jeweils durch einen systemabhängigen Typparameterwert charakterisiert. Für eine Datengröße reellen Typs kann (z. B. zusätzlich zum Schlüsselwort REAL) ein Typparameter spezifiziert werden. Wenn der Typparameter fehlt, dann liegt der **voreingestellte reelle Typ** vor. Für voreingestellt reelle Größen ist der Typparameterwert KIND(0.0) vorgegeben.

Die Wertemenge enthält die reelle Null, die weder positiv noch negativ ist. Die vorzeichenbehaftete Null bezeichnet in jedem Fall denselben Wert Null.

Schreibweisen: Ein reeller Wert kann als *reelle Literalkonstante* mit oder ohne Typparameter geschrieben werden.

Operationen: Addition, Subtraktion, Multiplikation, Division, Exponentiation, Negation und Identität. Diese Operationen sind für alle numerischen Typen vordefiniert.

```
integer, parameter :: lang = selected_real_kind(14, 200)
```

Der Wert von `lang` ist der Typparameterwert eines reellen Datentyps mit einer relativen Genauigkeit von mindestens 14 Dezimalstellen und einem Exponentenbereich von mindestens 10^{-99} bis 10^{+99}.

```
real (kind = lang) :: a, b          ! ist eine Typvereinbarung
```

2.1.3 Komplexer Datentyp

Name: COMPLEX.

Wertemengen: Die Wertemenge eines komplexen Datentyps ist eine Untermenge der (im mathematischen Sinne) komplexen Zahlen. Ein komplexer Wert wird intern als ein geordnetes Paar reeller Werte dargestellt. Dabei stellt der erste reelle Wert den Realteil und der zweite reelle Wert den Imaginärteil des komplexen Wertes dar. Eine komplexe Zahl kann daher rechnerintern i. allg. nicht exakt dargestellt werden. D. h., auch innerhalb des darstellbaren Wertebereiches sind die komplexen Werte nur eine Untermenge der komplexen Zahlen.

Das F-System muß alle Approximationsmethoden, die für reelle Datentypen bereitgestellt werden, auch für die interne Darstellung des reellen Realteils und des reellen Imaginärteils unterstützen. Für beide Komponenten des komplexen Wertes muß allerdings dieselbe Methode verwendet werden.

Die Wertemenge eines komplexen Datentyps ist durch einen systemabhängigen Typparameter charakterisiert. Für eine komplexe Datengröße kann (z. B. zusätzlich zum Schlüsselwort COMPLEX) ein Typparameter spezifiziert werden. Wenn der Typparameter fehlt, dann liegt der **voreingestellte komplexe Typ** vor. In diesem Fall muß das F-System für die interne Darstellung des Realteils und des Imaginärteils dieselbe Approximationsmethode verwenden wie für den voreingestellten reellen Typ.

Die Wertemenge enthält die komplexe Null, die weder positiv noch negativ ist. Die vorzeichenbehaftete Null bezeichnet in jedem Fall denselben Wert Null.

Schreibweisen: Ein komplexer Wert kann als *komplexe Literalkonstante* mit oder ohne Typparameter geschrieben werden.

Operationen: Addition, Subtraktion, Multiplikation, Division, Exponentiation, Negation und Identität. Diese Operationen sind für alle numerischen Typen vordefiniert.

2.1.4   Logischer Datentyp

Name: LOGICAL.

Wertemengen: Die Wertemenge eines logischen Datentyps enthält nur zwei Werte mit der Bedeutung *wahr* bzw. *falsch*.

Ein F-System muß mindestens eine interne Darstellungsart logischer Werte unterstützen. Jede dieser Darstellungsarten ist durch einen systemabhängigen Typparameterwert charakterisiert. Für eine logische Datengröße kann (z. B. zusätzlich zum Schlüsselwort LOGICAL) ein Typparameter spezifiziert werden. Wenn der Typparameter fehlt, handelt es sich um den **voreingestellten logischen Typ.** Für voreingestellt logische Größen ist der Typparameterwert KIND(.FALSE.) vorgegeben.

Schreibweise: Ein logischer Wert kann als *logische Literalkonstante* mit oder ohne Typparameter geschrieben werden.

Operationen: Negation, Konjunktion, Disjunktion, Äquivalenz und Antivalenz. Diese Operationen sind nur für logische Daten vordefiniert.

2.1.5   Zeichendatentyp

Name: CHARACTER.

Wertemenge: Die Wertemenge eines Zeichendatentyps besteht aus *Zeichenfolgen*. Eine **Zeichenfolge** ist eine geordnete Folge von Zeichen, die links beginnend mit 1, 2, 3, ... durchnumeriert werden. Diese Numerierung kennzeichnet die Position der Zeichen innerhalb einer Zeichenfolge. Die Anzahl der Zeichen einer Zeichenfolge wird als **Länge** der Zeichenfolge bezeichnet. Die Länge Null ist zulässig.

Ein F-System unterstützt nur eine einzige interne Darstellungsmethode für Zeichenwerte, nämlich den ASCII–Code. Ein Zeichenwert darf beliebige darstellbare Zeichen des ASCII–Zeichensatzes enthalten. Ein Typparameter zur Auswahl eines anderen Zeichensatzes kann nicht angegeben werden.

Schreibweise: Ein Zeichenwert, d. h. eine Zeichenfolge, kann als *Zeichen-Literalkonstante* geschrieben werden.

Operationen: Verkettung.

2.2   Benutzerdefinierte Datentypen

Zusätzlich zu den vordefinierten Datentypen können bei Bedarf weitere Datentypen „abgeleitet" werden. D. h., mit Hilfe der vordefinierten Typen kann man neue Datentypen *definieren*. Die Typdefinition eines **benutzerdefinierten Datentyps** darf nur im Spezifikationsteil eines Moduls auftreten. Ein benutzerdefinierter Datentyp hat meistens mehrere Komponenten unterschiedlichen Datentyps. Solch ein benutzerdefinierter Typ kann u. a. dazu verwendet werden, andere benutzerdefinierte Typen abzuleiten.

Name: Der Name eines benutzerdefinierten Typs wird in der TYPE–Definitionsanweisung (s. u.) spezifiziert.

Wertemenge: Die Wertemenge eines benutzerdefinierten Datentyps ergibt sich aus der Kombination der Wertemengen der Komponenten. D. h., zuletzt ist ein Wert eines benutzerdefinierten Typs immer eine Komposition von Werten vordefinierten Typs.

Schreibweise: Die Schreibweise von Werten benutzerdefinierten Typs ist geregelt, indem ein Verfahren zur Erzeugung solcher Werte angegeben wird; es wird als *Strukturkonstruktor* bezeichnet. Die Konstanten benutzerdefinierten Typs werden als *Strukturkonstanten* bezeichnet.

Operationen: Es gibt keine vordefinierten Operationen (mit Ausnahme der Zuweisungsoperation). Weitere Operationen können mit Hilfe von *Operatorfunktionen* und *Operator-Schnittstellenblöcken* definiert werden.

2.2.1   Typdefinition

Eine Typdefinition ist erforderlich, um den Namen des benutzerdefinierten Typs und die Namen und Datentypen der Typkomponenten zu definieren. Sie beginnt mit einer TYPE–Definitionsanweisung, endet mit einer END TYPE–Anweisung, und enthält dazwischen mindestens eine Definitionen einer Typkomponenten.

```
TYPE, { PUBLIC  } :: typname
      { PRIVATE }
[ PRIVATE ]
komponentendefinition
[ komponentendefinition ]
  :
END TYPE typname
```

Wenn in der TYPE–Definitionsanweisung PUBLIC spezifiziert ist, darf zwischen der TYPE–Definitionsanweisung und der Definition der ersten Typkomponente darf eine PRIVATE–Anweisung (ohne Liste) auftreten. Die PRIVATE–Anweisung bewirkt, daß *alle* Typkomponenten dieses benutzerdefinierten Typs nur innerhalb des Moduls zugänglich sind, das die Typdefinition enthält.

TYPE–Definitionsanweisung

Eine Typdefinition beginnt mit einer TYPE–Definitionsanweisung.

TYPE, PRIVATE :: typname

TYPE, PUBLIC :: typname

Der **typename** darf weder mit dem Namen eines *vor*definierten Typs übereinstimmen, noch darf er im Geltungsbereich der Typdefinition mit dem Namen eines anderen *benutzer*definierten Typs übereinstimmen. Er darf aber mit dem Datentyp einer seiner Zeigerkomponenten, falls vorhanden, übereinstimmen. PRIVATE bedeutet, daß der benutzerdefinierte Datentyp nur in dem Modul verfügbar ist, das die Typdefinition enthält. In diesem Fall kann der benutzerdefinierte Datentyp außerhalb des Moduls nicht zugänglich gemacht werden; man sagt, er ist „nicht-sichtbar". Und PUBLIC bedeutet, daß der benutzerdefinierte Typ „sichtbar" ist; d. h., daß er anderen Geltungseinheiten außerhalb des Moduls zugänglich gemacht werden kann.

Gleichheit benutzerdefinierter Datentypen

Zwei Datengrößen *einer* Geltungseinheit haben den gleichen benutzerdefinierten Typ, wenn für ihre Vereinbarung dieselbe Typdefinition verwendet wird. Zwei Datengrößen aus *verschiedenen* Geltungseinheiten haben den gleichen benutzerdefinierten Typ, wenn für ihre Vereinbarung dieselbe Typdefinition verwendet wird, die mittels USE–Zuordnung oder Umgebungszuordnung beiden Geltungseinheiten zugänglich ist.

Zwei Datengrößen benutzerdefinierten Typs verschiedener Geltungseinheiten haben auf keinen Fall den gleichen Typ, wenn mindestens eine der beiden Größen nicht-sichtbar ist oder eine nicht-sichtbare Komponente hat.

2.2.1.1 Typkomponenten-Definitionen

Eine Typkomponenten-Definition sieht so ähnlich aus wie eine Typvereinbarungs-Anweisung. Als Komponentenattribute können das DIMENSION–Attribut und das POINTER–Attribut angegeben werden.

typ [, attribut [, attribut]] :: typkomponente [, typkomponente]...

Dabei ist **typ** eine *Typangabe* eines benutzerdefinierten Datentyps oder eines vordefinierten Datentyps mit oder ohne *Typparameterangabe*. Und **typkomponente** ist der Name der Typkomponente.

Eine Längenangabe, die Teil der Typangabe einer Typkomponente vom Zeichentyp ist, muß ein konstanter Spezifikationsausdruck sein. Als **attribut** sind in einer Typkomponenten-Definition nur **DIMENSION (dim [, dim]...)** und/oder **POINTER** zulässig.

Der in der Typangabe **typ** spezifizierte Datentyp darf ein vordefinierter Typ oder ein benutzerdefinierter Typ sein. Wenn es ein benutzerdefinierter Typ ist, dann muß man unterscheiden, ob es sich um eine Zeigerkomponente handelt oder nicht. Wenn es sich nicht um eine Zeigerkomponente handelt, muß dieser Typ zuvor in der umgebenden Geltungseinheit definiert worden sein. Wenn es sich um eine Zeigerkomponente handelt, muß es sich um einen benutzerdefinierten Typ handeln, dessen Typdefinition in der umgebenden Geltungseinheit enthalten ist oder die dort zugänglich ist, oder es ist sogar derselbe Typ, dessen Typkomponente hier definiert wird.

```
type, public :: datum
  integer          :: tag
  character (len=3) :: monat
  integer          :: jahr
end type datum
```

Diese Definition des Datentyps **datum** enthält drei Typkomponenten. Dort, wo dieser Typ verfügbar ist, kann man mit Hilfe einer TYPE-Vereinbarungsanweisung Datenobjekte des Typs **datum** vereinbaren. Z. B.:

```
type (datum) :: geburtstag, urlaub, steuern
```

Ein Feldobjekt kann benutzerdefinierten Typs sein, beispielsweise

```
type (datum), dimension (25, 13) :: schueler
```

Die Variable **schueler** ist ein zweidimensionales Feld des benutzerdefinierten Typs **datum**. Jedes Element des Feldes **schueler** kann als Wert eine Datumsangabe aufnehmen, die aus drei Teilen besteht, so wie sie in der Typdefinition für den Typ **datum** definiert sind.

Angenommen, das Feld **schueler** enthält die Geburtstage der Schüler einer kleinen Schule, dann kann man nicht nur auf die komplette Datumsangabe bestimmter Schüler, sondern auch auf Teile der Datumsangabe zugreifen.

```
print *, schueler(1,13)       ! Ausgabe des kompletten Datums
print *, schueler(1,13)%jahr   ! Ausgabe des Geburtsjahres
```

Feldkomponenten

Eine Typkomponente darf auch ein Feld spezifizieren; man spricht dann von einer **Feldkomponente**. Wenn die Feldkomponente keine Zeigerkomponente ist, muß ein *Feld mit expliziter Gestalt* spezifiziert werden, dessen Indexgrenzen konstante Spezifikationsausdrücke sein müssen. Wenn die Feldkomponente eine Zeigerkomponente ist, hat die Feldspezifikation die gleiche Form wie in der Feldvereinbarung eines *Feldzeigers*.

```
type, public :: versuch
  integer                :: nummer
  type (datum)           :: tag
  real, dimension (100) :: sensor1, sensor2
  real, dimension (24)  :: stunde
end type versuch
```

Damit lassen sich jetzt Variablen zur Aufnahme von Meßwerten vereinbaren, z. B.:

```
type (versuch) :: temperatur, dichte, hoehe
```

Eine Typdefinition darf also Komponenten enthalten, die Felder spezifizieren. Und sie darf Komponenten enthalten, die selber benutzerdefinierten Typs sind.

Zeigerkomponenten

Wenn für eine Typkomponente das POINTER–Attribut spezifiziert ist, spricht man von einer **Zeigerkomponente**. Im Prinzip kann eine Komponente beliebigen vordefinierten oder benutzerdefinierten Typs als Zeigerkomponente definiert werden.

```
type, public :: bibliographie
  integer                                        :: band, jahr, seiten
  character (len=72)                             :: titel
  character (len=1), dimension (:), pointer :: inhaltsangabe
end type bibliographie
```

Wo diese Typdefinition des Typs **bibliographie** verfügbar ist, könnten Strukturobjekte dieses Typs vereinbart werden. Ein Strukturobjekt des Typs **bibliographie** hätte vier Komponenten, deren Speicherbedarf bekannt ist, nämlich die voreingestellt ganzzahligen Komponenten **band**, **jahr** und **seiten** sowie die Zeichenkomponente **titel**. Außerdem hätte es die Komponente **inhaltsangabe**, die ein Zeiger zu einem Zeichenfeld ist.

Eine Zeigerkomponente eines Strukturobjektes darf auf ein Zeigerziel zeigen, das den gleichen Typ wie das betr. Strukturobjekt hat. D. h., für eine Zeigerkomponente eines benutzerdefinierten Typs darf sogar der Datentyp spezifiziert werden, als dessen Komponente die betr. Zeigerkomponente definiert ist.

```
type, public :: knoten
  integer                :: wert
  type (knoten), pointer :: linker_nachbar, rechter_nachbar
end type knoten
```

Dort wo diese Typdefinition verfügbar ist, kann man Strukturobjekte vom Typ **knoten** vereinbaren, die man z. B. als Bausteine einer verketteten Liste manipulieren kann.

Solche rekursiven Typdefinitionen sehen zwar etwas ungewöhnlich aus, sie sind aber korrekt. Ein Strukturobjekt eines derartigen Datentyps enthält sich nicht selbst als Komponente, sondern es enthält einen Zeiger, der auf ein Objekt gleichen Typs weist.

2.2.1.2 Nicht-sichtbare und sichtbare Typen und Komponenten

Ein benutzerdefinierter Datentyp oder eine Typkomponente ist **nicht-sichtbar**, wenn er/sie grundsätzlich nur innerhalb des Moduls zugänglich ist, das die Typdefinition enthält. Ein nicht-sichtbarer benutzerdefinierter Datentyp und eine nicht-sichtbare Typkomponente können von außerhalb des Moduls aus nicht zugänglich gemacht werden.

Ein benutzerdefinierter Datentyp oder eine Typkomponente ist **sichtbar**, wenn er/sie auch außerhalb des Moduls, das die Typdefinition enthält, zugänglich gemacht werden kann. Sichtbare Größen eines Moduls können mit Hilfe einer USE–Anweisung außerhalb des Moduls zugänglich gemacht werden.

Ein benutzerdefinierter Datentyp ist nicht-sichtbar, wenn PRIVATE in der TYPE–Definitionsanweisung spezifiziert ist. Ein benutzerdefinierter Datentyp ist sichtbar, wenn PUBLIC in der TYPE–Definitionsanweisung spezifiziert ist.

Wenn ein benutzerdefinierter Datentyp nicht-sichtbar ist, dann sind folgende Eigenschaften und Konzepte des Typs nur innerhalb des Moduls verfügbar, das die Typdefinition enthält: der Name des benutzerdefinierten Typs, die Namen der Komponenten des benutzerdefinierten Typs, Strukturkonstruktoren und andere Strukturgrößen des benutzerdefinierten Typs und zuletzt Unterprogramme mit Formalparametern oder Funktionswerten des benutzerdefinierten Typs.

Eine Komponente eines benutzerdefinierten Typs ist nicht-sichtbar, wenn sie die Komponente eines nicht-sichtbaren Typs ist, oder wenn die Typdefinition eine PRIVATE–Anweisung enthält, oder wenn die Komponente selbst nicht-sichtbaren Typs ist. Wenn überhaupt eine Komponente eines benutzerdefinierten Typs nicht-sichtbar ist, dann müssen alle Komponenten nicht-sichtbar sein.

```
type, public :: punkt
  private
  real :: x, y
end type punkt
```

Dort wo mittels USE–Anweisung das Modul mit dieser Typdefinition nutzbar gemacht ist, ist auch diese Typdefinition zugänglich. Die innere Struktur des

Typs, d. h. die Namen der Typkomponenten x und y, sind aber nur innnerhalb des Moduls verfügbar, das diese Typdefinition enthält.

```
type, private :: notiz
  integer            :: nummer, gewicht
  logical            :: erledigt
  character (len=72) :: text
end type notiz
```

Dieser Typ notiz ist nicht-sichtbar. D. h., er ist außerhalb des Moduls, das diese Typdefinition enthält, nicht zugänglich und kann dort auch nicht zugänglich gemacht werden.

2.2.2 Strukturgrößen

Ein Strukturobjekt ist eine *skalare* Größe benutzerdefinierten Typs. Es kann eine *Strukturvariable*, ein *Strukturkonstruktor* oder eine *Strukturkonstante* sein.

Der Name einer Komponente eines benutzerdefinierten Datentyps ist eigentlich nur dann von Bedeutung, wenn man ein Datenobjekt dieses Typs vereinbart und anschließend auf einzelne Komponenten dieses Datenobjektes zugreifen will. Eine solche *Strukturkomponente* hat nämlich keinen eigenen Namen. Für den Zugriff wird vielmehr der Name des Datenobjektes mindestens mit dem Namen der entsprechenden Typkomponente *qualifiziert*.

Strukturvariable

Eine Strukturvariable wird mit Hilfe einer TYPE–Vereinbarungsanweisung vereinbart. Die Typdefinition des benutzerdefinierten Datentyps muß zuvor in derselben Geltungseinheit auftreten, oder sie muß dort mittels USE– oder Umgebungszuordnung zugänglich sein.

Strukturkonstruktor

In der Geltungseinheit, in der eine Typdefinition auftritt, und überall dort, wo die innere Struktur der Typdefinition zugänglich ist, können Werte dieses benutzerdefinierten Typs erzeugt werden. Dazu verwendet man folgenden **Strukturkonstruktor**, der hauptsächlich aus einer Folge von Werten besteht:

typname (ausdruck [, ausdruck]...)

Die in Klammern eingeschlossene Liste von Ausdrücken muß für jede Komponente des benutzerdefinierten Typs **typname** einen Wert liefern. Dabei müssen die Werte dieser Ausdrücke der Reihe nach zu den entsprechenden Typkomponenten des benutzerdefinierten Typs passen. Für eine Komponente ohne POINTER–Attribut muß auch die Gestalt des Wertes mit der Gestalt der Typkomponente übereinstimmen. Hinsichtlich des Typs der Komponenten gelten die gleichen Regeln wie bei *vor*definierten Zuweisungsanweisungen; d. h., die Werte der Ausdrücke werden ggf. (wie bei vordefinierten Zuweisungsanweisungen) entsprechend dem Typ, ggf. dem Typparameterwert und ggf. der Zeichendatenlänge der jeweiligen Typkomponente umgewandelt.

Ein Strukturkonstruktor darf erst im Anschluß an die zugehörige Typdefinition auftreten.

```
type, public :: string
  integer             :: laenge
  character (len = max) :: zeile
end type string

character (len=25) :: text
character (len=8)  :: marke
type (string)      :: farbe
```

Dort wo diese Spezifikationen verfügabr sind, kann man z. B. berechnen:

```
read *, text, marke
farbe = string(len(text) + len(marke), text // marke)
```

Für jede Komponente des Typs **string** ist ein Ausdruck angegeben. Nach Auswertung dieser Ausdrücke wird der erzeugte Wert des Strukturkonstruktors der Variablen **farbe** zugewiesen. Dies Variable auf der linken Seite der Zuweisungsanweisung hat den gleichen Datentyp wie der Strukturkonstruktor auf der rechten Seite.

Im Fall einer Zeigerkomponente muß der **ausdruck** ein Objekt liefern, so wie es auch auf der rechten Seite einer *Zeigerzuweisungs-Anweisung* zulässig wäre.

```
type (bibliographie) :: buch
character (len=1), dimension (1000), target :: quelle
  :
buch = bibliographie(1, 1997, 290, "F-Handbuch", quelle)
```

Hier ist **quelle** das Zielobjekt für die Komponente **inhaltsangabe** des Strukturkonstruktors; vgl. früheres Beispiel im Abschnitt „Zeigerkomponenten".

Strukturkonstanten

Wenn alle Ausdrücke eines Strukturkonstruktors Konstantenausdrücke sind, dann spricht man von einer **Strukturkonstanten**.

```
type, public :: datum
  integer            :: tag
  character (len=3) :: monat
  integer            :: jahr
end type datum
```

Dort wo diese Typdefinition mittels USE–Zuordnung oder Umgebungszuordnung zugänglich ist, kann man Strukturkonstantes dieses benutzerdefinierten
Typs verwenden wie beispielesweise:

```
type (datum) :: heute
  ⋮
heute = datum(11, "Okt", 1996)
```

Für jede Komponente des Datentyps **datum** ist ein (konstanter) Wert angegeben.
Diese Strukturkonstante wird der Variablen **heute** zugewiesen, die ebenfalls vom
Datentyp **datum** ist.

3 Grammatische Grundelemente

Eine F-Anweisung besteht aus **grammatischen Grundelementen**. Das sind Schlüsselwörter, Namen, Operatoren, Literalkonstanten (außer komplexen Konstanten), Begrenzungszeichen, die paarweise verwendet werden wie (...), /.../, " ...", ... und (/.../) sowie zuletzt die Zeichen =, =>, &, :, ::, ; und %.

3.1 Geltungsbereiche

Eine Programmeinheit setzt sich jeweils aus einzelnen *Geltungseinheiten* zusammen, die sich nicht überlappen. Eine **Geltungseinheit** besteht aus allen Programmzeilen einer Typdefinition, eines Schnittstellenblockes (ohne die darin enthaltenen Schnittstellenblöcke) oder eines Unterprogrammes (ohne die darin enthaltenen Schnittstellenblöcke) oder einer Programmeinheit (ohne die darin enthaltenen Typdefinitionen, Schnittstellenblöcke und Unterprogramme).

Wenn eine Geltungseinheit in einer anderen Geltungseinheit enthalten ist, unterscheidet man zwischen *umgebender* Geltungseinheit und *eingebetteter* Geltungseinheit.

Jedes grammatische Grundelement hat einen **Geltungsbereich**, in dem seine Bedeutung eindeutig festgelegt ist. Ein Geltungsbereich umfaßt entweder ein Programm (dann spricht man von einem **globalen** Geltungsbereich), eine Geltungseinheit (dann spricht man von einem **lokalen** Geltungsbereich) oder eine einzige Anweisung oder einen Teil einer Anweisung.

3.2 Schlüsselwörter

Schlüsselwörter der Sprache F sind die **Anweisungsschlüsselwörter**, d. h. die fest vorgegeben Teile einer Anweisung. Darüberhinaus gibt es **Parameterschlüsselwörter**, das sind die Namen von Formalparametern.

Viele Anweisungsschlüsselwörter sind *reservierte Wörter* in F (s. u. „Namen").

3.3 Namen

Namen dienen der Bezeichnung von Datengrößen, Unterprogrammen, Datentypen, usw. Namen werden i. allg. vom Programmierer vergeben und eingesetzt. Der *Geltungsbereich eines Namens* umfaßt alle Anweisungen, in denen der Name bekannt ist und in denen auf den Namen zugegriffen werden kann. Namen mit globalem Geltungsbereich werden als **globale Namen** und Namen mit lokalem Geltungsbereich werden als **lokale Namen** bezeichnet. Darüber hinaus gibt es *spezielle Namen*, deren Geltungsbereich nur einen bestimmten Teil einer Anweisung umfaßt. In seinem Geltungsbereich ist ein Name i. allg. eindeutig (Ausnahme: generische Namen).

Ein vom Programmierer vergebener Name darf unabhängig von seiner Schreibweise mit Groß- oder Kleinbuchstaben *nicht* mit einem *reservierten Wort* übereinstimmen. Die Liste der reservierten Wörter (s. u.) der Programmiersprache F umfaßt die logischen Operatoren (z. B. **eqv**), die logischen Literalkonstanten (z. B. **true**), die Namen der vordefinierten Unterprogramme (z. B. **exp**), die Namen bestimmter in F nicht unterstützter Standardunterprogramme (z. B. **dble**), die in F nicht unterstützten überholten Bezeichnungen der Vergleichsoperatoren (z. B. **eq**), bestimmte Namen und Schlüsselwörter aus Fortran 95 (z. B. **null**, **forall**) und bestimmte in F nicht unterstützte Schlüsselwörter aus Fortran 90 (z. B. **continue**). Außerdem enthält die Liste der reservierten Wörter alle Anweisungsschlüsselwörter einschließlich diejenigen, die Attribute in Typvereinbarungs-Anweisungen bezeichnen und die Parameter in E/A-Anweisungen sind, aber ausschließlich dem Schlüsselwort **stat**.

Die **Liste der reservierten Wörter:**

`abs`	`achar`	`acos`	`adjustl`
`adjustr`	`aimag`	`aint`	`all`
`allocatable`	`allocate`	`allocated`	`and`
`anint`	`any`	`asin`	`assignment`
`associated`	`atan`	`atan2`	`backspace`
`bit_size`	`btest`	`call`	`case`
`ceiling`	`char`	`character`	`close`
`cmplx`	`complex`	`conjg`	`contains`
`continue`	`cos`	`cosh`	`count`
`cpu_time`	`cshift`	`cycle`	`date_and_time`
`dble`	`deallocate`	`default`	`digits`
`dim`	`dimension`	`do`	`dot_product`
`dprod`	`elemental`	`else`	`elseif`
`elsewhere`	`end`	`enddo`	`endfile`
`endforall`	`endfunction`	`endif`	`endinterface`
`endmodule`	`endprogram`	`endselect`	`endsubroutine`
`endtype`	`endwhere`	`eoshift`	`epsilon`
`eq`	`eqv`	`exit`	`exp`
`exponent`	`false`	`floor`	`forall`

fraction	function	ge	go
goto	gt	huge	iachar
iand	ibclr	ibits	ibset
ichar	ieor	if	implicit
in	index	inout	inquire
int	integer	intent	interface
intrinsic	ior	ishft	ishftc
kind	lbound	le	len
len_trim	lge	lgt	lle
llt	log	log10	logical
lt	matmul	max	maxexponent
maxloc	maxval	merge	min
minexponent	minloc	minval	mod
module	modulo	mvbits	ne
nearest	neqv	nint	none
not	null	nullify	only
open	operator	optional	or
out	pack	parameter	pointer
precision	present	print	private
procedure	product	program	public
pure	radix	random_number	random_seed
range	read	real	recursive
repeat	reshape	result	return
rewind	rrspacing	save	scale
scan	select	selectcase	selected_int_kind
selected_real_kind	set_exponent	shape	sign
sin	sinh	size	spacing
spread	sqrt	stop	subroutine
sum	system_clock	tan	tanh
target	then	tiny	to
transfer	transpose	trim	true
type	ubound	unpack	use
verify	where	write	

Namen dürfen aus einem bis zu maximal 31 Zeichen bestehen, und zwar aus Buchstaben, Ziffern und/oder dem Unterstrich „_", wobei allerdings das erste Zeichen ein Buchstabe sein muß und das letzte Zeichen kein „_" sein darf. Die Verwendung von Groß- oder Kleinbuchstaben hat keine unterscheidende Bedeutung für benutzerdefinierte Namen; allerdings muß eine in einer Geltungseinheit gewählte Schreibweise beibehalten werden. Die Namen der vordefinierten Unterprogramme und ihrer Formalparameter müssen grundsätzlich kleingeschrieben werden.

```
Gehalt    Peter    x12   e605   Anhaengerdiebstahlsicherungen
juni_gehalt_1988              ←— einzelner Unterstrich
F_e_t_t__druck                ←— aufeinanderfolgende Unterstriche
DINEN21539 DinEn21539         ←— in derselben Geltungseinheit verboten
```

Globale Namen identifizieren folgende **globale Größen**: Hauptprogramme und Module.

Lokale Namen identifizieren **lokale Größen**, die folgende Klassen bilden:

1. Variable mit eigenem Namen (aber nicht mit speziellem Namen, s. u.), benannte Konstanten, benannte Anweisungsgruppen, Modul-Unterprogramme, Formalparameter-Unterprogramme, vordefinierte Unterprogramme, Schnittstellenblöcke mit generischem Namen, benutzerdefinierte Datentypen,

2. Typkomponenten und

3. Parameterschlüsselwörter.

Normalerweise darf ein globaler Name innerhalb einer Geltungseinheit nicht gleichzeitig als lokaler Name der Klasse 1. verwendet werden. Ein in einer Geltungseinheit verwendeter lokaler Name darf in *anderen* Geltungseinheiten andere lokale oder globale Größen identifizieren. Ein lokaler Name darf sogar in *ein und derselben* Geltungseinheit eine andere lokale Größe einer *anderen* Klasse identifizieren. Dazu sind die lokalen Größen (mit Namen) in die obigen Klassen eingeteilt. Dabei ist noch zu berücksichtigen, daß die Typkomponenten jeweils für jeden einzelnen Datentyp eine separate Klasse bilden, und daß die Parameterschlüsselwörter jeweils für jedes Unterprogramm eine separate Klasse bilden.

Spezielle Namen: Es gibt spezielle Namen, deren Geltungsbereich nur einen Teil einer Anweisung umfaßt. Der Name einer *Laufvariablen* einer impliziten Schleife eines *Feldkonstruktors* hat einen Geltungsbereich, der lediglich den Wirkungsbereich der impliziten Schleife umfaßt. Ein derartiger Name darf außerhalb der impliziten Schleife des Feldkonstruktors in der Geltungseinheit wiederverwendet werden, aber nur als Laufvariable innerhalb von Feldkonstruktoren.

3.4 Operatoren, Zuweisungssymbol

Vordefinierte Operatoren sind globale Größen. Ein *benutzerdefinierter Operator* ist eine lokale Größe. Zwei verschiedene Operationen können u. U. in ein und derselben Geltungseinheit den gleichen Operator verwenden; man sagt, der Operator kann *überladen* werden.

Als Zuweisungssymbol in *vor*definierten Zuweisungsanweisungen hat das Gleichheitszeichen einen Geltungsbereich, der das komplette Programm umfaßt. Das Gleichheitszeichen kann zusätzlich innerhalb einer Geltungseinheit benutzerdefinierte Zuweisungsoperationen identifizieren oder die vordefinierte Zuweisungsoperation für benutzerdefinierte Typen ersetzen.

Als Zuweisungssymbol in *benutzer*definierten Zuweisungsanweisungen hat das Gleichheitszeichen einen Geltungsbereich, der nur eine Geltungseinheit umfaßt. Zwei verschiedene Zuweisungsoperationen können u. U. in derselben Geltungseinheit das gleiche Zuweisungssymbol verwenden.

3.5 Literalkonstanten

Es gibt fünf *vordefinierte* Arten von Literalkonstanten: Ganzzahlige, reelle, komplexe, logische Literalkonstanten und Zeichen-Literalkonstanten. Entsprechend den Varianten eines vordefinierten Datentyps unterstützt ein F-System verschiedene Schreibweisen von Literalkonstanten dieses Typs, die sich hinsichtlich ihrer internen Darstellung und/oder ihrer Approximationsmethode unterscheiden.

Der jeweilige Typ einer Literalkonstanten braucht nicht spezifiziert zu werden, er geht vielmehr aus der Schreibweise der Konstanten hervor. Die ganzzahligen, reellen und komplexen Konstanten werden auch als **numerische Konstanten** bezeichnet.

3.5.1 Ganzzahlige Literalkonstanten

Eine ganzzahlige Literalkonstante besteht aus einer Ziffernfolge, die mindestens eine Ziffer enthält, die wahlweise mit einem Vorzeichen geschrieben werden kann, und an die wahlweise ein Unterstrich mit einem Typparameter angehängt werden kann. Positive ganzzahlige Literalkonstanten *dürfen* mit dem Vorzeichen „+" geschrieben werden. Negative ganzzahlige Literalkonstanten *müssen* mit dem Vorzeichen „−" geschrieben werden.

[±] z [z]... [_ tp]

Dabei ist z jeweils eine Ziffer. Und tp ist ein systemabhängiger Typparameterwert, der als skalare nicht-negative ganzzahlige benannte Konstante geschrieben werden muß.

Eine ganzzahlige Konstante wird als dezimaler Wert interpretiert. Der Wert des Typparameters muß eine interne Darstellungsmethode spezifizieren, die das verwendete F-System unterstützt. Falls kein Typparameter angegeben ist, handelt es sich um eine *voreingestellt ganzzahlige* Konstante.

```
1    531     +76     -239657   0   ←— voreingestellt ganzzahlige Konstanten
100_bin         1024_dec            ←— mit systemabhängigem Typparameter
```

3.5.2   Reelle Literalkonstanten

Eine reelle Literalkonstante besteht aus einer Ziffernfolge mit einem Dezimalpunkt oder aus einer Ziffernfolge mit einem Dezimalpunkt und einem Exponent. Positive reelle Literalkonstanten und positive Exponenten reeller Literalkonstanten *dürfen* mit dem Vorzeichen „+" geschrieben werden. Negative reelle Literalkonstanten und negative Exponenten reeller Literalkonstanten *müssen* mit dem Vorzeichen „−" geschrieben werden. Wahlweise kann an diese Normalform einer reellen Literalkonstanten ein Unterstrich mit einem Typparameter angehängt werden.

[±] **dez** [_ **tp**]

[±] **dez** E [±] **exponent** [_ **tp**]

Dabei ist **dez** eine Dezimalzahl der Form **n.n**, wobei **n** eine Ziffernfolge ist. Der **exponent** ist eine vorzeichenlose ganzzahlige Literalkonstante (Exponent zur Basis 10). Und **tp** ist ein systemabhängiger Typparameterwert, der als skalare nicht-negative ganzzahlige benannte Konstante geschrieben werden muß.

Wenn an eine reelle Literalkonstante besondere Anforderungen hinsichtlich Genauigkeit und/oder Wertebereich der internen Darstellung gestellt werden, dann kann ein Typparameter angegeben werden. Der Wert des Typparameters muß eine interne Darstellungsmethode spezifizieren, die das verwendete F-System unterstützt. Der Typparameterwert ist systemabhängig.

Voreingestellt reelle Konstanten:

```
12.0      -12.34      +0.34
```

```
12.0e-2        Wert: 12.0 * 10^-2 = 0.12
-12.34e+3      Wert: -12.34 * 10^3 = -12340.0
+0.34e4        Wert: 0.34 * 10^4 = 3400.0
```

Reelle Konstanten mit systemabhängigem Typparameter:

```
-23.4_d4      3.0e-5_d10        3.75e7_b7
```

3.5.3 Komplexe Literalkonstanten

Eine komplexe Literalkonstante wird als ein (geordnetes) Paar reeller Literalkonstanten geschrieben, die durch ein Komma voneinander getrennt sind und die in runde Klammern eingeschlossen sind.

(realteil, imaginärteil)

Der **realteil** und der **imaginärteil** ist jeweils eine reelle Literalkonstante. Beide Literalkonstanten müssen den gleichen Typparameter haben.

Die Klammern sind Teil der Konstanten. Falls ein Typparameter für einen Teil der komplexen Literalkonstanten angegeben ist, muß er auch für den anderen Teil angegeben werden und zwar mittels der gleichen benannten Konstante.

Voreingestellt komplexe Konstanten:

```
(7.0, 3.14)            Wert: 7.0 + 3.14 i
(-6.2e-3, 9.0)         Wert: −0.0062 + 9.0 i
```

Komplexe Konstante mit systemabhängigem Typparameter:

```
(-6.2e-3_d8, 9.0_d8)   Wert: −0.0062 + 9.0 i
```

3.5.4 Logische Literalkonstanten

Es gibt genau zwei logische Literalkonstanten. Die eine stellt den Wert *wahr* und die andere den Wert *falsch* dar. Die Schreibweise logischer Literalkonstanten ist `.true.` bzw. `.false.`. Wahlweise kann ein Unterstrich mit einem Typparameter angehängt werden. Die Punkte sind Teile der Konstanten.

.TRUE.[_tp]   für den Wert *wahr.*

.FALSE.[_tp]   für den Wert *falsch.*

Dabei ist **tp** ein systemabhängiger Typparameterwert, der als skalare nichtnegative ganzzahlige benannte Konstante geschrieben werden muß.

Wenn besondere Anforderungen an die interne Darstellung einer logischen Konstanten gestellt werden, kann ggf. ein Typparameter angegeben werden. Der Wert des Typparameters muß eine interne Darstellungsmethode spezifizieren, die das F-System unterstützt.

```
.true.        ←— voreingestellt logische Konstante
.false.       ←— voreingestellt logische Konstante
.false._b4    ←— logische Konstante mit systemabhängigem Typparameter
```

3.5.5 Zeichen-Literalkonstanten

Eine Zeichen-Literalkonstante ist eine Zeichenfolge, die in ein Paar Anführungszeichen eingeschlossen ist. Die Zeichenfolge darf leer sein; d. h., es ist zulässig,
wenn sie kein einziges Zeichen enthält, auch kein Leerzeichen. Leerzeichen innerhalb von Zeichenkonstanten sind „signifikant"; das bedeutet, sie sind Teil
des Zeichenwertes und zählen bei der Länge (s. u.) der Zeichenkonstanten mit.
Die begrenzenden Anführungszeichen sind kein Teil des Wertes der Zeichen-
Literalkonstanten.

```
" [c]... "
```

Dabei **c** ist jeweils ein Zeichen aus dem **F**-Zeichensatz oder ein anderes *darstellbares Zeichen* (s. u.) aus dem ASCII–Zeichensatz.

Ein Anführungszeichen innerhalb der Zeichenfolge einer Zeichen-Literalkonstanten wird durch zwei aufeinanderfolgende Anführungszeichen (ohne eingestreute
Leerzeichen) dargestellt, wenn die Zeichenfolge in Anführungszeichen eingeschlossen ist. Das eingeschlossene Paar Anführungszeichen zählt als ein einziges
Zeichen.

Eine Zeichenkonstante hat eine (feste) **Länge**, die sich aus der Anzahl der Zeichen zwischen den begrenzenden Anführungszeichen ergibt.

Ein **darstellbares Zeichen** ist jedes Zeichen des ASCII–Zeichensatzes, das kein
Steuerzeichen ist.

```
"American National Standard"    -   Länge 26
"Programmiersprache F"          -   Länge 20
""""                            -   Länge 1
"3.1415"                        -   Länge 6
"2,5"" Breite"                  -   Länge 11
""                              -   Länge 0
```

4 Datenobjekte

Als **Datengröße** oder einfach *Daten* bezeichnet man alles, was einen Wert hat oder was einen Wert haben kann. Das kann eine *Konstante*, eine *Variable*, der *Wert eines Ausdruckes* oder ein *Funktionswert* sein. Als **Datenobjekt** oder einfach **Objekt** bezeichnet man solche Daten, auf die man als Ganzes zugreifen kann. Das sind die *Konstanten* und die *Variablen.*

Jedes Datenobjekt hat einen Datentyp. Im Fall einer Literalkonstanten oder eines Strukturkonstruktors ergibt sich dieser Typ aus der Schreibweise der Literalkonstanten bzw. des Strukturkonstruktors. Im Fall einer Variablen mit eigenem Namen oder einer benannten Konstanten muß dieser Typ explizit spezifiziert werden.

Konstanten sind solche Daten, die zu jedem Zeitpunkt der Ausführung des Programmes einen bestimmten Wert haben, der nicht geändert werden kann. Dagegen können die *Variablen* bei Bedarf mit einem Wert oder mit einem neuen Wert versehen werden; man sagt, sie können *definiert* bzw. *redefiniert* werden. Eine Variable hat ggf. überhaupt keinen gültigen Wert oder sie hat zeitweise keinen gültigen Wert.

Wenn ein Datenobjekt einen Namen hat, dann kann dieser Name verwendet werden, um in einer Typvereinbarungs-Anweisung den Typ des Datenobjektes und ggf. weitere Eigenschaften (*Attribute*) zu spezifizieren.

Ein skalares Datenobjekt benutzerdefinierten Typs wird als **Struktur** bezeichnet. Solch eine Struktur hat Komponenten. Diese Strukturkomponenten sind Teilobjekte der Struktur. Sie sind alle verschieden voneinander, d. h., sie überlappen sich nicht.

Ein Datenobjekt hat eine *Rang*, und zwar ist es entweder ein *Skalar* oder ein *Feld*. Ein Datenobjekt, das kein Feld ist, ist ein **Skalar** oder ein **skalares** Objekt. Eine Struktur ist auch dann ein skalares Objekt, wenn sie eine Komponente besitzt, die ein Feld ist.

Ein **Feld** ist eine Menge von Daten, die alle den gleichen Typ, ggf. den gleichen Typparameter und ggf. die gleiche Zeichendatenlänge haben. Die einzelnen *Feldelemente* sind (aus der Sicht des F-Programmierers) so angeordnet, daß sie insgesamt einen Vektor, eine Matrix, einen Würfel, usw. bilden.

Ein **Teilfeld** ist eine Untermenge der Elemente eines Feldes; es hat alle Eigenschaften eines Feldes, es hat allerdings keinen eigenen Namen. Die Teilfelder sind Teilobjekte eines Feldes. Sie können sich überlappen.

Mit den Begriffen *Skalar* und *Feld* bezeichnet man meistens bestimmte Datenobjekte. Man verwendet sie aber auch, wenn man nur die Gestalt einer Datengröße charakterisieren will; z. B. kann der Wert eines Ausdruckes oder ein Funktionswert skalar oder ein Feld(wert) sein.

Ein eindimensionaler Feldwert kann auch aus Skalaren und/oder Feldgrößen erzeugt werden (Stichwort: Feldkonstruktor).

Ein *Zeiger* ist eine Variable mit POINTER–Attribut. Ein Zeiger darf erst dann benutzt oder definiert (d. h. mit einem Wert versehen) werden, nachdem ihm ein *Zeigerziel* zugeordnet worden ist.

4.1   Konstanten

Eine **Konstante** hat einen Typ, ggf. einen Typparameter und ggf. eine Zeichendatenlänge und sie hat einen Wert. Man kann einer Konstanten auch einen Namen geben; dann hat sie das PARAMETER–Attribut. Konstanten mit Namen werden als **benannte Konstanten** bezeichnet. Konstanten ohne Namen sind *Literalkonstanten* oder *Strukturkonstanten*.

Es gibt fünf *vordefinierte* Typen von Konstanten: Ganzzahlige, reelle, komplexe, logische Konstanten und Zeichenkonstanten. Der Typ einer Literalkonstanten muß nicht spezifiziert werden, er geht vielmehr aus der Schreibweise der Konstanten hervor. Der Typ einer benannten Konstanten muß explizit spezifiziert werden.

Die ganzzahligen, reellen und komplexen Konstanten werden auch als **numerische Konstanten** bezeichnet.

Teilobjekte von Konstanten

Ähnlich so, wie Teilobjekte von bestimmten Variablen gebildet werden können, können auch Teilobjekte von Konstanten gebildet werden; nämlich ein Feldelement einer benannten Konstanten, ein Teilfeld einer benannten Konstanten, eine Strukturkomponente einer benannten Konstanten, eine Teil-Zeichenfolge einer benannten Zeichenkonstanten und ein Teil-Zeichenfolgen-Teilfeld einer benannten Zeichenkonstanten.

Teilobjekte von Konstanten haben u. U. Eigenschaften wie Variablen. So können sie vom Wert bestimmter Variablen abhängig sein, wenn zur Bezeichnung des Teilobjektes (z. B. in Indexausdrücken) Variablen verwendet werden. Zwei identisch geschriebene Teilobjekte einer Konstanten können durchaus in einer Geltungseinheit verschiedene Werte haben. Und u. U. kann erst bei Ausführung des Programmes bestimmt werden, welcher Teil der Konstanten durch das Teilobjekt tatsächlich identifiziert wird.

Wie bei „normalen" Konstanten gilt weiterhin, daß Teilobjekte einer Konstanten nicht redefiniert werden können, denn es sind in der Tat konstante Teilobjekte.

```
character (len=3) :: kommando1, kommando2
character (len=3), dimension (6), parameter :: &
        nix = (/"ls ", "c  ", "mcd", "rm ", "cat", "man"/)
i = 1
kommando1 = nix(i)(1:1)
  :
i = 6
kommando2 = nix(i)(1:1)
```

Das Teilobjekt `nix(i)(1:1)` der Zeichenkonstanten `nix` liefert zuerst den Wert "l" und zuletzt den Wert "m".

4.2 Variablen

Eine **Variable** ist

- eine skalare Variable mit eigenem Namen,
- eine Feldvariable mit eigenem Namen oder
- ein Teilobjekt (ohne eigenen Namen), nämlich
  - ein Feldelement (Skalar),
  - ein Teilfeld (Feldobjekt),
  - eine Strukturkomponente (Skalar oder Feldobjekt) oder
  - eine Teil-Zeichenfolge einer Variablen (Skalar).

Während die ersten beiden Arten von Variablen Datenobjekte sind, die einen eigenen Namen haben, sind die anderen Arten **Teilobjekte** ohne eigene Namen. Für den Zugriff auf ein solches Teilobjekt muß man vielmehr das umgebende (Teil-)Objekt spezifizieren zusammen mit weiteren Angaben, die je nach Art der Variablen unterschiedlich sind.

Eine Variable hat einen Typ, u. U. einen Typparameter und u. U. einen Wert. Wenn die Variable kein Teilobjekt ist, dann hat sie einen eigenen Namen, der entsprechend den üblichen Regeln zur Bildung von F-Namen geschrieben werden muß.

Entsprechend den fünf vordefinierten Datentypen gibt es ganzzahlige, reelle, komplexe, logische Variablen und Zeichenvariablen. In der Geltungseinheit, die eine Typdefinition enthält, und dort wo eine Typdefinition zugänglich ist, können Variablen dieses benutzerdefinierten Typs vereinbart werden. Die ganzzahligen, reellen und komplexen Variablen werden auch als **numerische Variablen** bezeichnet.

Eine Variable kann *definiert* oder *redefiniert* werden; d. h., sie kann mit einem *gültigen* Wert versehen werden. Dann ist sie **definiert**. Eine Variable, die keinen gültigen Wert hat, ist **undefiniert**.

Wenn man eine Variable in einer ausführbaren F-Anweisung angibt, dann meint man entweder die Adresse dieser Variablen (z. B. auf der linken Seite einer numerischen Zuweisungsanweisung) oder man meint den Wert dieser Variablen (z. B. auf der rechten Seite einer numerischen Zuweisungsanweisung). Unterschiedliche Schreibweisen für die Adresse und für den Wert einer Variablen gibt es in F nicht.

Variablen mit eigenen Namen

Der Typ einer skalaren Variablen oder Feldvariablen mit eigenem Namen wird *explizit* mit Hilfe einer Typvereinbarungs-Anweisung spezifiziert.

Jedes vereinbarte Datenobjekt ohne PARAMETER–Attribut ist eine Variable.

Variablen ohne eigene Namen, Teilobjekte

Der Typ einer Variablen ohne eigenen Namen ist im Prinzip von dem Ausgangsobjekt abhängig, dessen Teilobjekt die Variable ist. Eine Typvereinbarung für Teilobjekte ist nicht möglich und auch nicht nötig.

Feldelement: Der Typ des Feldelementes ist gleich dem Typ des Ausgangsfeldes.

Teilfeld: Der Typ des Teilfeldes ist gleich dem Typ des Ausgangsfeldes.

Strukturkomponente: Der Typ einer Strukturkomponente ist durch den Typ der entsprechenden Typkomponente gegeben. Der Typ der Typkomponente wird in der Typdefinition explizit spezifiziert.

Teil-Zeichenfolge: Eine Teil-Zeichenfolge ist immer vom Zeichentyp.

4.3 Skalare

Ein Datenobjekt, das kein Feld(wert) ist, ist ein Skalar. Sein Wert ist ein einzelner Wert aus der Wertemenge des Typs des Datenobjektes. Skalare Größen haben per Definition den *Rang* Null.

4.3.1 Teil-Zeichenfolgen

Man kann auch auf bestimmte Teile einer skalaren Zeichenvariablen zugreifen. Eine **Teil-Zeichenfolge** ist eine zusammenhängende Teilmenge einer Ausgangs-Zeichenfolge.

Die Zeichen der skalaren Ausgangs-Zeichenfolge sind der Reihe nach von links nach rechts, beginnend mit der Zeichenposition 1, durchnumeriert. Beim Zugriff auf eine Teil-Zeichenfolge gibt man normalerweise die Position des ersten Zeichens und die Position des letzten Zeichens der Teil-Zeichenfolge innerhalb der Ausgangs-Zeichenfolge an.

ausgangs-zeichenfolge ([**anfangsposition**] : [**endposition**])

Die **ausgangs-zeichenfolge** kann eine skalare Zeichenvariable (mit Namen), ein Zeichenfeldelement oder eine skalare Strukturkomponente vom Zeichentyp sein. Und **anfangsposition** und **endposition** sind ganzzahlige skalare Ausdrücke. Falls die Angabe der **anfangsposition** fehlt, wird der Wert 1 (d. h. die Anfangsposition der Ausgangs-Zeichenfolge) angenommen. Falls die Angabe von **endposition** fehlt, wird als Wert die Länge der Ausgangs-Zeichenfolge angenommen (das entspricht der letzten Position der Ausgangs-Zeichenfolge).

Die **Länge** der Teil-Zeichenfolge ist MAX(**endposition**−**anfangsposition**+1, 0). Wenn die Länge der Teil-Zeichenfolge ungleich Null ist, gilt

$1 \leq$ **anfangsposition** $\leq$ **endposition** $\leq$ Länge der Ausgangs-Zeichenfolge.

```
character (len=12), save :: z = "ZEICHENFOLGE"
```

Das Ausgangs-Zeichenobjekt sei die skalare Variable z:

Teil-Zeichenfolge	Wert
z (8:12)	FOLGE
z (:7)	ZEICHEN
z (7:)	NFOLGE
z (:)	ZEICHENFOLGE

Der Zugriff auf **z(:)** ist gleichbedeutend mit dem Zugriff auf **z**.

```
character (len=6), dimension (3), SAVE :: &
        zfeld = (/"Arbeit", "Zimmer", "Januar"/)
```

Die Ausgangs-Zeichenobjekte seien die Feldelemente **zfeld(1)**, **zfeld(2)** und **zfeld(3)**:

Teil-Zeichenfolge	Wert
zfeld (1) (3:5)	Bei
zfeld (3) (:3)	Jan
zfeld (2) (5:)	er
zfeld (3) (:)	Januar

Der Zugriff auf **zfeld(3)(:)** ist gleichbedeutend mit dem Zugriff auf **zfeld(3)**.

4.4   Felder

Ein **Feld** besteht aus einer Menge skalarer Daten, die wie ein Vektor, eine Matrix, ein Quader usw. „rechtwinklig" angeordnet sind. Entsprechend gibt es in F eindimensionale, zweidimensionale, dreidimensionale und mehrdimensionale Felder mit bis zu sieben Dimensionen. Ein Feld hat einen Typ, bestimmte Eigenschaften, die z. B. seine Struktur betreffen wie Dimensionalität und Größe, es hat ggf. einen Namen und ggf. einen Wert.

Entsprechend den fünf vordefinierten Datentypen gibt es ganzzahlige, reelle, komplexe, logische Felder und Zeichenfelder. In der Geltungseinheit, die eine Typdefinition enthält, und dort wo diese Typdefinition zugänglich ist, können u. a. auch Felder dieses benutzerdefinierten Typs vereinbart werden. Die ganzzahligen, reellen und komplexen Felder werden auch als **numerische Felder** bezeichnet. Der Typ eines Feldes *mit eigenem Namen* wird *explizit* mit einer Typvereinbarungs-Anweisung spezifiziert.

Ein **Teilfeld** ist eine Untermenge der skalaren Daten (d. h. der Elemente) eines Feldes. Es ist selber ein Feldobjekt, aber es hat keinen eigenen Namen. Es kann mit Hilfe eines qualifizierten Namens identifiziert werden, der mindestens aus dem Feldnamen und einer (in runde Klammern eingeschlossenen) *Teilfeld-Indexliste* gebildet wird.

Ein **Feldelement** ist das kleinste Teilobjekt eines Feldes. Es ist skalar und hat keinen eigenen Namen. Es kann mit Hilfe eines qualifizierten Namens identifiziert werden, der mindestens aus dem Feldnamen und einer (in runde Klammern eingeschlossenen) *Indexliste* gebildet wird.

Alle Feldelemente haben den gleichen Typ, ggf. den gleichen Typparameter und ggf. die gleiche Zeichendatenlänge; d. h., der Typ, der Typparameter und die Zeichendatenlänge des Feldes bestimmen diejenigen der einzelnen Feldelemente. Ein Feldelement hat u. U. einen Wert.

Die charakteristischen Eigenschaften eines Feldes (mit eigenem Namen) werden fast ausschließlich in der zugehörigen Typvereinbarungs-Anweisung spezifiziert. Lediglich die Größe eines Feldes wird im Fall eines dynamischen Feldes oder u. U. eines Feldzeigers in einer ALLOCATE–Anweisung spezifiziert.

Für ein Feld mit eigenem Namen muß eine *Feldvereinbarung* vorgenommen werden, bei der die Eigenschaften des Feldobjektes spezifiziert werden. Die Spezifikation der Dimensionierung, d. h. des Ranges und ggf. der Gestalt eines Feldes in einer Typvereinbarungs-Anweisung wird als *Feldspezifikation* bezeichnet. Bei der Feldvereinbarung werden i. allg. auch die *Indexgrenzen* spezifiziert; d. h., es wird für jede Dimension des Feldes eine **untere_grenze** und eine **obere_grenze** spezifiziert. Die Feldvereinbarung einschließlich der Feldspezifikation wird ausführlich im Kapitel 6 behandelt.

```
integer, dimension (5, -100:0) :: 1, m
complex, dimension (5, -100:0) :: n
```

Es gibt auch Felder ohne eigene Namen, z. B. der berechnete Feldwert eines Ausdruckes, ein Teilfeld oder eine Strukturkomponente, die ein Feld ist.

In F werden ganz unterschiedliche Arten von Feldern unterstützt:

Automatisches Feld: Das ist ein Feld in einem Unterprogramm, das kein Formalparameter-Feld ist, und dessen Gestalt von (mindestens) einem nicht-konstanten Spezifikationsausdruck abhängt.

Dynamisches Feld: Das ist ein Feld mit ALLOCATABLE–Attribut, dessen Gestalt (genauer: Indexgrenzen) nicht in der Feldvereinbarung, sondern in der ALLOCATE–Anweisung spezifiziert sind, mit deren Hilfe das dynamische Feld erzeugt wird. Ein dynamisches Feld kann wieder freigegeben werden.

Feld mit expliziter Gestalt: Das ist ein Feld, dessen obere Indexgrenzen in der Feldvereinbarung alle als Spezifikationsausdrücke spezifiziert sind. Damit ist die Gestalt und die Größe des Feldes gegeben.

Feld mit übernommener Gestalt: Das ist ein Formalparameter-Feld, das seine Gestalt vom zugeordneten Aktualparameter-Feld übernimmt.

Feldzeiger: Das ist ein Feld mit POINTER–Attribut, dessen Indexgrenzen nicht in der Feldvereinbarung, sondern z. B. in einer ALLOCATE–Anweisung spezifiziert sind.

Formalparameter-Feld: Das ist ein Feld, das in einem Unterprogramm als Formalparameter verwendet wird.

Variables Feld: Das ist ein Feld, dessen Gestalt nicht ausschließlich von *konstanten* Spezifikationsausdrücken abhängt.

Als **Größe eines Feldes** bezeichnet man die Anzahl aller Feldelemente. Sie ist gleich dem Produkt der Größen der einzelnen Dimensionen. Die **Größe einer Dimension** berechnet sich i. allg. aus (**obere_grenze − untere_grenze** + 1) (s. Kap. 6). Ein Feld kann die Größe Null haben.

```
real, dimension (15) :: vector        ! 1-dim. Feld mit 15 Elementen
logical, dimension (-5:5, 1976:1985) :: tab
                          ! 2-dim. Feld mit 1*10=110 Elementen
integer, dimension (-30:40, 1981:1986, 5) :: temp
                          ! 3-dim. Feld mit 71*6*5=2130 Elementen
```

Die Anzahl der Dimensionen eines Feldes wird als der **Rang** des Feldes bezeichnet.

Die **Gestalt** eines Feldes ist gegeben durch die Anzahl der Dimensionen (d. h. durch den Rang) des Feldes und durch die Größe der einzelnen Dimensionen. Die

Gestalt eines Feldes kann als eindimensionales Feld dargestellt werden, dessen Feldelemente der Reihe nach die Größe der einzelnen Dimensionen des ursprünglichen Feldes enthalten. Man beachte, daß die Gestalt eines Feldes nichts über die tatsächlichen Indexgrenzen aussagt.

Wenn ein Feld vereinbart worden ist, bleibt sein Rang bei Ausführung des Programmes stets unverändert. Die Größe der einzelnen Dimensionen kann jedoch bei Formalparameter-Feldern, automatischen Feldern, Feldzeigern und dynamischen Feldern verändert werden.

4.4.1   Innere Struktur von Feldern

Ein Feld ist zunächst einmal ein einzelnes Datenobjekt, das allerdings aus einer Menge skalarer Feldelemente besteht, die entsprechend der typischen „rechtwinkligen" Gestalt des Feldes angeordnet sind. Diese Anordnung der Feldelemente zu einem Vektor, einer Matrix, einem Quader, usw. findet natürlich nur im Kopf des Programmierers statt.

Neben dieser ggf. *mehr*dimensionalen „gedachten" Struktur von Feldern gibt es eine interne *ein*dimensionale „gedachte" Anordnung der Feldelemente. Und zwar bilden die Elemente eines Feldes eine Kette.

Die interne Verkettung der Feldelemente erfolgt *spaltenweise*. D. h., wenn man der Reihe nach so auf die Elemente eines mehrdimensionalen Feldes zugreift, wie es ihrer Position in der Kette der Feldelemente entspricht, dann wird der erste Index am schnellsten erhöht und der letzte Index am langsamsten.

```
real, dimension (4, 3) :: y !  2-dimensionales Feld mit 12 Elem.
```

	Spalte 1	Spalte 2	Spalte 3
Zeile 1	$y(1,1)$	$y(1,2)$	$y(1,3)$
Zeile 2	$y(2,1)$	$y(2,2)$	$y(2,3)$
Zeile 3	$y(3,1)$	$y(3,2)$	$y(3,3)$
Zeile 4	$y(4,1)$	$y(4,2)$	$y(4,3)$

Feldelement	$y(1,1)$	$y(2,1)$	$y(3,1)$	$y(4,1)$	$y(1,2)$	$y(2,2)$	$\cdots$
Position	1	2	3	4	5	6	$\cdots$

Feldelement	$y(3,2)$	$y(4,2)$	$y(1,3)$	$y(2,3)$	$y(3,3)$	$y(4,3)$
Position	7	8	9	10	11	12

```
real, dimension (3, 3, 2) :: z !  3-dimensionales Feld mit 18 Elem.
```

	Spalte 1	Spalte 2	Spalte 3
Zeile 1	$z(1,1,1)$	$z(1,2,1)$	$z(1,3,1)$
Zeile 2	$z(2,1,1)$	$z(2,2,1)$	$z(2,3,1)$
Zeile 3	$z(3,1,1)$	$z(3,2,1)$	$z(3,3,1)$

Ebene 1

	Spalte 1	Spalte 2	Spalte 3
Zeile 1	$z(1,1,2)$	$z(1,2,2)$	$z(1,3,2)$
Zeile 2	$z(2,1,2)$	$z(2,2,2)$	$z(2,3,2)$
Zeile 3	$z(3,1,2)$	$z(3,2,2)$	$z(3,3,2)$

Ebene 2

Feldelement	$z(1,1,1)$	$z(2,1,1)$	$z(3,1,1)$	$z(1,2,1)$	$z(2,2,1)$	$z(3,2,1)$	$\cdots$
Position	1	2	3	4	5	6	$\cdots$

Feldelement	$z(1,3,1)$	$z(2,3,1)$	$z(3,3,1)$	$z(1,1,2)$	$z(2,1,2)$	$z(3,1,2)$	$\cdots$
Position	7	8	9	10	11	12	$\cdots$

Feldelement	$z(1,2,2)$	$z(2,2,2)$	$z(3,2,2)$	$z(1,3,2)$	$z(2,3,2)$	$z(3,3,2)$
Position	13	14	15	16	17	18

Feldelement-Position

Die Position des einzelnen Feldelementes $(s_1, s_2, \ldots, s_n)$ innerhalb der internen (gedachten) Kette ist durch folgende Formel gegeben:

$$1 + (s_1 - j_1) + \sum_{m=1}^{n-1} \left((s_{m+1} - j_{m+1}) * \prod_{i=1}^{m} d_i \right)$$

Dabei ist n der Rang des Feldes.

s_i ist der ganzzahlige Wert des i-ten Indexausdruckes.

j_i ist der Wert der unteren Grenze der i-ten Dimension.

k_i ist der Wert der oberen Grenze der i-ten Dimension.

$d_i = max(k_i - j_i + 1, 0)$ ist die Größe der i-ten Dimension.

Wenn das Feld *nicht* die Größe Null hat, dann ist $j_i \leq s_i \leq k_i$ für alle i.

```
real, dimension (0:15) :: r
:
r(5) = 94.0
```

Das Feldelement `r(5)` steht an der Position 6 des 1-dimensionalen Feldes `r`, denn es ist $(1 + (5 - 0)) = 6$.

```
character (len=8), dimension (0:2, -2:3) :: s
:
s(0, 3) = "Beispiel"
```

Das Feldelement $s(0, 3)$ steht an der Position 16 des 2-dimensionalen Feldes s, denn es ist $(1 + (0 - 0) + (3 - (-2)) * (2 - (-0) + 1) = 16$.

Ausgehend von der Position des Feldelementes und von der Länge der einzelnen Feldelemente kann man die Anfangszeichen-Position des Feldelementes relativ zum Anfang des Feldes bestimmen:

Anfangszeichen-Position $= 1 +$ (Feldelement-Position $- 1$) $*$ Zeichendatenlänge

Das Feldelement $s(0, 3)$ beginnt also in der 121. Zeichenposition, denn $1 + (16 - 1) * 8 = 121$.

4.5   Strukturkomponenten

Eine **Strukturkomponente** ist ein Teil eines Datenobjektes benutzerdefinierten Typs. Und zwar handelt es sich entweder um eine Komponente eines Strukturobjektes, also eines skalaren Objektes, oder um ein Feld, dessen Feldelemente jeweils aus einer Komponente der Feldelemente eines Feldes benutzerdefinierten Typs bestehen.

Eine Strukturkomponente hat keinen eigenen Namen, vielmehr wird die Bezeichnung des Ausgangsobjektes geeignet qualifiziert. Dort wo der Name der Typkomponente des benutzerdefinierten Typs verfügbar ist, verwendet man für den Zugriff auf eine Strukturkomponente mindestens die Bezeichnung des Ausgangsobjektes, dessen Teil sie ist, und den Namen der entsprechenden Typkomponente.

teil$_1$ [**%teil**$_i$]... **%teil**$_n$

Dabei ist **teil**$_1$ die Bezeichnung des Ausgangsobjektes benutzerdefinierten Typs. Das ist der Name eines Strukturobjektes oder eines Feldobjektes, die Bezeichnung eines Feldelementes oder die Bezeichnung eines Teilfeldes.

teil$_i$ ist benutzerdefinierten Typs. Folgende Angaben sind zulässig:

- Der **komponentenname** des davorstehenden Teils **teil**$_{i-1}$. Diese Komponente darf das DIMENSION-Attribut haben.

- Die Bezeichnung eines Feldelementes **feld (indexausdruck [, indexausdruck]...)**, wobei **feld** der Name einer Komponente mit DIMENSION-Attribut des davorstehenden Teils **teil**$_{i-1}$ ist.

- Die Bezeichnung eines Teilfeldes **feld (teilfeld-index [, teilfeld-index]...)**, wobei **feld** der Name einer Komponente mit DIMENSION-Attribut des davorstehenden Teils **teil**$_{i-1}$ ist.

Und **teil**$_n$ ist der Name einer Komponente des davorstehenden Teils **teil**$_{n-1}$. Diese Komponente darf das DIMENSION-Attribut haben. Höchstens ein einziger **teil** darf ein Gesamtfeld oder ein Teilfeld bezeichnen.

Wenn ein **teil**$_k$ ein Gesamtfeld oder ein Teilfeld bezeichet, dann dürfen die in **teil**$_{k+1}$ bis **teil**$_n$ verwendeten Namen **komponentenname**, **feld** oder **teil**$_n$ nicht das POINTER–Attribut haben.

Strukturkomponenten, die Felder sind, und Teilfelder von Strukturkomponenten werden auch im Zusammenhang mit dem Zugriff auf Felder behandelt.

Der Typ einer Strukturkomponente ist durch den Typ der Typkomponente **teil**$_n$ gegeben. Falls die Strukturkomponente nicht-voreingestellten Typs ist oder vom Zeichentyp ist, muß der Typparameter bzw. die Zeichendatenlänge der Typkomponente **teil**$_n$ in der Typdefinition für **teil**$_{n-1}$ spezifiziert sein. Der Typparameter und die Zeichendatenlänge sind also konstant.

Der Rang einer Strukturkomponente ist Null, wenn alle **teil**$_k$ skalar sind, wie z. B. im Fall einer Strukturkomponente, deren Ausgangsobjekt ein Feldelement ist. Der Rang einer Strukturkomponenten ist größer als Null, wenn einer der **teil**$_k$ ein Gesamtfeld oder ein Teilfeld bezeichnet. In diesem Fall ist der Rang der Strukturkomponente gleich dem Rang dieses Gesamtfeldes oder Teilfeldes.

Eine Strukturkomponente hat das INTENT–, PARAMETER– oder TARGET–Attribut, wenn das Ausgangsobjekt **teil**$_1$ das entsprechende Attribut hat. Eine Strukturkomponente ist nur dann ein Zeiger, wenn für die entsprechende Typkomponente **teil**$_n$ bereits in der Typdefinition das POINTER–Attribut spezifiziert ist.

```
type, public :: messreihe                       ! Typdefinition
  character (len=10)      :: datum
  real, dimension (100) :: wert
end type messreihe

type, public :: ist_soll                         ! Typdefinition
  type (messreihe)       :: alt
  real, dimension (100) :: faktor
  type (messreihe)       :: neu
  character (len=20), dimension (100) :: merkmal
end type ist_soll

type, public :: auto                             ! Typdefinition
  character (len=10) :: marke, typ
  integer            :: bauj, leistung
  real               :: preis
end type auto
```

Wo diese Typdefinitionen verfügbar sind, kann man z. B. vereinbaren:

```
type (messreihe) :: x
type (ist_soll)  :: z
type (auto), dimension (10) :: privat
```

Beispiel	Ausgangsobjekt	Typkomp.	Strukturkomp.
`x%datum`	skalar	skalar	skalar
`privat%preis`	Feld	skalar	Feld
`privat(5)%preis`	Feldelement, skalar	skalar	skalar
`x%wert`	skalar	Feld	Feld
`privat(1:5)%marke`	Teilfeld	skalar	Feld
`z%neu%datum`	Strukturkomp., skalar	skalar	skalar
`z%neu%wert`	Strukturkomp., skalar	Feld	Feld

Wenn das Ausgangsobjekt oder eine Typkomponente ein Feld ist, dann erhält
man ein Feldelement oder ein Teilfeld durch Anfügen einer in Klammern eingeschlossenen Indexliste bzw. Teilfeld-Indexliste.

4.6   Automatische Variablen

Die Eigenschaften einer Variablen können von bestimmten *Spezifikationsausdrücken* abhängen, die in der Typvereinbarungs-Anweisung für die Variable spezifiziert werden können. Dabei handelt es sich um Längenangaben für Zeichenvariablen und um Indexgrenzen von Feldern.

Eine derartige Variable ist eine **automatische Variable**, wenn sie *kein* Formalparameter ist, und wenn außerdem mindestens einer der Spezifikationsausdrücke
kein Konstantenausdruck ist.   Eine automatische Variable kann nur in einem
Unterprogramm auftreten.

Für eine automatische Variable darf weder ein Anfangswert noch das SAVE–
Attribut spezifiziert werden.

Automatische Variablen existieren nur für die Dauer der Ausführung des betr.
Unterprogrammes. Die nicht-konstante Zeichendatenlänge einer automatischen
Zeichenvariablen wird vor Ausführung der ersten ausführbaren Anweisung des
Unterprogrammes bestimmt. Während der anschließenden Ausführung des Un-
terprogrammes hat die Redefinition irgendwelcher Operanden der Längenangabe
keinen Einfluß auf die aktuelle Länge der automatischen Zeichenvariablen.

Automatische Felder werden im Zusammenhang mit der Speicherverwaltung von
Feldern beschrieben.

4.7   Zuordnung

Zuordnung bedeutet, daß ein und dieselbe Größe in *verschiedenen* Geltungseinheiten durch den gleichen Namen oder durch unterschiedliche Namen identifiziert wird.   Wenn zwei Größen einander zugeordnet werden, dann werden sich
entsprechende Teile dieser Größen einander zugeordnet.

4.7.1 Zuordnung über den Namen

Es gibt drei Möglichkeiten der Zuordnung über den Namen, nämlich *Parameterzuordnung*, *USE–Zuordnung* und *Umgebungszuordnung*.

Parameterzuordnung

Bei Ausführung eines Unterprogrammaufrufes werden die Aktualparameter des Unterprogrammaufrufes den Formalparametern des aufgerufenen Unterprogrammes zugeordnet. Diese Zuordnung besteht nur für die Dauer der Ausführung des aufgerufenen Unterprogrammes.

Zuordnung mittels USE–Anweisung, USE–Zuordnung

Mit Hilfe einer USE–Anweisung können lokale Namen einer Geltungseinheit und die in einem Modul spezifizierten Namen einander zugeordnet werden. Diese Zuordnung besteht für die Dauer der Ausführung des Programmes.

Umgebungszuordnung

Ein Modul-Unterprogramm und eine Typdefinition haben Zugang zu Größen der umgebenden Geltungseinheit, in die sie eingebettet sind. Diese zugänglichen Größen sind Variablen mit eigenem Namen, benannte Konstanten, Modul-Unterprogramme, Schnittstellenblöcke und benutzerdefinierte Datentypen.

Aber: Wenn eine Größe, die in der eingebetteten Geltungseinheit mittels USE–Zuordnung zugänglich ist, den Namen einer gleichlautenden nicht-generischen Größe der umgebenden Geltungseinheit hat, dann ist die Größe der umgebenden Geltungseinheit nicht verfügbar.

Ein Name, der in der eingebetteten Geltungseinheit als
- Name eines externen Unterprogrammes (mittels Schnittstellenblock) vereinbart ist,

- Name einer Datengröße auftritt, deren Eigenschaften vollständig oder zum Teil durch Angabe ihres Namens in einer Typvereinbarungs-Anweisung spezifiziert sind,

- Name einer benannten Anweisungsgruppe auftritt oder als

- Name eines Unterprogrammes, einer Ergebnisvariablen oder eines Formalparameters in einer FUNCTION– oder SUBROUTINE–Anweisung auftritt,

ist der Name einer lokalen Größe der Geltungseinheit. Und jede Größe der umgebenden Geltungseinheit, die den gleichen nicht-generischen Namen hat, ist mittels Umgebungszuordnung nicht über diesen Namen verfügbar.

```
module umgebung
public :: innen
  type, public :: sedef
    ⋮
  end type sedef
  integer, private :: i, j
  ⋮
  contains
    function innen (fp) result (in_var)
      real        :: fp
      integer     :: in_var
      integer     :: i     ! lokale Variable i
      type (sedef) :: t    ! der Typ sedef aus dem umgeb. Modul
      ⋮
      in_var = i + j       ! hier das j aus dem umgebenden Modul
    end function innen
end module umgebung
```

Der benutzerdefinierte Datentyp **sedef** in der Funktion **innen** ist mittels Umgebungszuordnung der gleichnamige Typ aus dem Spezifikationsteil des Moduls. Wegen der Typvereinbarung der Variablen i in der Funktion **innen** ist die gleichnamige Variable des Moduls innerhalb der Funktion *nicht* mittels Umgebungszuordnung verfügbar.

4.7.2   Zuordnung über Zeiger, Zeigerzuordnung

Durch Zeigerzuordnung werden ein Zeiger und ein Zeigerziel einander so zugeordnet, daß das Zeigerziel benutzt oder definiert (d. h. mit einem Wert versehen) werden kann, indem man dazu auf den Zeiger (und nicht auf das Zeigerziel) Bezug nimmt.

Einem Zeiger kann bei Bedarf ein anderes Zeigerziel zugeordnet werden. Und die Zuordnung kann auch jederzeit aufgehoben werden. Einem Zeiger ist zu einem bestimmten Zeitpunkt immer höchstens ein einziges Zeigerziel zugeordnet. Ein Zeigerziel kann allerdings jederzeit mehreren Zeigern zugeordnet sein. Es kann auch gar keinem Zeiger zugeordnet sein. Der Zuordnungsstatus eines Zeigers kann *undefiniert, zugeordnet* oder *nicht-zugeordnet* sein.

4.8   Definitionsstatus

Zu jedem Zeitpunkt der Ausführung eines Programmes ist der Definitionsstatus jeder Variablen entweder *definiert* oder *undefiniert*. Eine **definierte** Variable hat einen gültigen Wert. Dieser Wert bleibt solange erhalten, bis die Variable entweder *undefiniert* wird oder (mit einem neuen Wert) *redefiniert* wird. Eine Variable muß zum Zeitpunkt der Benutzung (d. h. des Zugriffs auf den Wert) definiert sein.

Wenn eine Variable **undefiniert** ist, hat sie keinen gültigen Wert. In diesem Fall ist der aktuelle Wert der Variablen i. allg. unbrauchbar.

Eine Variable ist genau dann definiert, wenn *alle* ihre Teilobjekte definiert sind. D. h., daß eine Variable bereits dann undefiniert ist, wenn nur ein einziges Teilobjekt undefiniert ist.

Ein Zeiger, dem ein Zeigerziel zugeordnet ist, das definierbar ist, kann definiert oder redefiniert werden, und zwar genauso wie eine Variable, die kein Zeiger ist.

Eine Variable (in einer Subroutine) kann bereits bei Beginn der Ausführung eines Programmes definiert sein. Man spricht vom *Anfangswert* der Variablen. Solch ein Anfangswert kann explizit in einer Typvereinbarungs-Anweisung spezifiziert werden. Variablen des Hauptprogrammes oder einer Funktion können nicht explizit mit einem Anfangswert initialisiert werden. Für jede Variable, für die ein Anfangswert spezifiziert wird, muß zugleich das SAVE-Attribut angegeben werden.

Felder der Größe Null und Zeichenvariablen der Länge Null sind immer definiert; d. h., sie haben insbesondere einen gültigen Anfangswert. Dynamische Felder, automatische Datenobjekte und Zeiger der Größe Null oder der Länge Null sind natürlich erst dann definiert, wenn sie erzeugt bzw. zugeordnet sind.

Alle Variablen, für die kein Anfangswert spezifiziert ist, sind unmittelbar bei Beginn der Ausführung eines Programmes undefiniert; ausgenommen Variablen der Größe oder der Länge Null, soweit sie überhaupt zu diesem Zeitpunkt existieren.

Definitionsstatus: „Definiert"

Bei Ausführung eines Programmes können Variablen auf unterschiedliche Art und Weise definiert werden, z. B.:

Bei Ausführung einer vordefinierten Zuweisungsanweisung wird die Variable auf der linken Seite des Gleichheitszeichens definiert.

Bei Ausführung einer Zeigerzuweisungs-Anweisung mit einem definierten Zeigerziel auf der rechten Seite wird der Zeiger auf der linken Seite definiert.

Bei Ausführung einer Eingabeanweisung werden der Reihe nach Werte aus der Eingabedatei in Variablen übertragen.

Die Ausführung einer DO-Anweisung mit Laufvariable definiert die Laufvariable.

Bei Ausführung einer E/A-Anweisung mit E/A-Parameterliste werden i. allg. fast alle der spezifizierten Ausgabeparameter definiert.

Die Ausführung einer Anweisung mit Statusvariable definiert die spezifizierte Statusvariable.

Definitionsstatus: „Undefiniert"

Bei Ausführung eines Programmes werden Variablen u. U. undefiniert, z. B.:

Bei Ausführung einer END FUNCTION–, END SUBROUTINE– oder RETURN–Anweisung in einem Unterprogramm werden alle lokalen Variablen des Unterprogrammes (oder des Ausführungsexemplares des Unterprogrammes bei rekursivem Aufruf) undefiniert mit Ausnahme folgender:

- *gesicherte* Variablen, das sind Variablen mit SAVE–Attribut, z. B. bestimmte initialisierte Variablen in Subroutinen;

- in dem Unterprogramm zugängliche Variablen der umgebenden Geltungseinheit;

- und in dem Unterprogramm zugängliche Variablen eines Moduls, das auch in irgendeiner Geltungseinheit zugänglich ist, von der aus das Unterprogramm direkt oder indirekt aufgerufen wird.

Wenn bei Ausführung einer Eingabeanweisung ein Fehlerstatus auftritt oder der Dateiende-Status eintritt, werden alle Variablen der Eingabeliste undefiniert.

Wenn bei Ausführung einer Eingabeanweisung mit direktem Zugriff eine Datensatznummer spezifiziert ist, für die zuvor noch gar kein Datensatz erzeugt, d. h. geschrieben worden ist, dann werden alle in der Eingabeliste angegebenen Variablen undefiniert.

Bei Ausführung einer INQUIRE–Anweisung können bestimmte Ausgabeparameter der Anweisung undefiniert werden.

Wenn ein dynamisches Feld freigegeben wird, wird es undefiniert.

Unmittelbar beim Unterprogrammaufruf sind undefiniert:

- Ein optionaler Formalparameter, der nicht *präsent* ist,

- ein Formalparameter mit INTENT(OUT)–Attribut,

- ein Aktualparameter, der einem Formalparameter mit INTENT(OUT)–Attribut zugeordnet wird, und

- die Ergebnisvariable einer Funktion.

5 Zeiger

Zeiger ist in **F** kein Datentyp, sondern es ist ein Attribut, das für Variable und benutzerdefinierte Funktionen beliebigen Datentyps spezifiziert werden kann.

5.1 Zeigerkonzept

Eine Variable oder ein Funktion mit POINTER–Attribut ist ein **Zeiger**. Das POINTER–Attribut wird mit Hilfe der Typvereinbarungs-Anweisung spezifiziert.

Einem Zeiger kann ein Zeigerziel *zugeordnet* werden. Wenn einem Zeiger ein Zeigerziel zugeordnet ist, dann *weist* der Zeiger auf dieses Zeigerziel. Und der Zeiger kann anstelle des Zeigerziels überall verwendet werden, wo eine Datengröße gleichen Typs, ggf. gleichen Typparameters, ggf. mit gleicher Zeichendatenlänge und mit gleicher Gestalt verwendet werden darf.

Ein Zeiger kann erst dann definiert und benutzt werden, nachdem ihm ein Zeigerziel zugeordnet worden ist. Er muß also erst auf ein Zeigerziel weisen, ehe man ihn, und damit automatisch das Zeigerziel, wie eine „normale" Variable behandeln kann. Wenn einem Zeiger erst einmal ein Zeigerziel zugeordnet worden ist, wird jeder Zugriff auf den Zeiger als Zugriff auf das zugeordnete Zeigerziel behandelt. Anders als in anderen modernen Sprachen braucht der Programmierer nicht zwischen Adresse und Wert zu unterscheiden. Zeiger werden in **F** implizit „dereferenziert".

Für einen Zeiger kann man mit Hilfe einer ALLOCATE–Anweisung dynamisch ein Zielobjekt erzeugen. Und man kann einem Zeiger mit Hilfe einer *Zeigerzuweisungs-Anweisung* der Art Zeiger => Ziel ein Zeigerziel zuordnen.

Ein *Feldzeiger* ist eine Feldvariable mit eigenem Namen, für die das POINTER–Attribut spezifiziert ist. Für einen Feldzeiger wird in der Typvereinbarungs-Anweisung nur der Rang des Feldes spezifiziert, indem man für jede Dimension lediglich einen Doppelpunkt schreibt. Die tatsächliche Gestalt des Feldes wird beispielsweise erst in der ALLOCATE–Anweisung angegeben, mit deren Hilfe ein Zeigerziel erzeugt wird.

```
integer, pointer :: p1
logical, dimension (:, :, :), pointer :: p2
allocate (p2 (3, 4, 15))
```

p1 ist ein ganzzahliger Zeiger, und p2 ist ein dreidimensionaler Feldzeiger.

Komponenten benutzerdefinierter Datentypen dürfen ebenfalls das POINTER–Attribut haben. Auf diese Weise kann man einen Datentyp definieren, mit dessen

Datenobjekten man flexible Datenstrukturen wie verkettete Listen, Baumstrukturen oder Graphen bilden kann.

Mit Hilfe der vordefinierten Abfragefunktion ASSOCIATED kann man sich Informationen darüber verschaffen, ob ein Zeiger im Augenblick überhaupt auf ein Zeigerziel weist oder ob er auf ein ganz bestimmtes Zeigerziel weist.

Jedes Zielobjekt, auf das ein Zeiger weisen soll, muß das TARGET-Attribut haben. Die Spezifikation des TARGET-Attributes muß in der Typvereinbarungs-Anweisung erfolgen.

Ein Zeiger hat einen Definitionsstatus wie jede andere Variable. Der Definitionsstatus eines Zeigers ist gleich dem Definitionsstatus des zugeordneten Zeigerzieles.

5.2   Zeigerverarbeitung

Die Ausführung der ALLOCATE-Anweisung für Zeiger bewirkt, daß dynamisch ein *Ziel*objekt erzeugt wird, auf das der angegebene Zeiger weist. Dieses Zeigerziel hat implizit das TARGET-Attribut. Der Zeiger und das dynamisch erzeugte Zeigerziel sind auf diese Weise einander zugeordnet. Mit Hilfe von Zeigerzuweisungs-Anweisungen können diesem Zeigerziel (oder Teilen dieses Zeigerzieles) anschließend weitere Zeiger zugeordnet werden.

Mit Hilfe einer DEALLOCATE-Anweisung kann ein Zeigerziel, das bei Ausführung einer ALLOCATE-Anweisung für einen Zeiger erzeugt worden ist, wieder *freigegeben* werden. Und mit einer NULLIFY-Anweisung kann die Zuordnung zwischen einem Zeiger und einem Zeigerziel aufgehoben werden.

5.2.1   Erzeugung von Zeigerzielen

Die ALLOCATE-Anweisung zur Erzeugung von Zeigerzielen hat folgende Form:

ALLOCATE (zeiger [, zeiger]... [, STAT = statusvariable])

Dabei ist **zeiger** jeweils entweder der Name einer skalaren Variablen mit POINTER-Attribut, die Bezeichnung einer skalaren Strukturkomponente mit POINTER-Attribut oder der Name eines Feldzeigers mit zugehöriger Feldspezifikation (s. Kap. 6). Und die **statusvariable** ist eine ganzzahlige skalare Variable.

Die ALLOCATE-Anweisung für Zeiger hat die gleiche Form wie die entsprechende Anweisung für Feldzeiger oder für dynamische Felder. Genauer: Mit derselben ALLOCATE-Anweisung dürfen nicht nur Zeigerziele, sondern auch dynamische Felder erzeugt werden.

Wenn mit STAT= eine **statusvariable** angegeben ist, dann hat diese Status-variable nach erfolgreicher Ausführung der ALLOCATE–Anweisung den Wert Null. Wenn eine Fehlerbedingung bei Ausführung der ALLOCATE–Anweisung auftritt, hat die Statusvariable anschließend einen systemabhängigen positiven ganzzahligen Wert.

Wenn die Statusvariable ein Zeiger (oder ein Feldelement eines dynamischen Feldes) ist, dann darf sie nicht in derselben ALLOCATE–Anweisung mit Hilfe derselben ALLOCATE–Anweisung zugeordnet (bzw. zugewiesen) werden.

Wenn eine Fehlerbedingung bei Ausführung einer ALLOCATE–Anweisung auftritt, in der *keine* Statusvariable angegeben ist, wird die Ausführung des Programmes beendet.

Es ist *kein* Fehler, wenn eine ALLOCATE–Anweisung für einen Zeiger ausgeführt wird, dem bereits ein Zeigerziel zugeordnet ist. In diesem Fall wird ein neues Zeigerziel erzeugt, das die Eigenschaften hat, die für den Zeiger spezifiziert sind. Der Zeiger weist anschließend auf dieses neue Zeigerziel und die alte Zuordnung zu dem ursprünglichen Zeigerziel wird aufgehoben. Wenn das ursprüngliche Zeigerziel durch Ausführung einer ALLOCATE–Anweisung erzeugt worden ist, wird es damit unerreichbar, außer es besteht noch eine weitere Zuordnung zu einem anderen Zeiger, wenn also ein weiterer Zeiger auf dieses ursprüngliche Zeigerziel weist.

5.2.2 Zuordnungsstatus

Der Zuordnungsstatus kann *zugeordnet*, *nicht-zugeordnet* oder *undefiniert* sein.

Ein Zeiger bekommt den Status „**zugeordnet**",

- wenn mit Hilfe einer ALLOCATE–Anweisung ein Zeigerziel für diesen Zeiger erzeugt wird, oder

- wenn dem Zeiger mit Hilfe einer Zeigerzuweisungs-Anweisung ein Zeiger zugewiesen wird, der selbst den Status „zugeordnet" hat, oder wenn ein Zeigerziel zugeordnet wird, das das TARGET-Attribut hat, und das im Augenblick zugewiesen ist, wenn es sich um ein dynamisches Feld handelt.

Ein Zeiger bekommt den Status „**nicht-zugeordnet**",

- wenn die Zuordnung mit Hilfe einer NULLIFY–Anweisung aufgehoben wird,

- wenn das mit der ALLOCATE–Anweisung erzeugte Zeigerziel mit einer DEALLOCATE–Anweisung freigegeben wird, oder

- wenn dem Zeiger in einer Zeigerzuweisungs-Anweisung ein Zeiger zugewiesen wird, der selbst den Status „nicht-zugeordnet" hat.

Ein Zeiger bekommt den Zuordnungsstatus „**undefiniert**",

- wenn das zugeordnete Zeigerziel oder ein Teil davon auf andere Weise als über den betr. Zeiger freigegeben worden ist (z. B. mit Hilfe eines anderen Zeigers, der ebenfalls auf dasselbe Zeigerziel weist),

- wenn dem Zeiger mit Hilfe einer Zeigerzuweisungs-Anweisung ein Zeiger zugewiesen wird, der selbst den Status „undefiniert" hat,

- wenn das zugeordnete Zeigerziel bei Ausführung der END FUNCTION- oder END SUBROUTINE–Anweisung oder einer RETURN–Anweisung eines Unterprogrammes undefiniert wird, oder

- bei Ausführung der END FUNCTION- oder END SUBROUTINE–Anweisung oder einer RETURN–Anweisung eines Unterprogrammes, in dem der Zeiger entweder vereinbart oder zugänglich ist, außer

  - es ist ein Zeiger mit SAVE–Attribut,

  - es ist ein Zeiger, der in einem Modul vereinbart ist, wobei das Modul gleichzeitig von einer anderen Geltungseinheit genutzt wird, die gerade ausgeführt wird,

  - es ist ein Zeiger, der mittels Umgebungszuordnung zugänglich ist, oder

  - der Zeiger ist eine Ergebnisvariable einer Funktion mit POINTER–Attribut.

  In den zuletzt genannten Ausnahmefällen behält ein Zeiger nach Ausführung der END FUNCTION–, END SUBROUTINE– oder RETURN–Anweisung natürlich auch seinen Definitionsstatus. Wenn ein Zeigerziel bei Ausführung einer END FUNCTION–, END SUBROUTINE– oder RETURN–Anweisung undefiniert wird, dann wird auch der Zuordnungsstatus undefiniert.

Der Zuordnungsstatus eines Zeigers kann undefiniert sein, weil z. B. der Zeiger in einem Unterprogramm, in dem er vereinbart oder zugänglich ist, noch zugeordnet war, während die END FUNCTION– oder END SUBROUTINE–Anweisung oder eine RETURN–Anweisung des Unterprogrammes ausgeführt worden ist. Der Zuordnungsstatus kann auch dann undefiniert sein, falls ein Zeiger in einem Modul vereinbart ist, und wenn er dort durch Ausführung einer ALLOCATE–Anweisung auch zugeordnet wird, aber die Geltungseinheiten, die das Modul nutzen, diese Zuordnung nicht mehr aufheben.

Wenn der Zuordnungsstatus eines Zeigers undefiniert ist, dann darf solch eine Variable (oder ein Teil davon) i. allg. weder definiert, noch benutzt, noch in einer DEALLOCATE–Anweisung angegeben (d. h. freigegeben) werden. Ausnahmen:

Der Zeiger darf als Aktualparameter im Aufruf einer Abfragefunktion angegeben werden, die Informationen über den Zuordnungsstatus, über Eigenschaften des Datentyps, über den Typparameter, über die Zeichendatenlänge oder über Parameterpräsenz liefert.

Wenn die Ergebnisvariable einer Funktion ein Zeiger ist, dann ist der Zuordnungsstatus dieser Ergebnisvariablen beim Aufruf der Funktion zunächst undefiniert. Vor dem Rücksprung aus der Funktion muß diesem Zeiger ein Zeigerziel zugeordnet werden, oder es muß dafür gesorgt werden, daß der Zeiger den definierten Zuordnungsstatus „nicht-zugeordnet" bekommt.

Wenn ein Modul-Unterprogramm mittels Umgebungszuordnung Zugang zu einem Zeiger der umgebenden Geltungseinheit hat, dann bleibt die Zuordnung zu einem Zeigerziel, die bei Aufruf des Unterprogrammes besteht, auch bei Ausführung des Unterprogrammes bestehen. Der Zuordnungsstatus darf bei Ausführung des Modul-Unterprogrammes geändert werden. Wenn die Ausführung des Unterprogrammes beendet ist, bleibt der Zuordnungsstatus des Zeigers bestehen, außer das zugeordnete Zeigerziel wird bei Ausführung der END FUNCTION–, END SUBROUTINE– oder RETURN–Anweisung undefiniert.

5.2.3   Freigeben von Zeigerzielen

Ein mit Hilfe einer ALLOCATE–Anweisung erzeugtes Zeigerziel kann mit Hilfe einer DEALLOCATE–Anweisung *freigegeben* werden. **Freigeben** eines dynamisch erzeugten Zeigerzieles bedeutet, daß die Zuordnung zwischen Zeiger und Zeigerziel aufgehoben und der Speicherplatz des Zeigerziels dem F-System wieder zur Verfügung gestellt wird.

DEALLOCATE (zeiger [, zeiger]... [, STAT = statusvariable])

Dabei ist **zeiger** hier jeweils der Name einer skalaren Variablen mit POINTER–Attribut, die Bezeichnung einer Strukturkomponente mit POINTER–Attribut oder der Name eines Feldzeigers. Und die **statusvariable** ist eine ganzzahlige skalare Variable.

Die DEALLOCATE–Anweisung für Zeiger hat die gleiche Form wie die entsprechende Anweisung für dynamische Felder. Genauer: Mit derselben DEALLOCATE–Anweisung dürfen nicht nur Zeigerziele, sondern auch dynamische Felder freigegeben werden.

Wenn die Statusvariable ein Zeiger (oder ein Feldelement eines dynamischen Feldes) ist, dann darf dieser Zeiger (bzw. dieses Feld) nicht mit Hilfe derselben DEALLOCATE–Anweisung freigegeben werden.

Wenn mit STAT= eine **statusvariable** angegeben ist, dann hat diese Statusvariable nach erfolgreicher Ausführung der DEALLOCATE–Anweisung den

Wert Null. Wenn eine Fehlerbedingung bei Ausführung der DEALLOCATE–
Anweisung auftritt, hat die Statusvariable anschließend einen systemabhängigen
positiven ganzzahligen Wert. Z. B. tritt bei dem Versuch, eine DEALLOCATE–
Anweisung für einen *nicht*-zugeordneten Zeiger auszuführen, eine solche Fehlerbedingung auf.

```
integer :: dea_stat
  :
deallocate (a, b, stat = dea_stat)
```

In folgenden Fällen darf der Zeiger *nicht* mit Hilfe einer DEALLOCATE–Anweisung freigegeben werden:

- Wenn der Zuordnungsstatus undefiniert ist,

- wenn der Zeiger gar nicht zugeordnet ist,

- wenn das zugeordnete Zeigerziel gar nicht mit Hilfe einer ALLOCATE–
  Anweisung erzeugt worden ist,

- wenn der Zeiger ein Feldzeiger ist, dem ein dynamisches Feld zugeordnet
  ist, oder

- wenn der Zeiger nicht einem ganzen, sondern nur einem Teil eines Zielobjektes zugeordnet ist, der unabhängig von anderen Teilen des Zielobjektes
  ist.

Wenn ein Zeigerziel freigegeben wird, wird der Zuordnungsstatus aller anderen
Zeiger undefiniert, die auf dieses Zeigerziel oder einen Teil dieses Zeigerzieles
weisen.

Wenn eine Fehlerbedingung bei Ausführung einer DEALLOCATE–Anweisung
auftritt, in der *keine* Statusvariable spezifiziert ist, wird die Ausführung des
Programmes beendet.

```
subroutine sp (iz1, iz2)
  integer, pointer :: iz1, iz2
  integer :: zstatus, dstatus
  allocate (iz1, iz2, stat = zstatus)
  if (zstatus > 0) then
    call al_fehler()
  endif
    :
  deallocate (iz1, iz2, stat = dstatus)
  if (dstatus > 0) then
    call deal_fehler()
  endif
end subroutine sp
```

5.2.4 Aufhebung der Zeigerzuordnung

Die Zuordnung zwischen einem Zeiger und einem Zeigerziel kann aufgehoben
werden. Die Zuordnung zwischen einem Zeiger und dem bei Ausführung der
ALLOCATE–Anweisung dynamisch erzeugten Zeigerziel wird aufgehoben, wenn
dieses Zeigerziel mit Hilfe einer DEALLOCATE–Anweisung freigegeben wird.
Eine Zuordnung kann aber auch mit Hilfe einer NULLIFY–Anweisung aufgehoben werden.

NULLIFY (zeiger [, zeiger]...)

Dabei ist **zeiger** hier jeweils der Name einer skalaren Variablen mit POINTER–
Attribut, die Bezeichnung einer Strukturkomponente mit POINTER–Attribut
oder der Name eines Feldzeigers.

Im Gegensatz zur DEALLOCATE–Anweisung wird bei Ausführung der
NULLIFY–Anweisung *kein* Zeigerziel freigegeben.

```
complex, pointer :: cp1, cp2, cp3
  :
allocate (cp1, cp2, cp3)
  :
deallocate (cp1)
nullify (cp2)
cp3 => cp1
```

Der Zeiger `cp2` weist jetzt nicht mehr auf das mit der ALLOCATE–Anweisung
erzeugte Zeigerziel. Es existiert weiterhin, aber es ist nicht erreichbar und kann
nicht mehr freigegeben werden. Das für `cp1` erzeugte Zeigerziel ist freigegeben
worden. Der Zeiger `cp3` ist nach Ausführung der DEALLOCATE–Anweisung
nicht-zugeordnet, weil er auf den Zeiger `cp1` weist, der selber nicht mehr zugeordnet ist.

6 Feldverarbeitung

Allgemeine Aspekte von Feldern werden im Kapitel 4 behandelt. In diesem
Kapitel geht es eher um die Vereinbarung und den Gebrauch von Feldern.

6.1 Feldvereinbarung

Für Felder mit eigenem Namen muß mit Hilfe einer Typvereinbarungs-Anweisung
eine Feldvereinbarung vorgenommen werden. Bei jeder Feldvereinbarung sind
außer dem Namen auch der Rang und ggf. die Gestalt des Feldes zu spezifizieren;
diese **Feldspezifikation** hat folgende Form:

DIMENSION (dim [, dim]...)

Dabei spezifiziert **dim** jeweils die **Indexgrenzen** einer Dimension, wobei je nach
Art des Feldes für jede Dimension jeweils eine **untere_grenze** und/oder eine
obere_grenze angegeben werden kann, angegeben werden muß, fehlen kann oder
fehlen muß.

untere_grenze und **obere_grenze** sind i. allg. ganzzahlige skalare Ausdrücke,
nämlich *Spezifikationsausdrücke* mit positivem oder negativem Wert oder dem
Wert Null. In der Liste **dim [, dim]...** sind maximal sieben Dimensionen dimen-
sionierbar.

Wenn **untere_grenze** $\leq$ **obere_grenze** ist, bestimmen die ganzzahligen Werte
von einschließlich **untere_grenze** bis einschließlich **obere_grenze** die für
den Zugriff *zulässigen* Indexwerte der betr. Dimension. Wenn allerdings
untere_grenze > **obere_grenze** ist, dann gibt es für die betr. Dimension keine
zulässigen Indexwerte. D. h., die Größe der Dimension ist Null, und damit ist
die Größe des Feldes ebenfalls gleich Null (s. u.).

```
subroutine up (p)
real, dimension (5:), intent(in) :: p   ! Feld m. uebernomm. Gestalt
real, dimension (3:8,9,7) :: q, r        ! Felder m. expliz. Gestalt
real, allocatable, dimension (:) :: u   ! dynamisches Feld
real, pointer, dimension (:,:) :: v, t  ! Feldzeiger
:
end subroutine up
```

Variable Indexgrenzen

Indexgrenzen, die nicht-konstante Spezifikationsausdrücke sind, dürfen nur in
Unterprogrammen, und zwar in der Feldvereinbarung von Formalparameter-

Feldern, von automatischen Feldern oder von Ergebnisvariablen feldwertiger Funktionen auftreten.

In den ersten beiden Fällen werden die Indexgrenzen und damit die Gestalt des Feldes bei Übergabe der Kontrolle an das Unterprogramm bestimmt. Die Gestalt des Feldes bleibt für diesen Aufruf des Unterprogrammes unverändert, auch wenn Operanden der Spezifikationsausdrücke **untere_grenze** oder **obere_grenze** redefiniert oder undefiniert werden.

Felder der Größe Null

Ein Feld hat die Größe Null, wenn mindestens eine Dimension die Größe Null hat. Felder der Größe Null werden i. allg. wie „normale" Felder behandelt. Wenn zwei Felder die Größe Null haben, können sie doch von unterschiedlicher Gestalt sein; in diesem Fall können sie beispielsweise nicht mit den vordefinierten Operatoren miteinander verknüpft werden.

6.1.1   Felder mit expliziter Gestalt

Ein **Feld mit expliziter Gestalt** ist ein Feld (mit eigenem Namen), dessen obere Indexgrenzen *explizit* spezifiziert werden müssen.

DIMENSION ([**untere_grenze :**] **obere_grenze** [**,** [**untere_grenze :**] **obere_grenze**]... **)**

Entsprechend dem Rang des Feldes wird für jede Dimension mindestens die jeweilige **obere_grenze** angegeben. Die Angabe der **unteren_grenze** einer oder mehrerer Dimensionen darf fehlen; in diesem Fall wird jeweils der Wert eins angenommen.

Diese Art der Feldspezifikation darf nicht für Formalparameter, dynamische Felder oder Feldzeiger angegeben werden, sondern höchstens für

- ein lokales Feld im Spezifikationsteil eines Haupt- oder Unterprogrammes,

- ein automatisches Feld im Spezifikationsteil eines Unterprogrammes,

- eine Ergebnisvariable einer Modulfunktion oder

- eine Feldkomponente in einer Typdefinition im Spezifikationsteil eines Moduls.

```
real, dimension (-5:n+1, 10, n) :: eg
integer, dimension (55, 14:22)  :: lofe
```

6.1.2 Felder mit übernommener Gestalt

Ein **Feld mit übernommener Gestalt** ist ein Formalparameter-Feld ohne POINTER–Attribut, das seine Gestalt vom zugeordneten Aktualparameter-Feld übernimmt. In der Feldvereinbarung muß entsprechend dem Rang des Feldes für jede Dimension ein Doppelpunkt geschrieben werden.

DIMENSION ([untere_grenze] : [, [untere_grenze] :]...)

Die Größe einer Dimension eines Formalparameter-Feldes mit übernommener Gestalt ist gleich der Größe der entsprechenden Dimension des zugeordneten Aktualparameter-Feldes. Wenn in der Feldvereinbarung des Feldes mit übernommener Gestalt die **untere_grenze** einer Dimension spezifiziert ist, dann ergibt sich die obere Grenze dieser Dimension des Formalparameter-Feldes aus der spezifizierten **unteren_grenze** und der *übernommenen* Größe d der entsprechenden Dimension des zugeordneten Aktualparameter-Feldes als (**untere_grenze** $+ d - 1$). Wenn die Spezifikation der **unteren_grenze** einer Dimension fehlt, wird als untere Grenze der Wert eins angenommen.

```
real, dimension (1950:1989, 2:4) :: af
call unfall(af)
  ⋮

subroutine unfall (ff)
  real, dimension (0:, :), intent(inout) :: ff
  ⋮
end subroutine unfall
```

Das Formalparameter-Feld übernimmt die Gestalt des zugeordneten Aktualparameter-Feldes. D. h., die erste Dimension hat die Größe 40 und reicht von 0 bis 39, und die zweite Dimension hat die Größe 3 und reicht von 1 bis 3.

6.2 Zugriff

Man kann auf *Geamtfelder*, auf *Teilfelder* und auf einzelne *Feldelemente* zugreifen. Ein Teilfeld und ein Feldelement haben keine eigenen Namen. Der Zugriff erfolgt jeweils durch die qualifizierte Bezeichnung des Ausgangsfeldes.

6.2.1 Gesamtfelder

Wenn man nur den Feldnamen angibt, dann meint man damit entweder das ganze Feld oder alle Feldelemente oder die Anfangsadresse der internen eindimensionalen Kette der Feldelemente. Ein derartiges Datenobjekt wird als **Gesamtfeld** bezeichnet.

Ein Gesamtfeld kann eine benannte Konstante oder eine Variable sein. Wenn man nur den Namen des Feldes angibt, dann ist damit weder eine explizite noch eine implizite Angabe der Reihenfolge des Zugriffs auf einzelne Feldelemente gegeben. Nur in denjenigen Fällen, in denen besonders darauf hingewiesen wird, ist automatisch eine Zugriffsreihenfolge wirksam; d. h., es wird der Reihe nach entsprechend der internen eindimensionalen Verkettung der Feldelemente (vgl. 4.4.1) zugegriffen.

```
real, dimension (100), save :: feld = (/ 1.0, i=1,100 /)
feld        = 0.0
feld(33)    = 67.0
feld(50:75) = (/ (-5.0, i=50,75) /)
```

In der zweiten Zuweisung ist ein ganz bestimmtes Feldelement, in der dritten Zuweisung ein Teilfeld und in den anderen Anweisungen das Gesamtfeld gemeint.

6.2.2   Feldelement

Ein Feldelement ist ein skalarer Teil einer Feldgröße. Es hat keinen eigenen Namen, vielmehr wird die Bezeichnung des Ausgangsobjektes geeignet qualifiziert. Der einfachste Fall ist ein Feldelement eines Feldes, das keine Strukturkomponente ist:

feld (Indexausdruck [, Indexausdruck]...)

Dabei ist **feld** der Name des Ausgangsfeldes. In Klammern folgt die **Indexliste**.

Jeder **Indexausdruck** ist ein ganzzahliger skalarer Ausdruck, der beim Zugriff auf das Feldelement einen gültigen Wert haben muß. Der Wert eines Indexausdruckes ist gültig, wenn er innerhalb der spezifizierten Indexgrenzen für die betreffende Dimension liegt. Die Anzahl der Indexausdrücke in der Indexliste muß gleich dem Rang des Ausgangsfeldes sein.

```
real, dimension (3, 4) :: a
```

a(3, 2) = 17.   ←— gültiger Zugriff

a(4, 4) = 29.   ←— ungültiger Zugriff:
                       Der Wert des ersten Indexausdruckes ist zu groß.

Ein Indexausdruck darf als Operanden Funktionsaufrufe und Feldelemente enthalten, jedoch sind **Nebenwirkungen** verboten. D. h., solch ein Funktionsaufruf darf keine einzige Variable innerhalb der kompletten Indexliste redefinieren.

Wenn man auf ein Feldelement zugreift, dann bestimmen die Werte der Indexausdrücke in der Indexliste die Position des Feldelementes innerhalb der internen (eindimensionalen) Kette der Feldelemente (vgl. 4.4.1).

Ein Feldelement hat das INTENT–, PARAMETER– oder TARGET–Attribut, wenn das Ausgangsobjekt das betr. Attribut hat. Ein Feldelement hat allerdings in keinem Fall das POINTER–Attribut.

Wenn man ein komplettes Feld so verarbeitet, daß man auf die Reihenfolge der Verarbeitung der einzelnen Feldelemente Einfluß nehmen kann, dann sollte man in F spaltenweise auf die einzelnen Feldelemente zugreifen, also so, wie es der internen Verkettung der Feldelemente entspricht. In diesem Fall ist nämlich die interne Berechnung der Position der einzelnen Feldelemente (relativ zum Anfang des Feldes) vergleichsweise einfach und daher effizient. Dagegen ist der *zeilenweise* Zugriff auf die einzelnen Elemente eines Feldes (zwar erlaubt aber) in den meisten Fällen äußerst ineffizient.

Feldelement einer Strukturkomponente

Ein Feldelement einer Strukturkomponente hat folgende Form:

teil$_1$ [%teil$_i$]... %teil$_n$

Dabei ist **teil$_1$** die Bezeichnung des skalaren Ausgangsobjektes benutzerdefinierten Typs. Es ist entweder der Name eines (skalaren) Strukturobjektes oder die Bezeichnung eines Feldelementes **feld (indexausdruck [, indexausdruck]...)** (s.o.).

teil$_i$ ist benutzerdefinierten Typs. Es ist entweder der Name einer skalaren Typkomponente des benutzerdefinierten Typs des davorstehenden **teil$_{i-1}$**, oder es ist die Bezeichnung eines Feldelementes **feld (indexausdruck [, indexausdruck]...)** (s.o.), wobei **feld** der Name einer Typkomponente mit DIMENSION–Attribut des benutzerdefinierten Typs des davorstehenden **teil$_{i-1}$** ist.

Und **teil$_n$** ist die Bezeichnung eines Feldelementes **feld (indexausdruck [, indexausdruck]...)** (s.o.), wobei **feld** der Name einer Typkomponente mit DIMENSION–Attribut des benutzerdefinierten Typs des davorstehenden **teil$_{n-1}$** ist.

Dabei muß mindestens **teil$_n$** die übliche Form eines Feldelementes mit in Klammern eingeschlossener Indexliste haben.

```
type, public :: kalender
  integer               :: tag
  character (len=10)    :: monat
  integer, dimension (5) :: jahr
end type kalender
```

Wo diese Typdefinition verfügbar ist, kann man z.B. vereinbaren:

```
type (kalender), dimension (10) :: neu
type (kalender) :: alt
```

Dann ist

`neu(5)%jahr(2)`	ein Feldelement einer Strukturkomponente,
`alt%jahr(2)`	ein Feldelement einer Strukturkomponente und
`neu(5)%tag`	eine Strukturkomponente aber kein Feldelement.

6.2.3 Teilfeld

Ein Teilfeld ist ein Feldobjekt. Es hat keinen eigenen Namen, vielmehr wird die Bezeichnung des Ausgangsobjektes geeignet qualifiziert. Ein Teilfeld kann ein Teilfeld einer Strukturkomponente sein (s. u.). Ein Teilfeld kann zugleich eine Strukturkomponente sein (s. u.). Ein Teilfeld kann aber auch aus bestimmten Teil-Zeichenfolgen der Feldelemente eines Ausgangsteilfeldes gebildet werden; dann ist es ein *Teil-Zeichenfolgen-Teilfeld*.

Die **Größe einer Dimension** eines Teilfeldes ist durch die Anzahl der zulässigen Indexwerte gegeben. Die **Größe des Teilfeldes** ist durch das Produkt der Größen der Dimensionen des Teilfeldes gegeben.

Der einfachste Fall ist ein Teilfeld, das kein Teilfeld einer Strukturkomponente ist, das keine Strukturkomponente ist, und das kein Teil-Zeichenfolgen-Teilfeld ist:

feld (teilfeld-index [, teilfeld-index]...)

Dabei ist **feld** der Name des Ausgangsfeldes. In Klammern folgt die **Teilfeld-Indexliste**. Und **teilfeld-index** ist jeweils ein *Indexausdruck* (s. u.), der einen einzelnen Indexwert definiert, oder ein *Indextripel*, das eine Indexfolge definiert, oder ein *Vektorindex*, der ebenfalls eine Indexfolge definiert. Mindestens einer der Teilfeld-Indizes muß ein Indextripel oder ein Vektorindex sein, also eine Indexfolge definieren.

```
real, dimension (30, 40) :: f
integer, dimension (5), parameter :: i = (/ 5, 10, 15, 20, 25 /)
```

`f(1, :)`	ist ein eindimensionales Teilfeld, das alle 40 Elemente der ersten Zeile von **f** enthält.
`f(10, 2:40:2)`	ist ein eindimensionales Teilfeld, das nur jedes zweite Element der 10. Zeile von **f** enthält.
`f(1:10, 2:40:2)`	ist ein zweidimensionales Teilfeld von der Gestalt (/ 10, 20 /), das nur jedes zweite Element der ersten 10 Zeilen von **f** enthält.
`f(2, i)`	ist ein eindimensionales Teilfeld, das 5 Elemente der zweiten Zeile von **f** enthält.

Ein **Indexausdruck** ist ein ganzzahliger skalarer Ausdruck, der beim Zugriff auf das Teilfeld einen gültigen Wert haben muß, außer es handelt sich um eine leere Indexfolge. Wenn eine der Indexfolgen *leer* ist, dann hat das Teilfeld die Größe Null. Der Wert eines Indexausdruckes ist gültig, wenn er innerhalb der Indexgrenzen für die betreffende Dimension liegt. Die Anzahl der Teilfeld-Indizes in der Teilfeld-Indexliste muß gleich dem Rang des Ausgangsfeldes sein. Ein Indexausdruck darf Funktionsaufrufe und Feldelemente enthalten, jedoch sind *Nebenwirkungen* verboten.

Das Teilfeld besteht aus allen denjenigen Feldelementen des Ausgangsfeldes, deren Indexlisten so aus der Teilfeld-Indexliste des Ausgangsfeldes gebildet werden können, daß aus den Indexfolgen jeweils die einzelnen Indexwerte genommen werden. Dazu sind alle Kombinationen einzelner Indexwerte aller Indexfolgen heranzuziehen. Der **Rang des Teilfeldes** ist gleich der Anzahl der spezifizierten Indexfolgen in der Teilfeld-Indexliste. Die Reihenfolge der Dimensionen des Teilfeldes ist entsprechend dem Auftreten der Indexfolgen in der Teilfeld-Indexliste von links nach rechts gegeben. D. h., die **Gestalt des Teilfeldes** ist ein eindimensionales Feld, dessen *i*tes Feldelement gleich der Anzahl der ganzzahligen Indexwerte der *i*ten Indexfolge der Teilfeld-Indexliste ist.

Ein Teilfeld hat das INTENT–, PARAMETER– oder TARGET–Attribut, wenn das Ausgangsobjekt das betr. Attribut hat. Ein Teilfeld hat allerdings niemals das POINTER–Attribut.

Teilfeld einer Strukturkomponente

Ein Teilfeld einer Strukturkomponente ist selber keine Strukturkomponente.

teil$_1$ [%teil$_i$]... %teil$_n$

Dabei ist **teil$_1$** die Bezeichnung des Ausgangsobjektes benutzerdefinierten Typs. Es ist entweder der Name eines (skalaren) Strukturobjektes oder die Bezeichnung eines Feldelementes **feld (indexausdruck [, indexausdruck]...)**.

teil$_i$ ist benutzerdefinierten Typs. Es ist entweder der Name einer Typkomponente ohne DIMENSION–Attribut des Typs des davorstehenden **teil$_{i-1}$**, oder es ist die Bezeichnung eines Feldelementes **feld (indexausdruck [, indexausdruck]...)**, wobei **feld** der Name einer Typkomponente mit DIMENSION–Attribut des Typs des davorstehenden **teil$_{i-1}$** ist.

teil$_n$ ist die Bezeichnung eines Teilfeldes **feld (teilfeld-index [, teilfeld-index]...)** (s. o.), wobei **feld** der Name einer Typkomponente mit DIMENSION–Attribut des Typs des davorstehenden **teil$_{n-1}$** ist. Lediglich **teil$_n$** bezeichnet ein Feldobjekt.

Hinsichtlich des Ranges und der Gestalt eines derartigen Teilfeldes gelten die Angaben des letzten Abschnittes.

Unter Verwendung der Typdefinition und der Vereinbarungen aus dem Beispiel
am Ende des Abschnitts 6.2.2, ist

```
alt%jahr(:2)        ein Teilfeld einer Strukturkomponente und
neu(7)%jahr(:)      ein Teilfeld einer Strukturkomponente.
```

Teilfeld ist Strukturkomponente

Wenn ein Teilfeld zugleich eine Strukturkomponente ist, dann hat der Zugriff
auf das Teilfeld (d. h. die Bezeichnung des Teilfeldes) folgende Form:

teil$_1$ [**%teil**$_i$]... **%teil**$_n$

Dabei ist **teil**$_1$ die Bezeichnung des Ausgangsobjektes benutzerdefinierten Typs.
Es ist entweder der **name** eines Strukturobjektes oder eines Feldobjektes benutzerdefinierten Typs, oder es ist die Bezeichnung eines Feldelementes
feld (indexausdruck [**, indexausdruck**]... **)**, wobei **feld** der Name eines Feldes benutzerdefinierten Typs ist, oder es ist die Bezeichnung eines Teilfeldes
feld (teilfeld-index [**, teilfeld-index**]... **)** (s. o.), wobei **feld** der Name eines Feldes
benutzerdefinierten Typs ist.

teil$_i$ ist benutzerdefinierten Typs. Es ist entweder der **komponentenname** einer
Typkomponente des Typs des davorstehenden **teil**$_{i-1}$, oder es ist die Bezeichnung eines Feldelementes **feld (indexausdruck** [**, indexausdruck**]... **)**, wobei **feld**
der Name einer Typkomponente mit DIMENSION–Attribut des Typs des davorstehenden **teil**$_{i-1}$ ist, oder es ist die Bezeichnung eines Teilfeldes **feld (teilfeld-
index** [**, teilfeld-index**]... **)** (s. o.), wobei **feld** der Name einer Typkomponente mit
DIMENSION–Attribut des Typs des davorstehenden **teil**$_{i-1}$ ist.

Und **teil**$_n$ ist der Name einer Typkomponente des Typs des davorstehenden
teil$_{n-1}$. Dabei muß genau eines der **teile** ein Gesamtfeld oder ein Teilfeld bezeichnen.

Hinsichtlich des Typs, des Typparameters, der Zeichendatenlänge und der Attribute gelten die üblichen Regeln für Strukturkomponenten. Wenn ein Teilfeld
dieser Art mit Teilfeld-Indizes geschrieben ist, dann ergibt sich der Rang und
die Gestalt des Teilfeldes wie für das einfache Teilfeld im vorletzten Abschnitt.
Wenn ein Teilfeld dieser Art ohne Teilfeld-Index geschrieben ist, dann ist der
Rang und die Gestalt des Teilfeldes gleich dem Rang bzw. gleich der Gestalt des
Teils **name** oder **komponentenname** oder **teil**$_n$, der das Feldobjekt bezeichnet.

Unter Verwendung der Typdefinition und der Vereinbarungen aus dem Beispiel
am Ende des Abschnitts 6.2.2, ist

```
neu(5:10)%tag       ein Teilfeld und zugleich Strukturkomponente,
neu(2)%jahr         ein Teilfeld und zugleich Strukturkomponente und
alt%jahr(:)         ein Teilfeld aber keine Strukturkomponente.
```

6.2.3.1 Indextripel

Ein Teilfeld-Index, der eine Indexfolge definieren soll, kann als *Indextripel* oder als *Vektorindex* geschrieben werden. Ein **Indextripel** hat folgende Form:

[**Indexanfang**] : [**Indexende**] [: **Indexabstand**]

Dabei sind **Indexanfang** und **Indexende** *Indexausdrücke* (s. o.), die den ersten Wert bzw. den letzten Wert der Indexfolge definieren. Wenn **Indexanfang** fehlt, wird als erster Indexwert die untere Indexgrenze der betr. Dimension des Ausgangsfeldes angenommen. Der Wert von **Indexende** ist dem Betrage nach größer oder gleich dem letzten Wert der Indexfolge. Wenn **Indexende** fehlt, wird als Wert die obere Indexgrenze der betr. Dimension des Ausgangsfeldes angenommen. **Indexabstand** ist ein ganzzahliger skalarer Ausdruck ungleich Null, der den Abstand der Indexwerte der Indexfolge spezifiziert. Wenn **Indexabstand** fehlt, wird der Wert 1 angenommen.

Die **Größe einer Dimension** eines Teilfeldes ist durch die Anzahl der zulässigen Indexwerte gegeben; hier also

MAX (INT ((**Indexende** − **Indexanfang** + **Indexabstand**) / **Indexabstand**, 0)) .

Wenn der **Indexabstand** > 0 ist, dann enthält die Indexfolge für $n = 0, 1, 2, \ldots$ die Werte **Indexanfang** $+ n*$**Indexabstand** aufsteigend bis höchstens zum Wert **Indexende**. Die Indexfolge ist *leer*, wenn **Indexanfang** $>$ **Indexende** ist.

Wenn der **Indexabstand** < 0 ist, dann enthält die Indexfolge für $n = 0, 1, 2, \ldots$ die Werte **Indexanfang** $- n*$|**Indexabstand**| absteigend bis höchstens zum Wert **Indexende**. Die Indexfolge ist *leer*, wenn **Indexanfang** $<$ **Indexende** ist.

Die Werte der Indexausdrücke eines Indextripels müssen nicht innerhalb der Indexgrenzen des Ausgangsfeldes liegen. Es muß lediglich sichergestellt sein, daß die Indexwerte der ausgewählten Feldelemente innerhalb der Indexgrenzen liegen.

Indexfolge	Indexwerte, Bemerkungen
5 : 12	5, 6, 7, 8, 9, 10, 11 und 12.
5 : 12 : 3	5, 8 und 11.
23 : 3 : 2	Die Indexfolge ist leer.
4 : -3 : -1	4, 3, 2, 1, 0, −1, −2 und −3.
4 : -4 : -3	4, 1 und −2.
10 : 990 : -2	Die Indexfolge ist leer.

Angenommen das Feld **f** sei folgendermaßen vereinbart:

```
real, dimension (-20 : 1000) :: f
```

Dann bestehen die folgenden Teilfelder aus folgenden Feldelementen des Ausgangsfeldes **f**:

Teilfeld	Feldelemente in angegebener Reihenfolge
f(5 : 12)	f(5), f(6), f(7), f(8), f(9), f(10), f(11) und f(12).
f(5 : 12 : 3)	f(5), f(8) und f(11).
f(23 : 3 : 2)	Teilfeld der Größe Null.
f(4 : -3 : -1)	f(4), f(3), f(2), f(1), f(0), f(−1), f(−2) und f(−3).
f(4 : -3 : -2)	f(4), f(2), f(0) und f(−2).
f(10 : 990 : -2)	Teilfeld der Größe Null.

```
real, dimension (4, 3, 5) :: a
```

a(3, 2, :)	ist ein eindimensionales Teilfeld mit der Gestalt (/ 5 /). Die Größe des Teilfeldes ist 5.
a(:, 3, :)	ist ein zweidimensionales Teilfeld mit der Gestalt (/ 4, 5 /), das aus allen Feldelementen der zweiten Spalten aller fünf Ebenen des Feldes **a** besteht. Die Größe des Teilfeldes ist 20.
a(2:4, :, 3:5)	ist ein dreidimensionales Teilfeld mit der Gestalt (/ 3, 3, 3 /). Die Größe des Teilfeldes ist 27.
a(3, 3, 5:)	ist ein eindimensionales Teilfeld mit der Gestalt (/ 1 /).

Wie bei jedem Feldobjekt sind die Feldelemente miteinander verkettet. Die Reihenfolge der Feldelemente des Teilfeldes entspricht der Reihenfolge der Elemente dieses (neuen) Feldobjektes. Die Reihenfolge der Feldelemente eines Teilfeldes hat im Prinzip nichts mit der Reihenfolge der Feldelemente des Ausgangsfeldes zu tun.

```
real, dimension (4, 3) :: r     ! <-- Ausgangsfeld
```

Das folgende Teilfeld des Feldes r hat die gleiche Gestalt wie das Ausgangsfeld. D. h., es umfaßt *alle* Feldelemente des Feldes r, wobei die Verkettung der Feldelemente des neuen Feldobjektes in anderer Reihenfolge erfolgt als beim Ausgangsfeld r.

Teilfeld: r(4:1:-1, 3:1:-1)

	Spalte 1	Spalte 2	Spalte 3
Zeile 1	r(4,3)	r(4,2)	r(4,1)
Zeile 2	r(3,3)	r(3,2)	r(3,1)
Zeile 3	r(2,3)	r(2,2)	r(2,1)
Zeile 4	r(1,3)	r(1,2)	r(1,1)

Damit ergibt sich folgende Reihenfolge der Feldelemente des Teilfeldes:

Feldelement	r(4,3)	r(3,3)	r(2,3)	r(1,3)	r(4,2)	r(3,2)	$\cdots$
Position	1	2	3	4	5	6	$\cdots$

Feldelement	r(2,2)	r(1,2)	r(4,1)	r(3,1)	r(2,1)	r(1,1)
Position	7	8	9	10	11	12

```
real, dimension (3, 3, 2) :: s    ! <-- Ausgangsfeld
```
Teilfeld: `s(3:1:-2, 1:3:2, 1:2)`

Das Teilfeld hat folgende Gestalt:

	Spalte 1	Spalte 2		Spalte 1	Spalte 2
Zeile 1	s(3,1,1)	s(3,3,1)		s(3,1,2)	s(3,3,2)
Zeile 2	s(1,1,1)	s(1,3,1)		s(1,1,2)	s(1,3,2)
	Ebene 1			Ebene 2	

Die Reihenfolge der Feldelemente des Teilfeldes ist wie üblich:

Feldelem.	s(3,1,1)	s(1,1,1)	s(3,3,1)	s(1,3,1)	s(3,1,2)	s(1,1,2)	s(3,3,2)	s(1,3,2)
Position	1	2	3	4	5	6	7	8

6.2.3.2 Vektorindex

Ein Teilfeld-Index, der eine Indexfolge definieren soll, kann nicht nur als *Index-tripel*, sondern auch als *Vektorindex* geschrieben werden. Ein **Vektorindex** ist ein ganzzahliger eindimensionaler Feldausdruck. Jedes Feldelement eines Vektorindex muß definiert sein; d. h., es muß mit einem gültigen Wert versehen sein.

```
integer, dimension (3) :: u
integer, dimension (4) :: v
real, dimension (5, 7) :: z
```

Angenommen die Felder u und v haben folgende Werte:

```
u = (/1, 3, 2/)
v = (/2, 1, 4, 3/)
```

Dann ist das Teilfeld z(3, v) ein eindimensionales Teilfeld, das der Reihe nach aus folgenden Feldelementen besteht:

```
z(3, 2)   z(3, 1)   z(3, 4)   z(3, 3)
```

Und das Teilfeld $z(u, 2)$ ist ein eindimensionales Teilfeld, das der Reihe nach aus folgenden Feldelementen besteht:

$z(1, 2)$ $z(3, 2)$ $z(2, 2)$

Und das Teilfeld $z(u, v)$ ist ein zweidimensionales Teilfeld, das aus folgenden Feldelementen besteht:

	Spalte 1	Spalte 2	Spalte 3	Spalte 4
Zeile 1	z(1,2)	z(1,1)	z(1,4)	z(1,3)
Zeile 2	z(3,2)	z(3,1)	z(3,4)	z(3,3)
Zeile 3	z(2,2)	z(2,1)	z(2,4)	z(2,3)

Feldelement	z(1,2)	z(3,2)	z(2,2)	z(1,1)	z(3,1)	z(2,1)	⋯
Position	1	2	3	4	5	6	⋯

Feldelement	z(1,4)	z(3,4)	z(2,4)	z(1,3)	z(3,3)	z(2,3)
Position	7	8	9	10	11	12

Teilfelder *mit* Vektorindizes unterliegen bestimmten Einschränkungen, die i. allg. für Teilfelder *ohne* Vektorindizes nicht gelten. Das betrifft ihre Verwendung als interne Datei, als Aktualparameter, als rechte Seite von Zeigerzuweisungs-Anweisungen und ihre Verwendung auf der linken Seite vordefinierter Zuweisungsanweisungen.

6.2.3.3   Teil-Zeichenfolgen-Teilfelder

Wenn ein Teilfeld vom Zeichentyp ist, dann kann man zusätzlich zur Teilfeldbezeichnung eine Art Teil-Zeichenfolgen-Bezeichnung angeben. Auf diese Weise erhält man ein Teilobjekt des Teilfeldes, das zwar die Gestalt des Teilfeldes hat, wobei jedes Element des Teilobjektes aber nur aus den spezifizierten Zeichenpositionen der Feldelemente des Teilfeldes besteht. Ein derartiges Teilobjekt eines Feldes ist ebenfalls ein Teilfeld, aber es ist keine Teil-Zeichenfolge.

```
character (len=10), dimension (5, 10, 10) :: z
```

Dann ist $z(:, :, 4)(6:10)$ ein zweidimensionales Teilfeld von der Gestalt $(/\,5, 10\,/)$, wobei alle Elemente Teil-Zeichenfolgen der Länge 5 der entsprechenden Feldelemente des Feldes z sind.

6.3   Speicherverwaltung und dynamische Kontrolle

Normalerweise braucht der F-Programmierer keinen Einfluß auf die Speicherverwaltung und -zuweisung zu nehmen. Wenn man jedoch in einem Unterprogramm ein Feld benötigt, das zwar kein Formalparameter-Feld ist, dessen Gestalt aber von einer oder von mehreren Variablen abhängen soll, dann kann man dazu ein *automatisches Feld* verwenden. Und wenn man nur für eine bestimmte Zeit ein lokales Feld benötigt, dessen Gestalt erst nach bestimmten Berechnungen dynamisch festgelegt werden kann, kann man dazu ein *dynamisches Feld* oder einen *Feldzeiger* verwenden.

6.3.1   Automatische Felder

Ein **automatisches Feld** ist ein Feld, das zwar im Geltungsbereich eines Unterprogrammes vereinbart ist, aber kein Formalparameter-Feld ist. Es ist ein Feld mit expliziter Gestalt, wobei mindestens eine Indexgrenze ein *nicht-konstanter* Spezifikationsausdruck ist.

Die Lebensdauer eines automatischen Feldes ist beschränkt. Es wird beim Aufruf des Unterprogrammes erzeugt und beim Rücksprung in das rufende Haupt- oder Unterprogramm wieder freigegeben. Genauer: Bei Übergabe der Kontrolle an das aufgerufene Unterprogramm wird der Speicherplatz für das automatische Feld zugewiesen, und bei Rückgabe der Kontrolle an das rufende Unterprogramm wird der Speicherplatz des automatischen Feldes dem F-System wieder zur Verfügung gestellt.

```
subroutine tausch (f1, f2)
   real, dimension (:, :), intent(inout) :: f1, f2
   real, dimension (size(f1,1), size(f1,2)) :: hf
   hf = f1
   f1 = f2
   f2 = hf
end subroutine tausch
```

Das automatische Feld **hf** wird beim Aufruf der Subroutine **tausch** erzeugt und beim Rücksprung in das aufrufende Haupt- oder Unterprogramm wieder freigegeben, ohne daß sich der Programmierer darum kümmern muß.

Ein automatisches Feld *existiert* nur für den jeweiligen Aufruf des betr. Unterprogrammes. Es darf nicht mit dem PARAMETER- oder SAVE-Attribut versehen werden. Solange das automatische Feld existiert, d. h. für die Dauer der Ausführung des betr. Unterprogrammes, hat die Redefinition irgendwelcher Operanden der nicht-konstanten Spezifikationsausdrücke für die Indexgrenzen keinen Einfluß auf die aktuelle Gestalt des automatischen Feldes.

6.3.2   Dynamische Felder

Ein **dynamisches Feld** ist ein Feld mit eigenem Namen (aber *kein* Formalparameter-Feld und *kein* Funktionswert), für das in der Typvereinbarungs-Anweisung das ALLOCATABLE–Attribut spezifiziert ist, und in dessen Feldvereinbarung keine Indexgrenzen spezifiziert sind.

DIMENSION (: [, :]...)

Wenn im Verlauf der Ausführung der betr. Programmeinheit feststeht, welche Gestalt das Feld haben soll, wird mit Hilfe einer ALLOCATE–Anweisung die explizite Gestalt des Feldes spezifiziert und das F-System weist den Speicherplatz zu. Dieses dynamische Feld bleibt solange zugewiesen, bis es automatisch oder mit Hilfe einer DEALLOCATE–Anweisung wieder *freigegeben* wird.

Wie üblich müssen Typ, ggf. Typparameter, ggf. Zeichendatenlänge, Name, Rang und das ALLOCATABLE–Attribut eines dynamischen Feldes bereits im Spezifikationsteil des betr. Haupt- oder Unterprogrammes spezifiziert werden. Lediglich die zulässigen Indexbereiche der einzelnen Dimensionen werden erst zur Laufzeit des Programmes bestimmt.

Der Rang eines dynamischen Feldes ist gleich der Anzahl der Doppelpunkte in der Feldspezifikation. Für ein dynamisches Feld darf das TARGET–Attribut spezifiziert werden. D. h., ein Zeiger darf auch auf ein *dynamisches* Feld weisen.

```
real, dimension (:, :), allocatable       :: a
integer, allocatable, dimension (:, :, :) :: b
```

a ist ein zweidimensionales, und b ist ein dreidimensionales dynamisches Feld.

Solange noch keine ALLOCATE–Anweisung für ein dynamisches Feld ausgeführt worden ist, d. h., solange das dynamische Feld noch nicht zugewiesen ist, sind die Größe, die Indexgrenzen und somit die Gestalt des Feldes undefiniert.

Nur die untere Grenze und die obere Grenze jeder Dimension werden bei Ausführung der ALLOCATE–Anweisung für das Feld dynamisch bestimmt; und damit sind dann auch die Größe jeder Dimension, die Größe des Feldes und die Gestalt des Feldes festgelegt.

ALLOCATE (feld (dim [, dim]...) [, feld (dim [, dim]...)]...
[, STAT = statusvariable])

Dabei ist **feld** jeweils der Name eines in derselben Geltungseinheit verfügbaren dynamischen Feldes. Es folgt jeweils eine Art Feldspezifikation **(dim [, dim]...)**, die hier wie die Feldspezifikation eines Feldes mit expliziter Gestalt aussehen muß. Und die **statusvariable** ist eine ganzzahlige skalare Variable. Die Ausdrücke zur Spezifikation der Indexgrenzen müssen in diesem Fall zwar wie üblich ganzzahlig skalar sein, es brauchen aber *keine* Spezifikationsausdrücke zu sein.

Die ALLOCATE–Anweisung für dynamische Felder hat die gleiche Form wie die entsprechende Anweisung für Zeiger (oder speziell Feldzeiger). Mit derselben ALLOCATE–Anweisung dürfen nicht nur dynamische Felder, sondern auch Zeigerziele erzeugt werden.

In der ALLOCATE–Anweisung müssen Indexgrenzen für *alle* Dimensionen eines dynamischen Feldes angegeben werden. Der Rang des dynamischen Feldes ist bereits in der Feldvereinbarung festgelegt. Ein dynamischen Feld kann nur ein „normales" lokales Feld, aber keine Strukturkomponente sein. Dynamische Felder der Größe Null und dynamische Zeichenfelder mit der Zeichendatenlänge Null sind zulässig.

Bei Ausführung der ALLOCATE–Anweisung werden zuerst die **unteren_grenzen** und **oberen_grenzen** berechnet, und dann wird der Speicher entsprechend zugewiesen. Solange das dynamische Feld zugewiesen ist, hat die Redefinition irgendwelcher Operanden der Ausdrücke **untere_grenze** und **obere_grenze** keinen Einfluß auf die Indexgrenzen des dynamischen Feldes. Entsprechendes gilt für den Fall, daß die betr. Ausdrücke undefiniert werden.

```
integer :: fehler
real, allocatable, dimension (:, :)    :: a
real, allocatable, dimension (:, :, :) :: b
:
allocate (a (-n:-1, n), b (25:75, 2, n), stat = fehler)
```

Zuweisungsstatus: Ein dynamisches Feld bleibt nach erfolgreicher Ausführung der ALLOCATE–Anweisung solange **zugewiesen**, bis es wieder *freigegeben* wird.

Ein freigegebenes dynamisches Feld ist **nicht-zugewiesen**. Für ein dynamisches Feld, das nicht-zugewiesen ist, ist entweder noch keine ALLOCATE–Anweisung ausgeführt worden, oder es ist freigegeben worden. Nur ein zugewiesenes dynamisches Feld kann definiert, d. h. mit einem gültigen Wert versehen werden.

Bei Ausführung der END FUNCTION– oder END SUBROUTINE–Anweisung oder einer RETURN–Anweisung eines Unterprogrammes behält ein dynamisches Feld des Unterprogrammes seinen Zuweisungsstatus und Definitionsstatus, wenn es sich um

- ein dynamisches Feld mit SAVE–Attribut,

- ein dynamisches Feld, das mittels Umgebungszuordnung zugänglich ist, oder um

- ein dynamisches Feld in der Geltungseinheit eines Moduls handelt, das auch von mindestens einer anderen Geltungseinheit genutzt wird, von dem aus das Unterprogramm direkt oder indirekt aufgerufen wird.

Freigeben: Ein zugewiesenes dynamisches Feld kann mit Hilfe einer DEALLOCATE–Anweisung *freigegeben* werden. **Freigeben** eines dynamischen Feldes bedeutet, daß der zugewiesene Speicherplatz dem F-System wieder zur Verfügung gestellt wird.

DEALLOCATE (feld [, feld]... [, STAT = statusvariable])

Die DEALLOCATE–Anweisung für dynamische Felder hat die gleiche Form wie die DEALLOCATE–Anweisung für Zeiger.   Genauer: Mit derselben DEALLOCATE–Anweisung dürfen nicht nur Zeigerziele, sondern auch dynamische Felder freigegeben werden.

```
integer :: dea_stat
  :
deallocate (a, b, stat = dea_stat)
```

Ein dynamisches Feld mit TARGET–Attribut, also ein dynamisches Zielobjekt darf nicht unter Verwendung eines zugeordneten Zeigers freigegeben werden. Wird solch ein dynamisches Feld mit TARGET–Attribut freigegeben, dann werden alle zugeordneten Zeiger undefiniert. Und ein dynamisches Feld mit undefiniertem Zuweisungsstatus darf überhaupt nicht freigegeben werden.

Wenn eine Fehlerbedingung bei Ausführung einer DEALLOCATE–Anweisung auftritt, in der *keine* Statusvariable angegeben ist, wird die Ausführung des Programmes beendet.

```
subroutine ff (ja, je)
  integer, intent(in) :: ja, je
  integer             :: istat
  real, allocatable, dimension (:, :) :: df1, df2
  allocate (df1 (ja:je, 7), df2 (1950:je, 7), stat = istat)
  if (istat > 0) then
    call al_fehler()
  endif
  call vergleich(1950, ja, je, df1, df2)
  deallocate (df1, df2, stat = istat)
  if (istat > 0) then
    call deal_fehler()
  endif
end subroutine ff
```

6.3.3   Feldzeiger

Ein **Feldzeiger** ist ein Feld mit eigenem Namen, für das in der Typvereinbarungs-Anweisung das POINTER–Attribut spezifiziert ist, und dessen Feldvereinbarung ohne Indexgrenzen spezifiziert ist. Bei dem Feldzeiger kann es sich um ein „normales" lokales Feld oder um eine Strukturkomponente handeln. Auch Feldzeiger vom Zeichentyp mit der Zeichendatenlänge Null sind zulässig.

DIMENSION (: [, :]...)

Wie üblich werden Typ, ggf. Typparameter, ggf. Zeichendatenlänge, Name, Rang und das POINTER–Attribut eines Feldzeigers bereits im Spezifikationsteil des betr. Haupt- oder Unterprogrammes spezifiziert.

Der Rang eines Feldzeigers ist gleich der Anzahl der Doppelpunkte in der Feldspezifikation.

Erst bei Ausführung des betr. Haupt- oder Unterprogrammes werden die Indexgrenzen und damit die Gestalt des Feldes festgelegt, indem entweder in einer ALLOCATE–Anweisung die explizite Gestalt des Feldes spezifiziert wird, oder indem dem Feldzeiger mit Hilfe einer Zeigerzuweisungs-Anweisung ein Zeigerziel zugeordnet wird.

Die Ausführung der ALLOCATE–Anweisung bewirkt, daß für den angegebenen Feldzeiger dynamisch ein *Zielfeld* erzeugt wird, auf das der Feldzeiger weist. Dieses Zielfeld hat (implizit) das TARGET–Attribut. Der Zeiger und das Zielfeld sind einander zugeordnet, und der Zeiger kann wie jeder andere Zeiger z. B. verwendet werden, um das Zielfeld zu definieren oder zu benutzen. Mit Hilfe von Zeigerzuweisungs-Anweisungen können dem Zielfeld (oder Teilen dieses Zielfeldes) anschließend weitere Zeiger zugeordnet werden. In diesem Fall weisen also mehrere Zeiger auf dasselbe Zeigerziel.

```
real, dimension (:, :), pointer        :: c  ! 2-dim. Feldzeiger
integer, dimension (:, :, :), pointer :: d  ! 3-dim. Feldzeiger
```

Nur die untere Grenze und die obere Grenze jeder Dimension werden dynamisch bei Ausführung der ALLOCATE–Anweisung oder Zeigerzuweisungs-Anweisung für das betr. Feld bestimmt. Und damit sind dann auch die Größe jeder Dimensionen, die Größe des Feldes und die Gestalt des Feldes festgelegt. Das erzeugte Zeigerzielfeld darf die Größe Null haben.

Die ALLOCATE–Anweisung für Feldzeiger hat die gleiche Form wie die entsprechende Anweisung für skalare Zeiger oder für dynamische Felder. Genauer: Mit derselben ALLOCATE–Anweisung dürfen nicht nur Zielfelder für Feldzeiger und Zeigerziele sonstiger Zeiger erzeugt werden, sondern auch dynamische Felder zugewiesen werden.

In der ALLOCATE–Anweisung müssen Indexgrenzen für *alle* Dimensionen eines Feldzeigers angegeben werden. Die Ausdrücke zur Spezifikation der Indexgrenzen sind auch in diesem Fall zwar wie üblich ganzzahlig skalar, aber es müssen *keine* Spezifikationsausdrücke sein.

Wenn für eine Dimension **obere_grenze** < **untere_grenze** ist, dann ist die Größe dieser Dimension gleich Null, und das erzeugte Zielfeld hat die Größe Null.

```
integer :: fehler
real, pointer, dimension (:, :)        :: a
complex, pointer, dimension (:, :, :) :: b
allocate (a (-n:-1, n), b (25:75, 2, n), stat = fehler)
```

Wenn die Indexgrenzen eines Feldzeigers dadurch spezifiziert werden, daß dem Feldzeiger mit Hilfe einer Zeigerzuweisungs-Anweisung **feldzeiger => ziel** ein **ziel** zugeordnet wird, dann sind die unteren Indexgrenzen durch den Funktionswert von LBOUND(**ziel**) und die oberen Indexgrenzen durch den Funktionswert von UBOUND(**ziel**) gegeben.

Freigeben von Zeigerzielen: Das mit einer ALLOCATE–Anweisung erzeugte Zielfeld eines Feldzeigers kann wie andere Zeigerziele dieser Art mit Hilfe einer DEALLOCATE–Anweisung freigegeben werden (Ausnahmen: s. Kap. 5).

```
subroutine pp (ja, je)
  integer, intent(in) :: ja, je
  integer             :: istat
  real, pointer, dimension (:, :) :: fz1, fz2
  allocate (fz1 (ja:je, 7), fz2 (1950:je, 7), stat = istat)
  if (istat > 0) then
    call al_fehler()
  endif
  call vergleich(1950, ja, je, fz1, fz2)
  deallocate (fz1, fz2, stat = istat)
  if (istat > 0) then
    call deal_fehler()
  endif
end subroutine pp
```

Aufhebung der Zuordnung: Die Zuordnung zwischen einem Feldzeiger und einem Zielfeld kann genauso wie andere Zeigerzuordnungen aufgehoben werden (s. Kap. 5).

6.4   Feldkonstruktoren

Ein **Feldkonstruktor** ist eine Werteliste, die als eindimensionaler Feldwert interpretiert wird. Die Werte dieser Werteliste, die die Feldelementwerte des Feldkonstruktors sind, können auf unterschiedliche Art und Weise angegeben werden, nämlich: als einzelne skalare Werte, als Feldwerte und/oder als Wertelisten mit impliziter Schleife.

```
integer, dimension (31)   :: x
integer, dimension (3, 4) :: f
  :
x = (/ 0, 1, x(11) - 2, 3, 4, (i+5, 0, i=5,10), 11, 12, f /)
```

Ein Feldkonstruktor hat einen Typ, ggf. einen Typparameter und ggf. eine Zeichendatenlänge, aber er hat i. allg. keinen Namen (außer es ist eine benannte *Feldkonstante*). Typ, Typparameter und Zeichendatenlänge entsprechen denen der einzelnen Werte. Die skalaren Werte eines Feldkonstruktors müssen alle den gleichen Typ, ggf. den gleichen Typparameterwert und ggf. die gleiche Zeichendatenlänge haben.

(/ werteliste /)

Die **werteliste** darf auch leer sein. Als Wert in dieser Werteliste ist jeweils ein skalarer Ausdruck, ein Feldausdruck oder folgende *Werteliste mit impliziter Schleife* zulässig:

(wirkungsbereich, laufvariable = anfangsparameter, endparameter

[, inkrementparameter])

Dabei ist der **wirkungsbereich** wiederum eine **werteliste**. Die **laufvariable** ist der Name einer skalaren ganzzahligen Variablen, die kein Formalparameter, kein Zeiger, kein Funktionswert sein darf und keinen Anfangswert haben darf, kein SAVE–Atribute haben darf, und die nicht mittels USE–Zuordnung oder Umgebungszuordnung zugänglich sein darf. Und der **anfangsparameter**, der **endparameter** und der **inkrementparameter** sind ganzzahlige skalare Ausdrücke. Wenn die Angabe des Inkrementparameters fehlt, wird der Wert 1 angenommen.

Feldausdruck: Wenn ein Wert in der Werteliste ein Feldausdruck ist, dann wird dieser Feldausdruck hier als eine Folge skalarer Werte interpretiert. Dabei ist die Reihenfolge der skalaren Werte durch die interne eindimensionale Verkettung der Feldelemente gegeben.

Implizite Schleife: Wenn ein Wert in der Werteliste eine Werteliste mit impliziter Schleife ist, dann handelt es sich um eine Folge von Ausdrücken, die unter Kontrolle der angegebenen Laufvariablen erzeugt wird. Die Initiierung, Ausführung und Beendigung der impliziten Schleife werden anhand der Werte der Schleifenparameter (Anfangsparameter, Endparameter und Inkrementparameter) genauso wie im Fall einer DO–Schleife durchgeführt. Die Wirkungsbereiche derartiger impliziter Schleifen dürfen geschachtelt werden. Geschachtelte implizite Schleifen müssen wie üblich unterschiedliche Laufvariablen haben.

```
real, dimension (28)       :: x, y
logical, dimension (7:5) :: l
integer, dimension (5:7) :: v
integer, dimension (78)  :: z
  :
l = (/ /)
v = (/ 5+1, 6, 27-3 /)
x = (/ y(10:14) + y(20:24), sqrt(r), (100.0/i, i=5,25), 99.0 /)
z = (/ (((i, i=1,5), j=1,4), k=1,3), 0, &
                          ((i, i=9,6,-1), j=1,4), 99 /)
```

Leere Werteliste: Wenn die Werteliste eines Feldkonstruktors leer ist, dann handelt es sich um ein (eindimensionales) Feld der Größe Null.

Feldkonstante

Eine **Feldkonstante** ist ein Feldkonstruktor, dessen Werteliste keine Ausdrücke mit Variablen oder mit Aufrufen benutzerdefinierter Funktionen, sondern nur *Konstantenausdrücke* enthält.   Eine Feldkonstante kann auch einen Namen haben.

```
integer, dimension (5) :: x
integer, dimension (7) :: y
integer, dimension (6), parameter :: a = (/ 0, 0, 0, 1, 1, 1 /)
character (len=5), dimension (3)  :: name
x    = (/ 1, 3, 5, 7, 9 /)        ! oder x = (/ (l, l=1,10,2) /)
y    = (/ 0, 0, 0, 1, 1, 1, 1 /)
                      ! oder y = (/ 0, 0, 0, (1, k=1,4) /)
name = (/"Peter", "Fritz", "Berta"/) ! alle die gleiche Laenge
```


6.5   Operationen auf Feldern

Die vordefinierten numerischen Operatoren, Vergleichsoperatoren, logischen Operatoren, der vordefinierte Zeichenoperator, die vordefinierten Zuweisungen und viele vordefinierte (nämlich die elementaren) Funktionen sind für skalare Operanden bzw. Argumente vordefiniert, sie können aber auch elementweise auf Felder angewendet werden.

6.5.1 Feldausdrücke

Ein **Feldoperand** darf ein Gesamtfeld, ein Teilfeld, ein Feldkonstruktor, eine Feldkonstante, ein Aufruf einer feldwertigen Funktion oder ein Feldausdruck in Klammern sein.

Zwei Felder werden als **konform** bezeichnet, wenn sie die gleiche Gestalt haben, d. h., wenn sie den gleichen Rang haben und wenn alle Dimensionen die gleiche Größe haben. Ein Skalar ist per Definition mit jedem Feld konform. Er wird ggf. wie ein konformes Feld verarbeitet, dessen Elemente alle den gleichen Wert haben.

```
real, dimension (5, 3)    :: a, d
real, dimension (8, 5)    :: b
real, dimension (5, 3, 4) :: c
```

Konforme Felder oder Teilfelder sind:

a	und	d
a(:, 3)	und	b(4:8:1, 1)
a(3:5, 2)	und	b(2, 3:5)
a(1:3, 1)	und	c(2, :, 4)
a	und	b(1:5, 1:3)
a	und	b(4:8, 3:5)
a(1:4, :)	und	c(2:5, 2, 2:4)

Die *vordefinierten* Operatoren +, −, * usw., die für skalare Operanden definiert sind, können auch auf konforme Feldoperanden angewendet werden. In diesem Fall wird der Operator elementweise angewendet; d. h., der Operator wird auf korrespondierende Elemente der Operandenfelder wie ein skalarer Operator angewendet, um ein Ergebnisfeld zu liefern. Dabei ist die Reihenfolge der skalaren Verarbeitung der korrespondierenden Operandenfeldelemente freigestellt. Ein derartiger Operator wird als **elementweise wirkender Operator** bezeichnet.

```
real, dimension (3, 3) :: a
real, dimension (9, 3) :: b
real, dimension (3, 9) :: c
```

Feldausdrücke sind:

```
a + b(3:9:3, :)
a(:, 1) * a(:, 2) / ( a(:, 3) - a(:, 1) )
c(1, 7:9) ** a(3, 3)
( b(2:3, 1:2) + 4.7e11 ) * ( c(1:2, 5:6) - 0.8e15 )
```

```
integer, dimension (3, 4, 5) :: a, b
real, dimension (3, 4, 5)    :: c, d
  :
c = a * b
d = d + 5
```

Bei der ersten Zuweisung handelt es sich nicht um die übliche Matrizenmultiplikation, sondern um die elementweise Multiplikation zweier Felder. Das Ergebnisfeld hat die gleiche Gestalt wie die Operandenfelder. In der zweiten Zuweisung wird zu *jedem* Element des Feldes d der Wert 5 addiert.

6.5.2   Feldfunktionen

Neben der Möglichkeit, vordefinierte elementweise wirkende Funktionen auch für Feldparameter zu verwenden, kann man feldwertige Funktionen selbst definieren und man kann vordefinierte Feldfunktionen verwenden.

Vordefinierte Feldfunktionen stehen zur Verfügung für

- Matrizenmultiplikation, Vektor-Matrix-Multiplikation (MATMUL) und Skalarprodukt (DOT_PRODUCT),

- numerische und logische Berechnungen, bei denen der Rang *reduziert* wird (SUM, PRODUCT, MAXVAL, MINVAL, COUNT, ANY und ALL),

- die Abfrage bestimmter Eigenschaften von Feldern (ALLOCATED, SIZE, SHAPE, LBOUND und UBOUND),

- die Erzeugung von Feldern (MERGE, SPREAD, RESHAPE, PACK und UNPACK),

- die Manipulation (wie Transponierung) von Feldern (TRANSPOSE, EOSHIFT und CSHIFT) und

- die Bestimmung der Indexliste, d. h. der Position bestimmter Feldelemente (MAXLOC und MINLOC).

6.5.3   Feldzuweisungs-Anweisungen

Wenn die linke Seite einer vordefinierten Zuweisungsanweisung ein Feld ist, handelt es sich um eine vordefinierte **Feldzuweisungs-Anweisung**.

Wenn die linke Seite ein Feld und die rechte Seite skalar ist, dann werden alle Elemente der linken Seite mit dem gleichen skalaren Wert der rechten Seite definiert. Wenn die rechte Seite ein Feldwert ist, dann muß die linke Seite ein (konformes) Feld sein.

In einer Feldzuweisungs-Anweisung erfolgt die Definition der linken Seite *elementweise* für korrespondierende Feldelemente; dem ersten Element der linken Seite wird das erste Element der rechten Seite zugewiesen, dem zweiten Element der linken Seite wird das zweite Element der rechten Seite zugewiesen, usw. Dabei ist dem F-System freigestellt, in welcher Reihenfolge diese elementaren Zuweisungen erfolgen.

```
logical, dimension (9, 5, 3) :: x
logical, dimension (9, 3)    :: y
logical, dimension (3, 3)    :: z

z = x(1:5:2, 2, :) .or. y(9:5:-2, :)
```

ist gleichbedeutend mit folgenden Anweisungen, wobei die Reihenfolge der Anweisungen beliebig ist:

```
z(1, 1)  =  x(1, 2, 1) .or. y(9, 1)
z(2, 1)  =  x(3, 2, 1) .or. y(7, 1)
z(3, 1)  =  x(5, 2, 1) .or. y(5, 1)
z(1, 2)  =  x(1, 2, 2) .or. y(9, 2)
z(2, 2)  =  x(3, 2, 2) .or. y(7, 2)
z(3, 2)  =  x(5, 2, 2) .or. y(5, 2)
z(1, 3)  =  x(1, 2, 3) .or. y(9, 3)
z(2, 3)  =  x(3, 2, 3) .or. y(7, 3)
z(3, 3)  =  x(5, 2, 3) .or. y(5, 3)
```

Die eigentliche Zuweisung, d. h. die Abspeicherung des Wertes der rechten Seite auf den Speicherplatz der linken Seite, erfolgt erst dann, wenn alle Berechnungen der rechten Seite beendet sind, und wenn alle Adressenberechnungen (z. B. Indexberechnungen für Feldelemente oder Berechnungen der Position von Teil-Zeichenfolgen oder sonstigen Teilobjekten) der linken Seite beendet sind.

Die Auswertung der rechten Seite und Berechnungen für den Zugriff auf die linke Seite dürfen sich gegenseitig nicht beeinflussen (Stichwort: Verbot von Nebenwirkungen).

```
real, dimension (n) :: a, b, c
  ⋮
a(2:n) = a(1:n-1) * b(2:n) + c(2:n)
  ⋮
do i=2,n
  a(i) = a(i-1) * b(i) + c(i)
enddo
```

Die Feldzuweisungs-Anweisung und die DO–Schleife sind nicht gleichwertig. Die Schleife enthält eine Datenabhängigkeit.

Es ist gelegentlich nötig, (vordefinierte) Feldzuweisungs-Anweisungen nicht für alle Feldelemente, sondern nur für bestimmte Elemente auszuführen. Hierfür kann man eine WHERE–Anweisungsgruppe verwenden, die im Zusammenhang mit anderen Zuweisungsanweisungen in Kapitel 8 beschrieben wird.

7 Ausdrücke

Ein **Ausdruck** ist i. allg. eine Formel zur Berechnung eines Wertes. Er besteht aus Operanden, Operatoren und/oder Klammern. Ein Operand ist entweder skalar oder ein Feld. **Operanden** sind Konstanten, Variablen, Feldkonstruktoren, Strukturkonstruktoren, Funktionsaufrufe und (Unter-)Ausdrücke (ggf. in Klammern).

```
3.1415        .true.          "Berlin"      ←— skalare (Literal-)Konstanten
(/7,13,24,6,18/)          (/1,0,0,1/)       ←— Feldkonstruktoren
x         tor         woche          name   ←— skalare Variablen, Gesamtfelder
tor(4)        t(10)          woche(14)       ←— Feldelemente
tor(1:3)                     woche(2:19)     ←— Teilfelder
adresse%plz                  adresse%ort     ←— Strukturkomponenten
name(:5)                     name(11:21)     ←— Teil-Zeichenfolgen
sin(x)        log(x=10)        f(tor,2)      ←— Funktionsaufrufe
(r*sin(x) + pi/2 - bogen + 55.57)           ←— Unterausdruck
```

Operatoren spezifizieren die auszuführenden Berechnungen (Operationen). Es gibt *zweistellige* Operatoren, die zwei Operanden verarbeiten, und *einstellige* Operatoren, die nur einen Operand verarbeiten. Operatoren sind entweder *vordefiniert*, d. h., sie können als bekannt vorausgesetzt werden und sofort verwendet werden, oder sie sind *benutzerdefiniert*, d. h., sie können erst nach ihrer *Definition* verwendet werden.

Vordefinierte Operatoren:

numerische Operatoren:	+	−	*	/	**	
Vergleichsoperatoren:	>	>=	<	<=	==	/=
logische Operatoren:	.NOT.	.AND.	.OR.	.EQV.	.NEQV.	
Zeichenoperator:	//					

Die Auswertung eines Ausdruckes erzeugt einen Wert, der einen Typ, ggf. einen Typparameter, ggf. eine Zeichendatenlänge und eine Gestalt hat. Der Wert kann skalar sein oder ein Feldwert sein.

Zwei Felder werden als **konform** bezeichnet, wenn sie die gleiche Gestalt haben. Ein Skalar ist per Definition mit jedem Feld konform. Er wird ggf. wie ein konformes Feld verarbeitet, dessen Elemente alle den gleichen Wert haben.

Elementweise wirkende Operatoren sind zwar zunächst für skalare Operanden definiert, sie können aber auch auf konforme Operanden angewendet werden. Alle vordefinierten Operatoren sind elementweise wirkende Operatoren. Wenn ein Feldoperand von solch einem Operator verarbeitet wird, wird die Operation Element für Element in beliebiger Reihenfolge ausgeführt, so daß das jeweilige

Feldelement des Ergebnisses die gleiche Feldelementposition hat wie das oder die verarbeitete(n) Feldelement(e). Im Fall eines einstelligen elementweise wirkenden Operators ist das Ergebnis der skalaren elementweisen Operationen ein Feld mit der gleichen Gestalt wie der Operand. Wenn ein zweistelliger elementweise wirkender Operator zwei Feldoperanden hat, müssen diese Operanden die gleiche Gestalt haben und das Ergebnis der skalaren elementweisen Operationen ist ein Feld mit der gleichen Gestalt wie die Operanden. Wenn ein zweistelliger elementweise wirkender Operator einen skalaren Operand und einen Feldoperand mit mindestens einem Feldelement hat, wird der Skalar so behandelt, wie wenn er vor Ausführung der Operation zu einem Feld expandiert worden wäre, das die gleiche Gestalt wie der Feldoperand hat und dessen Feldelemente alle den Wert des Skalars haben.

Ein Ausdruck bildet selbst keine Anweisung, sondern er ist Teil einer Anweisung. Man unterscheidet folgende Arten von Ausdrücken:

- vordefinierte Ausdrücke:
  - vordefinierte numerische Ausdrücke z. B. `(a + b) * sin(c)`
  - vordefinierte Vergleichsausdrücke z. B. `d <= e`
  - vordefinierte logische Ausdrücke z. B. `f .and. (g .or. h)`
  - vordefinierte Zeichenausdrücke z. B. `i // j // "klm"`

- benutzerdefinierte Ausdrücke z. B. `l .plus. (m .rest. kopf)`

Die *vordefinierten* numerischen Ausdrücke, Vergleichsausdrücke, logischen Ausdrücke und Zeichenausdrücke verknüpfen Operanden vordefinierten Typs mit Hilfe vordefinierter Operatoren. Dabei liefern die vordefinierten numerischen Ausdrücke, logischen Ausdrücke und Zeichenausdrücke ein numerisches Ergebnis, logisches Ergebnis bzw. Zeichenergebnis. Ein *Vergleichsausdruck* liefert ein logisches Ergebnis und kann grundsätzlich nur (als Operand) innerhalb eines logischen Ausdruckes auftreten.

In *benutzerdefinierten* Ausdrücken können auch Operanden benutzerdefinierten Typs auftreten, die ggf. mit benutzerdefinierten Operatoren und/oder *erweiterten* vordefinierten Operatoren verknüpft werden. Ein benutzerdefinierter Ausdruck kann auch ein numerischer oder logischer Ausdruck oder ein Zeichenausdruck sein, wenn er nämlich ein Ergebnis solch eines Typs liefert.

Ein Ausdruck ist entweder ein *skalarer Ausdruck* oder ein *Feldausdruck*. Ein **skalarer Ausdruck** enthält lediglich skalare Operanden. Ein **Feldausdruck** ist ein Ausdruck mit mindestens einem *Feldoperanden*. Ein **Feldoperand** ist ein Gesamtfeld, ein Teilfeld, ein Feldkonstruktor, der Aufruf einer feldwertigen Funktion oder ein Feldausdruck in Klammern.

Konstantenausdrücke, Initialisierungsausdrücke und *Spezifikationsausdrücke* sind spezielle Ausdrücke, die hauptsächlich in Spezifikationsanweisungen auftreten können. Die genauen Beschreibungen befinden sich am Ende dieses Kapitels.

Interpretation

Grundsätzlich darf ein F-System (z. B. aus Optimierungsgründen) anstelle eines vorgegebenen Ausdruckes einen *äquivalenten* Ausdruck auswerten, sofern nur zuvor mit Hilfe der *Interpretationsregeln* die Bedeutung des ursprünglichen Ausdruckes festgelegt ist. Da man mit Klammern expliziten Einfluß auf die tatsächliche Abarbeitungsreihenfolge eines Ausdruckes nehmen kann, müssen interne äquivalente Umformungen vorgegebene Klammerungsstrukturen berücksichtigen.

Zwei vordefinierte numerische Ausdrücke sind in diesem Sinne (mathematisch) **äquivalent**, wenn ihre mathematischen Werte entsprechend den F-Regeln für alle überhaupt möglichen Operanden gleich sind. Zwei vordefinierte Vergleichsausdrücke oder vordefinierte logische Ausdrücke sind im obigen Sinne **äquivalent**, wenn ihre logischen Werte für alle überhaupt möglichen Operanden gleich sind.

7.1 Vordefinierte numerische Ausdrücke

Ein numerischer Ausdruck liefert als Ergebnis der Auswertung einen skalaren numerischen Wert oder einen numerischen Feldwert. Ein **numerischer Wert** ist ein Wert, der ganzzahlig, reell oder komplex ist. Ein *vordefinierter* **numerischer Ausdruck** besteht aus *numerischen Operanden* und *numerischen Operatoren*.

```
a + b * c - (3.5 + x) ** 2 / y + sin(z)
```

Numerische Operanden sind numerische Konstanten, numerische Variablen, numerische Feldkonstruktoren, hochrangige benutzerdefinierte Ausdrücke mit einem numerischen Wert, Aufrufe numerischer Funktionen und eingeklammerte (vordefinierte und benutzerdefinierte) numerische (Unter-)Ausdrücke.

Ganz einfache numerische Ausdrücke dürfen aus einem einzigen numerischen Operand bestehen und können ohne Operatoren geschrieben werden:

```
x     10.3     0     i     str7     1     cos(y)     ff(1:3, 85:88)
```

Kompliziertere vordefinierte numerische Ausdrücke verknüpfen numerische Operanden mit Hilfe vordefinierter *numerischen Operatoren* und/oder fassen numerische Unterausdrücke mit Klammern zusammen. Die Klammern müssen immer paarweise geschrieben werden.

Die Bedeutung der vordefinierten **numerischen Operatoren** entspricht der Bedeutung der mathematischen Operatoren der Algebra für skalare Operanden mit Ausnahme der Division. Die Bedeutung der Division kann von den Datentypen der Operanden abhängen (s. u.). Die vordefinierten numerischen Operatoren sind in folgender Tabelle zusammengefaßt:

Operator	Operation	Gebrauch	Bedeutung
**	Exponentiation	x ** y	potenziere x mit y
*	Multiplikation	x * y	multipliziere x mit y
/	Division	x / y	dividiere x durch y
+	Addition	x + y	addiere x und y
+	Identität	+ x	wie x ohne Vorzeichen
−	Subtraktion	x - y	subtrahiere y von x
−	numer. Negation	- x	negiere x

Operatorpriorität: Die Rangfolge der Operatoren entspricht den üblichen Regeln der Algebra: Der Operator ** hat Vorrang vor *, /, + und −. Und die Operatoren * und / haben Vorrang vor + und −.

Interpretationsregeln: Wenn ein vordefinierter numerischer Ausdruck aus mehreren Operanden und Operatoren besteht, dann sind hinsichtlich der Zuordnung der Operanden zu den Operatoren folgende Interpretationsregeln zu beachten:

- Ein vordefinierter numerischer Ausdruck wird von links nach rechts interpretiert. D. h., wenn mehrere gleichrangige Operatoren (außer der Exponentiation) auftreten, erfolgt die Zuordnung der Operanden zu den Operatoren von links nach rechts.

- Klammern haben Vorrang und fassen zusammengehörende Unterausdrücke zusammen.

- Wenn Operatoren unterschiedlicher Priorität in einem vordefinierten numerischen Ausdruck auftreten, dann regelt die Rangfolge der Operatoren die Zuordnung der Operanden zu den Operatoren.

- Die Exponentiation ist ein Sonderfall, denn aufeinanderfolgende Exponentiationen werden von rechts nach links zusammengefaßt; beispielsweise wird 2**3**4 als $2^{(3^4)}$ interpretiert.

5 - a ** 2 + b * 3   wird interpretiert als $(5 - (a^2)) + (b * 3)$,

weil die Exponentiation Vorrang vor der Subtraktion hat und weil die Multiplikation Vorrang vor der Addition hat.

Numerische Ausdrücke mit mehreren unmittelbar aufeinanderfolgenden numerischen Operatoren sind verboten:

```
a + - b      a ** - 2     ←— verboten
a + (-b)     a ** (-2)    ←— erlaubt
```

Typ, Typparameter und Gestalt

Ganzzahlige Ausdrücke, reelle Ausdrücke und **komplexe Ausdrücke** sind numerische Ausdrücke, deren Interpretation einen ganzzahligen, reellen oder komplexen Wert liefert.

Typ, Typparameter, Gestalt und Wert eines vordefinierten numerischen Ausdruckes ergeben sich aus dem jeweiligen Typ, dem jeweiligen Typparameter, der jeweiligen Gestalt und dem jeweiligen Wert des oder der Operanden und aus der Interpretation des Ausdruckes.

Einstelliger numerischer Operator: Wenn die Operatoren + (Plus) oder − (Minus) auf einen einzigen numerischen Operand angewendet werden, dann ist der Typ des Ausdruckes (und damit der Typ des Ergebnisses) gleich dem Typ des Operanden. Entsprechendes gilt für den Typparameter und für die Gestalt des Operanden und des Ergebnisses.

Zweistelliger numerischer Operator: Wenn ein numerischer Operator auf zwei Operanden gleichen numerischen Typs angewendet wird, dann ist der Typ des Ausdruckes (und damit der Typ des Ergebnisses) gleich dem Typ der Operanden. D. h., wenn alle Operanden eines numerischen Ausdruckes gleichen numerischen Typs sind, so ist der Wert des Ausdruckes vom selben Typ. Haben die Operanden darüber hinaus gleiche Typparameter und/oder gleiche Gestalt, so hat das Ergebnis ebenfalls diesen Typparameter bzw. diese Gestalt.

Ein zweistelliger numerischer Operator darf aber auch auf zwei numerische Operanden unterschiedlicher Gestalt (wenn der eine ein Skalar ist), auf zwei Operanden gleichen numerischen Typs mit unterschiedlichen Typparametern oder auf zwei Operanden unterschiedlichen numerischen Typs angewendet werden.

Rangfolge der numerischen Typen: Wenn mindestens zwei Operanden eines vordefinierten numerischen Ausdruckes verschiedenen Typs sind, dann bestimmt folgende Rangfolge der numerischen Typen den Typ (des Ergebnisses) des Ausdruckes:

Typ	Rangfolge
komplex	am höchsten
reell	mittel
ganzzahlig	am niedrigsten

`7.3 + 17 - 2.2e-4`   ist ein reeller Ausdruck.

Typumwandlung: Wenn ein zweistelliger numerischer Operator auf zwei Operanden verschiedenen numerischen Typs angewendet wird, dann findet i. allg. vor der eigentlichen Ausführung des Operators eine Typumwandlung des Wertes des (im Sinne der obigen Rangfolge) niederwertigeren Operanden statt, so daß tatsächlich intern eine Operation mit Operanden gleichen Typs durchgeführt wird. Ausgenommen ist die Exponentiation mit reeller oder komplexer Basis und ganzzahligem Exponent.

Typparameterumwandlung: Wenn ein zweistelliger numerischer Operator auf zwei ganzzahlige Operanden mit unterschiedlichen Typparametern angewendet wird, dann findet i. allg. vor der eigentlichen Ausführung des Operators eine Typparameterumwandlung des Wertes des einen Operanden mit dem kleineren dezimalen Exponentenbereich statt, so daß tatsächlich intern eine Operation mit zwei ganzzahligen Operanden mit gleichen Typparameterwerten durchgeführt wird. Das Ergebnis hat den gleichen Typparameterwert wie der Operand mit dem größeren dezimalen Exponentenbereich. Ausgenommen ist die Exponentiation mit ganzzahliger Basis und ganzzahligem Exponent.

Wenn ein zweistelliger numerischer Operator auf zwei reelle Operanden, zwei komplexe Operanden oder einen reellen und einen komplexen Operand mit unterschiedlichen Typparametern angewendet wird, dann findet i. allg. vor der eigentlichen Ausführung des Operators eine Typparameterumwandlung des Wertes des einen Operanden mit der geringeren dezimalen Genauigkeit statt, so daß tatsächlich intern eine Operation entweder mit zwei reellen oder mit zwei komplexen Operanden mit gleichem Typparameter durchgeführt wird. Das Ergebnis hat den gleichen Typparameterwert wie der Operand mit der größeren dezimalen Genauigkeit.

Wenn ein zweistelliger numerischer Operator auf einen ganzzahligen Operand und einen reellen oder komplexen Operand angewendet wird, dann hat das Ergebnis den Typparameter des reellen bzw. komplexen Operanden.

Wenn beide Operanden *voreingestellt* reell oder *voreingestellt* komplex sind, dann ist auch das Ergebnis voreingestellt reell bzw. voreingestellt komplex. Wenn beide Operanden doppelt genau sind, oder wenn einer voreingestellt reell und der andere doppelt genau ist, dann ist auch das Ergebnis doppelt genau.

Gestalt: Wenn ein zweistelliger numerischer Operator auf zwei Operanden gleicher Gestalt angewendet wird, dann hat das Ergebnis ebenfalls diese Gestalt. Wenn die Gestalt der Operanden allerdings unterschiedlich ist, dann muß (wegen der Konformitätsregeln) der eine Operand skalar sein. In diesem Fall hat das Ergebnis die gleiche Gestalt wie der Feldoperand.

Typ, Typparameter und Interpretation von $a+b$, $a-b$, $a*b$ und a/b ergeben sich aus folgender Tabelle:

Operandentypen: i = ganzzahlig, r = reell, c = komplex.

Operator $\otimes$ steht für + oder − oder * oder / .

Operanden			Ergebnis von $a \otimes b$		
a	b	Typpar.	Typ	Typpar.	Interpretation
i	i	$ki(a) = ki(b)$	i	$ki(a)$	$a \otimes b$
i	i	$ra(a) < ra(b)$	i	$ki(b)$	$INT(a, ki(b)) \otimes b$
i	i	$ra(a) > ra(b)$	i	$ki(a)$	$a \otimes INT(b, ki(a))$
i	r		r	$ki(b)$	$REAL(a, ki(b)) \otimes b$
i	c		c	$ki(b)$	$CMPLX(a, ki(b)) \otimes b$
r	i		r	$ki(a)$	$a \otimes REAL(b, ki(a))$
r	r	$ki(a) = ki(b)$	r	$ki(a)$	$a \otimes b$
r	r	$prec(a) < prec(b)$	r	$ki(b)$	$REAL(a, ki(b)) \otimes b$
r	r	$prec(a) > prec(b)$	r	$ki(a)$	$a \otimes REAL(b, ki(a))$
r	c	$ki(a) = ki(b)$	c	$ki(a)$	$CMPLX(a, ki(a)) \otimes b$
r	c	$prec(a) < prec(b)$	c	$ki(b)$	$CMPLX(a, ki(b)) \otimes b$
r	c	$prec(a) > prec(b)$	c	$ki(a)$	$CMPLX(a, ki(a)) \otimes CMPLX(b, ki(a))$
c	i		c	$ki(a)$	$a \otimes CMPLX(b, ki(a))$
c	r	$ki(a) = ki(b)$	c	$ki(a)$	$a \otimes CMPLX(b, ki(a))$
c	r	$prec(a) < prec(b)$	c	$ki(b)$	$CMPLX(a, ki(b)) \otimes CMPLX(b, ki(b))$
c	r	$prec(a) > prec(b)$	c	$ki(a)$	$a \otimes CMPLX(b, ki(a))$
c	c	$ki(a) = ki(b)$	c	$ki(a)$	$a \otimes b$
c	c	$prec(a) < prec(b)$	c	$ki(b)$	$CMPLX(a, ki(b)) \otimes b$
c	c	$prec(a) > prec(b)$	c	$ki(a)$	$a \otimes CMPLX(b, ki(a))$

In dieser Tabelle entsprechen die Funktionen INT, REAL und CMPLX den vordefinierten Funktionen aus Kapitel 14. Und die Funktionen *ki*, *prec* und *ra* haben die gleiche Bedeutung wie die vordefinierten Funktionen KIND, PRECISION bzw. RANGE.

Typ, Typparameter und Interpretation von $a**b$ entsprechen den Angaben der obigen Tabelle mit einigen Ausnahmen:

Operandentypen: i = ganzzahlig, r = reell, c = komplex.

Operanden			Ergebnis von $a ** b$		
a	b	Typparameter	Typ	Typpar.	Interpretation
i	i	$RANGE(a) > RANGE(b)$	i	$KIND(a)$	$a ** b$
r	i		r	$KIND(a)$	$a ** b$
c	i		r	$KIND(a)$	$a ** b$
sonst	sonst	sonst	entsprechend der letzten Tabelle		

Wenn die Basis und der Exponent ganzzahlig sind und der Exponent negativ ist, dann ist die Interpretation von $a ** b$ die gleiche wie von $1 / (a ** ABS(b))$, wobei ABS die Bedeutung der gleichnamigen vordefinierten Funktion hat. Dieser numerische Ausdruck unterliegt den üblichen Regeln der *ganzzahligen Division* (s. u.).

2 ** (-3)   wird berechnet wie   1 / (2 ** 3)   und ergibt 0

Ungültige Operationen: Jede numerische Operation, deren Resultat mathematisch nicht definiert ist, ist bei der Ausführung des Programmes verboten; z. B. die Division durch Null, die Exponentiation mit Basis gleich Null und Exponent gleich Null, die Exponentiation mit Basis gleich Null und negativem Exponent. Außerdem ist die Exponentiation mit negativer Basis und reellem Exponent verboten.

Ganzzahlige Division

Falls das Ergebnis einer Division zweier ganzzahliger Operanden *mathematisch* keine ganze Zahl ist, wird dieses Ergebnis in F in Richtung auf den Wert Null zur nächsten ganzen Zahl hin gekürzt. Man sagt, es wird *gehackt*. Der nicht-ganzzahlige Anteil des mathematischen Ergebnisses geht verloren.

8 / 3   ergibt den Wert 2
(-8) / 3   ergibt den Wert −2
- 100/99   ergibt den Wert −1

7.2   Vordefinierte Vergleichsausdrücke

Ein *vordefinierter* **Vergleichsausdruck** vergleicht die Werte zweier numerischer Ausdrücke oder zweier Zeichenausdrücke. Es ist in einem vordefinierten Vergleichsausdruck unzulässig, einen numerischen Ausdruck mit einem logischen Ausdruck oder mit einem Zeichenausdruck zu vergleichen, einen logischen Ausdruck mit einem beliebigen Ausdruck zu vergleichen, oder einen Zeichenausdruck mit einem Nichtzeichen-Ausdruck zu vergleichen.

17+4 <= nn   klm == flges + i3   "Schmidt" /= "Schmied"

Vergleichsausdrücke dürfen nur als Operanden logischer Ausdrücke auftreten. Die Auswertung eines vordefinierten Vergleichsausdruckes liefert als Ergebnis der Auswertung entweder einen skalaren voreingestellt logischen Wert (d. h. den Wert *wahr* oder *falsch*) oder er liefert einen voreingestellt logischen Feldwert.

Es gibt folgende vordefinierten **Vergleichsoperatoren** für numerische Daten und für Zeichendaten:

Operator	Operation: Vergleich	Gebrauch	Bedeutung
<	kleiner als	x < y	$x < y$
<=	kleiner oder gleich	x <= y	$x \leq y$
==	gleich	x == y	$x = y$
/=	ungleich	x /= y	$x \neq y$
>	größer als	x > y	$x > y$
>=	größer oder gleich	x >= y	$x \geq y$

7.2.1 Vordefinierte numerische Vergleichsausdrücke

Ein *vordefinierter* numerischer Vergleichsausdruck vergleicht die Ergebnisse zweier vordefinierter numerischer Ausdrücke. Für den Vergleich eines komplexen Operanden mit einem anderen numerischen Operanden sind nur die Operatoren == und /= zulässig.

Ein vordefinierter skalarer numerischer Vergleichsausdruck liefert als Ergebnis der Auswertung genau dann den voreingestellt logischen Wert *wahr*, wenn die Werte der Operanden den durch den Operator gegebenen Vergleich erfüllen. Andernfalls liefert er den voreingestellt logischen Wert *falsch*. Entsprechendes gilt elementweise beim Vergleich zweier konformer vordefinierter numerischer Feldausdrücke.

Wenn in einem numerischen Vergleichsausdruck

numerischer_ausdruck₁ vergleichsoperator numerischer_ausdruck₂

die Typen oder die Typparameter der beiden Operanden unterschiedlich sind, dann wird der Wert des einen Operanden vor Ausführung der Vergleichsoperation genauso umgewandelt, wie wenn der Ausdruck

(numerischer_ausdruck₁ + numerischer_ausdruck₂)

ausgewertet werden würde.

```
17 <= 13              liefert den Wert falsch.

abs(x-2.0) < 1.2e-75  testet einen reellen Wert.
```

7.2.2 Vordefinierte Zeichenvergleichsausdrücke

Ein *vordefinierter* Zeichenvergleichsausdruck vergleicht die Position der einzelnen Zeichen der Ergebnisse zweier vordefinierter Zeichenausdrücke entsprechend der ASCII–Sortierfolge. Die Zeichendatenlänge der Operanden darf unterschiedlich sein.

Ein vordefinierter skalarer Zeichenvergleichsausdruck liefert als Ergebnis der Auswertung genau dann den voreingestellt logischen Wert *wahr*, wenn die Werte der Operanden den durch den Vergleichsoperator gegebenen lexikalischen Vergleich erfüllen. Andernfalls liefert er den voreingestellt logischen Wert *falsch*. Entsprechendes gilt elementweise beim Vergleich zweier konformer vordefinierter Zeichenausdrücke.

Der skalare Vergleich erfolgt zeichenweise von links nach rechts. Wenn die Operanden nicht gleichlang sind, wird der kürzere Operand für die Interpretation des Vergleichsausdruckes rechts bis zur Länge des längeren Operanden mit Leerzeichen aufgefüllt.

Der Wert des vordefinierten Zeichenvergleichsausdruckes

$$\textbf{zeichenausdruck}_1 \ \textbf{vergleichsoperator} \ \textbf{zeichenausdruck}_2$$

ist bei dem zeichenweisen Vergleich von links nach rechts durch das erste Zeichen z_1 von **zeichenausdruck**$_1$ bestimmt, das verschieden ist von dem entsprechenden Zeichen z_2 in **zeichenausdruck**$_2$. Der Zeichenausdruck **zeichenausdruck**$_1$ wird genau dann als *(lexikalisch) kleiner als* der Zeichenausdruck **zeichenausdruck**$_2$ interpretiert, wenn das Zeichen z_1 dem Zeichen z_2 in der ASCII–Sortierfolge vorangeht. Entsprechendes gilt für die restlichen Vergleichsoperatoren. Zwei Zeichenausdrücke der Länge Null sind bei einem derartigen vordefinierten Vergleich grundsätzlich gleich.

Sortierfolge

In der ASCII–Sortierfolge sind Ziffern numerisch und Buchstaben alphabetisch sortiert. Und die Ziffern, Buchstaben und Leerzeichen (vgl. Anhang A) sind untereinander folgendermaßen sortiert:

$$\text{Leerzeichen} < \text{Ziffern} < \text{Großbuchstaben} < \text{Kleinbuchstaben}$$

```
"Buecher" < "Text"        ergibt den Wert wahr.
"Text" > "Texte"          ergibt den Wert falsch.
```

Wenn man (lexikalische) Vergleiche vordefinierter Zeichenausdrücke programmieren will, dann kann man dazu auch die vordefinierten Funktionen CHAR und ICHAR einsetzen, wobei CHAR auf einem F-System für einen vorgegebenen ganzzahligen Wert das entsprechende Zeichen in der ASCII–Sortierfolge liefert, und wobei ICHAR die für ein vorgegebenes Zeichen des voreingestellten Zeichentyps einen ganzzahligen Wert liefert, der der Stellung des Zeichens in der ASCII–Sortierfolge entspricht.

7.3 Vordefinierte logische Ausdrücke

Logische Berechnungen werden mit Hilfe *vordefinierter* **logischer Ausdrücke** formuliert. Ein logischer Ausdruck liefert als Ergebnis der Auswertung entweder einen skalaren logischen Wert (d. h. den Wert *wahr* oder *falsch*) oder er liefert einen logischen Feldwert. Ein vordefinierter logischer Ausdruck besteht aus *logischen Operanden* und *logischen Operatoren*.

```
phi .or. lambda .and. psi .or. (.not. alpha(b))
```

Logische Operanden sind logische Konstanten, logische Variablen, logische Feldkonstruktoren, hochrangige benutzerdefinierte Ausdrücke mit einem logischen Wert, Aufrufe logischer Funktionen, vordefinierte Vergleichsausdrücke und eingeklammerte (vordefinierte oder benutzerdefinierte) logische (Unter-)Ausdrücke.

Ganz einfache logische Ausdrücke dürfen aus einem einzigen logischen Operand bestehen und können ohne Operatoren geschrieben werden. Kompliziertere vordefinierte logische Ausdrücke verknüpfen logische Operanden mit Hilfe vordefinierter *logischer Operatoren* und/oder fassen logische Unterausdrücke mit Klammern zusammen. Die Klammern müssen immer paarweise geschrieben werden.

Die vordefinierten **logischen Operatoren** sind in folgender Tabelle zusammengestellt:

Operator	Operation	Gebrauch	Bedeutung
.NOT.	Negation	.not. x	*wahr*, wenn x *falsch* ist
.AND.	Konjunktion	x .and. y	*wahr*, wenn x und y *wahr* sind
.OR.	Disjunktion	x .or. y	*wahr*, wenn x und/oder y *wahr* ist
.NEQV.	Antivalenz	x .neqv. y	*wahr*, wenn x *wahr* und y *falsch* ist oder y *wahr* und x *falsch* ist
.EQV.	Äquivalenz	x .eqv. y	*wahr*, wenn x und y *wahr* sind oder x und y *falsch* sind

Die Bedeutung der logischen Operatoren für skalare Operanden wird durch folgende Wahrheitstafeln deutlich:

x	y	.NOT. y	x .AND. y	x .OR. y	x .EQV. y	x .NEQV. y
wahr	*wahr*	*falsch*	*wahr*	*wahr*	*wahr*	*falsch*
wahr	*falsch*	*wahr*	*falsch*	*wahr*	*falsch*	*wahr*
falsch	*wahr*	*falsch*	*falsch*	*wahr*	*falsch*	*wahr*
falsch	*falsch*	*wahr*	*falsch*	*falsch*	*wahr*	*falsch*

Für den Fall, daß in einem vordefinierten logischen Ausdruck zwei oder mehr Operatoren auftreten, sind bestimmte Regeln zu beachten, die die Interpretation, d. h. die Bedeutung dieses Ausdruckes betreffen:

- Ein vordefinierter logischer Ausdruck wird von links nach rechts interpretiert. D. h., wenn mehrere gleichrangige (s. u.) Operatoren auftreten, erfolgt die Zuordnung der Operanden zu den Operatoren von links nach rechts.

- Klammern haben Vorrang und fassen zusammengehörende Unterausdrücke zusammen.

- Wenn in einem vordefinierten logischen Ausdruck Operatoren unterschiedlicher Priorität auftreten, dann regelt die Rangfolge der Operatoren die Zuordnung der Operanden zu den Operatoren.

Operatorpriorität:

Operator	Rangfolge
.NOT.	am höchsten
.AND.	mittel
.OR.	niedrig
.EQV. oder .NEQV.	am niedrigsten

`.not.a .or. b.and.c`   wird interpretiert als   `(.not.a) .or. (b.and.c)`

Logische Ausdrücke mit mehreren unmittelbar aufeinanderfolgenden logischen Operatoren sind bis auf die zwei Ausnahmen des folgenden Beispiels verboten.

`l .or. m .and. 2+4*8 .le. 40 .neqv. p`   ist (syntaktisch) gültig.

`.true. .or. .eqv. .true.`   ist ungültig.

`r .and. .not. s`   ist gültig und wird interpretiert als   `r .and. (.not. s)`.

`r .or. .not. s`   ist gültig und wird interpretiert als   `r .or. (.not. s)`.

Wenn die Interpretation eines vordefinierten logischen Ausdruckes feststeht, dann müssen für die tatsächliche Berechnung des Ergebnisses nicht alle Operanden ausgewertet werden, wenn das Ergebnis auch auf andere Weise bestimmt werden kann.

`x > y .or. (23-x*6 > x*y)`

Falls x tatsächlich größer als y ist, braucht der Klammerausdruck nicht berechnet zu werden.

Typparameter und Gestalt

Typparameter, Gestalt und Wert eines vordefinierten logischen Ausdruckes ergeben sich aus dem jeweiligen Typparameter, der jeweiligen Gestalt und dem jeweiligen Wert des oder der Operanden und aus der Interpretation des Ausdruckes.

Einstelliger logischer Operator: Wenn der Operator .NOT. auf einen logischen Operand angewendet wird, dann ist der Typparameter des Ausdruckes (und damit der Typparameter des Ergebnisses) gleich dem Typparameter des Operanden. Entsprechendes gilt für die Gestalt des Operanden und des Ergebnisses.

Zweistelliger logischer Operator: Wenn ein zweistelliger logischer Operator auf zwei Operanden mit gleichen Typparameterwerten angewendet wird, dann ist der Typparameter des Ausdruckes (und damit der Typparameter des Ergebnisses) gleich dem Typparameter der Operanden.

Ein zweistelliger logischer Operator darf aber auch auf zwei logische Operanden unterschiedlicher Gestalt (wenn der eine ein Skalar ist) oder auf zwei logische Operanden mit unterschiedlichen Typparametern angewendet werden.

Typparameterumwandlung: Wenn ein zweistelliger logischer Operator auf zwei logische Operanden mit unterschiedlichen Typparametern angewendet wird, dann ist der Typparameter des Ergebnisses systemabhängig.

Gestalt: Wenn ein zweistelliger logischer Operator auf zwei logische Operanden gleicher Gestalt angewendet wird, dann hat das Ergebnis ebenfalls diese Gestalt. Wenn die Gestalt der Operanden allerdings unterschiedlich ist, dann muß (wegen der Konformitätsregeln) der eine Operand skalar sein. In diesem Fall hat das Ergebnis die gleiche Gestalt wie der Feldoperand.

7.4   Vordefinierte Zeichenausdrücke

Ein Zeichenausdruck liefert als Ergebnis der Auswertung einen Zeichenwert, d. h. einen Wert vom Zeichentyp. Das Ergebnis ist entweder ein skalarer Wert (d. h. eine Zeichenfolge) oder es ist ein Feldwert. Ein *vordefinierter* **Zeichenausdruck** besteht aus *Zeichenoperanden* und *Zeichenoperatoren*.

```
a // "B" // (c(d) // "EFG")
```

Zeichenoperanden sind Zeichenkonstanten, Zeichenvariablen, Zeichen-Feldkonstruktoren, hochrangige benutzerdefinierte Ausdrücke mit einem Zeichenwert, Aufrufe von Zeichenfunktionen und eingeklammerte (vordefinierte oder benutzerdefinierte) Zeichen(unter)ausdrücke.

Ganz einfache Zeichenausdrücke dürfen aus einem einzigen Zeichenoperanden bestehen und können ohne Zeichenoperator geschrieben werden:

```
"Beispiel"      "BEISPIEL"        "1"        t10        zeile(n)
```

Kompliziertere vordefinierte Zeichenausdrücke verknüpfen mehrere Zeichenoperanden mit Hilfe vordefinierter *Zeichenoperatoren* und/oder fassen Zeichenunterausdrücke mit Klammern zusammen. Die Klammern müssen immer paarweise geschrieben werden.

Es gibt nur einen einzigen vordefinierten **Zeichenoperator**, nämlich

Operator	Operation	Gebrauch	Bedeutung
//	Verkettung	x // y	verkette x und y

Die Zeichenoperanden dürfen unterschiedliche Zeichendatenlängen haben.

Ein Zeichenausdruck hat eine Zeichendatenlänge, das ist die Zeichendatenlänge des Wertes des Ausdruckes. Das Ergebnis der Auswertung einer Verkettung zweier skalarer Zeichenoperanden zf1 und zf2 ist eine Zeichenfolge, die so lang wie die Summe der Längen beider Zeichenfolgen ist, und deren erster Teil aus den Zeichen der Zeichenfolge zf1 besteht und deren zweiter Teil aus den Zeichen der Zeichenfolge zf2 besteht.

```
"Eisen" // "Bahnlinie"      ergibt die Zeichenfolge    EisenBahnlinie
```

Bei der Auswertung des Verkettungsoperators braucht ein F-System nur soviel eines vordefinierten Zeichenausdruckes auszuwerten, wie in der Umgebung erforderlich ist, in der der Ausdruck auftritt.

```
character (len=2) :: a, b, c, cf
⋮
a = b // cf(c)
```

Die Zeichenfunktion **cf** braucht nicht ausgewertet zu werden, weil **a** nur die Zeichendatenlänge 2 hat, und weil **b** für die Definition von **a** ausreicht.

Interpretation: Für den Fall, daß ein vordefinierter Zeichenausdruck zwei oder mehr Operatoren hat, wird der Ausdruck von links nach rechts interpretiert. D. h., daß die Zeichenoperanden von links nach rechts verkettet werden, wenn mehrere Verkettungsoperatoren auftreten. Klammern haben allerdings wie immer Vorrang und fassen Unterausdrücke zusammen. In diesem Fall haben Klammern aber keinen Einfluß auf den Wert des Ausdruckes.

```
"EISEN" // "BAHN" // "TARIF"  wird interpretiert als
```
(`"EISEN" // "BAHN"`) `// "TARIF"`. Als Ergebnis der Auswertung erhält man die Zeichenfolge `EISENBAHNTARIF`.

Zeichendatenlänge und Gestalt

Gestalt und Wert eines vordefinierten Zeichenausdruckes ergeben sich aus der jeweiligen Gestalt und dem jeweiligen Wert des oder der Operanden und aus der Interpretation des Ausdruckes.

Zeichendatenlänge: Die Zeichendatenlänge ist gleich der Summe der Zeichendatenlängen der einzelnen Operanden.

Gestalt: Wenn der Verkettungsoperator auf zwei Zeichenoperanden gleicher Gestalt angewendet wird, dann hat das Ergebnis ebenfalls diese Gestalt. Wenn die Gestalt der Operanden allerdings unterschiedlich ist, dann muß (wegen der Konformitätsregeln) der eine Operand skalar sein. In diesem Fall hat das Ergebnis die gleiche Gestalt wie der Feldoperand.

7.5 Benutzerdefinierte Ausdrücke

Ein benutzerdefinierter Ausdruck besteht aus Operanden benutzerdefinierten und/oder vordefinierten Typs und *benutzerdefinierten* Operatoren und/oder *erweiterten* vordefinierten Operatoren. Man beachte, daß ein benutzerdefinierter Ausdruck auch ein numerischer oder logischer Ausdruck oder ein Zeichenausdruck sein kann, wenn er nämlich ein Ergebnis solch eines Typs liefert. Wir sprechen dann z. B. von einem **benutzerdefinierten numerischen Ausdruck**.

Ein **benutzerdefinierter Ausdruck** unterscheidet sich von einem vordefinierten Ausdruck dadurch, daß ein benutzerdefinierter Ausdruck mindestens einen Operand benutzerdefinierten Typs enthält, oder daß ein benutzerdefinierter Ausdruck mindestens einen benutzerdefinierten Operator oder einen erweiterten vordefinierten Operator enthält.

Operanden sind (wie bei den vordefinierten Ausdrücken) Konstanten, Variable, Feldkonstruktoren, Funktionsaufrufe und (Unter-)Ausdrücke (ggf. in Klammern). Darüber hinaus können benutzerdefinierte Ausdrücke Strukturkonstruktoren als Operanden enthalten.

Operatoren können definiert werden und zwar im Prinzip für beliebige Operandentypen. Die Bedeutung eines benutzerdefinierten Operators kann auch erweitert werden; dann spricht man von einem *überladenen* benutzerdefinierten Operator. Und schließlich kann die Definition eines vordefinierten Operators erweitert werden. Ein solcher erweiterter vordefinierter Operator wird auf diese Weise also ebenfalls überladen.

7.5.1 Benutzerdefinierte Operatoren und erweiterte vordefinierte Operatoren

*Benutzer*definierte Operatoren, d. h. neue einstellige oder zweistellige Operatoren müssen jeweils mit Hilfe eines *Operator-Schnittstellenblockes* und einer *Operatorfunktion* definiert werden. Diese Operatorfunktion spezifiziert zunächst die Operation, die bei Abarbeitung des Operators ausgeführt wird. Und der Operator-Schnittstellenblock spezifiziert, welcher Operator zu welcher Operatorfunktion gehört. Die gleichen Maßnahmen sind erforderlich, um zusätzliche Eigenschaften eines *vor*definierten Operators zu spezifizieren, d. h., um die Definition eines vordefinierten Operators zu erweitern.

Die Interpretation des benutzerdefinierten Operators oder des erweiterten vordefinierten Operators ist durch die Operatorfunktion gegeben.

Ein einstelliger oder zweistelliger *benutzer*definierter Operator wird wie ein *vor*definierter Operator verwendet. D. h., ein *einstelliger* benutzerdefinierter Operator steht unmittelbar vor dem Operand. Und ein *zweistelliger* benutzerdefinierter Operator steht zwischen den beiden zu verarbeitenden Operanden.

In der Rangfolge der Operatoren steht ein *benutzer*definierter *ein*stelliger Operator ganz oben; er ist „hochrangig". Und ein *benutzer*definierter *zwei*stelliger Operator steht ganz unten; er ist „niederrangig". Aber ein erweiterter vordefinierter Operator behält in jedem Fall seine vordefinierte Rangstufe.

Operatorfunktion

Eine **Operatorfunktion** ist eine „ganz normale" Modulfunktion mit einem Formalparameter oder mit zwei Formalparametern.

Die Formalparameter von Operatorfunktionen müssen nicht-optionale Eingabeparameter sein. D. h., es müssen Variablen sein, für die das INTENT(IN)–Attribut spezifiziert ist. Andere INTENT–Attribute dürfen nicht spezifiziert werden.

Für den Funktionswert, d. h. die Ergebnisvariable einer Operatorfunktion vom Zeichentyp, darf nicht die Länge Stern * spezifiziert werden.

Der Name einer Operatorfunktion muß im Spezifikationsteil des Moduls explizit in einer PUBLIC– oder PRIVATE–Anweisung spezifiziert werden.

Wo eine Operatorfunktion verfügbar ist, kann sie wie jede andere Funktion als Operand in einem Ausdruck aufgerufen werden. Und wo ein Operator-Schnittstellenblock für diese Funktion verfügbar ist, kann sie bei Verarbeitung des zugehörigen Operators in einem Ausdruck ggf. implizit (d. h. automatisch) aufgerufen werden.

Operator-Schnittstellenblock

Ein **Operator-Schnittstellenblock** ist ein spezieller generischer Schnittstellenblock für einen (überladenen oder nicht-überladenen) benutzerdefinierten Operator oder für einen erweiterten vordefinierten Operator. Solch ein generischer Schnittstellenblock darf nur im Spezifikationsteil eines „privaten" Moduls auftreten. Er hat folgende Form:

INTERFACE OPERATOR (operator)   ⟵ INTERFACE–Anweisung

  MODULE PROCEDURE ...   ⟵ MODULE PROCEDURE–Anweisung(en)
  ⋮

END INTERFACE   ⟵ END INTERFACE–Anweisung

Dabei ist **operator** der zu definierende oder zu erweiternde Operator. Und zwar ist es entweder ein vordefinierter Operator oder es ist ein benutzerdefinierter Operator der Form **.op.**, wobei **op** eine Folge von einem bis maximal 31 Buchstaben ist. Die Bezeichnung eines *benutzer*definierten Operators darf nicht mit der Bezeichnung einer logischen Literalkonstanten übereinstimmen.

Der spezifische Name einer Modulfunktion darf in einer Geltungseinheit nur ein einziges Mal in allen Operator-Schnittstellenblöcken desselben Operators auftreten. Der generische Bezeichner OPERATOR(...) muß im Spezifikationsteil des Moduls mit dem Schnittstellenblock explizit in einer PUBLIC– oder PRIVATE–Anweisung spezifiziert werden.

Die MODULE PROCEDURE–Anweisung hat folgende Form:

MODULE PROCEDURE operatorfunktion [, operatorfunktion]...

Dabei ist **operatorfunktion** jeweils der Name einer Modulfunktion.

Wenn zwei oder mehr Operator-Schnittstellenblöcke für denselben Operator in einer Geltungseinheit verfügbar sind, werden sie zusammen wie ein einziger generischer Schnittstellenblock aufgefaßt.

Impliziter Aufruf

Ein Operator in einem Ausdruck wird als ein *benutzerdefinierter Operator* oder als ein *erweiterter vordefinierter Operator* interpretiert (d. h. als impliziter Aufruf einer bestimmten Operatorfunktion),

- wenn an der Stelle der Verarbeitung des Operators ein Operator-Schnittstellenblock für diesen Operator verfügbar (d. h. definiert oder zugänglich) ist,

- wenn die in dem Schnittstellenblock spezifizierte Operatorfunktion in der betreffenden Geltungseinheit aufrufbar ist,

- wenn Operand(en) des Operators und korrespondierende(r) Formalparameter der Operatorfunktion hinsichtlich Datentyp, ggf. Typparameter und ggf. Zeichendatenlänge übereinstimmen,

- und wenn der eine Operand und der eine Formalparameter oder der linke Operand und der erste Formalparameter sowie der rechte Operand und der zweite Formalparameter jeweils den gleichen Rang haben und, soweit es sich um Felder handelt, die gleiche Gestalt haben.

In einem solchen Fall wird beim automatischen Aufruf der Operatorfunktion für einen einstelligen Operator der Operand als Aktualparameter übergeben. Und bei einem zweistelligen Operator werden der linke Operand dem ersten Formalparameter und der rechte Operand dem zweiten Formalparameter als Aktualparameter übergeben.

7.5.1.1 Nicht-überladener benutzerdefinierter Operator

Der zugehörige **Operator-Schnittstellenblock** für einen nicht-überladenen benutzerdefinierten Operator **.op.** hat folgende Form:

INTERFACE OPERATOR (.op.) ⟵ INTERFACE–Anweisung

  MODULE PROCEDURE operatorfunktion ← MODULE PROCEDURE–Anw.

END INTERFACE ⟵ END INTERFACE–Anweisung

Ein Operator kann für *vor*definierte Operandentypen definiert werden, er kann aber auch für *benutzer*definierte Operandentypen definiert werden.

```
module def_op
  private :: weite
  public  :: operator(.abst.)
  interface operator (.abst.)
    module procedure weite
  end interface
contains
  function weite (a, e) result (abstand)
    real, dimension (2), intent(in) :: a, e
    real :: abstand
    abstand = sqrt( abs( (a(1) - e(1))**2 - (a(2) - e(2))**2))
  end function weite
end module def_op
```

```
program luftlinie
use def_op
  :
if ((ziel .abst. hannover) > (ziel .abst. frankfurt)) then
  call abfahrt(frankfurt)
endif
  :
end program luftlinie
```

Der benutzerdefinierte Operator **.abst.** ist ein zweistelliger Operator, dessen Interpretation durch die Modulfunktion **weite** gegeben ist. Weil die Operatorfunktion das PRIVATE–Attribut hat, kann sie außerhalb des Moduls nicht explizit, sondern nur implizit aufgerufen werden.

7.5.1.2 Überladener benutzerdefinierter Operator

Ein benutzerdefinierter Operator kann überladen werden, indem mehrere Operatorfunktionen in einem oder in mehreren Operator-Schnittstellenblöcken spezifiziert werden.

In jedem Fall müssen diese Funktionen gültige Operatorfunktionen für den in der INTERFACE–Anweisung spezifizierten Operator sein, und sie müssen die gleiche Anzahl Formalparameter haben. Die in einem Operator-Schnittstellenblock spezifizierten Operatorfunktionen müssen ähnlichen Eindeutigkeitsregeln genügen wie die spezifischen Unterprogramme, die einen gemeinsamen überladenen generischen Namen haben (vgl. 13.3.6): Innerhalb einer Geltungseinheit müssen je zwei Funktionen für denselben Operator einen Formalparameter an gleicher Position haben, wobei sich diese Parameter hinsichtlich Datentyp, Typparameter (falls vorhanden) oder Rang unterscheiden müssen.

Bei Ausführung eines überladenen Operators bestimmen die Eigenschaften der Operanden, welche Operatorfunktion (implizit) aufgerufen wird.

7.5.1.3 Erweiterter vordefinierter Operator

Wenn der Operator in der INTERFACE–Anweisung eines Operator-Schnittstellenblockes ein vordefinierter Operator ist, dann handelt es sich um eine Erweiterung der Definition dieses vordefinierten Operators. Eine in diesem Operator-Schnittstellenblock in einer MODULE PROCEDURE–Anweisung spezifizierte Operatorfunktion darf diesen vordefinierten Operator aber nur für solche Operandentypen erweitern, für die der Operator nicht vordefiniert ist.

Bei einer Operatorfunktion für einen erweiterten vordefinierten Operator muß die Anzahl der Parameter in jedem Falle mit der vordefinierten Anzahl der Operanden des vordefinierten Operators übereinstimmen. D. h., ein einstelliger vordefinierter Operator kann nur einstellig erweitert werden und ein zweistelliger vordefinierter Operator entsprechend zweistellig.

Es gelten im Prinzip die gleichen Eindeutigkeitsregeln wie für überladene benutzerdefinierte Operatoren. In diesem Fall gelten die Eindeutigkeitsregeln für die Schnittstellen der Operatorfunktionen, die alle diesen gemeinsamen (generischen) Operator definieren, so, wie wenn der vordefinierte Operator mit Hilfe einer Kollektion vordefinierter spezifischer Funktionen definiert wäre, deren Namen zusätzlich zu den Namen der benutzerdefinierten Operatorfunktionen in dem Operator-Schnittstellenblock spezifiziert wären. Für jede zulässige Kombination von Typ, ggf. Typparameter und Rang jedes Operanden des vordefinierten Operators hat man sich eine entsprechende Operatorfunktion zu denken.

Und bei Ausführung des erweiterten vordefinierten Operators bestimmen die Eigenschaften der Operanden, welche Operatorfunktion (implizit) aufgerufen wird.

7.6   Gemeinsame Regeln für Ausdrücke

7.6.1   Rangfolge der Ausdrücke und Operatoren

Wenn vordefinierte numerische Operatoren, logische Operatoren, Vergleichsoperatoren, Zeichenoperatoren und/oder benutzerdefinierte Operatoren in ein und demselben Ausdruck auftreten, dann wird die Zuordnung der Operanden zu den Operatoren u. a. durch die *Operatorpriorität* geregelt, die die Rangfolge der Operatoren bestimmt.

Wenn ein vordefinierter Operator erweitert ist, behält der Operator die Rangstufe des vordefinierten Operators, auch wenn er mit der erweiterten Bedeutung verwendet wird. Durch die Verwendung von Klammern kann die Rangfolge der Operatoren übersteuert werden.

```
r .and. .not. s
5 + .fahrtocel. 13
- .celtofahr. n
```

Ausdruck	Operator	Operation	Rangfolge	
Hochrangige benutzerdef. Ausdrücke	*ein*stellig benutzerdef.	Operatorfunktion	1.	am höchsten
Vordefinierte numerische Ausdrücke	**	Exponentiation	2.	
	*	Multiplikation	3.	
	/	Division	3.	
	+	Vorzeichen	4.	
	−	Numer. Negation	4.	
	+	Addition	5.	
	−	Subtraktion	5.	
Vordefinierte Zeichenausdrücke	//	Verkettung	6.	
Vordefinierte Vergleichsausdrücke	==	gleich	7.	
	>=	größer oder gleich	7.	
	>	größer als	7.	
	<=	kleiner oder gleich	7.	
	<	kleiner als	7.	
	/=	ungleich	7.	
Vordefinierte logische Ausdrücke	.NOT.	Logische Negation	8.	
	.AND.	Konjunktion	9.	
	.OR.	Disjunktion	10.	
	.EQV.	Äquivalenz	11.	
	.NEQV.	Antivalenz	11.	
Niederrangige benutzerdef. Ausdrücke	*zwei*stellig benutzerdef.	Operatorfunktion	12.	am niedrigsten

7.6.2 Interpretation von Ausdrücken

Die Art und Weise, in der Operanden unter Verwendung von Operatoren miteinander verknüpft werden, richtet sich (der Reihe nach) nach folgenden Interpretationsregeln:

1. Klammern fassen (Unter-)Ausdrücke zusammen.

2. Die Operatorpriorität bestimmt die Zuordnung der Operanden zu den Operatoren in Ausdrücken mit Operatoren unterschiedlichen Ranges.

3. Aufeinanderfolgende Exponentiationen in numerischen Ausdrücken werden von rechts nach links zusammengefaßt (d. h. interpretiert).

4. Aufeinanderfolgende Multiplikationen und/oder Divisionen in numerischen Ausdrük- ken werden von links nach rechts interpretiert.

5. Aufeinanderfolgende Additionen und/oder Subtraktionen in numerischen Ausdrücken werden von links nach rechts interpretiert.

6. Aufeinanderfolgende Verkettungen in Zeichenausdrücken werden von links nach rechts interpretiert.

7. Aufeinanderfolgende logische Produkte (.AND.) in logischen Ausdrücken werden von links nach rechts interpretiert.

8. Aufeinanderfolgende logische Summen (.OR.) in logischen Ausdrücken werden von links nach rechts interpretiert.

9. Aufeinanderfolgende Äquivalenzen (.EQV.) und/oder Antivalenzen (.NEQV.) in logischen Ausdrücken werden von links nach rechts interpretiert.

10. Aufeinanderfolgende zweistellige benutzerdefinierte Operatoren in benutzerdefinierten Ausdrücken werden von links nach rechts interpretiert.

```
a + b ** 2 < 7 .or. 1 .and. c == "Brief" // "Kopf"
```

wird interpretiert als

```
((a + (b ** 2)) < 7) .or. (1 .and. (c == ("Brief" // "Kopf")))
```

```
3 / 4 * 8     ergibt   0
3 * 8 / 4     ergibt   6
```

Beide Ausdrücke sind mathematisch (im Sinne der F-Regeln) nicht äquivalent. Das Ergebnis der Auswertung ist von der Reihenfolge der Auswertung abhängig.

7.6.3   Auswertung von Ausdrücken

Operanden

Eine skalare Variable muß zum Zeitpunkt ihrer Verarbeitung als Operand in einem Ausdruck definiert sein, d. h. mit einem Wert versehen sein. Entsprechend müssen alle Elemente eines Feldoperanden zum Zeitpunkt der Verarbeitung als Operand definiert sein.

Wenn eine Variable benutzerdefinierten Typs als Operand verarbeitet wird, müssen alle Komponenten definiert sein. Alle Zeichen eines Zeichenoperanden müssen definiert sein.

Wenn ein Operand in einer vordefinierten oder benutzerdefinierten Operation ein Zeiger oder ein eingeklammerter Zeiger ist, dann wird tatsächlich das zugeordnete Zeigerziel benutzt. Typ, ggf. Typparameter und Gestalt des Operanden entsprechen denen des aktuell zugeordneten Zeigerzieles.

Elementweise wirkende Operationen

Elementweise wirkende Operationen auf Feldoperanden werden in der Weise durchgeführt, daß die Feldoperation als eine Menge von Feldelementoperationen aufgefaßt werden kann, die in beliebiger Reihenfolge ausgeführt werden. An diesen skalaren Operationen sind jeweils korrespondierende Feldelemente, d. h. Feldelemente in gleicher Feldelementposition, beteiligt. Wenn ein zweistelliger elementweise wirkender Operator einen skalaren Operand und einen Feldoperand mit mindestens einem Feldelement hat, wird der Skalar so behandelt, wie wenn er vor Ausführung der Operation zu einem Feld expandiert worden wäre, das die gleiche Gestalt wie der Feldoperand hat und dessen Feldelemente alle den Wert des Skalars haben.

Man beachte, daß es bei erweiterten vordefinierten Operatoren von den Eigenschaften der aktuell zu verknüpfenden Operanden abhängen kann, ob es sich um eine elementweise wirkende Operation handelt oder nicht.

Nebenwirkungen

Bestimmte *Nebenwirkungen* sind verboten. So darf durch den Aufruf einer Funktion innerhalb einer Anweisung abgesehen vom Funktionswert der Wert keiner anderen Datengröße innerhalb derjenigen Anweisung geändert (d. h. definiert oder undefiniert) werden, in der der Funktionsaufruf auftritt.

```
a(i) = f(i)
y = g(x) + x
```

Wenn der Aufruf der Funktion **f** den Aktualparameter **i** modifiziert oder wenn der Aufruf der Funktion **g** den Aktualparameter **x** modifiziert, dann ist die jeweilige numerische Zuweisungsanweisung ungültig, d. h. verboten.

Die Auswertung der Aktualparameter eines Funktionsaufrufes darf normalerweise weder den Typ des Ausdruckes beeinflussen, in dem der Funktionsaufruf als Operand auftritt, noch darf der Typ des Ausdruckes die Auswertung der Aktualparameter beeinflussen. Allerdings kann der Typ eines Aktualparameters dann den Typ des Ausdruckes mit dem Funktionsaufruf beeinflussen, wenn es sich um eine Funktion handelt, bei der der Typ des Funktionswertes vom Typ des Aktualparameters abhängig ist wie z. B. bei generischen Funktionen.

Bei der Verarbeitung eines Feldelementes oder eines Teilfeldes sind Indexausdrücke zu berechnen. Weder darf die Auswertung eines Indexausdruckes den
Typ des Ausdruckes beeinflussen, in dem das Feldelement bzw. das Teilfeld als
Operand auftritt, noch darf der Typ des Ausdruckes die Auswertung eines dieser Indexausdrücke beeinflussen. Entsprechendes gilt für die Ausdrücke zur Angabe der ersten oder der letzten Position einer Teil-Zeichenfolge, wenn die Teil-
Zeichenfolge als Operand eines Ausdruckes verarbeitet wird. Und entsprechend
dürfen sich die Schleifenparameter einer impliziten Schleife eines Feldkonstruktors und der Typ des Ausdruckes nicht gegenseitig beeinflussen, in dem der
Feldkonstruktor als Operand verarbeitet wird.

Felder der Größe Null und Zeichenfolgen der Länge Null

Ein F-System braucht Indexausdrücke eines Feldes der Größe Null oder die
Ausdrücke zur Angabe der ersten oder letzten Position einer Teil-Zeichenfolge
der Länge Null nicht auszuwerten, wenn solch ein Feld oder solch eine Teil-
Zeichenfolge als Operand in einem Ausdruck verarbeitet wird.

Auswertung einzelner Operanden in Ausdrücken mit mehreren Operanden

Es brauchen nicht unbedingt alle Operanden eines Ausdruckes ausgewertet zu
werden, und es braucht nicht jeder Operand vollständig ausgewertet zu werden,
wenn der Wert des Ausdruckes auch auf andere Art und Weise bestimmt werden
kann. Das gilt im Prinzip für alle Arten von Ausdrücken. Solch eine Situation
kann z. B. in einem logischen Ausdruck gegeben sein, oder wenn ein Feld der
Größe Null oder eine Zeichenfolge der Länge Null in einem Ausdruck als Operand
auftritt.

```
x > y .or. a+b*c <= 17 .or. l(z)
```

Wenn feststeht, daß x tatsächlich größer als y ist, dann braucht der ganze Rest
des logischen Ausdruckes (d. h. der numerische Ausdruck, der Vergleichsausdruck, die logische Funktion und der rechte logische Unterausdruck) nicht ausgewertet zu werden.

```
x + w(z)
```

Wenn x ein Feld mit der Größe Null ist, dann braucht w(z) nicht ausgewertet
zu werden.

Wenn eine Anweisung einen Ausdruck mit einem Funktionsaufruf enthält, der
bei der Auswertung des Ausdruckes nicht berechnet zu werden braucht, dann

werden nach Auswertung des Ausdruckes alle Datenobjekte undefiniert, die gegebenenfalls durch die Ausführung des Funktionsaufrufes definiert, d. h. mit einem Wert versehen worden wären.

```
xx + ww(z1)
x > y .or. a+b*c <= 17 .or. 11(z2)
```

Angenommen **xx** sei ein Feld der Größe Null und **x > y** sei wahr: Falls die Funktion **ww** normalerweise den Aktualparameter **z1** oder die Funktion **11** normalerweise den Aktualparameter **z2** definiert, dann ist **z1** bzw. **z2** nach Auswertung des jeweiligen Ausdruckes undefiniert.

```
character (len=2) :: a, b, c, f
 :
a = b // f(c)
```

Die Zeichenfunktion **f** muß nicht ausgewertet werden, weil nur der Wert von **b** für die Definition von **a** erforderlich ist.

Reihenfolge der Auswertung von Funktionsaufrufen

Das F-System darf mehrere Funktionsaufrufe innerhalb einer Anweisung i. allg. in beliebiger Reihenfolge auswerten. Dabei muß der Funktionswert jeder einzelnen Funktion unabhängig von der Reihenfolge der Auswertung der Funktionsaufrufe sein. Ausnahme: Funktionsaufrufe in der Aktualparameterliste von Funktionsaufrufen.

```
y = f( 1(z))
```

In diesem Fall wird zuerst die Funktion **1** und danach (ggf.) die Funktion **f** ausgewertet.

7.7   Spezielle Ausdrücke

Zur Angabe konstanter Werte sind manchmal nicht nur Konstanten, sondern sogar *Konstantenausdrücke* zulässig. Zur Initialisierung von Variablen und zur Definition benannter Konstanten können *Initialisierungsausdrücke* verwendet werden. Diese beiden Klassen spezieller Ausdrücke können bereits zur Übersetzungszeit ausgewertet werden. *Spezifikationsausdrücke* bilden eine dritte Klasse; mit ihrer Hilfe können bestimmte Eigenschaften von Datenobjekten im Spezifikationsteil von Unterprogrammen spezifiziert werden. Spezifikationsausdrücke können bei Ausführung des Programmes beim Eintritt in das Unterprogramm ausgewertet werden.

7.7.1 Konstantenausdruck

Ein **Konstantenausdruck** ist ein Ausdruck, in dem jeder Operator ein vordefinierter Operator ist und jeder Operand von folgender Art ist:

- Eine Konstante oder ein Teilobjekt einer benannten Konstanten,

- ein Feldkonstruktor, wobei alle Elemente der Werteliste und die Schleifenparameter enthaltener impliziter Schleifen Ausdrücke sind, deren Operanden Konstantenausdrücke sind,

- eine Laufvariable einer impliziten Schleife innerhalb eines Feldkonstruktors, wobei die Schleifenparameter der impliziten Schleife Konstantenausdrücke sind,

- eine Strukturkonstante, d. h. ein Strukturkonstruktor, bei dem alle Komponenten Konstantenausdrücke sind,

- ein Aufruf einer vordefinierten elementweise wirkenden Funktion, wobei
  jeder Aktualparameter ein Konstantenausdruck ist,

- ein Aufruf einer der vordefinierten Transformationsfunktionen, wobei jeder
  Aktualparameter ein Konstantenausdruck ist,

- ein Aufruf einer der vordefinierten Abfragefunktionen LBOUND, SHAPE,
  SIZE, UBOUND, LEN, BIT_SIZE, KIND, DIGITS, EPSILON, HUGE,
  MAXEXPONENT, MINEXPONENT, PRECISION, RADIX, RANGE
  und TINY, wobei jeder Aktualparameter entweder ein Konstantenausdruck oder eine Variable ist, deren abgefragte Typparameter, Zeichendatenlänge oder Indexgrenzen nicht übernommen sind, nicht durch einen
  Ausdruck definiert sind, der kein Konstantenausdruck ist, und nicht durch
  eine ALLOCATE–Anweisung oder Zeigerzuweisungs-Anweisung definierbar sind, oder

- ein Konstantenausdruck der hier beschriebenen Art in Klammern,

wobei jeder Indexausdruck (zur Angabe eines Feldelementes oder Teilfeldes)
und jeder Ausdruck zur Angabe der Anfangs- oder Endposition einer Teil
Zeichenfolge ein Konstantenausdruck ist. Andere Variablen mit oder ohne eigenen Namen, Aufrufe benutzerdefinierter Funktionen und benutzerdefinierte
Operatoren sind in einem Konstantenausdruck verboten.

Je nach Datentyp des Ausdruckes unterscheidet man *ganzzahlige Konstantenausdrücke*, *numerische Konstantenausdrücke*, *logische Konstantenausdrücke* und
Zeichenkonstantenausdrücke.

```
2                                  ←── ganzzahliger Konstantenausdruck
range(i) / 10                      ←── ganzzahliger Konstantenausdruck
count( (/ .true., .false. /) )     ←── ganzzahliger Konstantenausdruck
- 23.5 + (4 * 47) ** 2             ←── reeller Konstantenausdruck
1.0 - abs(-0.4)                    ←── reeller Konstantenausdruck
.true.                             ←── logischer Konstantenausdruck
sqrt(63.3) - 8.2 < 0.0             ←── logischer Konstantenausdruck
"Zeitung"                          ←── Zeichenkonstantenausdruck
"Zeit" // "plan"                   ←── Zeichenkonstantenausdruck
```

7.7.2 Initialisierungsausdruck

Ein **Initialisierungsausdruck** ist ein Konstantenausdruck, in dem die Exponentiation nur mit ganzzahligem Exponent zulässig ist und jeder Operand von folgender Art ist:

- Eine Konstante oder ein Teilobjekt einer benannten Konstanten,

- ein Feldkonstruktor, wobei alle Elemente der Werteliste und die Schleifenparameter enthaltener impliziter Schleifen Ausdrücke sind, deren Operanden Initialisierungsausdrücke sind,

- eine Laufvariable einer impliziten Schleife innerhalb eines Feldkonstruktors, wobei die Schleifenparameter der impliziten Schleife Initialisierungsausdrücke sind,

- eine Strukturkonstante, d. h. ein Strukturkonstruktor, bei dem alle Komponenten Initialisierungsausdrücke sind,

- ein Aufruf einer vordefinierten elementweise wirkenden Funktion ganzzahligen Typs oder vom Zeichentyp, wobei jeder Aktualparameter ein ganzzahliger Initialisierungsausdruck oder ein Zeicheninitialisierungsausdruck ist,

- ein Aufruf einer der vordefinierten Transformationsfunktionen REPEAT, RESHAPE, SELECTED_INT_KIND, SELECTED_REAL_KIND oder TRIM, wobei jeder Aktualparameter ein Initialisierungsausdruck ist,

- ein Aufruf einer der vordefinierten Abfragefunktionen LBOUND, SHAPE, SIZE, UBOUND, LEN, BIT_SIZE, KIND, DIGITS, EPSILON, HUGE, MAXEXPONENT, MINEXPONENT, PRECISION, RADIX, RANGE und TINY, wobei jeder Aktualparameter entweder ein Initialisierungsausdruck ist oder eine Variable ist, deren abgefragte Eigenschaften nicht übernommen sind, nicht durch einen Ausdruck definiert sind, der kein Initialisierungsausdruck ist, und nicht durch eine ALLOCATE-Anweisung oder Zeigerzuweisungs-Anweisung definierbar sind, oder

- ein Initialisierungsausdruck der hier beschriebenen Art in Klammern,

wobei jeder Indexausdruck (zur Angabe eines Feldelementes oder Teilfeldes)
und jeder Ausdruck zur Angabe der Anfangs- oder Endposition einer Teil-
Zeichenfolge ein Initialisierungsausdruck ist. Andere Variablen mit oder ohne
eigenen Namen, Aufrufe benutzerdefinierter Funktionen und benutzerdefinierte
Operatoren sind in einem Initialisierungsausdruck verboten.

```
2                              ←— ganzzahliger Initialisierungsausdruck
range(i) / 10                  ←— ganzzahliger Initialisierungsausdruck
count( (/ .true., .false. /) ) ←— kein Initialisierungsausdruck,
                                  unzulässige Transformationsfunktion
- 23.5 + (4 * 47) ** 2         ←— reeller Initialisierungsausdruck
1.0 - abs(-0.4)                ←— kein Initialisierungsausdruck,
                                  reeller Aktualparameter
.true.                         ←— logischer Initialisierungsausdruck
sqrt(63.3) - 8.2 < 0.0         ←— logischer Initialisierungsausdruck
"Zeitung"                      ←— Zeicheninitialisierungsausdruck
"Zeit" // "plan"               ←— Zeicheninitialisierungsausdruck
```

Wenn ein Initialisierungsausdruck den Aufruf einer Abfragefunktion für einen
Typparameter, eine Zeichendatenlänge oder eine Indexgrenze eines Objektes
enthält, das im selben Spezifikationsteil spezifiziert ist, dann müssen der Typparameter, die Zeichendatenlänge bzw. die Indexgrenze vor dem Aufruf der Abfragefunktion bereits spezifiziert worden sein.

7.7.3 Spezifikationsausdruck

In Typvereinbarungs-Anweisungen und anderen Spezifikationsanweisungen innerhalb von Unterprogrammen dürfen zur Angabe von Indexgrenzen und zur Angabe von Zeichendatenlängen nicht nur Konstanten oder bestimmte Variablen,
sondern sogar bestimmte Ausdrücke, nämlich *Spezifikationsausdrücke*, verwendet werden. Innerhalb dieser Spezifikationsausdrücke sind nicht nur „normale"
Operanden, sondern auch solche Operanden zulässig, die mit Hilfe anderer Größen geschrieben werden, wie Feldkonstruktoren, Strukturkonstruktoren, Unterprogrammaufrufe und eingeklammerte Unterausdrücke. Die Bausteine dieser
„komponierten" Datengrößen dürfen sogenannte *eingeschränkte Ausdrücke* sein.
Spezifikationsausdrücke sind eine spezielle Form der eingeschränkten Ausdrücke.
Beide unterliegen besonderen Einschränkungen, weil sie nach dem Aufruf und
vor Beginn der Ausführung des Unterprogrammes ausgewertet werden müssen.

Ein solcher **eingeschränkter Ausdruck** darf nur vordefinierte Operatoren enthalten, und jeder Operand muß von folgender Art sein:

- Eine Konstante oder ein Teilobjekt einer benannten Konstanten,

- eine Variable, die ein Formalparameter ist, der weder das OPTIONAL–
  noch das INTENT(OUT)–Attribut hat, oder ein Teilobjekt solch eines
  Formalparameters,

- eine Variable, die mittels USE–Zuordnung oder Umgebungszuordnung
  verfügbar ist, oder ein Teilobjekt solch einer Variablen,

- ein Feldkonstruktor, wobei alle Elemente der Werteliste und die Schleifenparameter enthaltener impliziter Schleifen Ausdrücke sind, deren Operanden eingeschränkte Ausdrücke sind,

- eine Laufvariable einer impliziten Schleife innerhalb eines Feldkonstruktors, wobei die Schleifenparameter der impliziten Schleife eingeschränkte
  Ausdrücke sind,

- ein Strukturkonstruktor, in dem jede Komponente ein eingeschränkter
  Ausdruck ist,

- ein Aufruf einer vordefinierten elementweise wirkenden Funktion ganzzahligen Typs oder vom Zeichentyp, wobei jeder Aktualparameter ein ganzzahliger eingeschränkter Ausdruck oder ein eingeschränkter Zeichenausdruck ist,

- ein Aufruf einer der vordefinierten Transformationsfunktionen REPEAT,
  RESHAPE, SELECTED_INT_KIND, SELECTED_REAL_KIND oder
  TRIM, wobei jeder Aktualparameter ein ganzzahliger eingeschränkter Aus-
  druck oder ein eingeschränkter Zeichenausdruck ist,

- ein Aufruf einer der vordefinierten Abfragefunktionen LBOUND, SHAPE,
  SIZE, UBOUND, LEN, BIT_SIZE, KIND, DIGITS, EPSILON, HUGE,
  MAXEXPONENT, MINEXPONENT, PRECISION, RADIX, RANGE
  und TINY, wobei jeder Aktualparameter entweder ein eingeschränkter
  Ausdruck ist oder eine Variable ist, deren abgefragte Eigenschaften nicht
  durch einen Ausdruck definiert sind, der kein eingeschränkter Ausdruck
  ist, und nicht durch eine ALLOCATE–Anweisung oder Zeigerzuweisungs-
  Anweisung definierbar sind, oder

- ein eingeschränkter Ausdruck der hier beschriebenen Art in Klammern,

wobei jeder Indexausdruck (zur Angabe eines Feldelementes oder Teilfeldes)
und jeder Ausdruck zur Angabe der Anfangs- oder Endposition einer Teil-
Zeichenfolge ein eingeschränkter Ausdruck ist. Andere Variablen mit oder ohne
eigenen Namen, Aufrufe anderer Funktionen und benutzerdefinierte Operatoren
sind in einem beschränkten Ausdruck verboten.

Ein **Spezifikationsausdruck** ist ein skalarer ganzzahliger eingeschränkter Ausdruck.

```
len(zeile) - 2        ! zeile sei eine Zeichenvariable
kind(x) - kind(y)     ! x und y seien reelle Variable
ubound(f, 2)          ! f sei ein 2-dim. lokales Feld
```

Der Typ, ggf. der Typparameter und ggf. die Zeichendatenlänge einer Variablen innerhalb eines Spezifikationsausdruckes müssen zuvor in derselben Geltungseinheit explizit spezifiziert sein oder sie ergeben sich durch USE–Zuordnung oder Umgebungszuordnung.

Wenn ein Spezifikationsausdruck den Aufruf einer Abfragefunktion für einen Typparameter, oder für die Länge einer Zeichengröße oder für eine Indexgrenze eines Feldes desselben Spezifikationsteils enthält, dann muß der Typparameter, die Zeichendatenlänge bzw. die Indexgrenze zuvor bereits innerhalb desselben Spezifikationsteils spezifiziert worden sein. Entsprechendes gilt für die Indexgrenze eines Feldes, wenn auf ein Feldelement eines Feldes desselben Spezifikationsteils zugegriffen wird. Die frühere Spezifikation darf sogar innerhalb der Anweisung mit dem betr. Spezifikationsausdruck erfolgen, wenn sie nur links von der Abfragefunktion auftritt.

8 Zuweisungen

Zuweisungen gehören zu den ausführbaren Anweisungen. Es gibt *vordefinierte Zuweisungsanweisungen, benutzerdefinierte Zuweisungsanweisungen, Zeigerzuweisungs-Anweisungen* und *maskierte Feldzuweisungs-Anweisungen.*

Bei Ausführung einer vordefinierten Zuweisungsanweisung wird eine Variable definiert (d. h. mit einem Wert versehen) oder sie wird redefiniert (d. h. mit einem neuen Wert versehen). Bei Ausführung einer benutzerdefinierten Zuweisungsanweisung kann eine Variable definiert werden; andere Aktionen sind ebenfalls möglich. Bei Ausführung einer Zeigerzuweisungs-Anweisung kann einem Zeiger ein Zeigerziel zugeordnet werden, auf das der Zeiger anschließend weist. Bei Ausführung einer maskierten Feldzuweisung (WHERE–Anweisungsgruppe) werden zuerst feldorientiert anhand einer logischen Feldmaske diejenigen Feldlemente ausgewählt, für die anschließend eine oder mehrere Feldzuweisungs-Anweisungen durchgeführt werden.

8.1 Vordefinierte Zuweisungsanweisungen

Die vordefinierten Zuweisungsanweisungen sind nicht anhand bestimmter Schlüsselwörter erkennbar. Sie haben vielmehr im Prinzip folgende Form:

variable = ausdruck

Der **ausdruck** wird zuerst ausgewertet. Und sein Wert wird anschließend (ggf. nach bestimmten Umwandlungen) der **variablen** zugewiesen. Wir sprechen von der *linken Seite* und der *rechten Seite* einer Zuweisungsanweisung.

Es gibt vordefinierte *numerische Zuweisungsanweisungen, logische Zuweisungsanweisungen, Zeichenzuweisungs-Anweisungen* und *Zuweisungsanweisungen für benutzerdefinierte Datentypen;* „vordefiniert" heißt, daß die Interpretation des Gleichheitszeichens vorgegebenen Regeln folgt. Diese vordefinierten Zuweisungsanweisungen zeichnen sich dadurch aus, daß die linke und die rechte Seite konform sind und daß die linke und die rechte Seite jeweils beide numerischen Typs, beide logischen Typs, beide vom Zeichentyp oder beide vom gleichen benutzerdefinierten Typ sind.

Vordefinierte Feldzuweisungs-Anweisung: Wenn die linke Seite einer Zuweisungsanweisung ein Feld ist, handelt es sich um eine **Feldzuweisungs-Anweisung.** Die linke Seite darf auch ein Teilfeld sein, aber kein Teilfeld mit einem Vektorindex, der zwei oder mehr identische Feldelemente hat. Wenn die linke Seite ein Feld der Größe Null ist, dann wird allerdings kein Wert zugewiesen.

Wenn die linke Seite ein Feld und die rechte Seite skalar ist, werden alle Elemente der linken Seite mit dem gleichen skalaren Wert der rechten Seite definiert. Wenn die rechte Seite ein Feldwert ist, dann muß die linke Seite ebenfalls ein Feld sein, das die gleiche Gestalt wie die rechte Seite hat.

In einer Feldzuweisungs-Anweisung erfolgt die Definition der linken Seite *elementweise* für korrespondierende Feldelemente; d. h., dem ersten Element der linken Seite wird das erste Element der rechten Seite zugewiesen, dem zweiten Element der linken Seite wird das zweite Element der rechten Seite zugewiesen, usw. Die Reihenfolge der elementweisen Zuweisungen ist dem F-System freigestellt.

```
real, dimension (10), save :: x = (/ (i, i=1,10) /)
x(1:10) = x(10:1:-1)
```

Nach Abarbeitung der Feldzuweisungs-Anweisung enthält x die Werte 10, 9, 8, ... , 2, 1.

Interpretation: Die eigentliche Zuweisung, d. h. die Abspeicherung des Wertes der rechten Seite auf den Speicherplatz der linken Seite, erfolgt erst dann, wenn alle Berechnungen der rechten Seite beendet sind und wenn auch alle Adressenberechnungen (z. B. Indexberechnungen für Feldelemente oder Berechnungen der Position von Teil-Zeichenfolgen oder sonstigen Teilobjekten) der linken Seite beendet sind. Dabei dürfen auf der rechten und linken Seite auch gleiche oder sich überlagernde (Teil-)Objekte auftreten. Die Auswertung der rechten Seite und die Berechnungen der Ausdrücke für den Zugriff auf die linke Seite dürfen sich allerdings gegenseitig nicht beeinflussen (Stichwort: Verbot von Nebenwirkungen).

Das Gleichheitszeichen hat in vordefinierten Zuweisungsanweisungen nicht die übliche mathematische Bedeutung.

```
n = n + 1
```

ist zwar mathematisch ein Widerspruch aber im Sinne von F kein Widerspruch. Die Anweisung bedeutet: Addiere 1 zum (alten) Wert von n und speichere danach das Ergebnis dieser Addition auf dem Speicherplatz von n ab. Man erhält also einen neuen Wert auf dem Speicherplatz von n; der alte Wert ist damit überschrieben.

Zeiger: Wenn die linke Seite ein Zeiger ist, dann muß diesem Zeiger bei Ausführung der Zuweisungsanweisung ein definierbares Zeigerziel zugeordnet sein, dessen Typ, ggf. Typparameter, ggf. Zeichendatenlänge und Gestalt der rechten Seite entsprechen. Der Wert des Ausdruckes der rechten Seite wird in diesem Fall dem Zeigerziel zugewiesen, auf das die linke Seite weist. Wenn die rechte Seite nur aus einem Zeiger besteht, wird auf das zugeordnete Zeigerziel zugegriffen.

8.1.1 Numerische Zuweisungsanweisung

Wenn die linke Seite und die rechte Seite numerischen Typs sind, handelt es sich um eine *vordefinierte* numerische Zuweisungsanweisung.

numerische_variable = numerischer_ausdruck

Die linke und die rechte Seite dürfen unterschiedlichen numerischen Typs sein und unterschiedliche Typparameterwerte haben.

```
real :: x, var, f, y
  ⋮
x = 17 + var * 2 - f(y)
```

Die Auswertung einer numerischen Zuweisungsanweisung erfolgt in folgenden Schritten:

1. Auswertung des numerischen Ausdruckes der rechten Seite und aller Ausdrücke, die zur Bestimmung der Variablen auf der linken Seite auftreten.

2. Umwandlung des Ergebnisses der rechten Seite in den Datentyp und/oder den Typparameter der linken Seite, wenn Typ bzw. Typparameter der rechten und der linken Seite unterschiedlich sind.

3. Zuweisung (d. h. Abspeicherung) des ggf. umgewandelten Ergebnisses der rechten Seite an die numerische Variable (d. h. auf den Speicherplatz) der linken Seite.

```
integer, parameter :: lang = selected_real_kind(14, 200)
integer, parameter :: kurz = selected_real_kind(7, 200)
real (kind= lang)  :: dup
real (kind= kurz)  :: xray, pi, r
  ⋮
dup = 4.7e3 * xray - 2.5 * r * pi
r   = 3.1415 - dup
```

Die beiden numerischen Zuweisungsanweisungen werden ausgewertet wie

```
dup = real(4.7e3 * xray - 2.5 * r * pi, kind(dup))
r   = real(3.1415 - dup, kind(r))
```

wobei REAL und KIND vordefinierte Funktionen sind.

Bei der Zuweisung einer weniger genauen reellen rechten Seite an eine erhöht genaue linke Seite wird nur die interne Darstellung des Ergebnisses der (Auswertung der) rechten Seite geändert. Die Genauigkeit der internen Darstellung der rechten Seite wird dadurch nicht vergrößert.

8.1.2 Logische Zuweisungsanweisung

Wenn die linke und die rechte Seite logischen Typs sind, handelt es sich um eine *vordefinierte* logische Zuweisungsanweisung.

logische_variable = logischer_ausdruck

Die linke und die rechte Seite dürfen unterschiedliche Typparameterwerte haben.

```
logical :: a, b, c, d
    :
a = (b .or. c) .and. d
```

Die Auswertung einer logischen Zuweisungsanweisung erfolgt in folgenden Schritten:

1. Auswertung des logischen Ausdruckes der rechten Seite und aller Ausdrücke, die zur Bestimmung der Variablen auf der linken Seite auftreten.

2. Umwandlung des Ergebnisses der rechten Seite entsprechend dem Typparameter der linken Seite, wenn die Typparameter der rechten und der linken Seite unterschiedlich sind.

3. Zuweisung (d. h. Abspeicherung) des ggf. umgewandelten Ergebnisses der Auswertung der rechten Seite an die logische Variable (d. h. auf den Speicherplatz) der linken Seite.

8.1.3 Zeichenzuweisungs-Anweisung

Wenn die linke und die rechte Seite vom Zeichentyp sind, handelt es sich um eine *vordefinierte* Zeichenzuweisungs-Anweisung.

zeichenvariable = zeichenausdruck

Die linke und die rechte Seite dürfen unterschiedliche Zeichendatenlängen haben. Wenn die linke Seite die Zeichendatenlänge Null hat, wird kein Wert zugewiesen.

```
character (len=12), save :: datei = "Ergebnisse"
datei = datei(1:8) // ".f90"
```

Auf der linken Seite dürfen Zeichenpositionen auftreten, die auch rechts auftreten.

Die Auswertung einer Zeichenzuweisungs-Anweisung erfolgt in folgenden Schritten:

1. Auswertung des Zeichenausdruckes der rechten Seite und aller Ausdrücke, die zur Bestimmung der Variablen auf der linken Seite auftreten.

2. Umwandlung des Ergebnisses der rechten Seite, wenn die linke und rechte Seite verschiedene Zeichendatenlängen haben: Ist die Länge der **zeichenvariablen** größer als die Länge des **zeichenausdruckes**, so wird der **zeichenausdruck** rechts bis zur Länge der **zeichenvariablen** mit Leerzeichen aufgefüllt; ist die Länge der **zeichenvariablen** kürzer als die Länge des **zeichenausdruckes**, so wird der **zeichenausdruck** von rechts her bis zur Länge der **zeichenvariablen** abgeschnitten.

3. Zuweisung (d. h. Abspeicherung) des ggf. umgewandelten Ergebnisses der Auswertung der rechten Seite an die Zeichenvariable (d. h. auf den Speicherplatz) der linken Seite.

Der Wert des Zeichenausdruckes der rechten Seite muß nur an denjenigen Zeichenpositionen definiert sein, die für die Definition der linken Seite benötigt werden.

```
character (len=2) :: a
character (len=4), save :: b = "ok"
a = b
```

Für die Zeichenzuweisung müssen nur die Zeichenpositionen b(1:1) und b(2:2) definiert sein. Es ist nicht erforderlich, daß b(3:4) definiert ist.

8.1.4 Zuweisungsanweisung für benutzerdefinierte Datentypen

Wenn die linke und die rechte Seite vom gleichen benutzerdefinierten Datentyp sind, dann handelt es sich dort um eine *vordefinierte* Zuweisungsanweisung für benutzerdefinierte Datentypen, wo *kein* Zuweisungs-Schnittstellenblock für eine Zuweisungssubroutine für diesen Datentyp verfügbar ist.

variable_benutzerdefinierten_typs =
benutzerdefinierter_ausdruck_benutzerdefinierten_typs

```
type, public :: mitarbeiter
  character (len=15) :: name
  character (len=10) :: vorname
  integer :: personal_nr
  logical :: verheiratet
  real    :: grundgehalt
end type mitarbeiter
```

Wo dieser Datentyp verfügbar ist, kann man z.B. schreiben:

```
type (mitarbeiter), dimension (1000) :: region_nord
region_nord(78) = mitarbeiter("Sander", "Pit", 78, .true., 3840.64)
```

Die Auswertung einer Zuweisungsanweisung für benutzerdefinierte Datentypen erfolgt in folgenden Schritten:

1. Auswertung des benutzerdefinierten Ausdruckes der rechten Seite und aller Ausdrücke, die zur Bestimmung der Variablen auf der linken Seite auftreten.

2. Zuweisung (d. h. Abspeicherung) des Ergebnisses der Auswertung der rechten Seite an die Variable (d. h. auf den Speicherplatz) der linken Seite.

Die vordefinierte Zuweisungsanweisung für benutzerdefinierte Typen wird so interpretiert, wie wenn die Zuweisung komponentenweise (für einander ensprechende Komponenten) erfolgen würde. Eine Strukturkomponente, die *kein* Zeiger ist, wird dabei entsprechend den Regeln für vordefinierte Zuweisungsanweisungen definiert. Und einer Strukturkomponente, die eine Zeigerkomponente ist, wird dabei entsprechend den Regeln für *Zeigerzuweisungs-Anweisungen* ein Zeigerziel zugeordnet.

Die Zuweisungsanweisung des letzten Beispiels wirkt wie folgt:

```
region_nord(78)%name       = "Sander" ! Zeichenzuweisungs-Anw.
region_nord(78)%vorname    = "Pit"    ! Zeichenzuweisungs-Anw.
region_nord(78)%personal_nr = 78      ! numerische Zuweisungsanw.
region_nord(78)%verheiratet = .true.  ! logische Zuweisungsanw.
region_nord(78)%grundgehalt = 3840.64 ! numerische Zuweisungsanw.
```

8.2   Benutzerdefinierte Zuweisungsanweisung

Die benutzerdefinierten Zuweisungsanweisung hat im Prinzip die gleiche Form wie eine vordefinierte Zuweisungsanweisung:

variable = ausdruck

Wenn die linke und die rechte Seite *nicht beide* numerischen Typs sind, *nicht beide* logischen Typs sind, *nicht beide* vom Zeichentyp sind, *nicht beide* vom gleichen benutzerdefinierten Typ sind, oder wenn zwar beide vom gleichen benutzerdefinierten Typ sind, aber wenn zugleich ein Zuweisungs-Schnittstellenblock und eine Zuweisungssubroutine für diesen Typ verfügbar sind, dann handelt es sich um eine **benutzerdefinierte Zuweisungsanweisung**.

Das Gleichheitszeichen hat hier nicht die übliche vordefinierte Bedeutung, sondern die Interpretation des Gleichheitszeichens als Zuweisungssymbol wird für diese linke und rechte Seite mit Hilfe einer *Zuweisungssubroutine* und eines zugehörigen *Zuweisungs-Schnittstellenblockes* vom Programmierer selbst definiert. Dabei spezifiziert die Zuweisungssubroutine, welche Operation bei Ausführung der benutzerdefinierten Zuweisungsanweisung auszuführen ist; z. B. bestimmt sie, wie das Ergebnis der Auswertung der rechten Seite weiterbehandelt werden soll, ehe es ggf. der linken Seite zugewiesen wird. Und der Zuweisungs-Schnittstellenblock spezifiziert, welche Subroutinen überhaupt als Zuweisungssubroutinen berücksichtigt werden.

Die Bedeutung der *vordefinierten* Zuweisungsanweisungen kann auf diese Weise allerdings nicht übersteuert werden. D. h., die benutzerdefinierten Zuweisungen können die vordefinierten Interpretationen des Zuweisungssymbols (d. h. des Gleichheitszeichens) in Zuweisungsanweisungen grundsätzlich nur erweitern.

Zuweisungssubroutine

Eine **Zuweisungssubroutine** ist eine „ganz normale" Modulsubroutine mit zwei Formalparametern.

Die beiden Formalparameter einer Zuweisungssubroutine müssen nicht-optional sein und es müssen Variablen sein. Für den ersten Formalparameter muß das INTENT(OUT)– oder INTENT(INOUT)–Attribut spezifiziert sein und für den den zweiten Formalparameter das INTENT(IN)–Attribut.

Der Name einer Zuweisungssubroutine muß im Spezifikationsteil des Moduls explizit in einer PUBLIC– oder PRIVATE–Anweisung spezifiziert werden.

Wo die Zuweisungssubroutine verfügbar ist, kann sie wie jede andere Subroutine mit Hilfe einer CALL–Anweisung aufgerufen werden. Wo ein Zuweisungs-Schnittstellenblock für diese Subroutine verfügbar ist, kann sie bei Verarbeitung einer Zuweisungsanweisung auch implizit (d. h. automatisch) aufgerufen werden.

Zuweisungs-Schnittstellenblock

Ein **Zuweisungs-Schnittstellenblock** ist ein spezieller generischer Schnittstellenblock für eine benutzerdefinierte Zuweisung. Solch ein generischer Schnittstellenblock darf nur im Spezifikationsteil eines „privaten" Moduls auftreten. Er hat folgende Form:

```
INTERFACE ASSIGNMENT ( = )    ←— INTERFACE–Anweisung
   MODULE PROCEDURE ...        ←— MODULE PROCEDURE–Anweisung(en)
   :
END INTERFACE                  ←— END INTERFACE–Anweisung
```

Der spezifische Name einer Modulsubroutine darf in einer Geltungseinheit nur ein einziges Mal in allen Zuweisungs-Schnittstellenblöcken auftreten. Der generische Bezeichner ASSIGNMENT(=) muß im Spezifikationsteil des Moduls explizit in einer PUBLIC– oder PRIVATE–Anweisung spezifiziert werden.

Die MODULE PROCEDURE–Anweisung hat folgende Form:

MODULE PROCEDURE zuweisungssubroutine [, zuweisungssubroutine]...

Dabei ist **zuweisungssubroutine** jeweils der Name einer Modulsubroutine. Wenn zwei oder mehr Zuweisungs-Schnittstellenblöcke in einer Geltungseinheit verfügbar sind, werden sie zusammen wie ein einziger generischer Schnittstellenblock aufgefaßt.

Impliziter Aufruf

Eine Zuweisungsanweisung wird als eine *benutzerdefinierte Zuweisungsanweisung* (d. h. als impliziter Aufruf einer bestimmten Subroutine) interpretiert,

1. wenn an der Stelle der Zuweisungsanweisung ein Zuweisungs-Schnittstellenblock verfügbar (d. h. definiert oder zugänglich) ist,

2. wenn die in dem Schnittstellenblock spezifizierte Zuweisungssubroutine in der betreffenden Geltungseinheit aufrufbar ist,

3. wenn die rechte und die linke Seite hinsichtlich der Datentypen mit den entsprechenden Formalparametern der Subroutine übereinstimmen,

4. wenn die rechte und die linke Seite hinsichtlich der Typparameter mit den entsprechenden Formalparametern der Subroutine übereinstimmen,

5. wenn die rechte und die linke Seite hinsichtlich der Zeichendatenlängen mit den entsprechenden Formalparametern der Subroutine übereinstimmen, und

6. wenn die linke Seite und der erste Formalparameter sowie die rechte Seite und der zweite Formalparameter jeweils den gleichen Rang haben und, soweit es sich um Felder handelt, die gleiche Gestalt haben.

In solch einem Fall wird beim automatischen Aufruf der Zuweisungssubroutine die linke Seite dem ersten Formalparameter übergeben und das Ergebnis der Auswertung der rechten Seite wird dem zweiten Formalparameter als Aktualparameter übergeben.

8.2.1   Nicht-überladene benutzerdefinierte Zuweisung

Der zugehörige **Zuweisungs-Schnittstellenblock** für eine nicht-überladene benutzerdefinierte Zuweisung folgende Form:

INTERFACE ASSIGNMENT (=)   ⟵ INTERFACE–Anweisung
  MODULE PROCEDURE zuweisungssubroutine   ← MODULE PROCEDURE–A.
END INTERFACE   ⟵ END INTERFACE–Anw.

```fortran
module def_zuw
  public :: assignment(=), integer_to_logical
  interface assignment (=)
    module procedure integer_to_logical
  end interface
contains
  subroutine integer_to_logical (links, rechts)
    logical, intent(out) :: links
    integer, intent(in)  :: rechts
    if (rechts /= rechts/2*2) then
      links = .false.
    else
      links = .true.
    endif
  end subroutine integer_to_logical
end module def_zuw

program gerade
use def_zuw
logical :: ls
integer :: julian
:

ls = julian - 15   ! benutzerdefinierte Zuweisung
:

end program gerade
```

Die Anweisung `ls =`... ist eine Zuweisungsanweisung, deren rechte Seite ganzzahlig und deren linke Seite logisch ist. Die Interpretation dieser Zuweisungsoperation ist durch die Zuweisungssubroutine `integer_to_logical` gegeben. Weil die Subroutine das PUBLIC–Attribut hat, könnte sie außerhalb des Moduls verfügbar gemacht werden und dann dort nicht nur implizit, sondern auch explizit mittels einer CALL–Anweisung aufgerufen werden.

8.2.2   Überladene benutzerdefinierte Zuweisung

Eine benutzerdefinierte Zuweisung kann überladen werden, indem mehrere Zuweisungssubroutinen in einem oder in mehreren Zuweisungs-Schnittstellenblöcken spezifiziert werden.

In jedem Fall müssen diese Subroutinen gültige Zuweisungssubroutinen sein. Und die in einem Zuweisungs-Schnittstellenblock spezifizierten Zuweisungssubroutinen müssen ähnlichen Eindeutigkeitsregeln genügen wie die spezifischen Unterprogramme, die einen gemeinsamen überladenen generischen Namen haben (vgl. 13.3.6): Innerhalb einer Geltungseinheit müssen je zwei dieser Subroutinen einen Formalparameter an gleicher Position haben, wobei sich diese Parameter hinsichtlich Datentyp, Typparameter (falls vorhanden) oder Rang unterscheiden müssen.

Bei Ausführung einer überladenen Zuweisung bestimmen die Eigenschaften der linken und der rechten Seite welche Zuweisungssubroutine (implizit) aufgerufen wird.

8.3   Zeigerzuweisungs-Anweisung

Mit einer **Zeigerzuweisungs-Anweisung** kann man einem Zeiger ein Zeigerziel zuordnen oder den Zuordnungsstatus eines Zeigers ändern.

zeiger => ziel

Als **ziel** sind hier folgende Angaben zulässig:
- Variable *ohne* POINTER–Attribut aber *mit* TARGET–Attribut,
- Zeiger, d. h. Variable *mit* POINTER–Attribut, oder
- Ausdruck, dessen Auswertung einen Zeiger liefert.

Den **zeiger** bezeichnen wir als *linke Seite* und das **ziel** als *rechte Seite* der Zeigerzuweisungs-Anweisung.

Die rechte Seite muß entweder das POINTER– oder das TARGET–Attribut haben. Es darf auch ein Teilobjekt einer Variablen sein, die das TARGET–Attribut hat. Es darf allerdings kein Teilfeld mit einem Vektorindex sein. Wenn es sich um eine Strukturkomponente einer Variablen ohne TARGET–Attribut handelt, muß die entsprechende Typkomponente das POINTER–Attribut haben.

Die rechte Seite muß den gleichen Typ, ggf. den gleichen Typparameter, ggf. die gleiche Zeichendatenlänge und den gleichen Rang wie der Zeiger auf der linken Seite haben.

Wenn die rechte Seite *kein* Zeiger ist, dann wird dem Zeiger auf der linken Seite bei Ausführung der Zeigerzuweisungs-Anweisung das Zeigerziel auf der rechten Seite zugeordnet; d. h., der Zeiger der linken Seite weist anschließend auf das Zeigerziel auf der rechten Seite. In diesem Fall darf die rechte Seite auch ein dynamisches Feld mit TARGET–Attribut sein.

Wenn die rechte Seite selbst ein Zeiger ist, der aktuell zugeordnet ist, dann wird dem Zeiger auf der linken Seite dasselbe Zeigerziel zugeordnet, auf das bereits der Zeiger der rechten Seite weist. Der Zeiger auf der linken Seite bekommt den gleichen Zuordnungsstatus wie der Zeiger auf der rechten Seite. Wenn die rechte Seite ein Zeiger ist, der aktuell gar keinem Zeigerziel zugeordnet ist, dann hat der Zeiger auf der linken Seite ebenfalls den Zuordnungsstatus „nicht-zugeordnet".

Und wenn das Zeigerziel auf der rechten Seite ein Zeiger mit undefiniertem Zuordnungsstatus ist, dann erhält der Zeiger auf der linken Seite ebenfalls den Zuordnungsstatus „undefiniert".

```
module zuw
public :: f
type, public:: strukt
  integer            :: i
  real, pointer      :: komp
  character (len=78) :: text
end type strukt
contains
  function f (fp1, fp2) result (ff)
    real, intent(in) :: fp1, fp2
    real, pointer    :: ff
    ⋮
  end function f
end module zuw
```

Wo der Inhalt dieses Moduls verfügbar ist, kann man folgende Datenobjekte vereinbaren:

```
real, pointer :: zeile (:), kurz
real, target, dimension (45, 10) :: blatt
type (strukt) :: struktur
```

und folgende Zeiger-Zuweisungsanweisungen schreiben:

```
zeile => blatt(7, 1:10)      ! Zeiger => Zeigerziel
kurz  => struktur%komp       ! Zeiger => Zeiger
struktur%komp => f(ap1, ap2) ! Zeiger => Funktionswert
```

8.4   Maskierte Feldzuweisungs-Anweisungen

Es ist gelegentlich nötig, Feldzuweisungs-Anweisungen nicht für alle Feldelemente, sondern nur für bestimmte Elemente auszuführen.

```
real, dimension (100) :: nenner, rezi
read (unit=14) nenner
rezi = 1/nenner
```

Angenommen, die obige Feldzuweisungs-Anweisung darf in dem verwendeten F-System nur für diejenigen Feldelement-Positionen des Ausdruckes der rechten Seite ausgeführt werden, für die nenner(i) den Wert Null hat. Wenn man den

Feldausdruck und die Feldzuweisungs-Anweisung beibehalten will, dann kann man die ungültigen elementweisen Zuweisungen mit einer WHERE–Anweisungsgruppe ausblenden. Man sagt, die Feldzuweisungs-Anweisung wird **maskiert**.

8.4.1 WHERE–Anweisungsgruppe

Die Block-WHERE–Anweisung ermöglicht zusammen mit der END WHERE–Anweisung und einer optionalen ELSEWHERE–Anweisungen die maskierte Ausführung einer oder zweier Folgen von vordefinierten Feldzuweisungs-Anweisungen. Eine solche Folge von Feldzuweisungs-Anweisungen wird als **Zuweisungsblock** bezeichnet.

Eine Block-WHERE–Anweisung leitet eine WHERE–Anweisungsgruppe ein. Eine END WHERE–Anweisung beendet eine WHERE–Anweisungsgruppe. Eine ELSEWHERE–Anweisung kann verwendet werden, wenn innerhalb einer WHERE–Anweisungsgruppe zwei Zuweisungsblöcke auszuwerten sind, wobei jeder einzelne Zuweisungsblock jeweils nur für eine ganz bestimmte Menge von Feldelement-Positionen ausgewertet werden soll.

Die einfachste Form einer WHERE–Anweisungsgruppe beginnt mit einer Block-WHERE–Anweisung, endet mit einer END WHERE–Anweisung und enthält dazwischen einen Zuweisungsblock mit einer Folge vordefinierter Feldzuweisungs-Anweisungen.

WHERE (maskenausdruck)
    feldvariable$_1$ = ausdruck$_1$
    feldvariable$_2$ = ausdruck$_2$
    ⋮
END WHERE

Der WHERE–Block darf leer sein. Der **maskenausdruck** ist ein logischer Feldausdruck. Der Maskenausdruck und die linken Seiten der enthaltenen Feldzuweisungs-Anweisungen müssen die gleiche Gestalt haben.

Bei Ausführung dieser WHERE–Anweisungsgruppe wird zuerst der Maskenausdruck ausgewertet und sein Ergebnis wird intern abgespeichert. Dann werden die Feldzuweisungs-Anweisungen des WHERE–Blockes der Reihe nach ausgewertet. Und zwar wird für jede einzelne Feldzuweisungs-Anweisung zuerst der **ausdruck** auf der rechten Seite nur für diejenigen Feldelement-Positionen ausgewertet und der **feldvariablen** zugewiesen, für die der Maskenausdruck den Wert *wahr* geliefert hat. Für die anderen Feldelement-Positionen wird die **feldvariable** nicht (re)definiert. Die elementweisen Zuweisungen folgen den Regeln für vordefinierte Zuweisungen.

```
real, dimension (100)      :: xfeld
integer, dimension (100) :: duenn
logical, dimension (100), save :: maske = .false.
maske(1:100:2) = .true.
where (maske)
  xfeld = xfeld - 1.0
  duenn = 1
end where
```

Jedes zweite Element des Feldes **xfeld** wird beginnend mit dem ersten Feldelement um den Wert 1.0 vermindert. Und das Feld **duenn** wird genau an diesen Stellen mit dem Wert 1 markiert (d. h. definiert). Die Werte der anderen Feldelemente der Felder **xfeld** und **duenn** bleiben unverändert.

Eine ELSEWHERE–Anweisung verwendet man, wenn eine WHERE–Anweisungsgruppe zwei Zuweisungsblöcke enthalten soll, sodaß nach Ausführung des ersten Zuweisungsblockes der zweite Zuweisungsblock *genau* für diejenigen Feldelement-Positionen ausgewertet wird, die im ersten Zuweisungsblock nicht selektiert worden sind.

WHERE (maskenausdruck)
  feldvariable$_1$ = ausdruck$_1$
  feldvariable$_2$ = ausdruck$_2$
  $\vdots$
ELSEWHERE
  feldvariable$_k$ = ausdruck$_k$
  feldvariable$_{k+1}$ = ausdruck$_{k+1}$
  $\vdots$
END WHERE

Die beiden Zuweisungsblöcke dürfen leer sein.

Bei Ausführung dieser WHERE–Anweisungsgruppe wird zuerst der Maskenausdruck ausgewertet. Dann werden die Feldzuweisungs-Anweisungen des WHERE–Blockes der Reihe für diejenigen Feldelement-Positionen ausgewertet, für die der Maskenausdruck den Wert *wahr* geliefert hat. Und zuletzt werden die Feldzuweisungs-Anweisungen des ELSEWHERE–Blockes der Reihe nach für diejenigen Feldelement-Positionen ausgewertet, für die der Maskenausdruck den Wert *falsch* geliefert hat.

```
real, dimension (12, 31)    :: druck, temperatur
integer, dimension (12,31) :: drehzahl, tage
  :
where (temperatur <= 100.0)
  druck     = 0.99*druck
  drehzahl = drehzahl - 100
elsewhere
  druck     = 1.01*druck
  drehzahl = drehzahl + 100
  tage      = tage + 1
end where
```

Im WHERE–Block werden nur diejenigen Feldelement-Positionen verarbeitet,
an denen die Temperatur höchstens 100.0 beträgt. Und im ELSEWHERE–
Block werden nur diejenigen Feldelement-Positionen verarbeitet, an denen die
Temperatur höher als 100.0 ist.

8.4.2 Gemeinsame Regeln für maskierte Feldzuweisungs-Anweisungen

Innerhalb eines Zuweisungsblockes im Rumpf einer WHERE–Anweisungsgruppe
dürfen nur vordefinierte Feldzuweisungs-Anweisungen auftreten.

Die in einer WHERE–Anweisungsgruppe enthaltenen Anweisungen werden der
Reihe nach ausgeführt.

Funktionsaufruf: Wenn in einem Maskenausdruck, in dem Ausdruck auf der
rechten Seite oder in der Feldvariablen auf der linken Seite einer der eingebetteten Feldzuweisungs-Anweisungen eine Funktion aufgerufen wird, die keine elementweise wirkende Funktion ist, dann werden die Aktualparameter(ausdrücke)
dieser Funktion und die Funktion selbst zunächst *ohne* Maskenkontrolle vollständig ausgewertet. Und wenn der Funktionswert ein Feld ist und der Aufruf
nicht in der Aktualparameterliste einer nicht elementweise wirkenden Funktion
auftritt, dann werden anschließend diejenigen Feldelemente bei der Auswertung
des Maskenausdruckes, der rechten Seite und der linken Seite herangezogen, die
wahren Elementen der aktuellen Kontrollmaske entsprechen.

Wenn in einem Maskenausdruck, in dem Ausdruck auf der rechten Seite oder
in der Feldvariablen auf der linken Seite einer der Feldzuweisungs-Anweisungen
eine elementweise wirkende vordefinierte Funktion als *Operand* (aber *nicht* in der
Aktualparameterliste eines Aufrufes einer nicht elementweise wirkenden Funktion) auftritt, dann wird diese Funktion unter Maskenkontrolle, d.h. nur für
wahre Elemente der aktuellen Kontrollmaske, ausgewertet.

Falls ein Feldkonstruktor in einem Maskenausdruck oder in einer der eingebetteten Feldzuweisungs-Anweisungen auftritt, wird der Feldkonstruktor zunächst ohne Maskenkontrolle ausgewertet, und danach werden der Maskenausdruck und die Feldzuweisungs-Anweisung ausgewertet.

```
real, dimension (10, 10) :: x, y
  :
where (x > 0.0)
  y = log(x)
  :
elsewhere
  x = -x + 1.0e-3
  y = product( log(x)) - 1
end where
```

Im WHERE–Block erfolgt der Aufruf der Funktion LOG elementweise für alle positiven Feldelemente von x. Dagegen wird log(x) im ELSEWHERE–Block für das gesamte Feld x ausgewertet, weil log(x) hier nicht als Operand des Ausdruckes auf der rechten Seite der Zuweisungsanweisung auftritt. PRODUCT ist eine nicht elementweise wirkende vordefinierte Funktion, die das Produkt der Feldelemente des Aktualparameters berechnet.

Nebenwirkungen: Falls bei der maskierten Auswertung der Feldzuweisungs-Anweisung(en) solche Variablen redefiniert werden, die auch in dem logischen Maskenausdruck auftreten, dann hat das keinerlei Einfluß auf die Ausführung der maskierten Zuweisungsanweisung(en). Und umgekehrt darf ein Funktionsaufruf innerhalb des logischen Maskenausdruckes Variablen redefinieren, die in der oder den Feldzuweisungs-Anweisung(en) auftreten.

Man beachte, daß eine in einer WHERE–Anweisungsgruppe enthaltene Feldzuweisungs-Anweisung jede nachfolgende enthaltene Feldzuweisungs-Anweisung beeinflussen kann.

9 Vereinbarungen, Spezifikationen

Spezifikationsanweisungen gehören zu den nicht-ausführbaren Anweisungen. Sie dienen z. B. dazu, die Eigenschaften von Datengrößen und Unterprogrammnamen oder die Sichtbarkeit von Vereinbarungen, Spezifikationen und Definitionen (in Modulen) zu spezifizieren. Jede Datengröße hat einen Typ, einen Rang und ggf. weitere Eigenschaften. Die meisten dieser Eigenschaften werden als *Attribute* bezeichnet. Wenn eine Datengröße einen eigenen Namen hat, also wenn es sich um eine Variable mit Namen, eine benannte Konstante oder um einen Funktionswert handelt, dann werden solche Attribute in der Typvereinbarungs-Anweisung für die Datengröße spezifiziert.

Die Begriffe „Vereinbarung" und „Spezifikation" oder „vereinbaren" und „spezifizieren" werden hier i. allg. so verwendet, daß *Daten* vereinbart (d. h. eingerichtet) werden und die *Eigenschaften* irgendwelcher Größen spezifiziert werden.

Es gibt folgende *Typvereinbarungs-Anweisungen*:

INTEGER	für	
REAL	numerische	für
COMPLEX	Datentypen	vordefinierte
LOGICAL		Datentypen
CHARACTER		
TYPE	für benutzerdefinierte Datentypen	

Es gibt außerdem noch folgende *Spezifikationsanweisungen*:

IMPLICIT   INTRINSIC   PRIVATE   PUBLIC

Die Spezifikationsanweisungen bestehen jeweils mindestens aus dem Anweisungs-Schlüsselwort und der Liste derjenigen Größen, für die bestimmte Eigenschaften spezifiziert werden sollen. Mit Ausnahme der PRIVATE– und PUBLIC–Anweisung dürfen diese Listen nicht leer sein.

Für eine Datengröße mit eigenem Namen darf ein bestimmtes Attribut innerhalb einer Geltungseinheit nur in einer einzigen Anweisung spezifiziert werden. Innerhalb dieser Anweisung darf der Name der Datengröße nur einmal auftreten. Andererseits dürfen verschiedene Größen mit eigenem Namen, die die gleichen Eigenschaften haben, auf mehrere Spezifikationsanweisungen verteilt werden; d. h., eine Spezifikationsanweisung, beispielsweise die INTEGER–Anweisung, darf mehrfach auftreten.

```
integer :: ug, og, mitte
character (len=1), dimension (72) :: z, zeile
```

Diese Vereinbarungen können auch so geschrieben werden:

```
integer :: ug
integer :: og
integer :: mitte
character (len=1), dimension (72) :: z
character (len=1), dimension (72) :: zeile
```

Die Reihenfolge der Vereinbarungen von Datengrößen und der Spezifikation von Attributen ist beliebig, außer bereits vereinbarte Größen werden zur Vereinbarung oder zur Spezifikation von Attributen anderer Größen weiterverwendet.

```
integer, parameter  :: zwei = 2
real (kind= zwei)   :: cc
integer, parameter  :: kind_cc = kind(cc)
real (kind_cc)      :: dd
```

Die Typvereinbarung für die Variable cc muß vor der Typvereinbarung für die Variable dd auftreten, weil der Typparameter von cc in der Vereinbarung von dd verwendet wird.

9.1 Attribute

Jede Datengröße hat charakteristische Eigenschaften wie Datentyp und Rang. Zusätzlich kann eine Datengröße bestimmte weitere Eigenschaften haben. Sie kann z.B. einen Namen haben, sie kann einen Typparameter haben, sie kann einen Anfangswert haben, sie kann ein Formalparameter ganz bestimmter Art sein, sie kann nur in bestimmten Geltungseinheiten sichtbar sein, sie kann ihren Wert oder ihren Definitionsstatus, ihren Zuweisungsstatus oder ihren Zuordnungsstatus konservieren, usw.

Abgesehen vom Typ, Typparameter und vom Namen einer Datengröße werden diese charakteristischen Eigenschaften insgesamt als **Attribute** bezeichnet. Einige Attribute dürfen (auch) für Größen spezifiziert werden, die keine Datengrößen sind.

Für Datengrößen mit eigenem Namen kann man Attribute in Typvereinbarungs-Anweisungen spezifizieren.

Abgesehen vom Anfangswert ist die Bezeichnungen eines Attributes gleich dem Schlüsselwort, das zur Spezifikation dieses Attributes in einer Typvereinbarungs-Anweisung angegeben werden kann.

Attribut	Verwendungszweck
ALLOCATABLE	dynamisches Feld
Anfangswert	Initialisierung einer Variablen
DIMENSION	Rang und ggf. Gestalt eines Feldes
INTENT	Verwendungszweck eines Formalparameters
OPTIONAL	Formalparameter ggf. ohne zugeordneten Aktualparameter
PARAMETER	Name für den Wert eines konstanten Ausdruckes
POINTER	Zeiger
PRIVATE	Modulgröße, unsichtbar außerhalb des Moduls
PUBLIC	Modulgröße, ggf. außerhalb des Moduls verfügbar
SAVE	Konservierung des Wertes, des Definitionsstatus, des Zuweisungsstatus, des Zuordnungsstatus lokaler Variablen eines Unterprogrammes
TARGET	Zeigerziel, auf das Zeiger weisen dürfen

9.1.1 ALLOCATABLE–Attribut

Das ALLOCATABLE–Attribut besagt, daß die spezifizierten Felder *dynamische Felder* sind.

```
real, allocatable, dimension (:, :) :: df2, df22  ! Typ, Attribute
```

Bei der Spezifikation des ALLOCATABLE–Attributes ist zu beachten:

Das ALLOCATABLE–Attribut darf nur für Felder spezifiziert werden. In der Feldspezifikation dürfen keine Indexgrenzen spezifiziert werden.

Das ALLOCATABLE–Attribut darf nicht für Formalparameter oder Funktionswerte spezifiziert werden.

Ein Feld darf nicht zugleich das ALLOCATABLE–Attribut und das POINTER–Attribut haben.

Ein Feld darf nicht zugleich das ALLOCATABLE–Attribut und das PARAMETER–Attribut haben.

9.1.2 Anfangswert

Die Spezifikation eines Anfangswertes für eine Nichtzeiger-Variable bewirkt, daß diese Variable bereits bei Beginn der Ausführung des Programmes definiert ist,

d. h., mit einem gültigen Wert versehen ist. Man sagt, sie ist *initialisiert*. Die Werte so initialisierter Nichtzeiger-Variablen dürfen im weiteren Verlauf der Ausführung des Programmes redefiniert werden.

```
integer, save :: anfang = 1, max = 50 ! Typ, Attribut, Anfangswert
```

Bei der der Initialisierung von Variablen ist zu beachten:

Die Zuweisung des Wertes an die Variable, die initialisiert werden soll, erfolgt entsprechend den Regeln für vordefinierte Zuweisungsanweisungen.

Eine Variable oder ein Teil einer Variablen dürfen nur ein einziges Mal innerhalb eines Programmes explizit initialisiert werden.

Innerhalb eines Schnittstellenblockes für ein Formalparameter-Unterprogramm oder für ein externes Unterprogramm ist die Spezifikation eines Anfangswertes zwar zulässig, aber sie ist dort wirkungslos.

Ein Formalparameter, ein Funktionswert, ein dynamisches Feld, eine automatische Variable und eine lokale Variable im Spezifikationsteil eines Hauptprogrammes oder einer Funktion dürfen nicht explizit initialisiert werden.

Wenn ein Anfangswert spezifiziert wird, muß zusätzlich das SAVE–Attribut spezifiziert werden. D. h., initialisierte Variablen haben immer zugleich das SAVE–Attribut.

9.1.3 DIMENSION–Attribut

Das DIMENSION–Attribut besagt, daß die spezifizierten Datengrößen Felder sind.

```
real, dimension (2:8, 3, 5) :: obst, markt ! Typ, Attribut
```

9.1.4 INTENT–Attribut

Ein INTENT–Attribut spezifiziert die Art der Verwendung von Formalparametern.

Es gibt folgende INTENT–Attribute:

INTENT(IN): Das INTENT(IN)–Attribut besagt, daß der Formalparameter ein *Eingabeparameter* ist. D. h., ein derartiger Formalparameter darf zwar innerhalb des Unterprogrammes benutzt, aber nicht redefiniert oder undefiniert werden.

INTENT(OUT): Das INTENT(OUT)–Attribut besagt, daß der Formalparameter ein *Ausgabeparameter* ist. D. h., der Formalparameter muß definiert (d. h.

mit einem gültigen Wert versehen) sein, ehe innerhalb des Unterprogrammes auf seinen Wert zugegriffen werden darf. Und jeder Aktualparameter, der diesem Formalparameter zugeordnet wird, muß definierbar (also eine Variable) sein.

INTENT(INOUT):   Das INTENT(INOUT)–Attribut besagt, daß der Formalparameter ein *Eingabe-/Ausgabe-Parameter* ist. D. h., ein derartiger Formalparameter darf Werte vom aufrufenden Haupt- oder Unterprogramm empfangen, er darf aber auch Werte an das aufrufende Haupt- oder Unterprogramm zurückliefern. Der zugeordnete Aktualparameter muß definierbar (also eine Variable) sein.

```
integer, intent (in) :: ein1, ein2      ! Typ, Attribut
real, intent (out)   :: aus             ! Typ, Attribut
```

Bei der expliziten Spezifikation eines INTENT–Attributes ist zu beachten:

Ein INTENT–Attribut muß für Formalparameter spezifiziert werden, die Nichtzeiger-Variablen sind.

Wenn für einen Formalparameter ein INTENT–Attribut spezifiziert ist, dann darf kein zusätzliches POINTER–Attribut spezifiziert werden.

Wenn ein Formalparameter benutzerdefinierten Typs ein bestimmtes INTENT–Attribut hat, dann haben die Komponenten dieser Variablen (implizit) das gleiche INTENT–Attribut.

9.1.5   OPTIONAL–Attribut

Das OPTIONAL–Attribut besagt, daß für den angegebenen Formalparameter beim Aufruf des Unterprogrammes kein Aktualparameter spezifiziert zu werden braucht. Ein Formalparameter mit OPTIONAL–Attribut ist ein **optionaler Formalparameter**.

```
real, optional :: fp1, fp2, fp3    ! Typ, Attribut
```

Das OPTIONAL–Attribut kann für Formalparameter angegeben werden, die Variablen oder Funktionen sind, aber nicht für Formalparameter-Subroutinen.

9.1.6   PARAMETER–Attribut

Das PARAMETER–Attribut besagt, daß die spezifizierte Datengröße eine **benannte Konstante** ist. Eine benannte Konstante ist ein Name für den Wert eines *Initialisierungsausdruckes*. Sie hat bereits bei Beginn der Ausführung eines Programmes einen gültigen Wert, der nicht mehr geändert werden kann.

Sie kann im Prinzip überall dort verwendet werden, wo eine Literalkonstante gleichen Typs verwendet werden darf (Ausnahmen: s. u.).

```
real, parameter :: pi = 3.14, d = 9.5/(2*pi) ! Typ, Attribut, Wert
```

Bei der Spezifikation des PARAMETER-Attributes, d. h. bei der Definition einer benannten Konstanten, ist zu beachten:

Die Zuweisung des Wertes des Initialisierungsausdruckes an die benannte Konstante erfolgt entsprechend den Regeln für vordefinierte Zuweisungsanweisungen.

Das PARAMETER-Attribut darf nur für Datengrößen spezifiziert werden.

Das PARAMETER-Attribut darf nicht für Formalparameter, Funktionswerte, dynamische Felder und Zeiger spezifiziert werden.

Wenn für ein Datenobjekt benutzerdefinierten Typs das PARAMETER-Attribut spezifiziert ist, dann haben die Komponenten dieses Datenobjektes (implizit) ebenfalls das PARAMETER-Attribut.

Für eine benannte Konstante darf kein POINTER-, SAVE- oder TARGET-Attribut spezifiziert werden.

Für eine (automatische) Variable darf das PARAMETER-Attribut nicht spezifiziert werden.

Für eine benannte Zeichenkonstante darf in der Typvereinbarungs-Anweisung die Längenangabe „LEN = *" spezifiziert werden.

In dem Initialisierungsausdruck zur Definition einer benannten Konstanten darf unter folgenden Umständen eine (andere) benannte Konstante auftreten:

- Wenn diese andere benannte Konstante zuvor in derselben Typvereinbarungs-Anweisung bereits definiert worden ist, oder

- wenn diese andere benannte Konstante zuvor bereits in einer anderen Typvereinbarungs-Anweisung definiert worden ist, oder

- wenn diese andere benannte Konstante zuvor bereits mittels USE- oder Umgebungszuordnung zugänglich (gemacht worden) ist.

Eine benannte Konstante darf weder innerhalb einer Formatangabe noch als Teil einer anderen numerischen Konstanten verwendet werden.

9.1.7 POINTER–Attribut

Das POINTER-Attribut besagt, daß die spezifizierte Datengröße ein *Zeiger* ist.

```
real, pointer :: koeff, inter, resultat    ! Typ, Attribut
```

Bei der Spezifikation des POINTER–Attributes ist zu beachten:

Das POINTER–Attribut darf nur für Variablen oder Funktionswerte spezifiziert werden.

Für eine Größe mit POINTER–Attribut darf *kein* ALLOCATABLE–, INTENT–, PARAMETER– oder TARGET–Attribut spezifiziert werden.

9.1.8 PRIVATE–Attribut

Das PRIVATE–Attribut ist eines der beiden Sichtbarkeitsattribute. Es gibt an, daß die spezifizierten Modulgrößen **nicht-sichtbar** sind. Das betrifft Variablen, Modul-Unterprogramme, benutzerdefinierte Datentypen, benannte Konstanten, Typkomponenten, Schnittstellenblöcke mit generischem Namen, Operator-Schnittstellenblöcke und Zuweisungs-Schnittstellenblöcke. Das PRIVATE–Attribut besagt, daß die Modulgrößen, für die das PRIVATE–Attribut spezifiziert ist, überhaupt *nicht* außerhalb des Moduls verfügbar gemacht werden können.

```
integer, private :: code, kennung, maske     ! Typ, Attribut
private assignment(=), char_to_num            ! Attribut
```

Bei der Spezifikation des PRIVATE–Attributes ist zu beachten:

Das PRIVATE–Attribut darf nur im Spezifikationsteil eines Moduls (und zwar innerhalb der Geltungseinheit des Moduls oder in Typdefinitionen) spezifiziert werden.

Für jede in im Spezifikationsteil eines Moduls definierte oder vereinbarte Größe und für jedes Modul-Unterprogramm muß entweder das PRIVATE–Attribut oder das PUBLIC–Attribut (explizit) spezifiziert werden.

Mittels USE-Anweisung in ein Modul importierte Größen haben dort grundsätzlich das PRIVATE–Attribut, wenn das Modul außer USE-Anweisungen zusätzlich andere Spezifikationsanweisungen enthält. Darum muß das Modul eine PRIVATE–Anweisung ohne Liste enthalten.

9.1.9 PUBLIC–Attribut

Das PUBLIC–Attribut ist eines der beiden Sichtbarkeitsattribute. Es gibt an, daß die spezifizierten Modulgrößen **sichtbar** sind. Das betrifft Variablen, Modul-Unterprogramme, benutzerdefinierte Datentypen, benannte Konstanten, Typkomponenten, Schnittstellenblöcke mit generischem Namen, Operator-Schnittstellenblöcke und Zuweisungs-Schnittstellenblöcke. Das PUBLIC–Attribut besagt, daß die Modulgrößen, für die das PUBLIC–Attribut spezifiziert ist, mittels USE–Anweisung außerhalb des Moduls verfügbar gemacht werden können.

```
real, public :: pr_1, pr_2, pr_10            ! Typ, Attribut
public operator(.ctof.), celsius_to_fahrenheit  ! Attribut
```

Bei der Spezifikation des PUBLIC–Attributes ist zu beachten:

Das PUBLIC–Attribut darf nur im Spezifikationsteil eines Moduls (innerhalb der Geltungseinheit des Moduls oder in Typdefinitionen) spezifiziert werden.

Für jede in im Spezifikationsteil eines Moduls definierte oder vereinbarte Größe und für jedes Modul-Unterprogramm muß entweder das PUBLIC–Attribut oder das PRIVATE–Attribut (explizit) spezifiziert werden.

Mittels USE–Anweisung in ein Modul importierte Größen haben dort das PUBLIC–Attribut, wenn das Modul nur USE–Anweisungen enthält. Darum muß solch ein Modul zusätzlich eine PUBLIC–Anweisung ohne Liste enthalten.

Wenn ein benutzerdefinierter Datentyp das PRIVATE–Attribut hat, darf für eine Datengröße dieses Typs nicht das PUBLIC–Attribut spezifiziert werden.

9.1.10   SAVE–Attribut

Das SAVE–Attribut besagt, daß die Variablen, für die das SAVE–Attribut spezifiziert ist, bei Ausführung der END SUBROUTINE–Anweisung oder einer RETURN–Anweisung einer Subroutine bestimmte Eigenschaften konservieren. Man sagt, die Variablen sind **gesichert**.

Wenn das SAVE–Attribute in einer Subroutine spezifiziert ist, bleiben beim Rücksprung aus dem Unterprogramm folgende Eigenschaften der gesicherten Variablen (z. B. für den nächsten Aufruf der Subroutine) erhalten: der Definitionsstatus, der Wert, der Zuordnungsstatus, falls es sich um einen Zeiger handelt, und der Zuweisungsstatus, falls es sich um ein dynamisches Feld handelt.

```
real, save :: x, temp, mittel     ! Typ, Attribut
```

Bei der Spezifikation des SAVE–Attributes ist zu beachten:

Das SAVE–Attribut darf nur für Variablen spezifiziert werden.

Das SAVE–Attribut darf *nicht* für Formalparameter, für Funktionswerte, für Unterprogrammnamen, für automatische Variablen, für benannte Konstanten und lokale Variablen im Spezifikationsteil eines Hauptprogrammes oder einer Funktion spezifiziert werden.

Wenn das SAVE–Attribut explizit spezifiziert ist, darf kein INTENT–, OPTIONAL– oder PARAMETER–Attribut spezifiziert werden.

Falls für eine Variable ein Anfangswert spezifiziert ist, muß zusätzlich das SAVE–Attribut spezifiziert werden.

9.1.11 TARGET–Attribut

Das TARGET–Attribut besagt, daß der spezifizierten Datengröße ein Zeiger zugeordnet werden kann, der auf dieses **Zeigerziel** weist.

```
real, target :: k_feld, t, rechte_seite      ! Typ, Attribut
```

Bei der Spezifikation des TARGET–Attributes ist zu beachten:

Für eine Größe mit TARGET–Attribut darf kein PARAMETER– oder POINTER–Attribut spezifiziert werden.

Das TARGET–Attribut darf nur für Variablen spezifiziert werden.

Wenn für ein Datenobjekt das TARGET–Attribut spezifiziert ist, dann haben die Teilobjekte dieses Ausgangsobjektes (implizit) ebenfalls das TARGET–Attribut. Das gilt für Teil-Zeichenfolgen, für Strukturkomponenten, für Feldelemente und für solche Teilfelder, die *ohne* einen Vektorindex geschrieben werden.

Das TARGET–Attribut darf auch für dynamische Felder spezifiziert werden.

9.2 Typvereinbarungs-Anweisungen

Mit Hilfe einer Typvereinbarungs-Anweisung wird eine **Typvereinbarung** für eine Datengröße oder für mehrere Datengrößen vorgenommen. Zusätzlich zum Datentyp können Attribute spezifiziert werden, die den Wert, die Sichtbarkeit (von Modulgrößen), die Art und die Gestalt von Feldern, die Eigenschaften von Formal- oder Aktualparametern und den Status (lokaler Variablen in Unterprogrammen) betreffen, oder die spezifizieren, ob es sich um Zeiger oder um mögliche Zeigerziele handelt.

typ [, attribut]... :: datengröße [, datengröße]...

Dabei ist **typ** eine **Typangabe**. Eine der folgenden Angaben ist jeweils zulässig:

INTEGER	**INTEGER (KIND = kind)**
REAL	**REAL (KIND = kind)**
COMPLEX	**COMPLEX (KIND = kind)**
LOGICAL	**LOGICAL (KIND = kind)**
CHARACTER (LEN = länge)	
TYPE (typname)	

Dabei ist **typname** der Name eines benutzerdefinierten Datentyps. Und **kind** eine ganzzahlige skalare benannte Konstante, die einen nicht-negativen Typparameterwert spezifiziert. Die zulässigen Typparameterwerte sind systemabhängig.

Und als **attribut** ist jeweils eine der folgenden Angaben zulässig:

ALLOCATABLE	für dynamische Felder,
DIMENSION (...)	als Feldspezifikation,
INTENT (IN)	für Eingabeparameter,
INTENT (OUT)	für Ausgabeparameter,
INTENT (INOUT)	für Ein-/Ausgabe-Parameter,
OPTIONAL	für *optionale* Formalparameter,
PARAMETER	für benannte Konstanten,
POINTER	für Zeiger,
PRIVATE	für *nicht-sichtbare* Größen in Modulen,
PUBLIC	für *sichtbare* Größen in Modulen,
SAVE	für *gesicherte* lokale Größen in Unterprogrammen und
TARGET	für Zeigerziele.

Als **datengröße** ist jeweils eine der folgenden Angaben zulässig:

– Falls es sich um eine Variable (auch Ergebnisvariable) handelt, der Name der Variablen:

name

– Falls es sich um eine Nichtzeiger-Variable (aber keine Ergebnisvariable) oder um eine benannte Konstante handelt, der Name des Datenobjektes gefolgt von einem Gleichheitszeichen mit nachfolgendem *Initialisierungsausdruck*:

name = Initialisierungsausdruck

```
integer, parameter :: vier = 4, acht = 8
integer (kind= vier) :: max, min
real, parameter :: null = 0.0, eins = 1.0
character (len= acht), dimension (18:48), save :: schweden, reich
type (datum), dimension (25, 13) :: schueler, eltern
```

Typvereinbarung

Der Typ einer Datengröße (mit eigenem Namen) muß *explizit* mit Hilfe einer Typvereinbarungs-Anweisung vereinbart werden.

Typparameter: Wenn in einer Typvereinbarungs-Anweisung für einen vordefinierten Datentyp *kein* Typparameter spezifiziert ist, dann handelt es sich um eine Vereinbarung *voreingestellt* ganzzahliger, *voreingestellt* reeller, *voreingestellt* komplexer, *voreingestellt* logischer Datengrößen oder um Größen vom Zeichentyp.

Initialisierung

Wenn in der Bezeichnung einer **datengröße** in einer Typvereinbarungs-Anweisung als letzte Angabe ein Gleichheitszeichen mit nachfolgendem Initialisierungsausdruck geschrieben wird, dann wird damit entweder eine *benannte Konstante* definiert oder eine Nichtzeiger-Variable initialisiert. Im letzten Fall wird die links vom Gleichheitszeichen spezifizierte Variable mit dem Wert des Initialisierungsausdruckes *explizit initialisiert*; d. h., sie bekommt einen Anfangswert, so daß sie bereits zu Beginn der Ausführung des Programmes definiert ist. Für diese Zuweisung gelten die üblichen Regeln für vordefinierte Zuweisungsanweisungen. Eine Variable oder ein Teil einer Variablen dürfen nicht mehrmals explizit initialisiert werden.

Wenn eine Typvereinbarungs-Anweisung ein Gleichheitszeichen mit einem Initialisierungsausdruck enthält, dann muß zusätzlich entweder das SAVE–Attribut angegeben werden, falls die zu vereinbarenden Objekte Variablen sind, oder das PARAMETER–Attribut angegeben werden, falls die zu vereinbarenden Objekte benannte Konstanten sind.

Ein Initialisierungsausdruck darf *nicht* angegeben werden für einen Formalparameter, einen Funktionswert, ein dynamisches Feld, einen Zeiger, den Namen eines Unterprogrammes oder eine automatische Variable.

9.2.1   INTEGER–Anweisung

Mit der INTEGER–Anweisung vereinbart man benannte Konstanten, Variablen und/oder Funktionswerte *ganzzahligen* Typs.

INTEGER [**(KIND = kind)**] [**, attribut**]... **:: datengröße** [**, datengröße**]...

Dabei sind **kind, attribut** und **datengröße** wie in 9.2 definiert.

```
integer :: a, x2, nn, fe, k
integer, parameter :: lang = selected_int_kind(8)
integer (kind= lang), dimension (0:2, 11:14, 5), save :: f1, f2
```

Je nachdem welcher Typparameter(wert) **kind** explizit spezifiziert ist, oder wenn die Typparameterangabe fehlt, wählt das F-System die entsprechende systemabhängige Methode für die interne Darstellung der Werte der vereinbarten ganzzahligen Datengrößen.

Wenn die explizite Spezifikation des Typparameters fehlt, dann handelt es sich um eine Vereinbarung *voreingestellt ganzzahliger* Größen, und es wird der voreingestellte systemabhängige Typparameterwert KIND(0) verwendet.

9.2.2 REAL–Anweisung

Mit der REAL–Anweisung vereinbart man benannte Konstanten, Variablen und/oder Funktionswerte *reellen* Typs.

REAL [(KIND = kind)] [, attribut]... :: datengröße [, datengröße]...

Dabei sind **kind, attribut** und **datengröße** wie in 9.2 definiert.

```
real :: mass, wert, steuer, richtg, dicke
real, dimension (3), save :: r1 = (/1.2,0.3,1.4/), &
                             r2 = (/(7.5, i=1,3)/)
real, parameter :: pi = 3.1415, e = 2.7182
  integer, parameter :: zehn = 10
real (kind= zehn)     :: a, b, c, d
```

Je nachdem welcher Typparameter(wert) **kind** explizit spezifiziert ist, oder wenn die Typparameterangabe fehlt, wählt das F-System die entsprechende system-abhängige Approximationsmethode für die interne Darstellung der Werte der vereinbarten reellen Datengrößen.

Wenn die explizite Spezifikation des Typparameters fehlt, dann handelt es sich um eine Vereinbarung *voreingestellt reeller* Größen, und es wird der voreinge-stellte systemabhängige Typparameterwert KIND(0.0) verwendet.

9.2.3 COMPLEX–Anweisung

Mit der COMPLEX–Anweisung vereinbart man benannte Konstanten, Varia-blen und/oder Funktionswerte *komplexen* Typs.

COMPLEX [(KIND = kind)] [, attribut]... :: datengröße [, datengröße]...

Dabei sind **kind, attribut** und **datengröße** wie in 9.2 definiert.

```
complex :: pkt, vektor, zwei, ebene, cc
complex, private, dimension (100) :: c1, cnenner, kreis
  integer, parameter    :: einfach = kind(0.0)
complex (kind= einfach) :: c1, c2
```

Je nachdem welcher Typparameter(wert) **kind** explizit spezifiziert ist, oder wenn die Typparameterangabe fehlt, wählt das F-System die entsprechende system-abhängige Approximationsmethode für die interne Darstellung der beiden reel-len Werte für den Realteil und den Imaginärteil der vereinbarten komplexen Datengrößen.

Wenn die explizite Spezifikation des Typparameters fehlt, dann handelt es sich um eine Vereinbarung *voreingestellt komplexer* Größen, und es wird der gleiche voreingestellte systemabhängige Typparameterwert wie für voreingestellt reelle Größen verwendet, nämlich KIND(0.0).

Erhöht genau komplexe Größen: Wenn in der Typvereinbarungs-Anweisung als Wert des Typparameters **kind** der Typparameterwert eines reellen Datentyps mit erhöhter Genauigkeit spezifiziert wird, dann werden Real- und Imaginärteil der vereinbarten komplexen Größen intern wie erhöht genaue reelle Größen approximiert und dargestellt.

9.2.4 LOGICAL–Anweisung

Mit der LOGICAL–Anweisung vereinbart man benannte Konstanten, Variablen und/oder Funktionswerte *logischen* Typs.

LOGICAL [(KIND = kind)] [, attribut]... :: datengröße [, datengröße]...

Dabei sind **kind**, **attribut** und **datengröße** wie in 9.2 definiert.

```
logical :: my, lambda, omega, schalter, wf
logical, dimension (-n:n, 1987:1988) :: s1, jn, treffer
  integer, parameter :: eins = 8, bit = 1
logical (kind= eins), allocatable, dimension (:) ::  muster
logical (kind= bit), dimension (10) :: raster1, raster2
```

Je nachdem welcher Typparameter(wert) **kind** explizit spezifiziert ist, oder wenn die Typparameterangabe fehlt, wählt das F-System die entsprechende systemabhängige Methode für die interne Darstellung der Werte der vereinbarten logischen Datengrößen.

Wenn die explizite Spezifikation des Typparameters fehlt, dann handelt es sich um eine Vereinbarung *voreingestellt logischer* Größen, und es wird der voreingestellte systemabhängige Typparameterwert KIND(.FALSE.) verwendet.

9.2.5 CHARACTER–Anweisung

Mit der CHARACTER–Anweisung vereinbart man benannte Konstanten, Variablen und/oder Funktionswerte vom *Zeichentyp*.

CHARACTER (LEN = länge) [, attribut]... :: datengröße [, datengröße]...

Dabei sind **attribut** und **datengröße** wie in 9.2 definiert. Und die **länge** ist entweder ein Spezifikationsausdruck oder ein Stern *.

```
character (len=3), parameter :: der= "der", die= "die", das= "das"
character (len=8), dimension (100) :: abcfld, atom, text
character (len= n+2) :: t1, t2, t3, t4
```

9.2.5.1 Längenangabe

Die Zeichendatenlänge **länge** spezifiziert die Anzahl der Zeichen der vereinbarten Zeichendatengröße(n).

Die Zeichendatenlänge darf Null sein. Wenn der Spezifikationsausdruck **länge** negativ ist, ist das gleichbedeutend mit der Spezifikation der Zeichendatenlänge Null. Die Längenangabe für ein Feldobjekt ist als Länge der einzelnen Feldelemente aufzufassen.

Eine Längenangabe für eine Zeichendatengröße kann einen Spezifikationsausdruck (d. h. im einfachsten Fall eine vorzeichenlose ganzzahlige Literalkonstante) enthalten. Dieser Spezifikationsausdruck *muß* allerdings ein ganzzahliger skalarer Konstantenausdruck sein, wenn es sich um eine Längenangabe in einem Hauptprogramm handelt.

Wenn der Spezifikationsausdruck für die Längenangabe *kein* Konstantenausdruck ist, dann wird die Länge unmittelbar vor Beginn der Ausführung des Unterprogrammes berechnet. Und eine nachfolgende Redefinition von Variablen des Spezifikationsausdruckes hat für diesen Unterprogrammaufruf keinen Einfluß mehr auf die Länge. Die Länge wird erst beim nächsten Aufruf des Unterprogrammes neu berechnet. Falls die Variable, für die diese nicht-konstante Länge spezifiziert ist, *kein* Formalparameter ist, handelt es sich um eine *automatische* Zeichenvariable.

Längenangabe LEN = *

Wenn anstelle des Spezifikationsausdruckes einer Längenangabe ein Stern * angegeben ist, dann handelt es sich um eine Längenangabe für einen Formalparameter oder für eine benannte Konstante.

Formalparameter: Als Zeichendatenlänge eines Formalparameters vom Zeichentyp muß ein * spezifiziert werden; man spricht von „übernomener Zeichendatenlänge" (s. Kap. 13).

Benannte Konstante: Wenn für eine benannte Konstante die Länge * spezifiziert ist, dann nimmt die benannte Konstante die Länge des Wertes des Zeicheninitialisierungsausdruckes an, der die benannte Konstante definiert.

```
character (len=*), parameter :: j = "Januar", &

                                f = "Februar", &

                                m = "Maerz"
```

Die benannte Konstanten j, f und m haben die Längen 6, 7 bzw. 5.

9.2.6 TYPE–Vereinbarungsanweisung

Mit der TYPE–Vereinbarungsanweisung vereinbart man benannte Konstanten,
Variablen und/oder Funktionswerte benutzerdefinierten Typs innerhalb eines
Moduls.

TYPE (typname) [, attribut]... :: datengröße [, datengröße]...

Dabei ist **typname** der Name eines benutzerdefinierten Datentyps. **attribut** und
datengröße sind wie in 9.2 definiert.

Eine Typvereinbarung für strukturierte Größen, also für Größen benutzerdefinierten Typs, ist nur möglich entweder in dem Modul, in dem der benutzerdefinierte Typ zuvor bereits definiert worden ist, oder in der Geltungseinheit, in
der dieser Datentyp mittels USE–Zuordnung verfügbar ist.

```
type, public :: seite1
  character (len=60), dimension (125) :: s
end type seite1

type, public :: seite2
  character (len=80), dimension (25) :: s
end type seite2
```

Dort wo die obigen Typdefinitionen verfügbar sind, können z. B. folgende
Typvereinbarungs-Anweisungen geschrieben werden:

```
type (seite1) :: drucker1, drucker2
type (seite2) :: bildschirm
```

9.3 Sonstige Spezifikationsanweisungen

9.3.1 PRIVATE–Anweisung

Mit der PRIVATE–Anweisung kann man das PRIVATE–Attribut für bestimmte
Größen eines Moduls spezifizieren.

Die PRIVATE–Anweisung gehört zu den nicht-ausführbaren Anweisungen, die
nur im Spezifikationsteil eines Moduls, und zwar in der Geltungseinheit des
Moduls oder in Typdefinitionen innerhalb des Moduls, auftreten dürfen.

PRIVATE

PRIVATE :: modul_größe [, modul_größe]...

Dabei ist **modul_größe** in der Geltungseinheit eines Moduls jeweils der
(spezifische oder generische) Name eines Modul-Unterprogrammes,
OPERATOR (**operator**) zur Spezifikation des Operator-Schnittstellenblockes

für den Operator **operator** oder ASSIGNMENT (=) zur Spezifikation eines Zuweisungs-Schnittstellenblockes.

Mit der PRIVATE–Anweisung *ohne* Liste spezifiziert man

1. in der Geltungseinheit eines Moduls, daß aus anderen Modulen importierte Modulgrößen nicht-sichtbar sind und daher außerhalb dieses Moduls nicht verfügbar gemacht werden können. Diese Anweisung muß in einem Modul auftreten, das außer der PRIVATE–Anweisung auch USE–Anweisung(en) und andere Spezifikationen (wie z. B. Typvereinbarungs-Anweisungen, Typdefinitionen, usw.) enthält.

2. in der Geltungseinheit einer Typdefinition innerhalb des Spezifikationsteils eines Moduls, daß alle Komponenten des benutzerdefinierten Datentyps nicht-sichtbar sind und daher außerhalb dieses Moduls nicht verfügbar gemacht werden können.

In einem Modul dürfen mehrere PRIVATE–Anweisungen auftreten. Sie können auch zugleich in der Geltungseinheit des Moduls und in Typdefinitionen auftreten. In der Geltungseinheit eines Moduls und in jeder Typdefinition darf jeweils nur eine einzige PRIVATE–Anweisung *ohne* Liste auftreten.

```
module mol
use data4mol
private
private :: operator(.abst.), wurzel
public  :: a, b, c
```

Die aus dem Modul **data4mol** importierten Modulgrößen haben im Modul **mol** das PRIVATE–Attribut. Alle anderen Größen innerhalb des Moduls **mol** müssen explicit in einer PUBLIC– oder PRIVAT-Anweisung angegeben werden. Die Modulgrößen **a**, **b** und **c** sind sichtbar. Der Operator **.abst.** und die Modulgröße **wurzel** können außerhalb des Moduls **mol** nicht zugänglich gemacht werden.

9.3.2   PUBLIC–Anweisung

Mit der PUBLIC–Anweisung kann man das PUBLIC–Attribut für bestimmte Größen eines Moduls spezifizieren.

Die PUBLIC–Anweisung gehört zu den nicht-ausführbaren Anweisungen, die nur im Spezifikationsteil eines Moduls, und zwar in der Geltungseinheit des Moduls, auftreten dürfen.

PUBLIC

PUBLIC :: modul_größe [, modul_größe]...

Dabei ist **modul_größe** in der Geltungseinheit eines Moduls jeweils der (spezifische oder generische) Name eines Modul-Unterprogrammes, OPERATOR(**operator**) zur Spezifikation des Operator-Schnittstellenblockes für den Operator **operator** oder ASSIGNMENT(=) zur Spezifikation eines Zuweisungs-Schnittstellenblockes.

Mit der PUBLIC–Anweisung *ohne* Liste spezifiziert man in der Geltungseinheit eines Moduls, daß aus anderen Modulen importierte Modulgrößen sichtbar sind und daher außerhalb dieses Moduls verfügbar gemacht werden können. Diese Anweisung muß in einem Modul auftreten, das außer der PUBLIC–Anweisung nur USE–Anweisungen und keine anderen Spezifikationen (wie z. B. Typvereinbarungs-Anweisungen, Typdefinitionen, usw.) enthält.

Für ein Modul-Unterprogramm mit einem Formalparameter nicht-sichtbaren Datentyps oder für eine Modulfunktion mit einem Funktionswert nicht-sichtbaren Datentyps muß das PRIVATE–Attribut spezifiziert werden. Und das Modul-Unterprogramm bzw. die Modulfunktion darf keinen zusätzlichen generischen Namen mit PUBLIC–Attribut haben.

In einem Modul dürfen mehrere PUBLIC–Anweisungen (mit Liste) auftreten. In der Geltungseinheit eines Moduls darf nur eine einzige PUBLIC–Anweisung *ohne* Liste auftreten; in diesem Fall darf das Modul außer der PUBLIC–Anweisung nur USE–Anweisungen enthalten und es darf sonst keine anderen Spezifikation (wie z. B. Typvereinbarungs-Anweisungen oder Typdefinitionen) enthalten.

```
module m
use data4m
private
public  :: assignment(=), kreis
private :: x, y, z
```

Die aus dem Modul **data4m** importierten Modulgrößen haben im Modul **m** das PRIVATE–Attribut. Alle anderen Größen innerhalb des Moduls **m** müssen explicit in einer PUBLIC– oder PRIVAT–Anweisung angegeben werden. Die Modulgrößen **x**, **y** und **z** sind nicht-sichtbar. Die benutzerdefinierte Zuweisung und die Modulgröße **kreis** können außerhalb des Moduls **m** zugänglich gemacht werden.

9.3.3   IMPLICIT–Anweisung

Mit der IMPLICIT–Anweisung spezifiziert man in Fortran eine implizite Typvereinbarung für alle benannten Datengrößen, die nicht explizit in der Geltungseinheit mittels einer Typvereinbarungs-Anweisung vereinbart worden sind. Um die Portabilität von F-Programmen zu verbessern, ist folgende Form der IMPLICIT-

Anweisung in einem Hauptprogramm oder in einem „privaten" Modul (d. h. in einem Modul, das nicht nur USE–Anweisungen enthält) zulässig:

IMPLICIT NONE

Diese Anweisung ist in **F** überflüssig und wird daher ignoriert, weil in **F** ohnehin alle benannten Datengrößen explizit vereinbart werden müssen.

9.3.4 INTRINSIC–Anweisung

Mit der INTRINSIC–Anweisung gibt man an, daß die spezifizierten Namen als Namen vordefinierter Unterprogramme zu interpretieren sind.

INTRINSIC name [, name]...

Dabei ist **name** jeweils der Name eines vordefinierten Unterprogrammes.

```
intrinsic sin, sqrt, exp
```

Die Namen **sin**, **sqrt** und **exp** werden in der Geltungseinheit mit der INTRINSIC–Anweisung als Namen der vordefinierten Funktionen verwendet.

10 Ablaufsteuerung

Normalerweise werden die Anweisungen eines F-Hauptprogrammes oder -Unterprogrammes Zeile für Zeile der Reihe nach ausgeführt. Mit Hilfe von Ablaufsteueranweisungen kann man diesen sequentiellen Kontrollfluß abändern oder beenden. Wenn der sequentielle Kontrollfluß geändert wird, spricht man vom *Verzweigen* des Kontrollflusses. Es gibt *einfache* Ablaufsteueranweisungen. Und es gibt *Anweisungsgruppen*, die aus mehreren Ablaufsteueranweisungen bestehen.

Die folgenden Ablaufsteueranweisungen sind *einfache* ausführbare Anweisungen: CALL, END PROGRAM, END SUBROUTINE, END FUNCTION, RETURN und STOP. Dazu gehören auch die EXIT- und die CYCLE-Anweisung, die nur in einer DO-Schleife auftreten dürfen.

Folgende Anweisungen bilden *Anweisungsgruppen*:

- DO und END DO bilden eine DO-Schleife.

- IF THEN, ELSE IF, ELSE und END IF bilden eine IF-Anweisungsgruppe.

- SELECT CASE, CASE und END SELECT bilden eine CASE-Anweisungsgruppe.

DO-Schleifen, IF-Anweisungsgruppen und CASE-Anweisungsgruppen bestehen aus einer oder mehreren Anweisungsfolgen und haben eine interne Steuerung, die automatisch innerhalb der Anweisungsgruppe verzweigt. Eine solche Anweisungsfolge wird als **Anweisungsblock** bezeichnet.

Soweit der Kontrollfluß in Abhängigkeit bestimmter Werte gesteuert wird, sind diese Werte grundsätzlich skalar.

10.1 IF-Anweisungsgruppe

Mit Hilfe einer IF-Anweisungsgruppe kann man einen einzigen bedingt auszuführenden Anweisungsblock formulieren. Oder man kann mehrere alternative Anweisungsblöcke formulieren, von denen ggf. einer ausgeführt wird. Oder man kann die Ausführung eines Anweisungsblockes von mehreren Bedingungen abhängig machen.

Eine IF THEN-Anweisung kennzeichnet den Anfang einer IF-Anweisungsgruppe. Eine END IF-Anweisung beendet eine IF-Anweisungsgruppe, und die ELSE- und die ELSE IF-Anweisungen werden benötigt, um den Kontrollfluß innerhalb einer IF-Anweisungsgruppe zu steuern.

```
if (farbe == "rot") then         ! IFTHEN-Anweisung
  :                              ! IF-Block
elseif (farbe == "gruen") then   ! zugehoerige ELSEIF-Anweisung
  :                              ! ELSEIF-Block
else                             ! zugehoerige ELSE-Anweisung
  :                              ! ELSE-Block
endif                            ! zugehoerige ENDIF-Anweisung
```

Eine IF THEN–Anweisung leitet eine IF–Anweisungsgruppe ein.

IF (logischer_ausdruck) THEN

Der **logische_ausdruck** muß skalar sein.

Eine ELSE–Anweisung leitet einen Anweisungsblock ein, der alternativ nach
Ausführung der zugehörigen IF THEN–Anweisung oder einer zugehörigen
ELSE IF–Anweisung ausgeführt werden kann. Innerhalb einer IF–Anweisungs-
gruppe darf höchstens eine einzige zugehörige ELSE–Anweisung auftreten. Die
Form der ELSE–Anweisung ist

ELSE

Eine ELSE IF–Anweisung vereint in bestimmter Weise die Wirkung der IF THEN–
Anweisung und der ELSE–Anweisung. Eine ELSE IF–Anweisung leitet einen
weiteren Anweisungsblock ein, der alternativ im Anschluß an eine zugehörige
IF THEN–Anweisung oder eine andere zugehörige ELSE IF–Anweisung ausgeführt werden kann.

ELSE IF (logischer_ausdruck) THEN

Der **logische_ausdruck** muß skalar sein.

Eine END IF–Anweisung beendet eine IF–Anweisungsgruppe. Zu jeder IF THEN–
Anweisung gehört eine *zugehörige* END IF–Anweisung. Die Ausführung einer
END IF–Anweisung hat keinerlei Wirkung.

END IF

10.1.1   Einfache IF–Anweisungsgruppen

Grundform einer IF-Anweisungsgruppe mit einem einzigen Anweisungsblock:

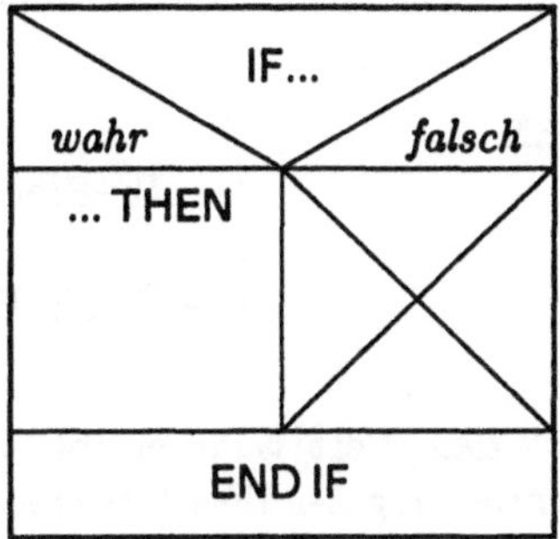

In dieser Form der IF–Anweisungsgruppe wird höchstens ein (d. h. u. U. gar kein) Anweisungsblock ausgeführt.

IF (logischer_ausdruck) THEN
```
  ⋮                                        ⟵ IF–Block
```
END IF

Wenn der **logische_ausdruck** den Wert *wahr* ergibt, wird das Programm mit der Ausführung der ersten ausführbaren Anweisung des IF–Blockes fortgesetzt (sofern der IF–Block nicht leer ist). Andernfalls wird das Programm mit der Ausführung der zugehörigen END IF–Anweisung fortgesetzt.

```
if (farbe == "rot") then
  zeit = 30
  call rot(zeit)
endif
```

Wenn die skalare Zeichenvariable **farbe** den Wert "rot" hat, werden die beiden Anweisungen des IF–Blockes ausgeführt. Andernfalls werden sie übergangen.

Grundform einer IF–Anweisungsgruppe mit zwei alternativen Anweisungsblöcken, deren jeweilige Ausführung von einer gemeinsamen Bedingung abhängt:

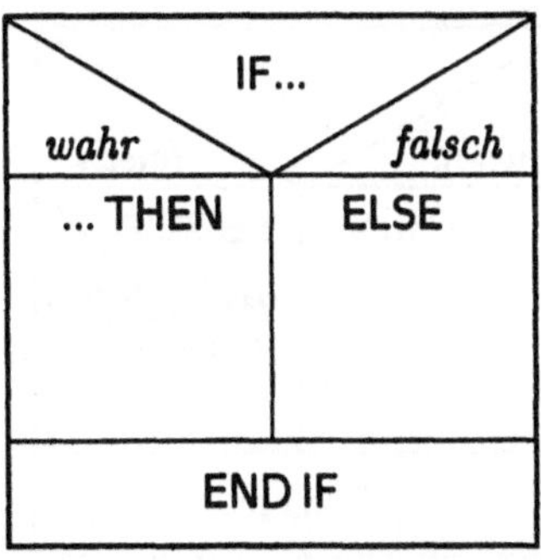

In dieser Form der IF–Anweisungsgruppe wird genau ein Anweisungsblock ausgeführt.

IF (logischer_ausdruck) THEN
⋮   ←— IF–Block
ELSE
⋮   ←— ELSE–Block
END IF

Wenn der **logische_ausdruck** den Wert *wahr* ergibt, wird das Programm mit
der Ausführung der ersten Anweisung des IF-Blockes fortgesetzt (sofern der IF-
Block nicht leer ist). Andernfalls wird das Programm mit der Ausführung der
ersten Anweisung des ELSE-Blockes fortgesetzt (sofern der ELSE-Block nicht
leer ist). Das Programm wird nach Abarbeitung des jeweiligen Anweisungsblockes in jedem Fall mit der Ausführung der zugehörigen END IF-Anweisung
fortgesetzt.

```
if (farbe == "rot") then
   call rot(zeit)                   ! IF-Block
else
   call gruen(zeit)                 ! ELSE-Block
endif
```

Wenn die skalare Zeichenvariable **farbe** den Wert "rot" hat, werden die beiden
Anweisungen des IF-Blockes ausgeführt. Die beiden Anweisungen des ELSE-
Blockes werden übergangen, und das Programm wird mit der Ausführung der
zugehörigen END IF-Anweisung fortgesetzt. Wenn die Zeichenvariable **farbe**
nicht den Wert "rot" hat, werden die beiden Anweisungen des IF-Blockes übergangen, und es werden die ELSE-Anweisung und die beiden Anweisungen des
ELSE-Blockes und zuletzt die zugehörige END IF-Anweisung ausgeführt.

Grundform einer IF-Anweisungsgruppe mit zwei alternativen Anweisungsblöcken,
wobei die Ausführung des ersten Anweisungsblockes von einer Bedingung und
die Ausführung des zweiten Anweisungsblockes von zwei Bedingungen abhängt:

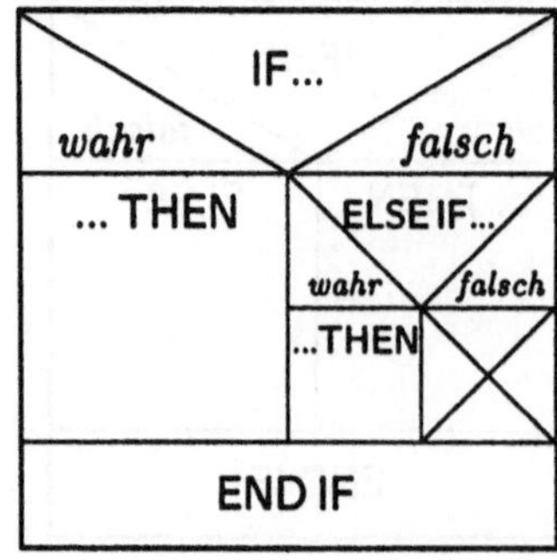

In dieser Form der IF–Anweisungsgruppe wird höchstens ein (d. h. u. U. gar kein) Anweisungsblock ausgeführt.

Eine IF–Anweisungsgruppe darf nicht nur eine, sondern auch mehrere ELSE IF–Anweisungen enthalten, um die Ausführung alternativer Anweisungsblöcke von mehreren Bedingungen abhängig zu machen. Bei dieser Form der IF–Anweisungsgruppe handelt es sich *nicht* um eine geschachtelte IF–Anweisungsgruppe.

```
IF ( logischer_ausdruck ) THEN
  :                                        ⟵ IF–Block
ELSE IF ( logischer_ausdruck ) THEN
  :                                        ⟵ ein ELSE IF–Block
ELSE IF ( logischer_ausdruck ) THEN
  :                                        ⟵ ein ELSE IF–Block
END IF
```

Wenn der logische Ausdruck der IF THEN–Anweisung den Wert *wahr* ergibt, dann wird das Programm mit der Ausführung der ersten Anweisung des IF–Blockes fortgesetzt (sofern der IF–Block nicht leer ist). Andernfalls wird die erste ELSE IF–Anweisung ausgeführt. Falls die Auswertung des logischen skalaren Ausdruckes der ersten ELSE IF–Anweisung den Wert *wahr* ergibt, wird das Programm mit der Ausführung der ersten Anweisung des ersten ELSE IF–Blockes fortgesetzt (sofern der ELSE IF–Block nicht leer ist). Andernfalls wird die zweite ELSE IF–Anweisung ausgeführt. Falls die Auswertung des logischen skalaren Ausdruckes der zweiten ELSE IF–Anweisung den Wert *wahr* ergibt, wird das Programm mit der Ausführung der ersten Anweisung des zweiten ELSE IF–Blockes fortgesetzt (sofern dieser ELSE IF–Block nicht leer ist). Andernfalls wird das Programm mit der Ausführung der zugehörigen END IF–Anweisung fortgesetzt. Das Programm wird nach Abarbeitung des jeweiligen Anweisungsblockes in jedem Fall mit der Ausführung der zugehörigen END IF–Anweisung fortgesetzt.

Die Ausführung einer IF–Anweisungsgruppe mit mehr als zwei zugehörigen ELSE IF–Anweisungen erfolgt in analoger Weise.

Eine andere Grundform der IF–Anweisungsgruppe mit alternativen Anweisungsblöcken, deren Ausführung von einer oder mehreren Bedingungen abhängt:

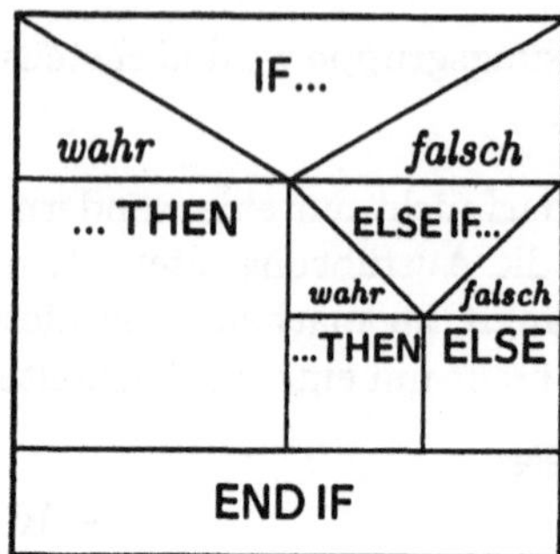

In dieser Form der IF–Anweisungsgruppe wird genau ein Anweisungsblock ausgeführt.

IF (logischer_ausdruck) THEN
⋮   ⟵ IF–Block
ELSE IF (logischer_ausdruck) THEN
⋮   ⟵ ein ELSE IF–Block
ELSE IF (logischer_ausdruck) THEN
⋮   ⟵ ein ELSE IF–Block
ELSE
⋮   ⟵ ELSE–Block
END IF

Diese Form der IF–Anweisungsgruppe unterscheidet sich von der zuvor beschriebenen Form lediglich in folgender Weise: Falls alle logischen skalaren Ausdrücke der IF THEN– und ELSE IF–Anweisungen den Wert *falsch* liefern, wird das Programm mit der Ausführung der ersten Anweisung des ELSE–Blockes fortgesetzt.

```
if (farbe == "rot") then
  zeit = 30
  call rot(zeit)
elseif (farbe == "gruen") then
  zeit = 20
  call gruen(zeit)
elseif (farbe == "gelb") then
  zeit = 5
  call gelb(zeit)
else
  call error()
endif
```

Die ELSE–Anweisung bewirkt, daß in dieser IF–Anweisungsgruppe in jedem Fall ein Anweisungblock ausgeführt wird.

10.1.2 Geschachtelte IF–Anweisungsgruppen

IF–Anweisungsgruppen dürfen geschachtelt werden; d. h., innerhalb einer IF–Anweisungsgruppe dürfen weitere IF–Anweisungsgruppen auftreten.

Falls die innere IF–Anweisungsgruppe in dem ELSE–Block oder in einem ELSE IF–Block der umgebenden IF–Anweisungsgruppe liegt, dann liegt im Prinzip nur eine etwas kompliziertere Schreibweise für ein Programmstück vor, das man mit Hilfe einer zusätzlichen ELSE IF–Anweisung auch ohne Schachtelung von IF–Anweisungsgruppen formulieren könnte.

```
if (f == "rot") then          !    if (f == "rot") then
   zeit = 30                   !       zeit = 30
   call rot(zeit)             !       call rot(zeit)
else                          !    elseif (f == "gruen") then
   if (f == "gruen") then     !
      zeit = 20               !       zeit = 20
      call gruen(zeit)        !       call gruen(zeit)
   else                       !    elseif (f == "gelb") then
      if (f == "gelb") then   !
         zeit = 5             !       zeit = 5
         call gelb(zeit)      !       call gelb(zeit)
      endif                   !
   endif                      !
endif                         !    endif
```

Die beiden Programmstücke sind gleichwertig.

Falls die innere IF–Anweisungsgruppe im IF–Block der umgebenden IF–Anweisungsgruppe liegt, ist die Ausführung des IF–Blockes der inneren IF–Anweisungsgruppe davon abhängig, daß sowohl der logische skalare Ausdruck der umgebenden IF–Anweisungsgruppe als auch der logische skalare Ausdruck der inneren IF–Anweisungsgruppe *wahr* sind.

Eine innere IF–Anweisungsgruppe muß vollständig entweder im IF–Block, oder im ELSE–Block oder in genau einem der ELSE IF–Blöcke der umgebenden IF–Anweisungsgruppe enthalten sein.

10.2 CASE–Anweisungsgruppe

Mit Hilfe einer CASE–Anweisungsgruppe formuliert man eine *Fallunterscheidung*. Den Anfang einer CASE–Anweisungsgruppe kennzeichnet eine SELECT-CASE–Anweisung. Eine END SELECT–Anweisung beendet eine CASE–Anweisungsgruppe. Und die CASE– und CASE DEFAULT–Anweisungen werden benötigt, um den Kontrollfluß innerhalb einer CASE–Anweisungsgruppe zu steuern. Die CASE DEFAULT–Anweisung ist ein Spezialfall der CASE–Anweisung.

```
select case (farbe)   ! SELECTCASE-Anweisung
case ("rot")          ! zugehoerige CASE-Anweisung mit Selektor
    :                 ! erster CASE-Block, Fall "rot"
case ("gruen")        ! zugehoerige CASE-Anweisung mit Selektor
    :                 ! zweiter CASE-Block, Fall "gruen"
case default          ! zugehoerige CASE-Anweisung mit Selektor DEFAULT
    :                 ! dritter CASE-Block, Fall sonst
end select            ! zugehoerige ENDSELECT-Anweisung
```

Mit Hilfe einer CASE–Anweisungsgruppe kann man mehrere alternative Anweisungsblöcke formulieren, von denen *höchstens* einer ausgeführt wird. Ein solcher Anweisungsblock wird als **CASE–Block** bezeichnet. Dazu wird ein Auswahlausdruck ausgewertet, und es wird geprüft, ob sein Wert mit einem der vorgegebenen konstanten Selektorwerte übereinstimmt Wenn die CASE–Anweisungsgruppe eine CASE DEFAULT–Anweisung enthält, wird *genau* ein Anweisungsblock ausgeführt.

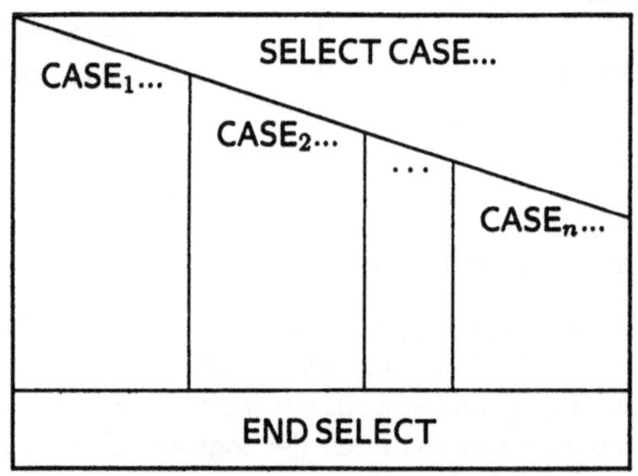

Ein „Fall" einer solchen Fallunterscheidung ist jeweils eine Anweisungsfolge, und zwar ein CASE–Block. Ein DEFAULT–Block ist ein Spezialfall eines CASE–Blockes.

Innerhalb einer CASE–Anweisungsgruppe, d. h. zwischen der SELECT CASE–Anweisung und der zugehörigen END SELECT–Anweisung, dürfen null oder mehr zugehörige CASE–Anweisungen auftreten. Die CASE–Blöcke und der DEFAULT–Block einer CASE–Anweisungsgruppe dürfen leer sein.

SELECT CASE (auswahlausdruck)
CASE selektor
⋮   ⟵ erster CASE–Block
CASE selektor
⋮   ⟵ zweiter CASE–Block
CASE selektor
⋮   ⟵ dritter CASE–Block, usw.
END SELECT

Eine SELECT CASE–Anweisung leitet eine CASE–Anweisungsgruppe ein.

SELECT CASE (auswahlausdruck)

Der **auswahlausdruck** ist ein ganzzahliger skalarer Ausdruck oder ein skalarer Zeichenausdruck.

```
select case (n*3 - j)           ! ganzzahlig
select case ("hell" // farbe)   ! Zeichen
```

Eine CASE–Anweisung leitet einen CASE–Block ein.

CASE selektor

Der **selektor** enthält einen oder mehrere Selektorwerte. Er hat die Form **DEFAULT** oder die Form **(sel [, sel]...)**. Dabei ist **sel** jeweils ein einziger Selektorwert oder eine **Selektorwerteliste** in folgender Schreibweise:

selektorwert
selektorwert :
: selektorwert
selektorwert : selektorwert

Dabei ist **selektorwert** jeweils ein skalarer *Initialisierungsausdruck*, und zwar ein ganzzahliger Ausdruck oder ein Zeichenausdruck.

Mit der Doppelpunktschreibweise wird i. allg. ein Intervall von Selektorwerten angegeben:

Selektor	zugehörige Selektorwerte
selektorwert$_1$: selektorwert$_2$	**selektorwert$_1$** $\leq$ Selektorwert $\leq$ **selektorwert$_2$**
selektorwert$_1$:	**selektorwert$_1$** $\leq$ Selektorwert
: selektorwert$_2$	Selektorwert $\leq$ **selektorwert$_2$**

DEFAULT ist ein spezieller Selektor. Der Selektor DEFAULT stimmt per Definition mit allen Werten des Auswahlausdruckes überein, für die kein anderer Selektorwert in einer CASE–Anweisung der betrachteten CASE–Anweisungsgruppe angegeben ist. Er darf höchstens als letzter Selektor einer CASE–Anweisungsgruppe angegeben werden.

Der Typ und (im ganzzahligen Fall) der Typparameter aller Selektorwerte einer
CASE–Anweisungsgruppe muß mit dem Typ bzw. Typparameter des Auswahlausdruckes übereinstimmen. Falls der Auswahlausdruck ein Zeichenausdruck
ist, dürfen die Zeichendatenlängen des Auswahlausdruckes und der Selektoren
unterschiedlich sein.

```
case (11)
case (n/2 +1)
case (1,8,10:12,19)              ! case (1, 8, 10, 11, 12, 19)
case (:1933, 1939:1942, 1945:)
case ("der", "das", "ein")
case default
```

Die Selektorwerte einer einzelnen CASE–Anweisung dürfen sich *nicht* überschneiden. Und die Selektoren verschiedener CASE–Anweisungen einer CASE–
Anweisungsgruppe dürfen sich *nicht* überschneiden. D. h., für einen bestimmten
Wert des Auswahlausdruckes darf es höchstens einen einzigen übereinstimmen-
den Selektorwert in allen CASE–Anweisungen der CASE–Anweisungsgruppe
geben.

Die END SELECT–Anweisung beendet eine CASE–Anweisungsgruppe.

END SELECT

Ausführung

Bei Ausführung einer CASE–Anweisungsgruppe wird zuerst der skalare **auswahlausdruck** ausgewertet. Falls der Wert des Auswahlausdruckes mit einem der Selektorwerte übereinstimmt, ist auf diese Weise die CASE–Anweisung und damit
der CASE–Block bestimmt, der anschließend ausgeführt wird. Nach Ausführung
dieses einen Anweisungsblockes ist die Ausführung der CASE–Anweisungsgruppe
beendet.

Falls es keine Übereinstimmung zwischen dem Wert des Auswahlausdruckes
und einem Selektorwert der CASE–Anweisungsgruppe gibt, wird das Programm
mit der Ausführung derjenigen Anweisung fortgesetzt, die der END SELECT–
Anweisung dieser CASE–Anweisungsgruppe folgt.

10.2.1 Einfache CASE–Anweisungsgruppen

Die einfachste Art der CASE–Anweisungsgruppe enthält genau eine CASE–
Anweisung und einen CASE–Block. Es handelt sich also um die bedingte Ausführung eines Anweisungsblockes.

```
select case (n)              ! if (n == 1) then
case (1)                     !
  o = 2*pi*r*h + pi*r**2      !   o = 2*pi*r*h + pi*r**2
  v = pi/2*r**2*h             !   v = pi/2*r**2*h
end select                   ! endif
```

Die CASE– und die IF–Anweisungsgruppe sind hier gleichwertig.

Das folgende Beispiel sieht für alle sinnvollen und unsinnigen Werte des Auswahlausdruckes eine programmierte Reaktion vor. Der zweite CASE–Block ist leer, und der dritte CASE–Block wird im Fehlerfall ausgeführt:

```
select case (uhrzeit)
case (8:18)
  call glocke(uhrzeit)
case (1:7, 19:24)
case default
  call fehler()
end select
```

10.3   DO–Schleife

Eine Schleife ist eine Folge von Anweisungen, die ggf. mehrfach ausgeführt wird. Eine **DO–Schleife** besteht aus drei Teilen. Sie wird durch eine DO–Anweisung eingeleitet. Es folgt der *Rumpf* der Schleife. Im Rumpf der Schleife dürfen zur Steuerung des Kontrollflusses auch CYCLE– und EXIT–Anweisungen auftreten. Die Abschlußanweisung der DO–Schleife ist eine END DO–Anweisung.

Es gibt zwei Arten von DO–Schleifen, nämlich *Zählschleifen* und *Endlosschleifen* (d. h. Zyklen). Sie haben folgende Form:

[doname :] DO [...]
⋮   ←— Rumpf
END DO [doname]

Wenn die DO–Anweisung mit einem eigenen Namen **doname** gekennzeichnet ist, dann *muß* die zugehörige END DO–Anweisung ebenfalls mit dem gleichen Namen gekennzeichnet ist. Wenn die Kennzeichnung der DO–Anweisung fehlt, dann *muß* die Kennzeichnung der zugehörigen END DO–Anweisung ebenfalls fehlen. Der **doname** darf nicht mit dem Namen irgendeiner anderen in der Geltungseinheit verfügbaren Größe übereinstimmen.

Der **Rumpf** einer DO–Schleife umfaßt alle ausführbaren Anweisungen zwischen der DO–Anweisung und der END DO–Anweisung. Er wird auch als „Wirkungsbereich" der DO–Schleife bezeichnet.

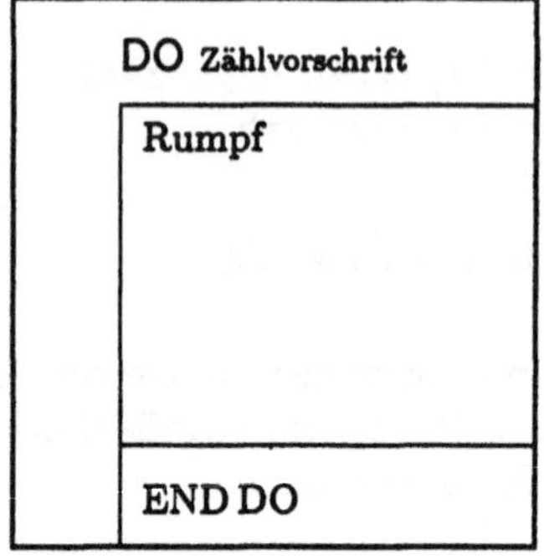

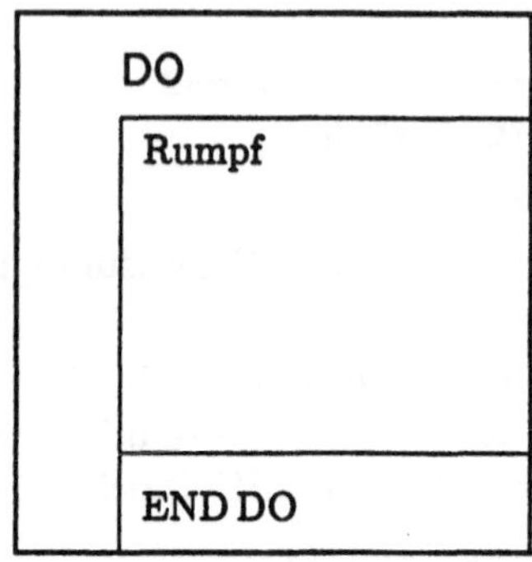

```
null: do i=1,100          endlos: do
   :                          :
   feld(i) = 0.0             if (nu > 144) then
   :                             exit endlos
                              endif
enddo null               enddo endlos
```

10.3.1 DO–Anweisung

Mit Hilfe einer DO–Anweisung wird eine DO–Schleife eingeleitet.

[**doname :**] **DO**

[**doname :**] **DO laufvariable = anfang, ende** [, **inkrement**]

Dabei ist **doname** der Name der Schleife. Und **laufvariable** ist der Name einer ganzzahligen skalaren Variablen, die kein Formalparameter, kein Zeiger und kein Funktionswert sein darf und die nicht mittels USE–Zuordnung oder Umgebungszuordnung zugänglich sein darf. Der **Anfangsparameters anfang**, der **Endparameter ende** und der **Inkrementparameter inkrement** sind ganzzahlige skalarere Ausdrücke.

Schleifenparameter: Die skalaren Werte des Anfangsparameters, des Endparameters und des Inkrementparameters ergeben sich aus der Auswertung der numerischen Ausdrücke der drei Schleifenparameter und (soweit erforderlich) der anschließenden Umwandlung dieser Ergebnisse in den Typparameter der Laufvariablen.

Der Wert des Inkrementparameters bestimmt die **Schrittweite** der Schleife und muß ungleich Null sein. Wenn der Inkrementparameter nicht angegeben ist, wird die Schrittweite eins verwendet.

```
do
do l=i,i+n
innen: do m=1,75,2
```

10.3.2 END DO–Anweisung

Die Abschlußanweisung einer DO–Schleife ist eine END DO–Anweisung.

END DO [**doname**]

Dabei ist **doname** der Schleifenname, so wie er in der zugehörigen DO–Anweisung angegeben ist.

10.3.3 Schleifentypen

Eine DO–Schleife, die mit einer DO–Anweisung mit Laufvariable eingeleitet wird, ist eine **Zählschleife**. Eine solche Zählschleife wird mit Hilfe eines Zählers (des sogenannten *Durchlaufzählers* s. u.) gesteuert, der die Ausführung der Schleife automatisch beendet, wenn die maximal zulässige Anzahl der Schleifendurchläufe erreicht ist.

Eine DO–Schleife, die mit einer DO–Anweisung ohne Laufvariable eingeleitet wird, ist eine **Endlosschleife**. Man kann sich eine Endlosschleife auch als Zählschleife vorstellen, die niemals automatisch abbricht. Eine derartige Schleife kann nur programmiert verlassen, d. h. beendet, werden.

```
do i=1,100          ! Zaehlschleife, kein Schleifenname
  odd(i) = 2*i + 1
enddo               ! kein Schleifenname

maximum: do         ! Endlosschleife, Schleifenname
  if (x > y) then
    xmax = x
    exit maximum    ! Ausgang
  endif
  read *, x
enddo maximum       ! Schleifenname
```

10.3.4 Ausführung einer DO–Schleife

Die Ausführung einer DO–Schleife erfolgt in mehreren Schritten. Zuerst wird die Schleifensteuerung initiiert, dann wird ggf. die Anweisungsfolge im Rumpf der DO–Schleife (i. allg. mehrfach) ausgeführt. Und zuletzt wird die Schleifenausführung beendet.

Schleifeninitiierung

Bei einer Zählschleife werden Anfangs-, End- und Inkrementparameter berechnet und ggf. entsprechend dem Typparameter der Laufvariablen umgewandelt. Diese Schleifenparameterwerte seien $m1$, $m2$ und $m3$. Der Laufvariablen wird der Wert $m1$ zugewiesen. Dann wird der *Durchlaufzähler* der DO–Schleife bestimmt:

$$\textbf{Durchlaufzähler} = \text{MAX}\,((m2 - m1 + m3)/m3,\ 0)$$

Schleifendurchlauf

Bei einer Zählschleife wird der Durchlaufzähler getestet. Ist der Durchlaufzähler größer als Null, wird das Programm mit der Ausführung der ersten (ausführbaren) Anweisung im Rumpf der DO–Schleife fortgesetzt. Ist der Durchlaufzähler gleich Null, ist die DO–Schleife „befriedigt", d. h., die Schleifenabarbeitung wird beendet (s. u.).

Bei einer Zählschleife und bei einer Endlosschleife werden beginnend mit der ersten ausführbaren Anweisung im Rumpf der DO–Schleife weitere Anweisungen solange ausgeführt, bis die END DO–Anweisung der DO–Schleife ausgeführt wird oder bis eine CYCLE–Anweisung ausgeführt wird.

Bei einer Zählschleife wird der Durchlaufzähler um 1 vermindert, und die Laufvariable wird entsprechend dem Vorzeichen und dem Wert der Schrittweite erhöht oder vermindert.

Bei einer Zählschleife und bei einer Endlosschleife wird anschließend der nächste Schleifendurchlauf durchgeführt (s. o.). Diese Schritte werden der Reihe nach solange wiederholt, bis der Test des Durchlaufzählers den Wert Null ergibt oder bis die DO–Schleife vorzeitig verlassen wird, d. h. beendet wird.

Schleifenbeendigung

Eine DO–Schleife wird in folgenden Fällen beendet:

- Wenn bei einer Zählschleife der Test des Durchlaufzählers den Wert Null ergibt (s. o.).

- Wenn im Rumpf der DO–Schleife eine RETURN–Anweisung ausgeführt wird.

- Wenn im Rumpf der DO–Schleife eine EXIT–Anweisung ausgeführt wird.

- Wenn im Rumpf der DO–Schleife eine EXIT– oder CYCLE–Anweisung einer *umgebenden* DO–Schleife ausgeführt wird.

- Wenn eine STOP–Anweisung ausgeführt wird, oder wenn die Ausführung des Programmes auf irgendeine andere Art beendet wird.

Wenn die DO–Schleife beendet ist, wird das Programm mit der Ausführung der Anweisung fortgesetzt, die der END DO–Anweisung der beendeten DO–Schleife folgt.

10.3.4.1 Weitere Hinweise zu Zählschleifen

Durchlaufzähler: Bereits beim erstmaligen Schleifendurchlauf kann der Durchlaufzähler den Wert Null haben. Das geschieht beispielsweise dann, wenn bei Berechnung des Durchlaufzählers $m1 > m2$ und zugleich $m3 > 0$ ist, oder wenn $m1 < m2$ und zugleich $m3 < 0$ ist.

In einem solchen Fall werden die Anweisungen im Rumpf der DO–Schleife kein einziges Mal ausgeführt. D. h., die DO–Schleife wird übergangen. Man spricht von einer *abweisenden Schleife*.

Die maximale Anzahl der Schleifendurchläufe wird bereits bei Initiierung der DO–Schleife berechnet und kann im Rumpf der DO–Schleife nicht geändert werden. Diese maximale Anzahl der Schleifendurchläufe ist gleich der tatsächlichen Anzahl der Schleifendurchläufe, sofern die DO–Schleife *nicht vorzeitig* beendet wird.

Laufvariable: Wenn eine DO–Schleife abgewiesen wird, bleibt die Laufvariable mit dem Wert des Anfangsparameters definiert. Wenn eine DO–Schleife vorzeitig beendet wird, bleibt die Laufvariable mit ihrem letzten Wert definiert. Wenn eine DO–Schleife *normal* abgearbeitet wird (d. h. bis der Durchlaufzähler zuletzt den Wert Null hat), bleibt die Laufvariable mit dem letzten Wert (d. h. dem Wert beim letzten Schleifendurchlauf) plus dem Wert (der Schrittweite) $m3$ definiert.

Die Laufvariable darf im Rumpf der DO–Schleife weder redefiniert werden noch undefiniert werden.

```
nie = 100
do i=nie,85
  ⋮
enddo
```

Bei Ausführung der DO–Anweisung ist der Wert des Anfangsparameters größer als der Wert des Endparameters. Der Durchlaufzähler hat den Wert Null. Die Schleife wird also abgewiesen.

```
back: do k=10,1,-1
  a(k) = 11 - k
enddo back
```

Diese DO–Schleife ist gleichbedeutend mit folgender Anweisungsfolge:

```
a(10)  = 1
a(9)   = 2
a(8)   = 3
  ⋮
a(3)   = 8
a(2)   = 9
a(1)   = 10
k      = 0
```

Wenn die Schrittweite negativ ist, wird die Laufvariable nicht erhöht, sondern vermindert.

```
do m=1,11,3
  if (f(m) < 0.0) then
    f(m) = - f(m)
  endif
  print *, m, f(m)
enddo
call sub()
```

Der Rumpf der DO-Schleife wird insgesamt viermal durchlaufen, wobei die Laufvariable m die Werte 1, 4, 7 und 10 annimmt. Nach Abarbeitung der Schleife hat m den Wert 13. Das Programm wird mit der Ausführung der CALL-Anweisung fortgesetzt.

10.3.4.2 Weitere Hinweise zu Endlosschleifen

Eine Endlosschleife hat keine obere Grenze für die Anzahl der Schleifendurchläufe. Eine Abbruchbedingung kann nur im Rumpf der Schleife programmiert werden.

```
ewig: do
  if (alt < 100) then      ! Abbruchbedingung
  exit ewig
endif
  ⋮
enddo ewig
```

10.3.4.3 CYCLE-Anweisung, EXIT-Anweisung

Mit Hilfe einer CYCLE-Anweisung kann man den aktuellen Schleifen*durchlauf* beenden.

CYCLE [doname]

Die CYCLE–Anweisung wirkt z. B. wie ein Sprung an die END DO–Anweisung einer DO–Schleife. Genauer: Nach Ausführung einer CYCLE–Anweisung werden in diesem Schleifendurchlauf keine weiteren Anweisungen der DO–Schleife ausgeführt, vielmehr wird die Schleifenabarbeitung mit dem nächsten Schleifendurchlauf fortgesetzt.

Mit Hilfe einer EXIT–Anweisung kann man die Schleifen*ausführung* sofort beenden.

EXIT [doname]

Die EXIT–Anweisung wirkt meistens (wie im folgenden Beispiel) wie ein Sprung an die erste ausführbare Anweisung hinter der END DO–Anweisung derjenigen DO–Schleife, zu der die EXIT–Anweisung gehört. Jedenfalls werden nach Ausführung einer EXIT–Anweisung überhaupt keine weiteren Anweisungen der DO–Schleife ausgeführt.

```
jahr = 0
read *, gehalt
do
  jahr = jahr + 1
  gehalt = 1.04 * gehalt
  if (jahr > 15) then
    exit
  endif
  if (gehalt > 6500.0) then
    cycle
  endif
  gehalt = gehalt + sockel
enddo
```

10.4 Geschachtelte Anweisungsgruppen

CASE–Anweisungsgruppen, IF–Anweisungsgruppen und DO–Schleifen dürfen untereinander geschachtelt werden. Sie dürfen sich jedoch nicht überschneiden. D. h., ein Anweisungsblock solch einer Anweisungsgruppe darf eine komplette Anweisungsgruppe gleicher Art oder anderer Art enthalten.

```
character, dimension (80) :: zeile
integer :: i, stufe
stufe = 0
do i=1,80
  select case (zeile(i:i))
  case ("(")
```

```
    stufe = stufe + 1
  case (")")
    stufe = stufe - 1
    if (stufe < 0) then
      print *, - stufe, "RECHTE KLAMMER(N) ZUVIEL"
      exit
    endif
  case default    ! es werden nur runde Klammern untersucht
  end select
enddo
if (stufe > 0) then
  print *, stufe, "RECHTE KLAMMER(N) FEHLEN"
endif
```

10.5 STOP–Anweisung

Mit Hilfe einer STOP-Anweisung kann man die Ausführung eines Programmes beenden.

STOP

Wenn eine STOP-Anweisung ausgeführt wird, wird die Ausführung des Programmes *beendet*, ohne daß es anschließend eine Möglichkeit gibt, die Ausführung fortzusetzen.

Ein Haupt- oder Unterprogramm darf mehrere STOP-Anweisungen enthalten. Durch Ausgabe von Kontrollinformationen unmittelbar vor der STOP-Anweisung kann festgestellt werden, welche STOP-Anweisung die Ausführung des Programmes beendet hat.

```
print *, "Programm normal beendet"
stop
```

Man beachte, daß CALL–, END PROGRAM–, END SUBROUTINE–, END FUNCTION– und RETURN-Anweisungen ebenfalls eine Verzweigung des Kontrollflusses bewirken. Diese Anweisungen werden ausführlich im Kapitel 13 behandelt.

11 Ein-/Ausgabe

Mit Hilfe von E/A-Anweisungen werden Daten von einer Datei in den Arbeitsspeicher übertragen; das nennt man *Lesen*. Oder es werden Daten vom Arbeitsspeicher in eine Datei übertragen; das nennt man *Schreiben*. Ferner gibt es E/A-Anweisungen, mit denen man die Eigenschaften einer Datei oder E/A-Einheit prüfen, festlegen oder ändern kann. Und es gibt schließlich E/A-Anweisungen zur Manipulation externer Speichermedien, z. B. für die Positionierung externer Dateien.

Es gibt verschiedene Arten der Ein-/Ausgabe. Sie unterscheiden sich hinsichtlich der beteiligten Speichermedien, hinsichtlich der Art der Dateien, hinsichtlich der Art der Darstellung der Daten in den Dateien, hinsichtlich der Art des Zugriffs auf die Daten und hinsichtlich der Positionierung. Bei einigen E/A-Anweisungen wird gleichzeitig angegeben, wie die Daten bei der Datenübertragung umgewandelt werden sollen.

Folgende Begriffe charakterisieren jeweils besondere Arten der Ein-/Ausgabe:

Sequentielle E/A	= E/A mit sequentiellem Zugriff
Direkte E/A	= E/A mit wahlfreiem Zugriff
Formatgebundene E/A	= E/A-Anweisungen mit Formatangabe
Formatfreie E/A	= E/A-Anweisungen ohne Formatangabe
Listengesteuerte E/A	= E/A-Anweisungen mit * als FMT–Parameter
Nichtvorrückende E/A	= E/A ohne automatisches Positionieren
Interne E/A	= Speicher-Speicher-E/A

11.1 Datensätze

Der Grundbaustein des F-Dateisystems ist der **Datensatz**. Ein Datensatz ist eine Folge von Werten oder eine Folge von Zeichen. Z. B. ist eine Zeile auf einem Bildschirm i. allg. ein Datensatz. Ein Datensatz muß nicht in jedem Fall als physikalischer Datensatz verstanden werden. Es gibt drei Arten von Datensätzen, nämlich *formatgebundene* Datensätze, *formatfreie* Datensätze und *Dateiendesätze*.

Formatgebundene Datensätze bestehen aus einer Folge von Zeichen aus dem ASCII–Zeichensatz. Ein F-System darf bestimmte Steuerzeichen in formatgebundenen Datensätzen verbieten.

Die Länge eines formatgebundenen Datensatzes wird in Zeichen gemessen. Sie ist (systemabhängig und wird) im Wesentlichen durch die Anzahl der bei der Erzeugung des Datensatzes geschriebenen Zeichen bestimmt. Die Länge Null ist zulässig.

Formatgebundene Datensätze können nur mit formatgebundenen E/A-Anweisungen gelesen oder geschrieben werden. Sie dürfen aber auch ohne F-Hilfe erzeugt werden, z. B. über die Tastatur einer Datenstation.

Formatfreie Datensätze bestehen aus einer Folge von Werten in systemabhängiger interner Darstellung. Ein formatfreier Datensatz darf Daten beliebigen Datentyps enthalten. Die Länge eines formatfreien Datensatzes wird in systemabhängigen Einheiten gemessen. Sie ist systemabhängig und abhängig von der Ausgabeliste beim Schreiben des Datensatzes. Die Länge Null ist zulässig.

Formatfreie Datensätze können nur mit formatfreien E/A-Anweisungen gelesen oder geschrieben werden.

Dateiendesätze können nur als allerletzter Datensatz einer Datei auftreten. Ein Dateiendesatz hat (aus der Sicht des F-Programmierers) keine Länge. Er kann auf eine Datei geschrieben werden, die für sequentielle E/A geöffnet ist. Und er kann beim Lesen als Dateiende erkannt werden. Die (interne) Form eines Dateiendesatzes ist systemabhängig.

Ein Dateiendesatz kann (explizit) mit Hilfe einer ENDFILE–Anweisung geschrieben werden, oder er kann implizit geschrieben werden. Wenn die Datei für sequentiellen Zugriff geöffnet ist, wird er implizit (d. h. automatisch) geschrieben und zwar dann, wenn die letzte ausgeführte E/A-Anweisung für die Datei eine Datenübertragungs-Ausgabeanweisung und keine Dateipositionierungs-Anweisung gewesen ist, und wenn anschließend entweder für die verbundene E/A-Einheit eine REWIND– oder BACKSPACE–Anweisung ausgeführt wird, oder wenn die Datei entweder mit Hilfe einer CLOSE–Anweisung oder automatisch bei Programmende geschlossen wird.

11.2 Dateien

Eine **Datei** ist eine Folge zusammengehörender Datensätze. Es gibt *externe Dateien* und *interne Dateien*.

Externe Dateien sind Dateien, die außerhalb des F-Programmes auf einem externen Massenspeicher wie z. B. Magnetband oder Magnetplatte existieren, oder es sind (aus der Sicht des F-Programmierers) Geräte wie z. B. der Drucker oder der Bildschirm oder die Tastatur einer Datenstation. Diese Dateien werden normalerweise von der Betriebssystemumgebung verwaltet, in die das F-Programm eingebettet ist.

Interne Dateien sind Zeichenvariable (d. h. interne Arbeitsspeicherbereiche des F-Programmes), die die Rolle einer Datei bei interner E/A übernehmen.

11.3   Dateiattribute externer Dateien

Eine externe Datei hat Eigenschaften, die z. T. systemabhängig sind. Dazu gehören die zulässigen Dateinamen (systemabhängig), die Existenz, die zulässigen Zugriffsmethoden (systemabhängig), die zulässigen Formen (systemabhängig), die zulässigen Datensatzlängen (systemabhängig), die zulässigen Aktionen (systemabhängig) und die Position. Bestimmte Dateiattribute sind nur dann gegeben, wenn die Datei geöffnet ist.

11.3.1   Dateinamen

Eine externe Datei kann einen Namen haben. Dieser Dateiname kann nur in OPEN– und INQUIRE–Anweisungen auftreten.

Falls eine E/A-Einheit nicht explizit mit Hilfe einer OPEN–Anweisung *mit* FILE–Parameter mit einer Datei verbunden wird, generiert das jeweilige F-System u. U. einen systemabhängigen Dateinamen.

11.3.2   Zugriffsmethoden

Von der Zugriffsmethode ist es abhängig, in welcher Reihenfolge die Datensätze einer Datei geschrieben oder gelesen werden können. Es gibt zwei Zugriffsmethoden: den *sequentiellen Zugriff* und den *direkten Zugriff*. E/A mit direktem Zugriff wird kurz als *direkte E/A* bezeichnet.

Externe Dateien können ggf. sequentiell oder direkt verarbeitet werden. Interne Dateien dürfen nur sequentiell verarbeitet werden.

Die Zugriffsmethode für eine externe Datei, die nicht vorverbunden ist, wird jeweils festgelegt, wenn die Datei mit einer E/A-Einheit verbunden wird. Solange diese Verbindung besteht, darf die Zugriffsmethode nicht geändert werden.

11.3.2.1   Sequentieller Zugriff

Wenn eine Datei ausschließlich sequentiell verarbeitet wird, dann ist durch die Reihenfolge, in der die Datensätze in die Datei geschrieben werden, auch die Reihenfolge vorgegeben, in der diese Datensätze wieder gelesen werden können. D. h., der $n$te Datensatz kann erst gelesen werden, nachdem zuvor der erste, der zweite, usw. bis hin zum $(n-1)$ten Datensatz gelesen worden ist.

Dateien, die sequentiell verarbeitet werden, bezeichnet man auch als *sequentielle Dateien*. Der zuletzt geschriebene Datensatz ist der letzte Datensatz der Datei.

Falls für diese Datei (systemabhängig) auch direkter Zugriff zulässig ist, ist die Reihenfolge der Datensätze bei sequentieller Verarbeitung durch die Datensatznummern gegeben, die den Datensätzen für den direkten Zugriff zugeordnet sind.

Externe sequentielle Dateien können mit Hilfe einer OPEN–Anweisung mit einer E/A-Einheit verbunden werden. Eine derartige (explizite) Verbindung ist nicht erforderlich, wenn sie bereits vom Betriebssystem vorgenommen ist wie z. B. bei den vorverbundenen Dateien.

Bei sequentieller E/A mit externen Dateien kann man mit Hilfe des IOSTAT-Parameters überprüfen, ob beim letzten Leseversuch das Ende der Datei erreicht worden ist. In diesem Fall kann das Programm *programmiert* auf diesen *Dateiende-Status* reagieren. Falls ein solcher Test nicht vorgesehen ist, ist das weitere Verhalten des Programmes von der jeweiligen Betriebssystemumgebung abhängig.

11.3.2.2 Direkter Zugriff

Wenn eine externe Datei für direkten Zugriff geöffnet ist, ist die Reihenfolge der Datensätze durch die Ordnung der zugeordneten Datensatznummern (s. u.) gegeben. Im Gegensatz zur sequentiellen E/A können die Datensätze direkt, d. h. unabhängig von der Reihenfolge der Datsatznummern, geschrieben und gelesen werden. Z. B. darf der Datensatz mit der Datensatznummer 3 auch dann geschrieben werden, wenn die Datensätze 1 und 2 noch nicht geschrieben worden sind.

E/A-Aktivitäten wie das Zurücksetzen an den Dateianfang oder das Positionieren an das Dateiende sind für eine Datei sinnlos, die für direkten Zugriff geöffnet ist. Ein Dateiendesatz ist nur dann zulässig, wenn die Datei (systemabhängig) auch für sequentiellen Zugriff geöffnet werden darf. In diesem Fall wird der Dateiendesatz allerdings solange nicht als zur Datei zugehörig betrachtet, wie die Datei für direkten Zugriff geöffnet ist.

Es gibt formatgebundene und formatfreie direkte E/A. Listengesteuerte E/A und nichtvorrückende E/A sind allerdings für Dateien mit direktem Zugriff verboten. Interne Dateien können nicht für direkten Zugriff geöffnet werden.

Um eine externe Datei für direkten Zugriff zu öffnen, muß eine OPEN–Anweisung ausgeführt werden, in der ACCESS="direct" und zusätzlich die Datensatzlänge (s. u.) angegeben ist.

```
open (unit=11, file="xyz.txt", access="direct", form="formatted",&
                action="read", status="old", recl=80)
```

Es wird eine Datei für direkten Zugriff geöffnet. Die Datei wird mit der E/A-Einheit 11 verbunden. Die Schreibweise des Dateinamens ist systemabhängig. Die Datei existiert bereits, sie kann nur gelesen werden. Die Datensätze sind formatgebunden und haben die Länge 80 (Zeichen).

Datensatznummer

Jeder Datensatz wird eindeutig durch eine natürliche Zahl (= positiver ganzzahliger Wert) identifiziert; das ist die **Datensatznummer**. Diese Datensatznummer wird beim Schreiben des Datensatzes zugeordnet. Sie kann anschließend nicht mehr geändert werden. Ein zu einer Datensatznummer gehörender Datensatz einer Datei für direkten Zugriff kann nicht gelöscht werden; er kann aber überschrieben werden.

Solange eine Datei für direkten Zugriff geöffnet ist, muß beim Zugriff in READ- und WRITE–Anweisungen der REC–Parameter mit einer Datensatznummer angegeben werden. Datensätze dürfen nur gelesen werden, wenn sie zuvor geschrieben worden sind.

Datensatzlänge

Die Datensatzlänge einer Datei für direkten Zugriff wird beim expliziten Öffnen in der OPEN–Anweisung spezifiziert, in der auch der direkte Zugriff spezifiziert wird. Alle Datensätze einer Datei für direkten Zugriff haben die gleiche Datensatzlänge und zwar unabhängig von der Ausgabeliste bei der Erzeugung der Datensätze. Falls die Ausgabeliste einer formatgebundenen direkten WRITE–Anweisung kürzer als die Datensatzlänge ist, wird der Rest des Datensatzes mit Leerzeichen aufgefüllt. Bei entsprechendem formatfreien direkten WRITE ist jedoch der Rest des Datensatzes undefiniert. Grundsätzlich darf die Länge der Ausgabeliste einer direkten WRITE–Anweisung die in der OPEN–Anweisung angegebene Datensatzlänge nicht überschreiten.

```
character (len=8), dimension (9) :: text
open (unit=7, file="abc.txt", access="direct", form="formatted", &
                       action="write", status="old", recl=72)
 :
do i=10,50,5
  write (unit=7, fmt="(9a)", rec= i) text
  :
enddo
```

Die Datensätze 10, 15, 20, ..., 45 und 50 werden geschrieben. Diese Datensätze können nach dem Schreiben sofort wieder gelesen werden. Für die nicht genannten Datensatznummern sind keine Datensätze in die Datei geschrieben worden, deshalb darf für diese Datensatznummern auch kein Leseversuch unternommen werden.

11.3.3   Form einer Datei

Man spricht von *formatgebundenen Dateien* und von *formatfreien Dateien*, denn die Datensätze einer Datei sind entweder alle formatgebunden oder alle formatfrei. Ausgenommen ist der letzte Datensatz, der ein Dateiendesatz sein *kann*. Welche Formen für eine bestimmte externe Datei zulässig sind, ist systemabhängig.

11.3.4   Position einer Datei

Eine Datei, die mit einer E/A-Einheit verbunden ist, hat eine **Position**. Die Position einer Datei kann *unbestimmt* werden.

Der **Dateianfang** ist die Position unmittelbar vor dem ersten Datensatz. Das **Dateiende** ist die Position unmittelbar nach dem letzten Datensatz.

Wenn eine Datei *innerhalb* eines Datensatzes positioniert ist, bezeichnet man diesen Datensatz als den **aktuellen Datensatz**. Andernfalls gibt es keinen aktuellen Datensatz.

Der Datensatz vor dem aktuellen Datensatz ist der **vorhergehende Datensatz**. Ist die Datei zwischen zwei Datensätzen positioniert, dann ist der erste dieser beiden Datensätze der vorhergehende Datensatz.

Der Datensatz nach dem aktuellen Datensatz ist der **nächste Datensatz**. Ist die Datei zwischen zwei Datensätzen positioniert, dann ist der zweite dieser beiden Datensätze der nächste Datensatz. Wenn die Datei am Dateianfang positioniert ist, dann ist der erste Datensatz der nächste Datensatz.

Dateiposition vor der Datenübertragung

Sequentielle Eingabe: Wenn die Datei *innerhalb* eines Datensatzes positioniert ist, dann wird die Position vor der Datenübertragung nicht geändert. Andernfalls wird die Datei automatisch an den Anfang des nächsten Datensatzes positioniert. Dieser Datensatz wird der aktuelle Datensatz werden.

Sequentielle Ausgabe: Wenn die Datei *innerhalb* eines Datensatzes positioniert ist, dann wird die Position vor der Datenübertragung nicht geändert. Andernfalls wird ein neuer Datensatz erzeugt. Dieser Datensatz wird der letzte und aktuelle Datensatz der Datei werden. Und die Datei wird an den Anfang dieses Datensatzes positioniert.

Direkte Ein-/Ausgabe: Die Datei wird vor der Datenübertragung an den Anfang des Datensatzes mit der angegebenen Datensatznummer positioniert. Dieser Datensatz wird der aktuelle Datensatz werden.

Dateiposition nach der Datenübertragung

Wenn keine Fehlerbedingung aufgetreten, kein Dateiende-Status aber der Datensatzende-Status eingetreten ist, dann ist die Datei hinter dem gerade gelesenen Datensatz positioniert.

Wenn keine Fehlerbedingung aufgetreten, kein Dateiende-Status und kein Datensatzende-Status eingetreten ist, dann wird die Dateiposition nicht geändert, wenn es sich um nichtvorrückende E/A gehandelt hat. Wenn es sich *nicht* um nichtvorrückende E/A gehandelt hat, wird die Datei an den Anfang des nächsten Datensatzes vorgesetzt.

Wenn bei sequentieller Eingabe der Dateiendesatz gelesen wird, und wenn deshalb der Dateiende-Status eintritt, wird die Datei hinter den Dateiendesatz positioniert. In dieser Position dürfen keine READ-, WRITE- oder PRINT-Anweisungen ausgeführt werden. Die Datei kann aber mit Hilfe einer REWIND- oder BACKSPACE-Anweisung zurückgesetzt werden.

Bei Auftreten eine Fehlerbedingung ist die Dateiposition unbestimmt.

11.4 Ein-/Ausgabe-Einheiten

Wenn man in einer E/A-Anweisung auf eine externe Datei Bezug nimmt, dann muß man (fast immer) eine *E/A-Einheit* angeben, die mit der Datei *verbunden* (s. u.) ist. Diese **E/A-Einheiten** stellen also den F-spezifischen systemunabhängigen Mechanismus für die Bezugnahme auf externe Dateien dar.

Eine E/A-Einheit und eine externe Datei können miteinander **verbunden** werden; dieser Vorgang wird auch als *Öffnen* einer Datei bezeichnet.

E/A-Anweisungen für Datenübertragung oder für Positionierung können nur für solche externen Dateien ausgeführt werden, die mit einer E/A-Einheit verbunden sind. OPEN-, CLOSE- und INQUIRE-Anweisungen dürfen auch für externe Dateien ausgeführt werden, die nicht mit einer E/A-Einheit verbunden sind.

Eine E/A-Einheit kann entweder mit Hilfe einer OPEN-Anweisung mit einer externen Datei verbunden werden (das nennt man *explizites Öffnen)*, oder eine E/A-Einheit und eine externe Datei können *vorverbunden* sein. Im letzten Fall wird die Verbindung automatisch bei Ausführung des Programmes hergestellt (das nennt man *implizites Öffnen)*.

Eine E/A-Einheit darf nicht gleichzeitig mit mehr als einer externen Datei verbunden sein, und eine externe Datei darf nicht gleichzeitig mit mehr als einer E/A-Einheit verbunden sein. Die Verbindung zwischen einer E/A-Einheit und einer externen Datei kann jedoch gelöst werden. Danach darf die E/A-Einheit mit einer anderen (oder mit derselben) externen Datei verbunden werden, und die Datei darf mit einer anderen (oder mit derselben) E/A-Einheit verbunden werden.

Die Menge der zulässigen E/A-Einheiten ist systemabhängig. Weitere Angaben sind im Zusammenhang mit der Beschreibung des UNIT–Parameters zu finden.

11.5 Vorverbundene E/A-Einheiten und vordefinierte Dateien

Eine externe Datei und eine E/A-Einheit sind **vorverbunden**, wenn sie automatisch bei Beginn der Ausführung des Programmes verbunden werden, so daß die E/A-Einheit in (allen) E/A-Anweisungen angegeben werden kann, ohne daß zuvor eine OPEN–Anweisung ausgeführt werden muß.

In der jeweiligen Betriebssystemumgebung, in die ein Programm eingebettet ist, kann es spezielle Dateien mit systemabhängiger vordefinierter Bedeutung geben. Man spricht dann auch von *Gerätedateien* oder von *Standarddateien*.

Üblicherweise sind *Gerätedateien* oder *Standarddateien* mit *Standard-E/A-Einheiten* für sequentielle formatgebundene E/A vorverbunden. Dabei wird meistens als Standardeingabe-Einheit die Nummer 5 und als Standardausgabe-Einheit die Nummer 6 verwendet.

Die **Standardeingabe-Einheit** (kurz: Standardeingabe) ist diejenige E/A-Einheit, die in einer READ–Anweisung (mit E/A-Parameterliste) als E/A-Einheit Stern * angegeben werden kann, und auf die sich die READ–Anweisung ohne E/A-Parameterliste bezieht.

Die **Standardausgabe-Einheit** (kurz: Standardausgabe) ist diejenige E/A-Einheit, die in einer WRITE–Anweisung (mit E/A-Parameterliste) als E/A-Einheit Stern * angegeben werden kann, und auf die sich die PRINT–Anweisung bezieht.

Es ist systemabhängig, mit welchen E/A-Geräten die Standardeingabe und die Standardausgabe verknüpft sind. Es ist üblich, daß die Standardeingabe bei interaktiver Arbeitsweise mit der Tastatur des Terminals und im Stapelbetrieb mit einer vordefinierten Datei verknüpft bzw. verbunden ist. Entsprechend ist üblicherweise die Standardausgabe bei interaktiver Arbeitsweise mit dem Bildschirm und im Stapelbetrieb mit dem Systemdrucker verknüpft.

In manchen F-Systemen sind externe Dateien für sequentielle E/A vorverbunden,
oder es kann eine Verbindung zwischen einer E/A-Einheit oder einer externen
Datei bereits außerhalb des F-Programmes (und zwar vor Ausführung des Programmes) in der Systemumgebung hergestellt werden. In diesem Fall ist u. U.
kein explizites Öffnen mit Hilfe einer OPEN–Anweisung erforderlich. Falls es
sich um eine Datei ohne Dateinamen handelt, generiert das F-System ggf. einen
systemabhängigen Dateinamen.

11.6 Ein-/Ausgabe-Anweisungen

Es gibt E/A-Anweisungen für Datenübertragungen zwischen Dateien und dem
Arbeitsspeicher, das sind PRINT, READ und WRITE. Ferner gibt es E/A-
Anweisungen, mit deren Hilfe man den Status oder die Attribute einer exter-
nen Datei oder einer E/A-Einheit beeinflussen oder überprüfen kann, das sind
CLOSE, INQUIRE und OPEN. Und es gibt E/A-Anweisungen für die Positio-
nierung externer Dateien, das sind BACKSPACE, ENDFILE und REWIND.

```
print "(a,i4)", " Test Variable mass", mass
read (unit=5, fmt=*) a, b, c
write (unit=9) n, x(1:100,5), x/n
close (unit=7, iostat= ivar, status="keep")
inquire (unit=14, position= pos)
open (unit=77, action="readwrite", status="scratch")
backspace (unit=10)
endfile (unit=77, iostat= ios)
rewind (unit=13)
```

Nebenwirkungen von E/A-Anweisungen sind verboten. D. h., an keiner Stelle
innerhalb einer E/A-Anweisung darf eine Funktion aufgerufen werden, die selber
wiederum die Ausführung einer E/A-Anweisung bewirkt.

11.6.1 Ein-/Ausgabe-Parameter

Jede E/A-Anweisung enthält einen oder mehrere **E/A-Parameter**, mit deren
Hilfe ggf. eine E/A-Einheit, ein Dateiname, die Form der E/A, die Zugriffsmethode, die Fehlerbehandlung, usw. spezifiziert werden können (s. obige Beispiele). Im folgenden werden diejenigen E/A-Parameter beschrieben, die in den
E/A-Anweisungen READ und WRITE spezifiziert werden können, die z. T. aber
auch in anderen E/A-Anweisungen auftreten können.

Quelle oder Ziel einer Datenübertragung: **UNIT = u**
Art der Umwandlung der Daten: **FMT = format**
Identifikation eines Datensatzes für direkte E/A: **REC = datensatznummer**
Vorrückende oder nichtvorrückende E/A: **ADVANCE = janein**
Ausgabe von E/A-Status-Informationen: **IOSTAT = statusvariable**
Ausgabe der Anzahl gelesener Zeichen: **SIZE = zeichen**

11.6.1.1   UNIT–Parameter

Mit Hilfe des UNIT–Parameters gibt man entweder die zu verwendende E/A-Einheit (für die Bezugnahme auf eine externe Datei) an oder man gibt eine interne Datei an.

UNIT = u

Für **u** sind folgende Angaben erlaubt:

- Ein ganzzahliger skalarer Ausdruck mit nicht-negativem Wert, der auch als **Nummer der E/A-Einheit** bezeichnet wird.
- Ein Stern * zur Angabe einer Standard-E/A-Einheit, die für formatgebundene sequentielle E/A vorverbunden ist.
- Eine Zeichenvariable, die eine interne Datei identifiziert.

Nummer einer E/A-Einheit: In einem Programm hat die Nummer einer E/A-Einheit globalen Charakter; d. h., ein und dieselbe Nummer einer E/A-Einheit identifiziert in verschiedenen Programmeinheiten eines Programmes dieselbe E/A-Einheit für den Zugriff auf eine externe Datei. Die zulässigen Nummern für E/A-Einheiten sind systemabhängig.

```
subroutine a (x)
  real, intent(inout) :: x
  write (unit=16) x
  backspace (unit=16)
  call b()
  :
end subroutine a

subroutine b ()
  real :: y
  read (unit=16) y
  :
end subroutine b
```

Die 16 identifiziert in den beiden Subroutinen dieselbe E/A-Einheit. D. h., nach Ausführung der READ–Anweisung enthält die Variable y den gleichen Wert wie zuvor die Variable **x**.

11.6.1.2 FMT–Parameter

Mit Hilfe des FMT–Parameters spezifiziert man ein Format oder listengesteuerte Formatierung für eine formatgebundene E/A-Anweisung.

FMT = format

Als **format** sind folgende Angaben erlaubt:
- Eine Zeichenvariable, die eine Formatangabe enthält.
- Eine Zeichenkonstante mit dem Wert einer Formatangabe.
- Ein anderer Zeichenausdruck, dessen Auswertung eine Formatangabe liefert.
- Ein Stern * zur Angabe listengesteuerter Formatierung.

11.6.1.3 REC–Parameter

Mit Hilfe des REC–Parameters gibt man eine Datensatznummer für direkte E/A an.

REC = datensatznummer

Dabei ist die **datensatznummer** ein ganzzahliger skalarer Ausdruck mit positivem Wert.

```
write (unit=16, rec= i+25) sorte, lage, jahr
```

11.6.1.4 ADVANCE–Parameter

Mit Hilfe des ADVANCE–Parameters gibt man an, ob es sich bei der betr. E/A-Anweisung um eine Anweisung für vorrückende E/A oder für nichtvorrückende E/A handelt.

ADVANCE = janein

Dabei ist **janein** ein skalarer Zeichenausdruck Zeichentyps, der entweder den Wert "yes" liefert, wenn es sich um eine vorrückende (d. h. 'normale' datensatzorientierte sequentielle formatgebundene) E/A-Anweisung handelt, oder der den Wert "no" liefert, wenn es sich um nichtvorrückende E/A handelt. Wenn der ADVANCE–Parameter fehlt, wird ADVANCE="yes" angenommen.

Der Wert des Zeichenausdruckes darf nachfolgende Leerzeichen enthalten, sie haben aber keine Bedeutung.

11.6.1.5 Datensatzende-Status

Der **Datensatzende-Status** tritt ein, wenn eine nichtvorrückende READ–Anweisung versucht, über das Ende des aktuellen Datensatzes hinwegzulesen. Der Datensatzende-Status ist kein Fehlerstatus. Wenn bei Ausführung einer nichtvorrückenden READ–Anweisung der Datensatzende-Status eintritt,

- wird der Datensatz scheinbar mit Leerzeichen aufgefüllt, wenn der Datensatz weniger Zeichen enthält, als entsprechend den Angaben der Eingabeliste und der zugehörigen Formatangabe übertragen werden sollen.

- wird die Ausführung der READ-Anweisung beendet.

- wird die Datei hinter den gerade gelesenen Datensatz positioniert.

- wird, falls die Parameter IOSTAT und SIZE angegeben sind, der SIZE-Parameter mit der Anzahl der unter Formatkontrolle übertragenen Zeichen definiert. Die verarbeiteten Listenelemente werden nicht undefiniert, und alle noch nicht verarbeiteten Listenelemente behalten ihren Definitionsstatus.

Wenn der Datensatzende-Status bei Ausführung einer READ-Anweisung auftritt, in der kein IOSTAT-Parameter spezifiziert ist, wird die Ausführung des Programmes beendet.

11.6.1.6 IOSTAT-Parameter

Mit Hilfe des IOSTAT-Parameters spezifiziert man eine voreingestellt ganzzahlige skalare Variable für E/A-Status-Informationen, die z. T. systemabhängig sind.

IOSTAT = statusvariable

Wenn in einer E/A-Anweisung ein IOSTAT-Parameter spezifiziert ist, dann wird der Statusvariablen nach Ausführung der E/A-Anweisung (aber noch vor Ausführung der nächsten Anweisung) folgender Wert (vom F-Ein-/Ausgabe-System) zugewiesen:

0 (Null) : wenn weder eine Fehlerbedingung aufgetreten ist, noch der Dateiende-Status oder Datensatzende-Status eingetreten ist.

> 0 : wenn eine Fehlerbedingung aufgetreten ist.

< 0 : wenn bei sequentieller Eingabe der Dateiende-Status eingetreten ist, ohne daß eine Fehlerbedingung aufgetreten ist.

< 0 : mit einem anderen negativen Wert als beim Dateiende-Status, wenn bei nichtvorrückender Eingabe der Datensatzende-Status eingetreten ist, ohne daß eine Fehlerbedingung aufgetreten ist.

Die von Null verschiedenen Werte des IOSTAT-Parameters sind systemabhängig.

Wenn in einer E/A-Anweisung, in der ein IOSTAT-Parameter spezifiziert ist, der Dateiende-Status oder der Datensatzende-Status eintritt oder eine Fehlerbedingung auftritt, dann wird die Ausführung des Programmes auf jeden Fall *nicht* beendet, sondern die Ausführung des Programmes bei der nächsten ausführbaren Anweisung fortgesetzt.

```
integer :: eastatus
read (unit=12, fmt="(f10.2)", iostat=eastatus) messwert
if (eastatus < 0) then
  call dateiende()          ! Dateiende-Status auf EA-Einheit 12
elseif (eastatus > 0) then
  call fehler(eastatus)     ! Fehlerstatus auf EA-Einheit 12
endif
```

11.6.1.7 Fehlerbedingungen

Die Menge der **E/A-Fehlerbedingungen**, die bei Ausführung einer E/A-Anweisung auftreten können, ist systemabhängig. Wenn eine Fehlerbedingung bei Ausführung einer E/A-Anweisung auftritt, wird die Ausführung der E/A-Anweisung beendet, alle Eingabelistenelemente werden undefiniert, und die Position der Datei wird undefiniert.

Falls eine Fehlerbedingung bei der Ausführung einer E/A-Anweisung auftritt, in der kein IOSTAT-Parameter spezifiziert ist, wird die Ausführung des Programmes beendet.

11.6.1.8 Dateiende-Status

Der **Dateiende-Status** tritt ein, wenn eine sequentielle READ-Anweisung versucht, über das Dateiende hinweg zu lesen. Das kann sowohl bei einer externen Datei als auch bei einer internen Datei geschehen. Bei einer sequentiellen externen Datei tritt der Dateiende-Status ein, wenn der Dateiendesatz gelesen wird.

Wenn der Dateiende-Status eintritt, wird die Ausführung der READ-Anweisung beendet und alle Eingabelistenelemente werden undefiniert.

Falls der Dateiende-Status bei der Ausführung einer READ-Anweisung eintritt, in der kein IOSTAT-Parameter spezifiziert ist, wird die Ausführung des Programmes beendet.

11.6.1.9 SIZE-Parameter

Mit Hilfe des SIZE-Parameters kann man in einer nichtvorrückenden READ-Anweisung eine voreingestellt ganzzahlige skalare Variable angeben, die nach Ausführung der READ-Anweisung die Anzahl der übertragenen Zeichen enthält.

```
integer :: zeichen
read (unit=37, fmt="(2a)", advance="no", size= zeichen) silbe, bu
if (zeichen > 4) then
  call trennung()
endif
```

Nach Ausführung der nichtvorrückenden READ–Anweisung enthält der SIZE–
Parameter nur die Anzahl derjenigen Zeichen, die unter Formatsteuerung, d. h.
unter Kontrolle von Formatelementen, übertragen worden sind. Leerzeichen, die
als *Füllzeichen* übertragen werden, werden nicht mitgezählt.

11.6.2 Ein-/Ausgabe-Listen

In der **Ein-/Ausgabe-Liste** (kurz: E/A-Liste) einer E/A-Anweisung für Datenübertragung werden diejenigen Datengrößen angegeben, deren Werte mit
Hilfe der READ–, WRITE– oder PRINT–Anweisung übertragen werden. Dabei
müssen die E/A-Listenelemente genau in derjenigen Reihenfolge von links nach
rechts angegeben werden, in der sie verarbeitet werden sollen. Eine E/A-Liste
darf im Prinzip beliebig viele Listenelemente enthalten, sie darf aber auch leer
sein.

[**ea-listenelement** [**, ea-listenelement**]...]

Eine *Eingabeliste* (s. u.) darf nur Eingabelistenelemente und eine *Ausgabeliste*
(s. u.) darf nur Ausgabelistenelemente enthalten.

Wirkungslose Listenelemente: Ein Gesamtfeld der Größe Null und ein
Teilfeld der Größe Null dürfen zwar als E/A-Listenelemente angegeben werden,
solche E/A-Listenelemente „zählen“ aber nicht, d. h. sie sind wirkungslos.

Felder: Wenn in einer E/A-Liste ein Feld angegeben wird, dann ist das
gleichbedeutend mit der Spezifikation der einzelnen Feldelemente und zwar in
derjenigen Reihenfolge, die der internen eindimensionalen Verkettung der Feldelemente entspricht. Wenn das E/A-Listenelement ein dynamisches Feld ist, muß
es zugewiesen sein.

Strukturgrößen: Wenn eine Größe benutzerdefinierten Typs in der E/A-
Liste einer *formatgebundenen* E/A-Anweisung auftritt, dann ist das gleichbedeutend mit der Angabe der einzelnen Strukturkomponenten des Strukturgröße
in derjenigen Reihenfolge, die der Reihenfolge der Typkomponenten des betr.
benutzerdefinierten Typs entspricht.

Wenn eine Größe benutzerdefinierten Typs in der E/A-Liste einer *formatfreien*
E/A-Anweisung auftritt, dann wird sie in systemabhängiger Form als ein einziger
Wert behandelt.

Eine Größe benutzerdefinierten Typs darf nur dann in einer E/A-Liste auftreten,
wenn alle Komponenten, die schließlich in der Datengröße enthalten sind, in der
Geltungseinheit verfügbar sind, die auch die E/A-Anweisung enthält.

Eine Größe benutzerdefinierten Typs, die (bei vollständiger Auflösung) eine
„Elementarkomponente“ mit POINTER–Attribut enthält, darf nicht als E/A-
Listenelement angegeben werden.

Zeiger: Wenn ein E/A-Listenelement ein Zeiger ist, dann werden die Daten zwischen der Datei und dem zugeordneten Zeigerziel übertragen.

Abarbeitung: Die E/A-Liste wird von links nach rechts abgearbeitet. D. h., die Datenübertragung für das nächste E/A-Listenelement wird erst dann durchgeführt, wenn die Datenübertragung für das aktuelle E/A-Listenelement abgeschlossen ist. Die Bedeutung dieser Regelung geht aus folgendem Beispiel hervor:

```
read (unit= n) n, a(n)
```

Der alte Wert von **n** identifiziert die E/A-Einheit. Wenn die Datenübertragung für diese E/A-Einheit beginnt, wird der neue Wert für **n** eingelesen. Dann wird der Wert für **a(n)** eingelesen, wobei die Position von **a(n)** für den eingelesenen Wert von **n** berechnet wird.

Eingabeliste

Die E/A-Liste einer READ–Anweisung muß eine *Eingabeliste* sein. Ein Listenelement einer Eingabeliste muß eine Variable sein.

```
read (unit=8, fmt="(4f8.2)") a, b, c, d
read (unit=11, fmt=*) a, e(i), f(5, 10), g
read "(2f4.0,i4)", x, y(5*j+3, 10*k-7), l
read (unit=13) ff, ge(k, l, m+3)
```

Leere Eingabeliste: Wenn die Eingabeliste leer ist, oder wenn jedes Eingabelistenelement unwirksam ist, wird einer oder werden mehrere Datensätze überlesen, ohne Daten zu übertragen. Bei formatfreier und listengesteuerter Eingabe wird jeweils genau ein Datensatz überlesen. Bei formatgebundener Eingabe (ohne listengesteuerte Formatierung) ist die Anzahl der überlesenen Datensätze um eins größer als die Anzahl der Schrägstriche in der Formatangabe.

Es gibt folgende Einschränkungen für Eingabelisten:

- Überflüssiges Einklammern von Eingabelistenelementen ist verboten.

- Eine Konstante, ein Ausdruck mit Operatoren oder ein Funktionswert sind als Eingabelistenelement unzulässig.

- Ein Eingabelistenelement einer formatgebundenen READ–Anweisung darf keine Teile der zugehörigen Formatangabe enthalten.

- Wenn ein Eingabelistenelement ein Zeiger ist, dann muß dieser Zeiger bei Ausführung der READ–Anweisung einem definierbaren Zeigerziel zugeordnet sein.

- Wenn ein Eingabelistenelement ein Teilfeld ist, dann darf kein Element dieses Teilfeldes einen der Ausdrücke innerhalb der Teilfeld-Indexliste

beeinflussen, und kein Feldelement darf mehr als einmal innerhalb dieses
Teilfeldes auftreten.

```
integer, dimension (100) ::  a
read (unit=5, fmt=*) a(a)                    ! ungueltig
read (unit=5, fmt=*) a(a(1) : a(10))         ! ungueltig
```

Ausgabeliste

Die E/A-Liste einer WRITE–Anweisung oder einer PRINT–Anweisung muß eine
Ausgabeliste sein. Ein Listenelement einer Ausgabeliste darf ein Ausdruck sein.

```
write (unit=6, fmt=*) 4, g(i, k, k+2), a, p
print "(6es15.4)", t, v, r, r*sin(v), (pi), pi
```

Innerhalb von Ausgabelisten sind (im Gegensatz zu den Eingabelisten) als
Listenelemente auch Konstanten oder allgemeinere Ausdrücke mit Klammern,
mit Operatoren und/oder mit Funktionsaufrufen zulässig.

Es gibt folgende drei Einschränkungen für Ausgabelisten:

- Ein Ausgabelistenelement muß definiert (d. h. mit einem Wert versehen)
  sein, ehe die Datenübertragung beginnt.

- Wenn ein Ausgabelistenelement ein Zeiger ist, dann muß diesem Zeiger bei
  Ausführung der Datenübertragungs-Anweisung ein Zeigerziel zugeordnet
  sein.

Leerer Datensatz: Wenn die Ausgabeliste einer formatfreien oder listengesteuerten Ausgabeanweisung leer ist, oder wenn jedes Ausgabelistenelement
unwirksam ist, wird ein (leerer) Datensatz mit der Länge Null ausgegeben. Wenn
die Ausgabeliste einer formatgebundenen (aber nicht listengesteuert formatier-
ten) Ausgabeanweisung leer ist, oder wenn jedes Ausgabelistenelement unwirksam ist, ist die Anzahl der Ausgabedatensätze von den Formatelementen der
zugehörigen Formatangabe abhängig. Der Datensatz ist leer, wenn die Ausgabeliste leer ist, oder wenn jedes Ausgabelistenelement unwirksam ist, und wenn
außerdem die zugehörige Formatangabe die Form ( ) hat. Ein leerer Datensatz
enthält zwar keine Daten, er wird aber ggf. beim Überlesen oder beim Zurücksetzen mitgezählt.

11.6.3   Datenübertragungs-Anweisungen

Die READ–Anweisung ist die *Ein*gabeanweisung für Datenübertragungen. Die
WRITE– und die PRINT–Anweisung sind die *Aus*gabeanweisungen für Datenübertragungen. Mit Hilfe dieser drei Anweisungen kann man alle Arten der

Ein-/Ausgabe durchführen, nämlich: formatgebundene E/A, formatfreie E/A, listengesteuerte E/A, nichtvorrückende E/A und interne E/A.

READ (ea-parameterliste) [eingabeliste]

READ format [, eingabeliste]

WRITE (ea-parameterliste) [ausgabeliste]

PRINT format [, ausgabeliste]

Bei der READ– und der PRINT–Anweisung *ohne* (in Klammern eingeschlossene) E/A-Parameterliste handelt es sich um sequentielle formatgebundene E/A-Anweisungen. Falls **format** ein Stern * ist, sind es *listengesteuerte E/A-Anweisungen*. In jedem Fall werden die Standard-E/A-Einheiten verwendet. Bei den E/A-Anweisungen *ohne* E/A-Parameterliste können E/A-Fehlerbedingungen, der Datensatzende-Status und der Dateiende-Status nicht „programmiert" abgefangen werden.

Die E/A-Anweisungen *mit* E/A-Parameterliste können im Prinzip sowohl für die Ein-/Ausgabe mit Standard-E/A-Einheiten als auch mit anderen externen Dateien und mit internen Dateien verwendet werden.

In der E/A-Parameterliste einer READ– oder WRITE–Anweisung muß mindestens der UNIT–Parameter spezifiziert werden. Die anderen Parameter dürfen (höchstens jeweils einmal) spezifiziert werden, sie müssen aber nicht spezifiziert werden. Die E/A-Parameter dürfen in beliebiger Reihenfolge angegeben werden. Vom Auftreten dieser restlichen E/A-Parameter ist es abhängig, welche Art der E/A von der betr. READ– oder WRITE–Anweisung ausgeführt wird, welche Zugriffsart verwendet wird, welche Art der Fehlerbehandlung durchgeführt wird, und wie der Datensatzende-Status und der Dateiende-Status behandelt werden.

Falls die E/A-Parameterliste einen FMT–Parameter enthält, handelt es sich um eine *formatgebundene E/A-Anweisung*. Andernfalls ist es eine *formatfreie E/A-Anweisung*. Falls der FMT–Parameter **format** ein * ist, handelt es sich um eine *listengesteuerte E/A-Anweisung* (es wird nämlich listengesteuert formatiert).

Wenn die E/A-Parameterliste einen REC–Parameter enthält, dann handelt es sich um eine E/A-Anweisung für direkten Zugriff. Andernfalls ist es eine E/A-Anweisung für sequentiellen Zugriff. Wenn der REC–Parameter spezifiziert ist, darf der FMT–Parameter **format** kein Stern sein.

Wenn ADVANCE="no" spezifiziert ist, handelt es sich um eine E/A-Anweisung für *nichtvorrückende E/A*. Bei dieser Art der Ein-/Ausgabe kann ein einziger Datensatz fortlaufend (d. h. stückweise) mit mehreren E/A-Anweisungen verarbeitet werden.

Wenn in den E/A-Anweisungen kein ADVANCE–Parameter spezifiziert ist, oder wenn ADVANCE="yes" spezifiziert ist, dann beginnen die READ–, WRITE–

und PRINT–Anweisungen — möglicherweise außer der ersten — die Datenübertragung jeweils am Anfang eines Datensatzes. Das gilt auch dann, wenn die zuletzt ausgeführte READ–Anweisung nicht alle Elemente eines Datensatzes übertragen hat. In diesem Fall werden die restlichen Daten des Datensatzes bei sequentieller Eingabe übersprungen. Diese Form der sequentiellen formatgebundenen E/A wird als *vorrückende E/A* bezeichnet.

Normalerweise verarbeitet, d. h. liest, schreibt oder überspringt eine Datenübertragungs-Anweisung höchstens einen einzigen Datensatz. Ausnahme: Eine formatgebundene E/A-Anweisung kann auch mehrere Datensätze verarbeiten.

Daten werden zwischen Datensätzen einer Datei und den Datengrößen einer E/A-Liste übertragen. Welches Element der E/A-Liste tatsächlich beteiligt ist, wird erst unmittelbar vor Übertragung des betr. Elementes bestimmt.

Die Ausführung einer Datenübertragungs-Anweisung wird beendet,

- wenn die Formatsteuerung bei formatgebundener E/A auf ein Formatelement (für Datenübertragung) stößt, für das kein E/A-Listenelement mehr übrig ist,

- wenn bei formatfreier oder listengesteuerter E/A alle E/A-Listenelemente verarbeitet worden sind,

- wenn eine Fehlerbedingung auftritt,

- wenn der Datensatzende-Status oder Dateiende-Status eintritt, oder

- wenn bei listengesteuerter Eingabe innerhalb eines Datensatzes ein Schrägstrich als Trennzeichen gelesen wird.

11.6.3.1   Formatgebundene Ein-/Ausgabe

Die formatgebundene Ein-/Ausgabe kann auch als listengesteuerte E/A, nichtvorrückende E/A oder als interne E/A durchgeführt werden. Bei dieser Art der Datenübertragung findet i. allg. gleichzeitig eine Umwandlung der Daten statt. Dazu ist in jedem Fall ein Format erforderlich.

Die formatgebundene E/A schreibt Daten in zeichenorientierter Form oder liest Daten, die in zeichenorientierter Form vorliegen. Diese Daten haben eine Form, die auch der Mensch mit seinen Augen lesen könnte. Die Umwandlung zwischen der internen Darstellung und der externen zeichenorientierten Darstellung der Daten kann sehr aufwendig sein. Diese Form der Ein-/Ausgabe wird verwendet, wenn die Daten vom Menschen gelesen werden sollen, oder wenn die Daten zwischen verschiedenen Rechnern ausgetauscht werden sollen.

READ (ea-parameterliste) [eingabeliste]

READ format [, eingabeliste]

WRITE (ea-parameterliste) [ausgabeliste]

PRINT format [, ausgabeliste]

Folgende E/A-Parameter müssen oder können bei formatgebundener E/A spezifiziert werden: UNIT = **u**, FMT = **format**, REC = **datensatznummer**, ADVANCE = **janein**, IOSTAT = **statusvariable** und SIZE = **zeichen**. Der UNIT–Parameter und der FMT–Parameter *müssen* spezifiziert werden. Die anderen Parameter *können* spezifiziert werden.

Anweisungen ohne E/A-Parameterliste

Bei der READ– und der PRINT–Anweisung *ohne* (in Klammern eingeschlossene) E/A-Parameterliste handelt es sich um sequentielle formatgebundene E/A-Anweisungen. Falls **format** ein Stern * ist, sind es *listengesteuerte E/A-Anweisungen*. In jedem Fall werden die Standard-E/A-Einheiten verwendet.

Anweisungen mit E/A-Parameterliste

Die jeweilige Art der formatgebundenen E/A wird durch eine geeignete Wahl der E/A-Parameter spezifiziert. Die folgende Tabelle zeigt, welche Parameter spezifiziert werden müssen, spezifiziert werden können oder fehlen müssen:

Formatgeb. E/A:	UNIT	FMT	REC	ADVANCE	IOSTAT	SIZE
listengesteuert	muß	Stern	fehlt	fehlt	kann	fehlt
nichtvorrückend	2)	muß	fehlt	"no"	kann	5)
intern	3)	muß	fehlt	fehlt	kann	fehlt
direkter Zugriff	1)	4)	muß	fehlt	kann	fehlt
vorrückend	2)	muß	fehlt	6)	kann	fehlt
Erläuterungen:	1) muß; aber keine Zeichenvariable					
	2) muß; aber kein Stern * und keine Zeichenvariable					
	3) Zeichenvariable					
	4) muß; aber kein Stern *					
	5) kann; aber nur in READ					
	6) kann; aber nur "yes"					

```
character (len=80) :: text
character (len=8), dimension (10) :: wort
real, dimension (10) :: ist
real, dimension (100) :: y
```

```
read (unit=10, fmt="(3f7.2)") art, umfang        ! seq. form. Eing.
print *, a, b, c                                 ! listengesteuerte Ausgabe
write (unit=23, fmt="(i6)", advance="no") b      ! nichtvor. Ausgabe
read (unit= text, fmt="(10a)") wort              ! interne Eingabe
write (unit=22, fmt="(110f7.2)", rec=5) ist, y ! dir. form. Ausg.
```

Wenn der ADVANCE–Parameter nicht spezifiziert ist oder wenn ADVANCE=
"yes" spezifiziert ist, überträgt eine formatgebundene E/A-Anweisung i. allg. einen oder mehrere Datensätze entsprechend einer zugehörigen Formatangabe zwischen den Elementen der E/A-Liste und der spezifizierten E/A-Einheit, die mit
einer Datei verbunden ist.

Bei nichtvorrückender E/A kann ein Datensatz ggf. stückweise mit mehreren
E/A-Anweisungen verarbeitet werden.

Falls mit einer einzigen direkten formatgebundenen E/A-Anweisung mehrere Datensätze übertragen werden, wird die Datensatznummer jeweils um 1 erhöht, so
wie ein Datensatz gelesen oder geschrieben worden ist.

Der Typ der Elemente der E/A-Liste muß zum Typ der zugehörigen Formatelemente passen.

Wenn eine Datei für formatfreie E/A geöffnet ist, ist formatgebundene E/A verboten.

Formatgebundene Eingabe
(*ohne* listengesteuerte Formatierung)

Ein Eingabelistenelement (oder eine zugeordnete Variable) darf keinen Teil der
Formatangabe enthalten. Die Elemente der Eingabeliste und die Formatelemente müssen mit der Struktur der einzulesenden Datensätze übereinstimmen.

Wenn man versucht, von einem Datensatz einer internen oder externen Datei
mehr Zeichen einzulesen, als der Datensatz tatsächlich enthält, werden für die
fehlenden Zeichen als Füllzeichen Leerzeichen übertragen.

Wenn eine sequentielle READ–Anweisung den Dateiendesatz liest oder versucht,
über das Ende einer internen Datei hinwegzulesen, wird die Ausführung des
Programmes beendet, falls kein IOSTAT–Parameter spezifiziert ist.

Formatgebundene Ausgabe
(*ohne* listengesteuerte Formatierung)

Falls bei direkter formatgebundener Ausgabe oder bei interner Ausgabe die Anzahl der auszugebenden Zeichen kleiner als die Datensatzlänge ist, wird der Rest
des Datensatzes mit Leerzeichen aufgefüllt.

Die Ausgabeliste und die Formatangabe müssen so abgestimmt sein, daß im Falle einer externen Datei nicht versucht wird, mehr Zeichen pro Datensatz auszugeben, als im RECL–Parameter der OPEN–Anweisung für die verbundene E/A-Einheit spezifiziert ist.

Bei interner Ausgabe darf die Anzahl der pro Datensatz auszugebenden Zeichen nicht größer als die vorgegebene Datensatzlänge der internen Datei sein.

```
real, dimension (10)  :: ast
real, dimension (100) :: y
write (unit=22, fmt="(10i5,100f7.2)", rec=152) ast, y
```

Die WRITE–Anweisung schreibt (mit direktem Zugriff) die 10 Werte des Feldes ast und die 100 Werte des Feldes y unter Berücksichtigung der spezifizierten Formatangabe in den Datensatz 152.

11.6.3.2   Formatfreie Ein-/Ausgabe

Für formatfreie E/A-Anweisungen ist keine Formatangabe erforderlich, weil die Daten in ihrer systemabhängigen internen binären Form übertragen werden. Bei dieser Übertragung findet keinerlei Umwandlung statt; d. h., es gibt keinen Unterschied zwischen der internen und der externen Darstellung der Daten.

Weil der interne Aufwand für die formatfreie E/A wesentlich geringer als für die formatgebundene E/A ist, verwendet man diese Form der E/A immer dann, wenn die Daten nicht vom Menschen gelesen werden müssen, d. h., wenn die Daten ausschließlich zur Weiterverarbeitung auf dem gleichen Rechner bestimmt sind. Formatfreie Dateien können i. allg. nicht zwischen Rechnern verschiedenen Typs ausgetauscht werden.

READ (ea-parameterliste) [eingabeliste]

WRITE (ea-parameterliste) [ausgabeliste]

Folgende E/A-Parameter müssen oder können bei formatfreier E/A spezifiziert werden: UNIT = **u**, REC = **datensatznummer** und IOSTAT = **statusvariable**. Der UNIT–Parameter *muß* spezifiziert werden. Die anderen Parameter *können* spezifiziert werden.

Die jeweilige Art der formatfreien E/A wird durch eine geeignete Wahl der E/A-Parameter angegeben. Die folgende Tabelle zeigt, welche Parameter spezifiziert werden müssen, spezifiziert werden können oder fehlen müssen:

Formatfreie E/A:	UNIT	FMT	REC	ADVANCE	IOSTAT	SIZE
sequentieller Zugriff	1)	fehlt	fehlt	fehlt	kann	fehlt
direkter Zugriff	1)	fehlt	muß	fehlt	kann	fehlt
Erläuterungen:	1) muß; aber kein Stern * und keine Zeichenvariable					

```
real, dimension (100)     :: x
real, dimension (20, 10) :: z
read (unit=12, iostat= is) n, x(1:n)   ! sequ. formatfreie Eing.
write (unit=47, rec=12) fe, z          ! dir. formatfreie Ausgabe
```

Wenn eine Datei für formatgebundene E/A geöffnet ist, sind formatfreie E/A-Anweisungen verboten.

Formatfreie Eingabe

Nur solche Datensätze sind mit einer formatfreien READ–Anweisung lesbar, die zuvor mit einer formatfreien WRITE–Anweisung geschrieben worden sind.

Der Typ jedes Wertes des Eingabedatensatzes muß mit dem Typ des zugehörigen Eingabelistenelementes übereinstimmen. Ausnahmen: Zwei reelle Werte können für ein komplexes Eingabelistenelement eingelesen werden; und umgekehrt kann ein komplexer Wert für zwei reelle Eingabelistenelemente eingelesen werden. Alle drei müssen aber gleiche Typparameterwerte haben.

Der Typparameterwert oder die Zeichendatenlänge jedes Wertes des Eingabedatensatzes muß mit dem Typparameterwert bzw. der Zeichendatenlänge des zugehörigen Eingabelistenelementes übereinstimmen.

Die Länge der Eingabeliste (d. h. die Anzahl der Elemente) darf nicht größer als die Länge (d. h. die Anzahl der Werte) des Datensatzes sein. Falls die Eingabeliste kürzer als der Datensatz ist, werden die überzähligen Werte des Datensatzes ignoriert.

```
real, dimension (100) :: x
read (unit=12, iostat= ista) n, x(1:n)
```

Die formatfreie READ–Anweisung (mit sequentiellem Zugriff) liest von der mit der E/A-Einheit 12 verbundenen Datei zuerst einen Wert für die ganzzahlige skalare Variable n und danach insgesamt n Werte für die ersten n Elemente des Feldes x. Die Variable **ista** enthält nach Ausführung der READ–Anweisung E/A-Status-Informationen.

Formatfreie Ausgabe

Die Ausgabeliste darf bei formatfreier Ausgabe mit direktem Zugriff nicht mehr Werte angeben, als entsprechend der in der OPEN–Anweisung spezifizierten Datensatzlänge in den Datensatz passen.

Wenn die Datei für sequentiellen Zugriff geöffnet ist, und wenn zugleich im RECL–Parameter eine maximale Datensatzlänge spezifiziert ist, dann darf die Ausgabeliste nicht mehr Werte angeben, als entsprechend der in der OPEN–Anweisung spezifizierten maximalen Datensatzlänge in den Datensatz passen.

Falls die Ausgabeliste einer formatfreien WRITE–Anweisung mit direktem Zugriff kürzer als die in der OPEN–Anweisung spezifizierte Datensatzlänge ist, sind die überzähligen Werte des Datensatzes nach Ausführung der WRITE–Anweisung undefiniert. Wenn die Ausgabeliste fehlt, wird ein leerer Datensatz ausgegeben.

```
real :: fe
real, dimension (20, 10) :: z
write (unit=47, rec=12) fe, z
```

Die formatfreie WRITE–Anweisung schreibt (mit direktem Zugriff) den Wert der Variablen **fe** und die 200 Werte des Feldes **z** in den Datensatz mit der Datensatznummer 12. Die verwendete Datei ist mit der E/A-Einheit 47 verbunden. Im Fall eines Fehlers wird die Ausführung des Programmes beendet.

11.6.3.3 Listengesteuerte Ein-/Ausgabe

Die listengesteuerte Ein-/Ausgabe ist eine spezielle Art der sequentiellen formatgebundenen E/A mit internen oder externen Dateien. Man spricht deshalb auch von „formatgebundener E/A mit listengesteuerter Formatierung". Obwohl formatgebundene Datensätze verarbeitet werden, muß der F-Programmierer zur Formatierung der Daten keine Formatelemente angeben. Vielmehr werden in Abhängigkeit vom Typ der E/A-Listenelemente bestimmte intern vordefinierte Formatelemente verwendet.

READ (ea-parameterliste) [eingabeliste]

READ * [**, eingabeliste**]

WRITE (ea-parameterliste) [ausgabeliste]

PRINT * [**, ausgabeliste**]

Folgende E/A-Parameter müssen oder können bei listengesteuerter E/A spezifiziert werden: UNIT = **u**, FMT = * und IOSTAT = **statusvariable**. Der UNIT–Parameter und der FMT–Parameter *müssen* spezifiziert werden. Der IOSTAT–Parameter *kann* spezifiziert werden.

Anweisungen ohne E/A-Parameterliste

Bei der READ– und der PRINT–Anweisung *ohne* (in Klammern eingeschlossene) E/A-Parameterliste werden die Standard-E/A-Einheiten verwendet.

Anweisungen mit E/A-Parameterliste

Die jeweilige Art der listengesteuerten E/A wird durch geeignete Wahl der E/A-Parameter spezifiziert. Die folgende Tabelle zeigt, welche Parameter spezifiziert werden müssen, spezifiziert werden können oder fehlen müssen:

Listengest. E/A:	UNIT	FMT	REC	ADVANCE	IOSTAT	SIZE
extern	1)	Stern	fehlt	fehlt	kann	fehlt
intern	2)	Stern	fehlt	fehlt	kann	fehlt
Erläuterungen:	1) muß; aber keine Zeichenvariable					
	2) Zeichenvariable					

```
character (len=40) :: adresse
read (unit=12, fmt=*) strom, feld, spannung
read *, strom, feld, spannung
write (unit=*, fmt=*, iostat= ivar) alpha, beta, gamma
print *, alpha, beta, gamma
read (unit= adresse, fmt=*) name, vorname, strasse, plz, ort, post
```

Listengesteuerte Eingabe

Die Anordnung der Daten im Eingabedatensatz ist weitgehend freigestellt und nicht an positionsgenaue Vorgaben (wie etwa die Formatelemente einer Formatangabe) gebunden. Ein Eingabedatensatz enthält eine Folge von Werten, die jeweils durch ein Trennzeichen voneinander getrennt sind.

Als (ein einziges) **Trennzeichen** gelten:

- ein oder mehrere Leerzeichen; außer mindestens einer der beiden Werte ist ein *Leerwert* (s. u.) ohne Wiederholungsfaktor. Dabei hat ein einziges Leerzeichen die gleiche Bedeutung wie mehrere Leerzeichen.

- ein Komma (ggf. von einem oder mehreren Leerzeichen umgeben),

- ein Schrägstrich (ggf. von einem oder mehreren Leerzeichen umgeben).

Das Ende eines Eingabedatensatzes wirkt wie ein Leerzeichen (sofern kein Zeichenwert über das Ende des einen Datensatzes hinweg auf den nächsten Datensatz fortgesetzt wird). D. h., wenn nicht alle Daten in einen Datensatz passen, dann können die Daten im nächsten Datensatz fortgesetzt werden. Dabei dürfen aber nur komplexe Werte und Zeichenwerte über das Ende des Datensatzes hinweg auf den nächsten Datensatz fortgesetzt werden. Eine listengesteuerte READ–Anweisung liest also ggf. mehrere Datensätze ein.

Leerzeichen werden in keinem Fall als Nullen eingelesen. Wegen der besonderen Bedeutung von Leerzeichen als Trennzeichen dürfen normalerweise innerhalb von Eingabewerten keine Leerzeichen auftreten; Ausnahmen: signifikante Leerzeichen in Zeichenwerten und nicht-signifikante Leerzeichen in komplexen Werten.

Hinsichtlich der Form der externen Darstellung des Wertes sind wie üblich bestimmte Regeln zu beachten. Dabei gilt (mit wenigen Ausnahmen wie z. B. in logischen Werten), daß Eingabewerte, die mit Hilfe einer expliziten

Formatangabe eingelesen werden können, auch listengesteuert eingelesen werden können. Die Form eines Eingabewertes muß zum nächsten wirksamen Eingabelistenelement passen.

Jeder Wert eines Eingabedatensatzes ist entweder ein *ganzzahliger Wert*, ein *reeller Wert*, ein *komplexer Wert*, ein *logischer Wert*, ein *Zeichenwert*, ein *Leerwert* oder ein derartiger Wert mit Wiederholungsfaktor (s. u.):

Ganzzahliger Wert: Ein ganzzahliger Wert muß die gleiche Form wie eine ganzzahlige Literalkonstante ohne explizit spezifizierten Typparameter haben. Das zugehörige wirksame Eingabelistenelement muß ganzzahlig sein.

Reeller Wert: Ein reeller Wert muß die gleiche Form wie eine reelle Literalkonstante ohne explizit spezifizierten Typparameter haben. Er darf aber auch die Form einer ganzzahligen Literalkonstanten haben. In letzten Fall wird der Eingabewert als Mantisse aufgefaßt mit einem gedachten Dezimalpunkt rechts von der Mantisse. Das zugehörige wirksame Eingabelistenelement muß reell sein.

Komplexer Wert: Ein komplexer Wert muß die gleiche Form wie eine komplexe Literalkonstante haben. Genauer: Er besteht aus zwei reellen Werten (im obigen Sinne), die durch ein Komma voneinander getrennt sind und die in (runde) Klammern eingeschlossen sind. Der erste Wert ist der Realteil und der zweite Wert der Imaginärteil des komplexen Wertes. Die Klammern werden nicht als Trennzeichen aufgefaßt. Die beiden Werte dürfen von Leerzeichen umgeben sein. Ein komplexer Wert darf sich über zwei Eingabedatensätze erstrecken, wobei das Ende des ersten Datensatzes zwischen Realteil und Komma oder zwischen Komma und Imaginärteil liegen darf. Das zugehörige wirksame Eingabelistenelement muß komplex sein.

Logischer Wert: Ein logischer Wert kann die Form einer logischen Literalkonstanten ohne explizit spezifizierten Typparameter haben. Erlaubt sind: ein Punkt (wahlweise), gefolgt von dem Buchstaben „t" oder „f", gefolgt von beliebigen Zeichen (außer Schrägstrichen, Leerzeichen, Gleichheitszeichen oder Kommata). Das zugehörige wirksame Eingabelistenelement muß logisch sein.

Zeichenwert: Ein Zeichenwert kann die gleiche Form wie eine Zeichen-Literalkonstante. Genauer: Er besteht aus einer Zeichenfolge, die in Anführungszeichen eingeschlossen ist. Falls innerhalb der Zeichenfolge ein Anführungszeichen auftreten soll, muß es durch zwei aufeinanderfolgende Anführungszeichen dargestellt werden; diese beiden Anführungszeichen dürfen weder durch Leerzeichen noch durch das Ende eines Eingabedatensatzes getrennt sein.

Ein Zeichenwert, der in Anführungszeichen eingeschlossen ist, darf Leerzeichen, Kommata und Schrägstriche enthalten.

Ein Zeichenwert darf sich über mehrere Datensätze erstrecken. Wenn die Länge des Zeichenwertes größer als die Länge des Eingabelistenelementes ist, dann ist die Wirkung wie bei einer Zeichenzuweisungs-Anweisung.

Wenn die folgenden Bedingungen alle zutreffen, dann sind die begrenzenden Anführungszeichen nicht erforderlich,

– wenn der Zeichenwert kein Leerzeichen, kein Komma und keinen Schrägstrich enthält,
– und wenn sich der Zeichenwert nicht über mehrere Datensätze erstreckt,
– und wenn das erste nichtleere Zeichen kein Apostroph und kein Anführungszeichen ist,
– und wenn die ersten Zeichen keine Ziffern sind, denen ein Stern * folgt,
– und wenn der Zeichenwert mindestens ein Zeichen lang ist.

In diesem Fall wird der Zeichenwert durch das erste Leerzeichen, das erste Komma, den ersten Schrägstrich oder das erste Datensatzende beendet. Enthaltene einzelne Anführungszeichen dürfen bei dieser Form eines Zeichenwertes *nicht* verdoppelt werden.

Leerwert: Ein Leerwert ist dadurch gegeben, daß entweder kein Zeichen zwischen zwei aufeinanderfolgenden verschiedenen Trennzeichen auftritt oder daß kein Zeichen vor dem ersten Trennzeichen des ersten von ggf. mehreren mit einer einzigen READ–Anweisung eingelesenen Datensätzen auftritt. Die Wiederholung **n*** des Leerwertes (s. u.) ist ebenfalls ein Leerwert.

Der Rest eines Datensatzes (mit oder ohne Leerzeichen) nach dem letzten Komma oder Schrägstrich ist kein Leerwert. Ein Leerwert hat keine Auswirkung auf den Definitionsstatus und den Wert des zugehörigen Eingabelistenelementes. Ein Leerwert darf nicht als Real- oder Imaginärteil eines komplexen Wertes verwendet werden. Aber er kann anstelle eines vollständigen komplexen Wertes auftreten. Das zugehörige Eingabelistenelement für einen Leerwert darf beliebigen Typs sein.

Weitere Möglichkeiten der freien Gestaltung des Eingabedatensatzes:

Wiederholungsfaktor: Die Eingabewerte dürfen mit einem *Wiederholungsfaktor* **n** versehen werden, der eine vorzeichenlose ganzzahlige Literalkonstante (ohne explizit spezifizierten Typparameter) ungleich Null sein muß. Folgende Formen sind zulässig:

n* ist die Wiederholung des Leerwertes. Diese Form ist gleichbedeutend mit dem **n**-maligen Auftreten des Leerwertes.

n*c ist gleichbedeutend mit dem **n**-maligen Auftreten des ganzzahligen, reellen, komplexen oder logischen Wertes **c** oder des Zeichenwertes **c** (jeweils ohne explizit spezifizierten Typparameter).

Eingestreute Leerzeichen sind verboten, außer sie sind explizit in dem zu wiederholenden Wert **c** erlaubt.

Schrägstrich: Wenn bei der Abarbeitung eines Eingabedatensatzes als Trennzeichen ein Schrägstrich auftritt, dann wird die Ausführung der Eingabeopera-

tion (nach Übertragung des letzten Wertes vor dem Schrägstrich) beendet. Ggf.
noch nicht verarbeitete Zeichen des aktuellen Datensatzes und noch nicht verarbeitete Eingabelistenelemente werden ignoriert. Die Wirkung ist gleichbedeutend mit dem Einlesen von Leerwerten für die restlichen Eingabelistenelemente.

```
do
  read (unit=*, fmt=*, iostat= ios) l, m
  if (ios < 0) then
    exit
  endif
  write (unit=9, fmt="(i5,i6)") l, m
enddo
```

Eingabedatensätze: 5 70

         ,   1

         5*2

         , ,

         / 7

         12345678901 ⟵ Datensatzposition

Ausgabedatensätze: 5   70

            5   1

            2   2

            2   2

            2   2

         12345678901 ⟵ Datensatzposition

Listengesteuerte Ausgabe

Die listengesteuerte WRITE– oder PRINT–Anweisung schreibt die Werte der
Ausgabelistenelemente der Reihe nach im Prinzip in einer Art und Weise, die
der listengesteuerten Eingabe entspricht.

Zeichenwerte werden ohne begrenzende Anführungszeichen ausgegeben.

Bei der listengesteuerten Art der Ausgabe hat der Programmierer (fast) keinerlei Einfluß auf die externe Form der Ausgabedaten und auf die Gestalt des
Ausgabedatensatzes.

11.6.3.3 Interne Ein-/Ausgabe

Die interne Ein-/Ausgabe ist eine spezielle Art der E/A mit sequentiellem Zugriff.
Sie kann nur als formatgebundene E/A mit expliziter Formatangabe oder als
listengesteuerte E/A durchgeführt werden. Die interne E/A erlaubt es, Daten
innerhalb des Arbeitsspeichers von einer Stelle zur anderen zu übertragen, ohne
daß ein E/A-Gerät oder eine externe Datei beteiligt werden muß. Es handelt
sich also um Speicher-Speicher-E/A.

Bei dieser Datenübertragung innerhalb des Arbeitsspeichers kann gleichzeitig die Darstellung der Daten verändert werden. Die Art der Umwandlung und die spezielle Darstellung wird mit Hilfe expliziter Formatangaben oder intern vordefinierter Formate bestimmt. Die anstelle einer externen Datei verwendete Datei ist eine *interne Datei* (s. u.).

READ (ea-parameterliste) [eingabeliste]

WRITE (ea-parameterliste) [ausgabeliste]

Folgende E/A-Parameter müssen oder können bei interner E/A spezifiziert werden: UNIT = **u**, FMT = **format** und IOSTAT = **statusvariable**. Der UNIT-Parameter und der FMT–Parameter *müssen* spezifiziert werden. Der IOSTAT-Parameter *kann* spezifiziert werden.

Die jeweilige Art der internen E/A wird durch geeignete Wahl der E/A-Parameter spezifiziert. Die folgende Tabelle zeigt, welche Parameter spezifiziert werden müssen, spezifiziert werden können oder fehlen müssen:

Interne E/A:	UNIT	FMT	REC	ADVANCE	IOSTAT	SIZE
formatgebunden	1)	muß	fehlt	fehlt	kann	fehlt
listengesteuert	1)	Stern	fehlt	fehlt	kann	fehlt
Erläuterungen:	1) Zeichenvariable					

```
character (len=40) :: z40
character (len=80) :: ad80
read (unit= z40, fmt="(i8,tr6,f8.2,es10.4)") max, preis, quer
write (unit= ad80, fmt=*, iostat= kdat) wert, "keine Ang.", kat
```

Interne Datei

Eine **interne Datei** ist eine Zeichenvariable, die im UNIT–Parameter **u** spezifiziert wird. Wenn **u** ein Teilfeld ist, dann darf das Teilfeld keinen Vektorindex haben.

Interne Dateien müssen und können weder explizit noch implizit geöffnet werden. Wenn die interne Datei ein dynamisches Feld ist, das im Augenblick nicht-zugewiesen ist, oder wenn die intere Datei ein Teilobjekt eines derartigen Feldes ist, oder wenn die interne Datei ein Zeiger ist, dem kein Zeigerziel zugeordnet ist, dann kann *nicht* auf sie zugegriffen werden.

Datensatz: Ein Datensatz einer internen Datei ist in jedem Fall eine skalares Zeichenobjekt. Wenn die interne Datei selbst eine skalare Variable ist, dann besteht sie nur aus einem Datensatz, dessen Datensatzlänge durch die Länge der Zeichenvariablen gegeben ist.

Wenn die interne Datei ein Feld (also ein Gesamtfeld oder ein Teilfeld) ist, dann wird sie wie eine Folge von Zeichenfeldelementen behandelt, und jedes

Feldelement ist jeweils ein Datensatz der internen Datei. Die Reihenfolge der Datensätze ist durch die interne eindimensionale Verkettung der Feldelemente des (Teil-)Feldes gegeben. Alle Datensätze der internen Datei haben in diesem Fall die gleiche Datensatzlänge.

Ein Datensatz einer internen Datei darf nur dann gelesen werden, wenn er Daten enthält.

Eine interne Datei ist vor Ausführung einer Datenübertragung immer an den Anfang des ersten Datensatzes positioniert.

E/A-Anweisungen: Dateipositionierungs-Anweisungen und Dateistatus-Anweisungen sind nicht auf interne Dateien anwendbar. D. h. insbesondere, daß eine interne Datei weder (mittels OPEN–Anweisung) geöffnet werden muß noch (mittels CLOSE–Anweisung) geschlossen werden muß.

E/A-Liste: Bei interner E/A darf ein E/A-Listenelement weder Teil der internen Datei sein, noch darf es ihr zugeordnet sein.

Interne Eingabe

Daten werden entsprechend der angegebenen Formatangabe oder listengesteuert entsprechend systemabhängiger interner Formate, beginnend mit der ersten Zeichenposition, von der internen Datei (das ist die Zeichenvariable **u**) gelesen und zu den in der Eingabeliste spezifizierten Variablen übertragen. Die Daten, die in der internen Datei in externer Zeichendarstellung vorliegen, werden dabei ggf. in die interne Darstellung umgewandelt.

Leerzeichen: Bei listengesteuerter Eingabe haben Leerzeichen i. allg. die Bedeutung von Trennzeichen. Bei expliziter Formatangabe werden Leerzeichen in numerischen Eingabefeldern ignoriert. Ein vollständig leeres numerisches Eingabefeld wird als Null interpretiert.

Füllzeichen: Wenn man versucht, von einem Datensatz mehr Zeichen einzulesen, als der Datensatz tatsächlich enthält, werden anstelle der fehlenden Zeichen Leerzeichen als Füllzeichen übertragen.

```
character (len=40), save :: zeile = &
                    "DM15.00  fuer 750g    DM20.00 pro kg"
real    :: preis, kg
integer :: gewicht
read (unit=zeile, fmt="(tr2,f5.2,tr6,i4,tr7,f5.2)") &
                                    preis, gewicht, kg
```

Die interne Datei **zeile** enthält einen einzigen Datensatz mit der Datensatzlänge 40. Nach Ausführung der READ–Anweisung enthalten die Variablen **preis**, **gewicht** und **kg** folgende Werte:

preis = 15.0   gewicht = 750   kg = 20.0

Interne Ausgabe

Die Werte der Ausgabelistenelemente werden entsprechend der angegebenen Formatangabe oder listengesteuert, beginnend mit der ersten Zeichenposition, auf die interne Datei (das ist die Zeichenvariable **u**) geschrieben. Dabei werden die Daten ggf. von der internen Darstellung in Zeichendarstellung umgewandelt. Die Datenübertragung beginnt auch dann bei der ersten Zeichenposition der internen Datei, wenn die interne Datei mehrere Datensätze umfaßt.

Wenn die Anzahl der ausgegebenen Zeichen kleiner als die Datensatzlänge der internen Datei ist, wird der Datensatz am Ende mit Leerzeichen aufgefüllt. Die Anzahl der auszugebenden Zeichen darf nicht größer als die Datensatzlänge sein.

Bei listengesteuerter interner Ausgabe werden Zeichenwerte ohne begrenzende Anführungszeichen ausgegeben.

Bei der Ausgabe darf die Formatangabe weder in der internen Datei noch in einem zugeordneten Datenobjekt enthalten sein.

```
character (len=4), dimension (8), save :: bafw = "****"
character (len=4), parameter :: a = "mein", b = "dein", c = "sein"
write (unit=bafw, fmt="(a/)") a, b, c
```

Die interne Datei **bafw** enthält acht Datensätze mit der Datensatzlänge 4. Nach Ausführung der WRITE–Anweisung sind diese acht Datensätze mit folgenden Werten definiert:

bafw(1) = ”mein”   bafw(2) = ”␣␣␣␣”   bafw(3) = ”dein”   bafw(4) = ”␣␣␣␣”
bafw(5) = ”sein”   bafw(6) = ”␣␣␣␣”   bafw(7) = ”****”   bafw(8) = ”****”

Die bei der Ausgabe (wegen des Schrägstrich-Formates) erzeugten leeren Datensätze werden bei der internen (und bei der direkten) Ausgabe mit Leerzeichen aufgefüllt.

11.6.3.4 Nichtvorrückende Ein-/Ausgabe

Die nichtvorrückende Ein-/Ausgabe kann nur als sequentielle formatgebundene E/A mit einer externen Datei durchgeführt werden. Listengesteuerte Formatierung ist nicht möglich. Die nichtvorrückende E/A ermöglicht die stückweise Übertragung der Werte eines Datensatzes der Reihe nach mit mehreren E/A-Anweisungen. Und sie ermöglicht das Einlesen von Datensätzen variabler Länge, wobei sich das Programm Informationen über die Anzahl der jeweils übertragenen Zeichen und damit im Prinzip auch über die Länge der einzelnen Datensätze verschaffen kann.

READ (ea-parameterliste) [eingabeliste]

WRITE (ea-parameterliste) [ausgabeliste]

Folgende E/A-Parameter müssen oder können bei nichtvorrückender E/A spezifiziert werden: UNIT = **u**, FMT = **format**, ADVANCE = **janein**, IOSTAT = **statusvariable** und SIZE = **zeichen**. Der UNIT–Parameter, der FMT–Parameter und der ADVANCE–Parameter *müssen* spezifiziert werden. Die anderen Parameter *können* spezifiziert werden.

Die nichtvorrückende E/A wird durch eine geeignete Wahl der E/A-Parameter spezifiziert. Die folgende Tabelle zeigt, welche Parameter spezifiziert werden müssen, spezifiziert werden können oder fehlen müssen:

Nichtvorrückende E/A:	UNIT	FMT	REC	ADVANCE	IOSTAT	SIZE
formatgebunden	muß	1)	fehlt	2)	kann	3)
Erläuterungen:	1) muß; aber kein Stern * und keine Zeichenvariable					
	2) muß; **janein** muß den Wert "no" liefern					
	3) kann; aber nur in READ					

```
read (unit=14, fmt="(a4,i4)", advance="no") byte, m! nichtv. Eing.
write (unit=18, fmt="(i1)", advance="no") n          ! nichtv. Ausg.
```

Der wesentliche Unterschied zwischen der nichtvorrückenden E/A und vorrückenden Arten der sequentiellen formatgebundenen E/A besteht darin, wie die Datei nach einer Datenübertragung und ggf. vor der nächsten Datenübertragung positioniert wird.

Bei nichtvorrückender E/A wird die Position der Datei nach Übertragung des letzten Zeichens eingefroren. Ein automatisches Vorrücken hinter das Ende des Datensatzes gibt es nicht. Vielmehr bleibt die Datei innerhalb des aktuellen Datensatzes positioniert. Auf diese Weise ist es möglich, die Verarbeitung eines Datensatzes an dieser Stelle mit der nächsten E/A-Anweisung fortzusetzen.

Positionierung durch Formatwiederholung und Schrägstrich-Format erfolgen bei nichtvorrückender E/A in der üblichen Weise.

Die Tabulator-Formate T, TL und TR funktionieren bei nichtvorrückender E/A genauso wie bei vorrückender E/A, außer daß nicht weiter als bis zur *linken Tabulatorgrenze* nach links zurückgesetzt werden kann.

Wenn eine Datei für formatgebundene E/A geöffnet ist, dürfen wahlweise nichtvorrückende und vorrückende E/A-Anweisungen auch abwechselnd verwendet werden.

Nichtvorrückende Eingabe

Im Folgenden wird vorausgesetzt, daß weder eine Fehlerbedingung auftritt noch der Dateiende-Status eintritt.

Wenn die letzte E/A-Anweisung eine nichtvorrückende READ–Anweisung gewesen ist, bei der kein Datensatzende-Status eingetreten ist, dann gibt es einen aktuellen Datensatz, und die Datei ist innerhalb dieses Datensatzes hinter das zuletzt gelesene Zeichen positioniert. Die nachfolgende READ–Anweisung liest von dieser Position aus weiter. Wenn es keinen aktuellen Datensatz gibt, dann liest die nachfolgende READ–Anweisung am Anfang des nächsten Datensatzes weiter.

Falls bei nichtvorrückendem Lesen der Datensatzende-Status eintritt, wird die Ausführung der READ–Anweisung beendet. Die Eingabelistenelemente, in die bereits Werte übertragen worden sind, sind in diesem Fall *nicht* undefiniert. Das weitere Verhalten des Programmes ist davon abhängig, ob der IOSTAT-Parameter spezifiziert ist.

In einer nichtvorrückenden READ–Anweisung darf ein SIZE–Parameter spezifiziert werden. Dieser SIZE–Parameter enthält nach Ausführung der READ–Anweisung die Anzahl derjenigen Zeichen, die mit Hilfe von Formatelementen übertragen worden sind.

```
character (len=8) :: wort
integer :: wl, ios
read (unit=9, fmt="(a)", iostat= ios, size= wl, advance="no") wort
```

Die nichtvorrückende READ–Anweisung liest von der mit der E/A-Einheit 9 verbundenen Datei einen Zeichenwert. Wenn beim Lesen kein Datensatzende-Status eintritt, dann enthält die Variable wl den Wert 8, weil genau 8 Zeichen übertragen werden. Wenn jedoch der Datensatzende-Status eintritt, dann enthält die Variable wl die Anzahl derjenigen Zeichen, die noch übertragen worden sind, ehe bei Ausführung dieser READ–Anweisung versucht wurde, über das Datensatzende hinwegzulesen.

Nichtvorrückende Ausgabe

Im Folgenden wird vorausgesetzt, daß keine Fehlerbedingung auftritt.

Wenn die letzte E/A-Anweisung eine nichtvorrückende E/A-Anweisung gewesen ist, bei der kein Datensatzende-Status eingetreten ist, dann gibt es einen aktuellen Datensatz, und die Datei ist innerhalb dieses Datensatzes hinter dem zuletzt übertragenen Zeichen positioniert. Die nachfolgende WRITE–Anweisung schreibt von dieser Position aus weiter. Wenn es keinen aktuellen Datensatz gibt, dann schreibt die nachfolgende WRITE–Anweisung am Anfang des nächsten Datensatzes weiter.

```
integer, dimension (10) :: nu, m
  :
write (unit=47, fmt="(2i10)", advance="no") nu
write (unit=47, fmt="(2i10)", advance="no") m(1), m(3), m(5)
write (unit=47, fmt="(2i10)", advance="yes") m(7), m(9)
write (unit=47, fmt="(4i10)", advance="no") m(2), m(4), m(6), m(8)
```

Die erste (nichtvorrückende) WRITE–Anweisung schreibt 5 Datensätze zu je 20 Zeichen auf die Datei, die mit der E/A-Einheit 47 verbunden ist. Der 5. Datensatz ist nach Ausführung der WRITE–Anweisung der aktuelle Datensatz. D. h., die Datei ist innerhalb dieses Datensatzes positioniert. Die nächste (nichtvorrückende) WRITE–Anweisung verlängert den aktuellen Datensatz um 20 Zeichen, und beginnt dann einen neuen Datensatz, in den sie noch 10 Zeichen überträgt. Dieser 6. Datensatz ist jetzt der aktuelle Datensatz. Die nächste (vorrückende) WRITE–Anweisung verlängert den aktuellen 6. Datensatz um weitere 20 Zeichen und beendet den Datensatz damit. Die letzte (nichtvorrückende) WRITE–Anweisung erzeugt den Anfang des 7. Datensatzes.

11.6.3.5 Drucken

Die sequentielle Ausgabe in formatgebundene Datensätze ganz bestimmter (systemabhängig) vordefinierter Ausgabegeräte wird in Fortran als **Drucken** bezeichnet, wenn das erste Zeichen des Datensatzes nicht mit ausgegeben wird, sondern zur Vorschubsteuerung des Ausgabegerätes verwendet wird. Der erzeugte Ausgabedatensatz wird als **Zeile** bezeichnet, und das erste Zeichen eines derartigen Datensatzes wird als **Vorschubsteuerzeichen** bezeichnet.

Weil diese Art der Vorschubsteuerung absolut systemabhängig ist, wird sie von der Programmiersprache F nicht direkt unterstützt. Z.B. ist es in UNIX–Systemen üblich, die Ausgabesteuerung nicht über Vorschubsteuerzeichen, sondern über in die Daten eingestreute ASCII–Steuerzeichen vorzunehmen. Und für die Umwandlung von formatgebundenen Dateien, die Vorschubsteuerzeichen enthalten, in UNIX-Ausgabedateien, die ASCII–Steuerzeichen enthalten, muß ein geeigneter Filter verwendet werden.

Beim Drucken gemäß **Fortran** muß das Vorschubsteuerzeichen vom Zeichentyp sein. Es regelt den Zeilenvorschub in folgender Weise:

V.st.zeichen	Zeilenvorschub vor dem Drucken
Leerzeichen	Vorschub an den Anfang der nächsten Zeile.
+	Rücksetzen an den Anfang der Zeile; kein Vorschub.
1	Vorschub an den Anfang der ersten Zeile der nächsten Seite.
0	Vorschub an den Anfang der übernächsten Zeile; das ergibt eine zusätzliche Leerzeile.

Ein + als Vorschubsteuerzeichen ermöglicht das Drucken mehrerer Datensätze in eine Zeile.

Wenn ein formatgebundener Ausgabedatensatz nicht (i. o. S.) gedruckt werden soll, dann braucht auch kein Vorschubsteuerzeichen ausgegeben zu werden. Wird trotzdem ein Vorschubsteuerzeichen ausgegeben, so gehört dieses Zeichen zu den Daten.

Ein leerer Datensatz wird gedruckt, indem im Anschluß an den Vorschub zum Anfang der nächsten Zeile eine Leerzeile gedruckt wird.

Ein Vorschubsteuerzeichen muß als erstes Zeichen jedes einzelnen Datensatzes auftreten, der gedruckt werden soll. Das gilt auch dann, wenn eine einzige PRINT- oder WRITE-Anweisung (z. B. durch Formatwiederholung oder durch Verwendung des Schrägstrich-Formates) mehrere Datensätze erzeugt.

Vorschubsteuerzeichen können auf beliebige Art erzeugt werden.

```
character (len=*), parameter :: f33 = "(""+Ergebnis= "",f10.4,i15)"
character (len=1), save :: v ="+"
print f33, y, n
write (unit=*, fmt="(a,f10.4,i15)") v, x, i
```

Ob das erste Zeichen des Ausgabedatensdatzes zur Vorschubsteuerung verwendet wird oder zu den Daten gehört, ist unabhängig von der Verwendung von PRINT oder WRITE und in jedem Fall systemabhängig.

11.6.4   E/A-Status-Anweisungen

Es gibt drei Anweisungen, mit deren Hilfe man den Status oder bestimmte Attribute einer *externen* Datei oder einer E/A-Einheit beeinflussen oder abfragen kann. Das sind die Anweisungen OPEN, CLOSE und INQUIRE.

11.6.4.1   OPEN-Anweisung

Mit der OPEN-Anweisung kann man eine externe Datei **öffnen**. D. h., man kann eine bereits existierende externe Datei mit einer E/A-Einheit verbinden, oder man kann eine noch nicht existierende externe Datei neu einrichten und mit einer E/A-Einheit verbinden, oder man kann eine externe Datei neu einrichten, die mit einer E/A-Einheit vorverbunden ist, oder man kann bestimmte Eigenschaften einer externen Datei oder einer Verbindung zwischen einer externen Datei und einer E/A-Einheit festlegen oder ändern.

Für die Parameter der OPEN-Anweisung, die Zeichenwerte haben, dürfen skalare Zeichenausdrücke spezifiziert werden. Die zulässigen Zeichenwerte sind hier jeweils aufgeführt. Nachfolgende Leerzeichen sind zulässig und werden ignoriert. Einige Parameter haben (implizite) Voreinstellungen für den Fall, daß sie nicht (explizit) spezifiziert werden. Die Parameter können in beliebiger Reihenfolge angegeben werden. Die UNIT-, ACTION- und STATUS-Parameter müssen angegeben werden, die anderen Parameter können angegeben werden. Im Quelltext müssen die Parameter und ihre Zeichenwerte, falls vorhanden, kleingeschrieben werden. Die Parameter dürfen in beliebiger Reihenfolge geschrieben werden.

OPEN (UNIT = u, ACTION = action, STATUS = status
[, IOSTAT = iostat] [, FILE = file] [, ACCESS = access]
[, FORM = form] [, RECL = recl] [, POSITION = position])

u ist ein skalarer ganzzahliger Ausdruck mit nicht-negativem Wert, dessen Wert die Nummer der E/A-Einheit ist, die mit der zu öffnenden externen Datei verbunden werden soll.

action ist ein Zeichenausdruck, dessen Wert die zulässigen Datenübertragungen für die Datei spezifiziert.

> **"read"** Kein WRITE, PRINT oder ENDFILE zulässig.
>
> **"write"** Kein READ zulässig.
>
> **"readwrite"** Alle E/A-Anweisungen sind zulässig.

status ist ein Zeichenausdruck, dessen Wert den Status der mit der E/A-Einheit **u** verbundenen Datei spezifiziert.

> **"old"** Die Datei existiert bereits.
>
> **"new"** Die Datei existiert noch nicht.
>
> **"scratch"** Die Datei soll bei Ausführung einer CLOSE–Anweisung für diese E/A-Einheit oder bei Beendigung der Programmausführung gelöscht werden.
>
> **"replace"** Wenn die Datei nicht existiert, wird sie erzeugt. Wenn sie existiert, wird sie gelöscht, und eine neue Datei wird erzeugt.

iostat ist eine skalare voreingestellt ganzzahlige Statusvariable, der der Wert Null zugewiesen wird, wenn bei der Ausführung dieser Statusanweisung keine Fehlerbedingung aufgetreten ist. Andernfalls enthält sie einen positiven Wert mit systemabhängigen Fehlerstatus-Informationen.

file ist ein Zeichenausdruck, dessen Wert den Namen der zu öffnenden Datei spezifiziert. Diese Datei wird mit der E/A-Einheit **u** verbunden. Die Schreibweise ist systemabhängig.

access ist ein Zeichenausdruck, dessen Wert die Art des Zugriffs spezifiziert.

> **"sequential"** Die Datei wird für sequentiellen Zugriff geöffnet.
>
> **"direct"** Die Datei wird für direkten Zugriff geöffnet.
>
> Voreinstellung: **ACCESS = "sequential"**.

form   ist ein Zeichenausdruck, dessen Wert die Form der Datei spezifiziert.

    "formatted"   Die Datei wird für formatgebundene E/A geöffnet.

    "unformatted"   Die Datei wird für formatfreie E/A geöffnet.

    Voreinstellung: **FORM = "formatted"**   bei sequentiellem Zugriff;
    FORM = "unformatted" bei direktem Zugriff.

recl   ist ein skalarer ganzzahliger Ausdruck mit einem positiven Wert, der die Datensatzlänge für direkten Zugriff oder die *maximale* Datensatzlänge für sequentiellen Zugriff spezifiziert.

position   ist ein Zeichenausdruck, dessen Wert die Position der (existierenden sequentiellen) Datei unmittelbar nach der Ausführung der OPEN–Anweisung spezifiziert.

    "rewind"   Die Datei wird an den Dateianfang positioniert.

    "append"   Die Datei wird an das Dateiende (ggf. vor den Dateiendesatz) positioniert, so daß sie erweitert werden kann.

    "asis"   Die Position der Datei bleibt ungeändert, wenn die Datei bereits geöffnet ist. Die Position der Datei ist unbestimmt, wenn die Datei noch nicht geöffnet ist.

    Voreinstellung: **POSITION = "asis"** .

IOSTAT–Parameter: Falls eine Fehlerbedingung bei Ausführung einer E/A-Status-Anweisung auftritt, in der kein IOSTAT–Parameter spezifiziert ist, wird die Ausführung des Programmes beendet.

FILE–Parameter: Der FILE–Parameter muß spezifiziert werden, wenn STATUS="old", "new" oder "replace" ist. Der FILE–Parameter muß fehlen, wenn STATUS="scratch" ist. Wenn der FILE–Parameter nicht spezifiziert ist, muß STATUS="scratch" spezifiziert werden. In diesem Fall wird die E/A-Einheit mit einer systemabhängigen Datei verbunden. Und das **F**-System generiert u. U. einen speziellen systemabhängigen Dateinamen.

```
character (len=3) :: anf, rest
  :
open (unit=10, file= anf//rest, status="new", action="read")
```

Die zuvor nicht existierende Datei, deren Name sich aus dem Zeichenausdruck **anf//rest** ergibt, wird mit der E/A-Einheit 10 verbunden. Der Zugriff ist sequentiell. Die Datei ist formatgebunden. Es dürfen keine WRITE- und ENDFILE–Anweisungen für die Datei ausgeführt werden. Falls bei der Ausführung der OPEN-Anweisung ein Fehler auftritt, wird die Ausführung des Programmes beendet.

STATUS–Parameter: Mit STATUS="scratch" wird eine temporäre Datei spezifiziert; zugleich muß ACTION="readwrite" angegeben werden und der FILE–Parameter muß fehlen. Wenn STATUS="old", "new" oder "replace" spezifiziert wird, dann muß auch der FILE–Parameter spezifiziert werden. Wenn eine Datei mit STATUS="old" für sequentiellen Zugriff geöffnet wird, muß zugleich POSITION="rewind" oder "append" angegeben werden. Wenn bei Ausführung einer OPEN–Anweisung mit STATUS="new" *keine* Fehlerbedingung auftritt, wird die Datei erzeugt, und der Status der Datei wird zu "old".

ACCESS–Parameter: Die mit dem ACCESS–Parameter für eine existierende Datei spezifizierte Zugriffsmethode muß für die Datei zulässig sein. Wenn eine existierende Datei mit STATUS="old" für sequentiellen Zugriff geöffnet wird, muß zugleich POSITION="rewind" oder "append" angegeben werden.

RECL–Parameter: Die mit dem RECL–Parameter für eine existierende Datei spezifizierte Datensatzlänge oder maximale Datensatzlänge muß für die Datei zulässig sein. Der RECL–Parameter muß spezifiziert werden, wenn gleichzeitig ACCESS="direct" spezifiziert ist. Andernfalls darf der RECL–Parameter fehlen; in diesem Falle ist die maximale Datensatzlänge sytemabhängig.

POSITION–Parameter: Der POSITION–Parameter betrifft nur existierende Dateien. Eine sequentielle Datei, die zuvor nicht existiert, wird an den Dateianfang positioniert.

Mehrfaches OPEN: Eine OPEN–Anweisung darf nur dann für eine bereits verbundene E/A-Einheit ausgeführt werden, wenn für diese E/A-Einheit zuvor eine CLOSE–Anweisung ausgeführt wird.

11.6.4.2 CLOSE–Anweisung

Mit der CLOSE–Anweisung **schließt** man eine *externe* Datei. D. h., man löst die Verbindung zwischen einer externen Datei und der spezifizierten E/A-Einheit. Gleichzeitig kann man angeben, ob die Datei nach Ausführung der CLOSE–Anweisung weiterexistieren soll oder ob sie gelöscht werden soll. Im Quelltext müssen die Parameter und ihre Zeichenwerte, falls vorhanden, kleingeschrieben werden. Die Parameter dürfen in beliebiger Reihenfolge geschrieben werden.

CLOSE (UNIT = u [, IOSTAT = Iostat] [, STATUS = status])

u   ist ein skalarer ganzzahliger Ausdruck mit nicht-negativem Wert, der die Nummer der E/A-Einheit liefert, die mit der externen Datei verbunden ist, die mit dieser CLOSE–Anweisung geschlossen werden soll.

Iostat   (s. OPEN–Anweisung)

status   ist ein skalarer Zeichenausdruck, dessen Wert die Art der Weiterverwendbarkeit der mit der E/A-Einheit **u** verbundenen Datei nach Ausführung der CLOSE–Anweisung spezifiziert.

"keep"	Die Datei wird nach CLOSE *nicht* gelöscht.
"delete"	Die Datei wird nach CLOSE gelöscht.

Voreinstellung: **STATUS="delete"**, wenn die Datei mit STATUS="scratch" geöffnet worden ist; andernfalls ist **STATUS="keep"**.

UNIT– und IOSTAT–Parameter: Wie bei der OPEN–Anweisung.

STATUS–Parameter: Nachfolgende Leerzeichen sind zulässig und werden ignoriert. STATUS="keep" darf nicht für eine externe Datei spezifiziert werden, die mit STATUS= "scratch" geöffnet ist.

```
close (unit=10, iostat= ios, status="delete")
```

Die mit der E/A-Einheit 10 verbundene Datei wird geschlossen. Die Datei wird gelöscht. Falls bei Ausführung der CLOSE–Anweisung ein Fehler auftritt, wird die Ausführung des Programmes nicht beendet.

Programmende: Wenn ein Programm normal (d. h. nicht wegen einer Fehlerbedingung) beendet wird, dann werden automatisch alle Dateien (implizit) geschlossen, die im Augenblick noch mit einer E/A-Einheit verbunden sind. Die Wirkung ist genauso, wie wenn jeweils eine CLOSE–Anweisung ohne STATUS–Parameter ausgeführt würde.

11.6.4.3   INQUIRE–Anweisung

Mit einer INQUIRE–Anweisung kann man entweder bestimmte Eigenschaften (Dateiattribute, Zustände) einer (benannten) *externen* Datei oder bestimmte Eigenschaften einer (Verbindung mit einer) E/A-Einheit oder die Länge einer Ausgabeliste überprüfen.

Es gibt es drei Formen der INQUIRE–Anweisung:
   • INQUIRE mit IOLENGTH–Parameter („Abfrage einer Ausgabeliste"),
   • INQUIRE mit UNIT–Parameter („Abfrage einer E/A-Einheit") und
   • INQUIRE mit FILE–Parameter („Abfrage einer Datei").

INQUIRE (IOLENGTH = iolength) ausgabeliste

```
INQUIRE ( { UNIT = u          } [, IOSTAT = iostat] [, EXIST = exist]
          { FILE = file       }
          [, OPENED = opened] [, NUMBER = number] [, NAMED = named]
          [, NAME = name] [, ACCESS = access] [, SEQUENTIAL = sequential]
          [, DIRECT = direct] [, FORM = form] [, FORMATTED = formatted]
          [, UNFORMATTED = unformatted] [, RECL = recl] [, NEXTREC = nextrec]
          [, POSITION = position] [, ACTION = action] [, READ = read]
          [, WRITE = write] [, READWRITE = readwrite] )
```

Die Parameter dürfen in beliebiger Reihenfolge geschrieben werden. Ausgabeparameter der INQUIRE–Anweisung müssen skalare Variablen voreingestellt ganzzahligen Typs, voreingestellt logischen Typs oder vom Zeichentyp sein. Ausgabewerte vom Zeichentyp werden vom F-Ein-/Ausgabe-System in Großbuchstaben geliefert.

u　　　ist ein skalarer ganzzahliger Ausdruck mit nicht-negativem Wert, der die Nummer der E/A-Einheit liefert, deren Status abgefragt werden soll.

file　　　ist ein skalarer Zeichenausdruck, dessen Wert den Namen der Datei spezifiziert, deren Status abgefragt werden soll.

iolength　　　ist eine ganzzahlige Variable, der die Datensatzlänge zugewiesen wird, die sich ergäbe, wenn die **ausgabeliste** in einer formatfreien WRITE–Anweisung verwendet werden würde.

iostat　　　(s. OPEN–Anweisung)

exist　　　ist logische Variable, die *wahr* ist, wenn (bei Abfrage der E/A-Einheit) die E/A-Einheit existiert, oder wenn (bei Abfrage der Datei) eine Datei mit dem spezifizierten Namen existiert. Andernfalls hat sie den Wert *falsch*.

opened　　　ist eine logische Variable, die *wahr* ist, wenn (bei Abfrage der E/A-Einheit) die E/A-Einheit mit einer Datei verbunden ist, oder wenn (bei Abfrage der Datei) die Datei mit einer E/A-Einheit verbunden ist. Andernfalls ist sie *falsch*.

number　　　ist eine ganzzahlige Variable, der die Nummer derjenigen E/A-Einheit zugewiesen wird, die gerade mit der Datei verbunden ist. Falls die Datei nicht mit einer E/A-Einheit verbunden ist, hat sie den Wert −1.

named　　　ist eine logische Variable, die *wahr* ist, wenn die Datei einen Namen hat. Andernfalls hat sie den Wert *falsch*.

name　　　ist eine Zeichenvariable, der der Name der Datei zugewiesen wird, falls die Datei überhaupt einen Namen hat. Andernfalls ist sie undefiniert.

access　　　ist eine Zeichenvariable, der folgender Wert zugewiesen wird:

　　　"SEQUENTIAL"　　wenn die Datei für sequ. Zugriff geöffnet ist.

　　　"DIRECT"　　wenn die Datei für direkten Zugriff geöffnet ist.

　　　"UNDEFINED"　　wenn die Datei nicht geöffnet ist.

sequential　　　ist eine Zeichenvariable, der folgender Wert zugewiesen wird:

　　　"YES"　　wenn die Datei für sequentiellen Zugriff geöffnet werden darf oder geöffnet ist.

"NO"	wenn die Datei nicht für sequentiellen Zugriff geöffnet werden darf.
"UNKNOWN"	wenn das F-System nicht feststellen kann, ob die Datei für sequ. Zugriff geöffnet werden darf.

direct ist eine Zeichenvariable, der folgender Wert zugewiesen wird:

"YES"	wenn die Datei für direkten Zugriff geöffnet werden darf oder geöffnet ist.
"NO"	wenn die Datei nicht für direkten Zugriff geöffnet werden darf.
"UNKNOWN"	wenn das F-System nicht feststellen kann, ob die Datei für direkten Zugriff geöffnet werden darf.

form ist eine Zeichenvariable, der folgender Wert zugewiesen wird:

"FORMATTED"	wenn die Datei für formatgeb. E/A geöffnet ist.
"UNFORMATTED"	wenn die Datei für formatfreie E/A geöffnet ist.
"UNDEFINED"	wenn die Datei nicht geöffnet ist.

formatted ist eine Zeichenvariable, der folgender Wert zugewiesen wird:

"YES"	wenn die Datei für formatgebundene E/A geöffnet werden darf oder geöffnet ist.
"NO"	wenn die Datei nicht für formatgebundene E/A geöffnet werden darf.
"UNKNOWN"	wenn das F-System nicht feststellen kann, ob die Datei für formatgeb. E/A geöffnet werden darf.

unformatted ist eine Zeichenvariable, der folgender Wert zugewiesen wird:

"YES"	wenn die Datei für formatfreie E/A geöffnet werden darf oder geöffnet ist.
"NO"	wenn die Datei nicht für formatfreie E/A geöffnet werden darf.
"UNKNOWN"	wenn das F-System nicht feststellen kann, ob die Datei für formatfreie E/A geöffnet werden darf.

recl ist eine ganzzahlige Variable, der die Datensatzlänge oder maximale Datensatzlänge zugewiesen wird.

nextrec ist eine ganzzahlige Variable, der der Wert $n+1$ zugewiesen wird, wenn n die Datensatznummer des zuletzt (mit direktem Zugriff) übertragenen Datensatzes der Datei ist. Wenn die Datei zwar geöffnet ist, aber noch kein Datensatz übertragen worden ist, wird der Wert 1 zugewiesen. Wenn die Datei gar nicht für direkten Zugriff geöffnet ist, oder wenn die Position der Datei aufgrund einer Fehlerbedingung unbestimmt ist, ist der Wert undefiniert.

position   ist eine Zeichenvariable, der folgender Wert zugewiesen wird:

     "REWIND"   wenn die Datei explizit geöffnet ist mit Positionierung an den Dateianfang.

     "APPEND"   wenn d. Datei expl. geöff. ist mit Positionierung an das Dateiende (ggf. vor den Dateiendesatz).

     "ASIS"   wenn die Datei explizit ohne Beeinflussung der Positionierung geöffnet ist.

     "UNDEFINED"   wenn die Datei nicht geöffnet ist, oder wenn sie für direkten Zugriff geöffnet ist.

action   ist eine Zeichenvariable, der folgender Wert zugewiesen wird:

     "READ"   wenn die Datei nur für Eingabe geöffnet ist.

     "WRITE"   wenn die Datei nur für Ausgabe geöffnet ist.

     "READWRITE"   wenn die Datei für Eingabe und Ausgabe geöffnet ist.

     "UNDEFINED"   wenn die Datei nicht geöffnet ist.

read   ist eine Zeichenvariable, der folgender Wert zugewiesen wird:

     "YES"   wenn die Datei gelesen werden darf.

     "NO"   wenn die Datei nicht gelesen werden darf.

     "UNKNOWN"   wenn das F-System nicht feststellen kann, ob die Datei gelesen werden darf.

write   ist eine Zeichenvariable, der folgender Wert zugewiesen wird:

     "YES"   wenn die Datei beschrieben werden darf.

     "NO"   wenn die Datei nicht beschrieben werden darf.

     "UNKNOWN"   wenn das F-System nicht feststellen kann, ob die Datei beschrieben werden darf.

readwrite   ist eine Zeichenvariable, der folgender Wert zugewiesen wird:

     "YES"   wenn d. Datei gelesen u. beschrieb. werden darf.

     "NO"   wenn die Datei entweder nur gelesen oder nur beschrieben werden darf.

     "UNKNOWN"   wenn das F-System nicht feststellen kann, ob die Datei gelesen *und* beschrieben werden darf.

```
logical :: ex
integer :: dsl
real, dimension (100) :: z
character (len=15) :: zugriff, datnam, nam
inquire (file= datnam, exist= ex, access= zugriff) ! Abfr. e. Datei
inquire (unit=12, name= nam)             ! Abfrage einer E/A-Einheit
inquire (iolength= dsl) y, z(1:7)        ! Abfrage einer Ausgabeliste
```

Falls eine Fehlerbedingung bei Ausführung einer INQUIRE–Anweisung auftritt, in der kein IOSTAT–Parameter spezifiziert ist, wird die Ausführung des Programmes beendet.

Wenn bei Ausführung einer INQUIRE–Anweisung eine Fehlerbedingung auftritt, dann sind die Werte der Variablen aller Ausgabeparameter mit Ausnahme des IOSTAT–Parameters undefiniert.

Der NAME–Parameter und der NEXTREC–Parameter haben nach Ausführung einer INQUIRE–Anweisung höchstens dann gültige Werte, wenn die E/A-Einheit mit einer Datei verbunden ist. Andernfalls sind die Werte dieser Parameter undefiniert.

Die Werte des EXIST–Parameters und des OPENED–Parameters sind immer nach Ausführung einer INQUIRE–Anweisung definiert, außer es tritt eine Fehlerbedingung auf.

Der POSITION–Parameter hat nach Ausführung der INQUIRE–Anweisung einen systemabhängigen Wert, wenn die Datei nach dem Öffnen bereits zurückgesetzt worden ist.

Abfrage einer Ausgabeliste

Der an den IOLENGTH–Parameter gelieferte Wert ist systemabhängig. Er ist aber als Eingabewert für den RECL–Parameter einer OPEN–Anweisung für den Fall weiterverwendbar, daß eine Datei für formatfreie direkte E/A mit dieser Datensatzlänge geöffnet werden soll.

Abfrage einer E/A-Einheit

Die E/A-Einheit muß weder existieren (d. h. im Sinne des F-Systems zulässig sein), noch muß sie mit einer Datei verbunden sein. Wenn die E/A-Einheit allerdings mit einer Datei verbunden ist, dann werden nicht nur die Eigenschaften der E/A-Einheit abgefragt, sondern auch die Eigenschaften der Datei.

Abfrage einer Datei

FILE–Parameter: Die Datei **file** muß weder existieren, noch muß sie mit einer E/A-Einheit verbunden sein. Der Dateiname **file** muß entsprechend den Regeln der jeweiligen Betriebssystemumgebung gebildet werden. Nachfolgende Leerzeichen haben keine Bedeutung und werden ignoriert.

NAME–Parameter: Der als Wert des NAME–Parameters gelieferte Dateiname muß nicht identisch sein mit dem im FILE–Parameter spezifizierten Dateinamen. Die gelieferte Form des Dateinamens ist jedoch als Eingabewert des FILE–Parameters einer OPEN–Anweisung weiterverwendbar.

11.6.5 Dateipositionierungs-Anweisungen

Es gibt drei Anweisungen zur Manipulation *externer sequentieller* Dateien. Mit der BACKSPACE–Anweisung kann eine Datei um (höchstens) einen Datensatz *zurückgesetzt* werden. Mit der REWIND-Anweisung kann eine Datei an den Dateianfang positioniert werden. Und mit der ENDFILE–Anweisung kann ein Dateiendesatz auf eine Datei geschrieben werden.

BACKSPACE (UNIT = u [, IOSTAT = statusvariable])

REWIND (UNIT = u [, IOSTAT = statusvariable])

ENDFILE (UNIT = u [, IOSTAT = statusvariable])

Dabei ist **u** ein ganzzahliger skalarer Ausdruck mit nicht-negativem Wert, der die Nummer der E/A-Einheit liefert, die mit derjenigen externen Datei verbunden ist, die positioniert werden soll, oder auf die ein Dateiendesatz geschrieben werden soll. Die **statusvariable** ist voreingestellt ganzzahlig. Ihr wird der Wert Null zugewiesen, wenn bei Ausführung der Dateipositionierungs-Anweisung keine Fehlerbedingung aufgetreten ist. Andernfalls enthält sie einen positiven Wert mit systemabhängigen Fehlerstatus-Informationen.

Falls eine Fehlerbedingung bei Ausführung einer Dateipositionierungs-Anweisung auftritt, in der kein IOSTAT–Parameter spezifiziert ist, wird die Ausführung des Programmes beendet.

BACKSPACE–Anweisung

Bei Ausführung der BACKSPACE–Anweisung wird die mit der E/A-Einheit **u** verbundene Datei vor den aktuellen Datensatz positioniert, wenn die Datei innerhalb eines Datensatzes positioniert ist. Andernfalls wird sie vor den vorhergehenden Datensatz positioniert.

Wenn die Datei unmittelbar hinter dem Dateiendesatz positioniert ist, dann ist sie nach BACKSPACE vor dem Dateiendesatz positioniert.

Wenn die letzte E/A-Anweisung für die betr. Datei eine Ausgabeanweisung (aber keine ENDFILE–Anweisung) gewesen ist, dann wird vor der Ausführung der BACKSPACE–Anweisung zuerst automatisch ein Dateiendesatz geschrieben, ehe die Datei vor den letzten Datensatz zurückgesetzt wird, der sich vor dem Dateiendesatz befindet.

Die BACKSPACE–Anweisung darf weder auf nicht-existierende Dateien, noch auf solche Datensätze angewendet werden, die listengesteuert geschrieben worden sind.

REWIND–Anweisung

Bei Ausführung der REWIND–Anweisung wird die mit der E/A-Einheit **u** verbundene Datei vor den ersten Datensatz der Datei zurückgesetzt. Wenn die Datei unmittelbar hinter dem Dateiendesatz positioniert ist, dann ist sie nach REWIND ebenfalls am Dateianfang positioniert.

Die REWIND–Anweisung darf auch auf nicht-existierende Dateien angewendet werden.

ENDFILE–Anweisung

Bei Ausführung der ENDFILE–Anweisung wird ein Dateiendesatz geschrieben, und die betr. Datei wird hinter diesen Dateiendesatz positioniert. D. h., der Dateiendesatz ist damit der letzte Datensatz der Datei. Falls weitere READ–, WRITE–, PRINT– oder ENDFILE–Anweisungen für diese Datei durchgeführt werden sollen, muß zuvor eine BACKSPACE– oder eine REWIND–Anweisung für die mit dieser Datei verbundene E/A-Einheit **u** ausgeführt werden.

Die ENDFILE–Anweisung darf nicht für Dateien ausgeführt werden, die mit ACTION=”read” geöffnet worden sind.

```
real, dimension (12, 10) :: a, b
integer :: back_stat
:
do l=1,12
  write (unit=17, fmt=*) a(l, 1:10)
enddo
:
rewind (unit=17)                        ! <-- REWIND
do l=10,1,-1
  read (unit=17, fmt=*) b(l, 10:1:-1)
enddo
endfile (17)                            ! <-- ENDFILE
backspace (unit=17, iostat= back_stat)  ! <-- BACKSPACE
if (back_stat /= 0) then
   print *, "Fehler beim Zuruecksetzen"
endif
```

Zuerst werden 12 Datensätze auf die mit der E/A-Einheit 17 verbundene Datei geschrieben. Die Datei wird an den Anfang zurückgesetzt. Dann werden die ersten 10 Datensätze gelesen, und hinter den 10*ten* Datensatz wird anschließend ein Dateiendesatz geschrieben. Danach stehen trotz BACKSPACE–Anweisung die anfangs erzeugten restlichen zwei Datensätze mit den Werten von $a(11, 1:10)$ und $a(12, 1:10)$ nicht mehr zur Verfügung. Aus der Sicht des Programmierers sind sie gelöscht.

12 Formate

Eine Formatangabe wird in Verbindung mit bestimmten formatgebundenen E/A-Anweisungen benutzt, um Daten einzulesen, die in externer Zeichendarstellung vorliegen, oder um Daten in einer externen Zeichendarstellung auszugeben. Bei dieser Eingabe oder Ausgabe findet ggf. eine Umwandlung zwischen der internen binären Darstellung der Daten und der externen Darstellung der Zeichenfolgen in dem Datensatz (oder in den Datensätzen) statt.

Bei Ausführung einer formatgebundenen E/A-Anweisung wird für jedes *wirksame* E/A-Listenelement *ein* Formatelement — genauer ein „Datenaufbereitungs-Formatelement" — benötigt. Ausnahme: Bei einem komplexen E/A-Listenelement werden stets *zwei* Formatelemente zur Datenaufbereitung benötigt.

Statt *Formatelement* sagt man auch kurz *Format*; z. B. A–Format, ES–Format, usw. Es gibt Formatelemente zur *Datenaufbereitung* und zur *Ein-/Ausgabe-Steuerung*. Man kann die Formatelemente auch in *wiederholbare* und *nicht-wiederholbare* Formatelemente unterteilen.

Die Formatangabe wird als **format** (s. 11.6.1, 11.6.3) in der zugehörigen Datenübertragungs-Anweisung angegeben.

12.1 Formatangabe

Eine **Formatangabe** ist eine Zeichenfolge, und zwar eine in runde Klammern eingeschlossene Liste von Formatelementen. In der Liste der Formatelemente dürfen *wiederholbare* und *nicht-wiederholbare* Formatelemente auftreten. Ferner dürfen ein oder mehrere Formatelemente in Klammern eingeschlossen und zu einer Gruppe von Formatelementen zusammengefaßt werden.

Den wiederholbaren Formatelementen und den in Klammern eingeschlossenen Gruppen von Formatelementen darf eine *Wiederholungszahl* vorangestellt werden.

Die einzelnen Formatelemente und Gruppen von Formatelementen einer Formatangabe werden jeweils durch ein Komma voneinander getrennt.

Eine Zeichenfolge, die als Formatangabe verwendet wird, darf keine benannte Konstante an Stelle irgendwelcher numerischer oder sonstiger Zeichen haben. Die Formatangabe darf ggf. leer sein, z. B. ( ); die Klammern müssen in jedem Fall geschrieben werden.

Leerzeichen vor der führenden linken runden Klammer einer Formatangabe und nach der abschließenden rechten runden Klammer sind zulässig. Andere Zeichen sind dort verboten. Überflüssige Leerzeichen innerhalb einer Formatangabe sind

nur zulässig auf beiden Seiten eines Kommas, nach einer Wiederholungszahl, vor
der Angabe der Datenfeldweite oder vor dem Zähler eines Tabulatorformates.

Wenn als **format** in einer Datenübertragungs-Anweisung ein Zeichenfeldobjekt
spezifiziert ist, darf die Formatangabe länger als das erste Feldelement sein.
In diesem Fall darf die Formatangabe in die nächsten Feldelemente fortgesetzt
werden. Die Feldelemente werden so behandelt, als wenn sie spaltenweise miteinander verkettet wären.

```
character (len=22), save :: eiform = "(tr15,f10.2,i5,es20.5)"
read (unit=9, fmt= eiform) a, n, b
```

ist gleichbedeutend mit

```
character (len=6), dimension (4), save :: &
                ff = (/ "(tr15,","f10.2,","i5,es2","0.5)  " /)
read (unit=9, fmt= ff) a, n, b
```

Variable Formatangabe

Wenn die Zeichengröße **format** kein Zeichenkonstantenausdruck ist, spricht man
auch von einer *variablen* Formatangabe. In diesem Fall besteht nämlich die
Möglichkeit, die Formatangabe erst während der Ausführung des Programmes
bereitzustellen.

Die variable Formatangabe muß zum Zeitpunkt der Verarbeitung durch die
Formatsteuerung vollständig sein. Die Formatangabe darf bei interner Ausgabe nicht in der internen Datei enthalten sein. Ein Eingabelistenelement darf
keinen Teil der verwendeten Formatangabe enthalten. Eine variable Formatangabe kann bei Ausführung des Programmes auch verändert werden, ehe sie
wiederverwendet wird.

```
(f7.2,es9.1,i5,f9.3,2es12.3,i6) ←— Eingabedatensatz
123456789112345678921234567893 ←— Position
```

Dieser Eingabedatensatz kann z. B. in eine Zeichenvariable eingelesen werden,
die im weiteren Verlauf des Programmes als **format** im FMT–Parameter in einer
Datenübertragungs-Anweisung verwendet werden kann.

```
character (len=31) :: frm
read (unit=12, fmt="(a)") frm
   ⋮
write (unit=15, fmt= frm) a, b, i, c, d, e, j
```

Diese WRITE–Anweisung wirkt wie

```
write (unit=15, fmt="(f7.2,es9.1,i5,f9.3,2es12.3,i6)") &
                                a, b, i, c, d, e, j
```

12.2 Zusammenwirken von E/A-Liste und Formatangabe

Das Zusammenwirken von E/A-Liste und Formatangabe ist ein dynamischer Vorgang und wird als **Formatsteuerung** bezeichnet. Die Formatsteuerung verarbeitet die E/A-Liste und die zugehörige Formatangabe jeweils von links nach rechts, wobei jedem Datenaufbereitungs-Formatelement der Formatangabe ein wirksames E/A-Listenelement zugeordnet wird (Ausnahme: s. u. Komplexe Umwandlung).

Wenn die Formatsteuerung bei der Abarbeitung der Formatangabe ein Formatelement zur Ein-/Ausgabe-Steuerung antrifft, dann wird es sofort ausgeführt.

Eine Formatangabe muß mindestens ein Datenaufbereitungs-Formatelement enthalten, wenn die zugehörige E/A-Liste ein wirksames E/A-Listenelement enthält. Eine leere Formatangabe der Art ( ) ist nur zulässig, wenn die E/A-Liste leer ist, oder wenn alle E/A-Listenelemente unwirksam sind. Wenn die Datei nicht innerhalb eines Datensatzes positioniert ist, dann wird bei vorrückender Eingabe mit leerer Formatangabe ein Datensatz überlesen, ohne Daten zu übertragen; und bei vorrückender Ausgabe mit leerer Formatangabe wird ein leerer Datensatz erzeugt. Wenn die Datei innerhalb eines Datensatzes positioniert ist, dann bleibt die Position der Datei innerhalb des aktuellen Datensatzes bei nichtvorrückender E/A mit leerer Formatangabe ungeändert.

Auch nach der Abarbeitung des letzten E/A-Listenelementes werden ggf. weitere Formatelemente zur Ein-/Ausgabe-Steuerung abgearbeitet (aber keine Formatelemente zur Datenaufbereitung). Die Formatsteuerung endet erst dann, wenn bei Antreffen des nächsten noch nicht verarbeiteten Datenaufbereitungs-Formatelements kein E/A-Listenelement mehr zugeordnet werden kann. (Ausnahme: s. Doppelpunkt-Format).

12.2.1 Wiederholungszahl und Gruppen von Formatelementen

Ein einzelnes wiederholbares Formatelement oder eine in Klammern eingeschlossene Gruppe von Formatelementen mit vorangestellter Wiederholungszahl n wird von der Formatsteuerung wie insgesamt n identische Formatelemente bzw. wie n identische Gruppen von Formatelementen verarbeitet. Die **Wiederholungszahl** muß als vorzeichenlose von Null verschiedene ganzzahlige Literalkonstante ohne Typparameter geschrieben werden.

Die Formatangabe `(2i4,2(i5,tr2,es7.2))` ist (grammatisch) gleichbedeutend mit der Formatangabe `(i4,i4,i5,tr2,es7.2,i5,tr2,es7.2)`.

Diese verschiedenen Schreibweisen mit oder ohne Wiederholungszahl sind nur
dann bei Ausführung des Programmes gleichbedeutend, wenn keine Formatwiederholung stattfindet.

Innerhalb einer Gruppe von Formatelementen darf wiederum auch eine in Klammern eingeschlossene Gruppe von Formatelementen angegeben werden. Dabei
ist die maximale Klammerungstiefe systemabhängig.

12.2.2 Formatwiederholung

Wenn die Formatsteuerung die Formatangabe bis zur äußersten rechten Klammer abgearbeitet hat, und wenn aber noch weitere wirksame E/A-Listenelemente
verarbeitet werden müssen, findet **Formatwiederholung** statt. D. h., der intern bis zu dieser Stelle aufgebaute Datensatz wird beendet, die Datei wird an
den Anfang des nächsten Datensatzes positioniert, und die Formatsteuerung
wird an den Anfang der am weitesten rechts befindlichen in Klammern eingeschlossenen Gruppe von Formatelementen zurückgesetzt. Wenn die nach dem
Zurücksetzen der Formatsteuerung wiederverwendete Gruppe mit einer Wiederholungszahl versehen ist, wird diese Wiederholungszahl ebenfalls wiederverwendet. Wenn es innerhalb der Formatangabe keine derartige *innere* Gruppe von
Formatelementen gibt, wird die Formatsteuerung an den Anfang (d. h. die erste
linke Klammer) der Formatangabe zurückgesetzt. Die Formatsteuerung wird in
jedem Fall von der beschriebenen Position aus in der üblichen Weise von links
nach rechts fortschreitend solange fortgesetzt, bis die E/A-Liste abgearbeitet ist
oder bis die letzte Klammer der Formatangabe angetroffen wird. Im letzten Fall
findet wiederum Formatwiederholung statt; usw.

Formatwiederholung hat keinen Einfluß auf auf die Vorzeichensteuerung
(S--, SP-- und SS--Format).

```
                  0       0       ←── Klammerungstiefe
Formatangabe     ( ... )
                  └──────┘        ←── Abarbeitungsreihenfolge


                  0   1   1   1   2   2   1   0   ←── Klammerungstiefe
Formatangabe     ( ...( ... )...( ...( ... )...)...)
                  └──────────────┘                ←── Abarbeitungsreihenf.
```

Die gekennzeichnete Gruppe von Formatelementen wird jeweils einschließlich der
ggf. angegebenen Wiederholungszahl wiederholt.

```
character (len=20), parameter :: format = "(i4,2(i3,f8.2),i5)"
read (unit=11, fmt= format) i, j, a, k, b, l, m, c, n, d
```

Den Datenaufbereitungs-Formatelementen i4, i3, f8.2, i3, f8.2 und i5 werden der Reihe nach die Variablen i, j, a, k, b und l zugeordnet. Dann wird ein neuer Datensatz gelesen, wobei den Datenaufbereitungs-Formatelementen i3, f8.2, i3 und f8.2 die restlichen Eingabelistenelemente m, c, n und d zugeordnet werden.

12.3 Formatelemente

Es gibt zwei Arten von Formatelementen, nämlich *Formatelemente zur Datenaufbereitung* und *Formatelemente zur Ein-/Ausgabe-Steuerung*.

Datenaufbereitungs-Formatelemente werden verwendet, um die Art der Umwandlung und die externe Darstellung der Daten zu beschreiben, die zwischen E/A-Listenelementen und einer Datei übertragen werden.

Ein-/Ausgabe-Steuerungs-Formatelemente werden verarbeitet, ohne daß E/A-Listenelemente beteiligt sind. Sie können aber u. U. die Wirkungsweise nachfolgender Datenaufbereitungs-Formatelemente beeinflussen. Sie werden verwendet, um innerhalb eines Datensatzes zu positionieren, um die Art der Vorzeichenbehandlung bei der Ausgabe numerischer Daten festzulegen, oder um einen Datensatz zu beenden.

Wiederholbare Formatelemente sind die Formatelemente zur Datenaufbereitung und das Schrägstrich-Format. **Nicht-wiederholbare Formatelemente** sind die Formatelemente zur Ein-/Ausgabe-Steuerung mit Ausnahme des Schrägstrich-Formates.

Datenaufbereitung					
Format	Typ	Format	Typ	Format	Typ
A	Zeichen	ESw.d	numerisch	Lw	logisch
Aw	Zeichen	ESw.dEe	numerisch		
		Fw.d	numerisch		
		Iw	numerisch		
		Iw.m	numerisch		

In der obigen Tabelle geben Großbuchstaben die Art der Umwandlung an, während Kleinbuchstaben bestimmte vom Programmierer einzufügende Angaben bezeichnen. w, d, e und m sind vorzeichenlose ganzzahlige Literalkonstanten in der Schreibweise ohne Typparameter.

w   gibt die *Ein-/Ausgabe-Feldweite* der externen Darstellung an. Die **Ein-/Ausgabe-Feldweite** ist gleich der Anzahl aller Zeichen, die bei Abarbeitung des Formatelementes übertragen werden, ggf. einschließlich führender Leerzeichen, Vorzeichen, Dezimalpunkt und Exponent. Die Ein-/Ausgabe-Feldweite muß nicht-negativ sein.

d gibt die Anzahl der Zeichen des gebrochenen Teilfeldes rechts vom Dezimalpunkt an. Die Anzahl der Dezimalstellen darf auch Null sein.

e gibt die Anzahl der Ziffern im Exponent an. Der Wert von **e** muß positiv sein.

m gibt die Anzahl der Ziffern an, die *mindestens* ausgegeben werden sollen. Der Wert von **m** darf Null sein und muß $\leq$ **w** sein .

Die zulässigen Werte von **d**, **e** und **m** sind abhängig vom Wert der Ein-/Ausgabe-Feldweite **w**.

<table>
<tr><th colspan="6">Ein-/Ausgabe-Steuerung</th></tr>
<tr><th>Format</th><th>Typ</th><th>Format</th><th>Typ</th><th>Format</th><th>Typ</th></tr>
<tr><td>**SP**
SS
S</td><td>Steuerung der
numerischen
Ausgabe</td><td>**Tn**
TRn
TLn</td><td>Tabulator
Tabulator
Tabulator</td><td>**:**
/</td><td>Formatsteuerung
Datensatzende</td></tr>
</table>

n ist eine vorzeichenlose ganzzahlige Literalkonstante ungleich Null, die ohne Typparameter geschrieben werden muß.

Numerische Umwandlung

Die Datenaufbereitungs-Formate ES, F und I werden für die Ein-/Ausgabe numerischer Daten verwendet.

Numerische Eingabe: Leerzeichen werden bei numerischer Eingabe ignoriert. Ein nur aus Leerzeichen bestehendes Eingabefeld wird bei numerischer Eingabe als Null interpretiert.

Beim Einlesen numerischer Daten mittels ES– oder F–Format übersteuert ein Dezimalpunkt innerhalb der Eingabezeichenfolge die Dezimalpunktangabe **d** des Formatelementes. Das Eingabefeld darf mehr Ziffern enthalten, als (systemabhängig) für die interne Darstellung des Wertes verwendet werden.

Numerische Ausgabe: Bei der Ausgabe werden reelle und komplexe Werte ggf. gerundet. Die Art des Rundens numerischer Ausgabewerte ist systemabhängig.

Das Ausgabefeld wird stets rechtsbündig aufgefüllt. Falls die Anzahl der bei der Ausgabe durch die Umwandlung erzeugten Zeichen kleiner als die Ausgabe-Feldweite **w** ist, werden Leerzeichen vorangestellt. Bei Verwendung des Datenaufbereitungs-Formatelementes **Iw.m** werden in jedem Fall **m** Ziffern ausgegeben; d. h., ein „kleiner" Wert wird ggf. mit führenden Nullen ausgegeben, ehe weitere Leerzeichen vorangestellt werden.

Der interne Wert Null oder ein interner positiver Wert können wahlweise (entspr. dem S-, SP- oder SS-Format) oder systemabhängig mit einem Pluszeichen als Vorzeichen ausgegeben werden. Ein negativer interner Wert wird grundsätzlich mit einem Minuszeichen als Vorzeichen ausgegeben. Der Wert Null wird niemals als negative Null ausgegeben.

Ausgabe-Feldweite: Wenn bei der Ausgabe numerischer Daten die Anzahl der durch die Umwandlung erzeugten Zeichen größer als die Ausgabe-Feldweite **w** ist, oder wenn bei Verwendung des Formatelementes **ESw.dEe** die Anzahl der Ziffern des Exponenten größer als **e** ist, ist das Ausgabefeld oder Exponentenfeld zu klein, und es werden zur Kennzeichnung dieses Sachverhaltes in das gesamte Ausgabefeld Sterne ausgegeben.

Komplexe Umwandlung: Komplexe Daten bestehen (intern) jeweils aus einem Paar reeller Daten. Entsprechend müssen für ein komplexes E/A-Listenelement zwei aufeinanderfolgende ES- oder F-Formate angegeben werden. Das erste dieser beiden Datenaufbereitungs-Formate beschreibt den Realteil, und das zweite Datenaufbereitungs-Format beschreibt den Imaginärteil. Die beiden Formatelemente dürfen unterschiedlich sein. Zwischen den beiden Formatelementen zur Datenaufbereitung dürfen Formatelemente zur Ein-/Ausgabe-Steuerung auftreten.

```
complex :: a, b, c, d
read (unit=11, fmt="(2(es9.2),f7.3,es9.3,2(f5.1,f5.2))") a, b, c, d
```

12

Zusammenfassung:

Formatelemente	
Datenaufbereitungs-Formate	E/A-Steuerungs-Formate
A ES F I L /	S SP SS T TL TR :
wiederholbar	nicht-wiederholbar

12.3.1 A-Format: A Aw

Das A-Format dient zur Ein-/Ausgabe von Zeichendaten. Das zugeordnete E/A-Listenelement muß vom Zeichentyp sein.

Eingabe:

Falls **w** kleiner als die Länge des zugeordneten Eingabelistenelementes ist, werden die Eingabezeichen linksbündig in das Eingabelistenelement übertragen, das anschließend mit *Leerzeichen* aufgefüllt wird. Ist **w** genauso lang wie die **länge** des Eingabelistenelementes, werden **länge** Zeichen übertragen. Ist **w** größer als die **länge** des zugeordneten Eingabelistenelementes, werden nur die letzten

länge Eingabezeichen übertragen und die restlichen Zeichen (d. h. die ersten
(**w** − **länge**) Zeichen) werden ignoriert.

Falls **w** nicht angegeben ist, wird als Eingabe-Feldweite die **länge** des zugeordneten Eingabelistenelementes angenommen; d. h., es werden **länge** Zeichen
übertragen.

```
character (len=10) ::c
character (len=9)  ::cc
read (unit=12, fmt="(a8)") c
read (unit=12, fmt="(tr8,a)") cc
```

```
Getriebegehaeuse        ←— 1. Eingabedatensatz
Getriebeabstufung       ←— 2. Eingabedatensatz
12345678911234567       ←— Position
```

Nach Ausführung der READ–Anweisung ist die Variable c mit dem Wert
Getriebe␣␣ und die Variable cc mit dem Wert **abstufung** definiert.

Ausgabe:

Falls die Ausgabe-Feldweite **w** kleiner als die **länge** des zugeordneten Ausgabelistenelementes ist, werden nur die ersten **w** Zeichen ausgegeben. Die restlichen
(**länge** − **w**) Zeichen werden ignoriert. Falls die Ausgabe-Feldweite **w** genauso
lang ist, wie die **länge** des Ausgabelistenelementes, werden **länge** Zeichen übertragen. Falls **w** größer als die Länge des zugeordneten Ausgabelistenelementes
ist, werden die Zeichen rechtsbündig mit führenden Leerzeichen in das Ausgabefeld ausgegeben.

Falls die Ausgabe-Feldweite **w** nicht angegeben ist, wird die Länge des Ausgabelistenelementes als Ausgabe-Feldweite verwendet; d. h., es werde alle Zeichen des
Ausgabelistenelementes ausgegeben.

```
character (len=17), save :: cccc = "Getriebeabstufung"
write (unit=18, fmt="(a8)") cccc
write (unit=18, fmt="(a20)") cccc
```

Die WRITE–Anweisungen erzeugen folgende Datensätze:

```
Getriebe                ←— 1. Ausgabedatensatz
   Getriebeabstufung    ←— 2. Ausgabedatensatz
12345678911234567892    ←— Position
```

12.3.2 Doppelpunkt-Format: :

Das Doppelpunkt-Format dient dazu, die Formatsteuerung nach Abarbeitung
der E/A-Liste zu beenden. In diesem Fall werden E/A-Steuerungsformate nach

dem Doppelpunkt nicht mehr verarbeitet. Falls bei Antreffen des Doppelpunkt-Formates jedoch noch weitere wirksame E/A-Listenelemente zu verarbeiten sind, wird das Doppelpunkt-Format ignoriert.

12.3.3   ES–Format: ESw.d   ESw.dEe

Das ES–Format dient zur Eingabe und Ausgabe reeller und komplexer Daten. Das zugeordnete E/A-Listenelement muß reell oder komplex sein.

Eingabe:

Das Eingabefeld besteht aus einem oder mehreren Teilfeldern:

ganzzahliges Teilfeld	gebrochenes Teilfeld	Exponenten-teilfeld

Ganzzahliges Teilfeld: Wahlweise ein Vorzeichen, gefolgt von einer Ziffern-folge. Diese Ziffernfolge darf fehlen, wenn das gebrochene Teilfeld eine Ziffern-folge enthält.

Gebrochenes Teilfeld: Wahlweise ein Dezimalpunkt, wahlweise gefolgt von einer Ziffernfolge. Diese Ziffernfolge darf fehlen, wenn das ganzzahlige Teilfeld eine Ziffernfolge enthält. Wenn der Dezimalpunkt fehlt, bestimmt **d** die Anzahl der Ziffern des gebrochenen Teilfeldes. Die Ziffernfolgen des ganzzahligen und des gebrochenen Teilfeldes müssen zusammengenommen mindestens eine Ziffer enthalten.

Der aus einem ganzzahligen und einem gebrochenen Teilfeld bestehenden Grund-form reeller oder doppelt genauer Eingabedaten darf wahlweise ein Exponenten-teilfeld folgen.

Exponententeilfeld: Es gibt folgende unterschiedliche Formen:

- Ein Vorzeichen, wahlweise gefolgt von einem oder von mehreren Leerzei-chen, gefolgt von einer Ziffernfolge (wahlweise mit Leerzeichen).

- Der Buchstabe e (oder E, d oder D) wahlweise gefolgt von einem oder mehreren Leerzeichen, wahlweise gefolgt von einem Vorzeichen, gefolgt von einer Ziffernfolge (wahlweise mit Leerzeichen).

Wenn in dem Eingabefeld ein Dezimalpunkt auftritt, wird die Angabe von **d** ignoriert. Wenn in dem Eingabefeld der Dezimalpunkt fehlt, bestimmt **d** für die Interpretation des Eingabewertes die Position eines gedachten Dezimalpunktes durch Multiplikation des Eingabewertes mit $10^{-\mathbf{d}}$. Bei der Eingabe mit **ESw.dEe** wird die Angabe von **e** ignoriert.

Eingabefeld	Formatelement	Wert	Bemerkungen
-534.9e-3	es9.1	−0.5349	alle Teilfelder vollständig mit Vorzeichen; das Exponententeilfeld beginnt mit einem e.
-35.24e2	es8.2	−3524.0	das fehlende Vorzeichen des Exponenten wird als + angenommen; das Exponententeilfeld beginnt mit einem e.
-23.725+2	es9.3	−2372.5	das Zeichen e im Exponent fehlt, daher ist das Vorzeichen des Exponenten erforderlich.
19984.	es6.0	19984.0	das gebrochene Teilfeld enthält nur den Dezimalpunkt; das Exponententeilfeld fehlt völlig; das fehlende Vorzeichen des ganzzahligen Teilfeldes wird als + angenommen.
.456739	es7.6	0.456739	das ganzzahlige und das Exponententeilfeld fehlen; das fehlende Vorzeichen des ganzzahligen Teilfeldes wird als + angenommen.
36988	es5.2	369.88	ein Dezimalpunkt wird vor der vorletzten Ziffer eingefügt; das fehlende Vorzeichen des ganzzahligen Teilfeldes wird als + angenommen.

Ausgabe:

Das ES–Format erzeugt ein Ausgabefeld in *wissenschaftlicher Schreibweise*, wobei der Absolutwert des Koeffizienten ≥ 1 und < 10 ist, wenn der auszugebende Wert ungleich Null ist.

Die externe Zeichendarstellung einer reellen Zahl besteht aus einem **Koeffizienten** gefolgt von einem **Exponent**. Genauer: Das Ausgabefeld besteht aus führenden Leerzeichen (falls nötig), ggf. einem Vorzeichen, der Ziffer vor dem Dezimalpunkt, dem Dezimalpunkt, den **d** nächstwichtigsten Ziffern des gerundeten Zahlenwertes und vier oder (**e** + 2) Stellen für den Exponent.

Wert	Formatelemente	Ausgabefeld
21.234	ss, es11.3	2.123e+01
80246.7	ss, es10.4	8.0247e+04
−.72	ss, es12.2	-7.20e-01
.000472	ss, es14.1e4	4.7e-0004
		12345678911234 ⟵ Position

Die Form des Ausgabefeldes ist zum Teil systemabhängig; das betrifft die Ausgabe des Pluszeichens für einen positiven Wert und die Gestalt des Exponenten, wenn der Exponent dem Betrage nach ≤ 99 ist.

12.3.4 F–Format: Fw.d

Das F–Format dient zur Eingabe und Ausgabe reeller und komplexer Daten. Das zugeordnete E/A-Listenelement muß reell oder komplex sein.

Eingabe:

Das F–Format entspricht bei der Eingabe dem ES–Format. Das F–Format kann bei der Eingabe an Stelle des ES–Formates verwendet werden.

```
read (unit=12, fmt="(f10.2,f15.6,f9.3)") a, b, c
```

Ausgabe:

Das Ausgabefeld hat folgende Form: Führende(s) Leerzeichen (falls nötig), ggf. ein Vorzeichen, ggf. eine Ziffernfolge, der Dezimalpunkt und **d** Ziffern hinter dem Dezimalpunkt.

Die Form des Ausgabefeldes ist zum Teil systemabhängig. Das betrifft die Ausgabe eines Pluszeichens für positive Werte und die Ausgabe einer führenden Null, wenn der Wert dem Betrage nach kleiner als eins ist (und wenn außerdem noch eine weitere Ziffer ausgegeben wird).

Wert	Formatelemente	Ausgabefeld	Bemerkungen
45.783	ss, f6.3	`45.783`	
45.783	ss, f11.3	`     45.783`	
-45.783	ss, f6.3	`******`	
0.45783	ss, f6.3	`  .458`	ggf. mit führender Null (s. o.)
45.783	ss, f6.0	`   45.`	
		`12345678901` ←— Position des Ausgabefeldes	

12.3.5 I–Format: Iw Iw.m

Das I–Format dient zur Eingabe und Ausgabe ganzzahliger Daten. Das zugeordnete E/A-Listenelement muß ganzzahlig sein.

Eingabe:

Das Eingabefeld muß (abgesehen von Leerzeichen) eine Zeichenfolge in der Gestalt einer ganzzahligen Literalkonstanten enthalten. Das Vorzeichen + darf fehlen. Die Angabe von **m** wird bei der Eingabe ignoriert; d. h., das **Iw.m**–Format wird bei der Eingabe wie ein **Iw**–Format behandelt. **w** muß positiv sein.

```
read (unit=18, fmt="(i3,i7,i5,i3,i2,i4)") i, j, k, l, m, n

539  -34    27 9   4 7    <--- Eingabedatensatz
1234567891123456789921234    <--- Position
```

Nach Ausführung der READ–Anweisung sind die Variablen i, j, k, l, m und n mit folgenden Werten definiert: i=539, j=-34, k=27, l=9, m=0 und n=47.

Ausgabe:

Das Ausgabefeld hat folgende Form: führende(s) Leerzeichen (wenn nötig), ggf. ein Vorzeichen und eine Ziffernfolge in Form einer vorzeichenlosen ganzzahligen Literalkonstanten.

Die Form des Ausgabefeldes ist systemabhängig, weil die Ausgabe des Pluszeichens für positive Werte z. T. systemabhängig ist.

Wenn die im **Iw.m**–Format auszugebende Zahl weniger als **m** Positionen einnimmt, wird die Zahl als **m**-stellige Zahl rechtsbündig mit führenden Nullen ausgegeben, und die führenden (**w−m**) Positionen des Ausgabefeldes werden mit Leerzeichen aufgefüllt.

Bei Ausgabe der Zahl Null im **Iw**–Format wird rechtsbündig die Ziffer 0 mit (**w−**1) führenden Leerzeichen ausgegeben. Bei Verwendung des **Iw.m**–Formates werden (normalerweise) bei der Ausgabe der Zahl Null rechtsbündig **m** Nullen ausgegeben. Falls **m** den Wert Null hat, wird bei Ausgabe der Zahl Null keine einzige Ziffer, sondern es werden **m** Leerzeichen ausgegeben. Falls sowohl **m** als auch **w** den Wert Null haben, wird bei Ausgabe der Zahl Null ein einziges Leerzeichen ausgegeben.

```
integer, save :: i = 57, j = 7694327, k = -3976
write (unit=16, fmt="(i7.4,i10,i8)") i, j, k
```

Die WRITE–Anweisung erzeugt folgenden Datensatz:

```
   0057    7694327    -3976    <--- Ausgabedatensatz
1234567891123456789212345    <--- Position
```

12.3.6 L–Format: Lw

Das L–Format dient zur Eingabe und Ausgabe logischer Daten. Das zugeordnete E/A-Listenelement muß logisch sein.

Eingabe:

Das Eingabefeld hat folgende Form: Wahlweise Leerzeichen, wahlweise gefolgt von einem Dezimalpunkt, gefolgt von einem „t" für den Wert .TRUE. oder einem „f" für den Wert .FALSE., wahlweise gefolgt von beliebigen Zeichen, die ignoriert werden.

```
logical :: lx, ly, lz
read (unit=14, fmt="(l5,l10,l7)") lx, ly, lz

  t    .false.      tru     ← Eingabedatensatz
12345678911234567892l2    ← Position
```

Nach Ausführung der READ–Anweisung sind die Variablen `lx`, `ly` und `lz` mit folgenden Werten definiert: `lx=.true.`, `ly=.false.` und `lz=.true.`.

Ausgabe:

Das Ausgabefeld hat folgende Form: $(w-1)$ Leerzeichen, gefolgt von einem „t", wenn das zugeordnete Ausgabelistenelement den Wert .TRUE. hat, oder von einem „f", wenn es den Wert .FALSE. hat.

```
logical, save :: la = .false., lb = .false., lc = .true.
write (unit=18, fmt="(l5,l8,l3)") la, lb, lc
```

Die WRITE–Anweisung erzeugt folgenden Datensatz:

```
    f       f  t    ← Ausgabedatensatz
1234567891123456    ← Position
```

12.3.7 Vorzeichensteuerung: S SP SS

Mit dem S–, dem SP– und dem SS–Format kann man die Ausgabe derjeniger Pluszeichen in numerischen Ausgabefeldern steuern, die als Vorzeichen *nicht* unbedingt ausgegeben werden *müssen*. Diese Art der Vorzeichensteuerung kann also die „normale" systemabhängige Form der Darstellung numerischer Werte beeinflussen.

SP: Positive Werte in nachfolgenden numerischen Ausgabefeldern werden mit dem Vorzeichen + ausgegeben.

SS: Die Ausgabe des Pluszeichens wird für nachfolgende numerische Werte unterdrückt.

S: Es findet (wieder) die normale systemabhängige Behandlung der Vorzeichen positiver numerischer Ausgabewerte statt.

Jede Ausführung einer Ausgabeanweisung beginnt mit der normalen systemabhängigen Behandlung von Pluszeichen für positive numerische Ausgabewerte (wie wenn als erstes Formatelement ein S–Format angegeben worden wäre).

```
integer, save :: i = 165
real,    save :: a = 1234.56, d = 67.4e-3
write (unit=16, fmt="(sp,i5,f10.2,ss,f10.2)") i, a, d
```

Die WRITE–Anweisung erzeugt folgenden Datensatz:

```
 +165   +1234.56        .07      ←— Datensatz
12345678911234567892 12345       ←— Position
```

12.3.8   Schrägstrich-Format: /

Der Schrägstrich als Formatelement zeigt das Ende der Datenübertragung für
den aktuellen Datensatz und den Beginn der Datenübertragung für den neuen
Datensatz an.

Sequentielle Eingabe: Wenn die Formatsteuerung einen Schrägstrich verarbeitet, wird der Rest des aktuellen Datensatzes ohne Datenübertragung überlesen, und die Datei wird an den Anfang des nächsten Datensatzes positioniert.
Dieser Datensatz wird dann der aktuelle Datensatz. D. h., wenn die Eingabeliste
noch weitere Elemente enthält, kann in diesem aktuellen Datensatz weitergelesen
werden; andernfalls wird dieser Datensatz überlesen.

Direkte Eingabe: Wenn die Formatsteuerung einen Schrägstrich verarbeitet,
wird die Datensatznummer um eins erhöht und die Datei wird an den Anfang des
Datensatzes mit dieser neuen Datensatznummer positioniert. Dieser Datensatz
wird dann der aktuelle Datensatz.   D. h., wenn die Eingabeliste noch weitere
Elemente enthält, kann in diesem aktuellen Datensatz weitergelesen werden.

```
read (unit=14, fmt="(3i5//2i10)") i, j, k, l, m

   453    33 2876   112     ←— 1. Eingabedatensatz
 15432 2345     7 3418      ←— 2. Eingabedatensatz
    44     2 378     4       ←— 3. Eingabedatensatz
 12345678911234567892       ←— Position
```

Nach Ausführung der READ–Anweisung sind die Variablen i, j, k, l und m mit
folgenden Werten definiert: i=453, j=33, k=2876, l=44 und m=2.

Sequentielle Ausgabe: Wenn die Formatsteuerung einen Schrägstrich verarbeitet, wird der aktuelle Datensatz beendet und ein neuer Datensatz wird
begonnen. Dieser neue Datensatz wird der aktuelle Datensatz. Er ist im Augenblick der letzte Datensatz der Datei. Wenn der aktuelle Datensatz vor der
Verarbeitung des Schrägstriches noch leer ist, wird ein leerer Datensatz ausgegeben. Wenn die Datei eine interne Datei ist, wird der Datensatz mit Leerzeichen
aufgefüllt.

Direkte Ausgabe: Wenn die Formatsteuerung einen Schrägstrich verar-
beitet, wird die Datensatznummer um eins erhöht und die Datei wird an den
Anfang des Datensatzes mit dieser neuen Datensatznummer positioniert. Dieser
Datensatz wird dann der aktuelle Datensatz. D. h., wenn die Ausgabeliste noch

weitere Elemente enthält, kann in diesem aktuellen Datensatz weitergeschrieben werden. Wenn der aktuelle Datensatz vor der Verarbeitung des Schrägstriches noch leer ist, wird er mit Leerzeichen aufgefüllt.

12.3.9 Tabulatoren: Tn TLn TRn

Mit dem T-, TL- und TR–Format gibt man diejenige Zeichenposition des aktuellen Datensatzes an, von der aus weitergelesen oder weitergeschrieben werden soll.

Mit dem T– und dem TL–Format ist auch ein Zurücksetzen zu einer Zeichenpositionen möglich, von der aus bereits ein Zeichen übertragen worden ist. Dieses Zurücksetzen ist jedoch immer nur höchstens bis zur *linken Tabulatorgrenze* möglich. Die **linke Tabulatorgrenze** ist gegeben durch die Position des aktuellen Datensatzes unmittelbar zu Beginn der Ausführung der Datenübertragungs-Anweisung. Wenn während der Datenübertragung weitere Datensätze übertragen werden, dann ist die linke Tabulatorgrenze jeweils die erste Zeichenposition des jeweils aktuellen Datensatzes.

Tn: Die Übertragung des nächsten Zeichens wird von der relativen Zeichenposition **n** des Datensatzes aus fortgesetzt. Die Zeichenpositionen werden in diesem Fall von der linken Tabulatorgrenze aus gezählt.

TLn: Die Übertragung des nächsten Zeichens wird von derjenigen Zeichenposition des Datensatzes aus fortgesetzt, die **n** Zeichenpositionen links von der aktuellen Zeichenposition liegt. Falls der Abstand zwischen der aktuellen Position und der linken Tabulatorgrenze $\leq$ **n** ist, wird die Übertragung von der linken Tabulatorgrenze aus fortgesetzt.

TRn: Die Übertragung des nächsten Zeichens wird von derjenigen Zeichenposition des Datensatzes aus fortgesetzt, die **n** Zeichenpositionen rechts von der aktuellen Zeichenposition liegt.

Eingabe:

Die Zeichen eines Eingabedatensatzes dürfen mehrfach (auch mit unterschiedlichen Formatelementen) gelesen werden. Es darf auch eine Zeichenposition angegeben werden, die bereits hinter dem letzten Zeichen des Eingabedatensatzes liegt; in diesem Fall dürfen von dieser Position aus aber keine Zeichen übertragen werden.

```
read (unit=18, fmt="(f10.6,t1,f10.3)") a, b
```

     45824569   ⟵ Datensatz
    1234567890   ⟵ Position

Nach Ausführung der READ-Anweisung sind die Variablen **a** und **b** mit folgenden Werten definiert: **a=45.824569** und **b=45824.569**.

Ausgabe:

Wenn nach der Abarbeitung eines Tabulators hinter übersprungenen Zeichenpositionen weitere Zeichen ausgegeben werden, dann werden *alle* diejenigen übersprungenen Zeichenpositionen mit Leerzeichen aufgefüllt, die bisher noch kein Zeichen enthalten.

```
write (unit=16,fmt="(a10,tr4,a11,t2,a5)") &
                          " Eisenbahn","Radrennbahn"," Auto"
```

Die WRITE–Anweisung erzeugt folgenden Datensatz:

```
 Autobahn    Radrennbahn        ←— Ausgabedatensatz
12345678911234567892345         ←— Position
```

13 Programmeinheiten und Unterprogramme

Ein F-Programm besteht aus **Programmeinheiten**, und zwar aus einem *Hauptprogramm* und beliebig vielen (ggf. null) *Modulen*. Es handelt sich bei einer Programmeinheit um eine physikalisch (und im Idealfall sinnvoll) in sich abgeschlossenen Folge von Anweisungen und ggf. Kommentarzeilen, die mit einer PROGRAM– oder MODULE–Anweisung beginnt und mit einer END PROGRAM– bzw. END MODULE–Anweisung endet.

Auch wenn ein F-System Programmeinheiten eines Programmes getrennt voneinander übersetzen kann, heißt das nicht, daß es sie unabhängig voneinander übersetzen kann. Eine bestimmte physikalische Reihenfolge der Programmeinheiten ist beim Übersetzen erforderlich, damit sichergestellt ist, daß ein Modul bereits übersetzt worden ist, wenn eine USE–Anweisung verarbeitet wird, die das Modul aufruft.

Bei Ausführung eines Programmes übernimmt zuerst das Hauptprogramm die Kontrolle, indem es die erste ausführbare Anweisung ausführt. Das Hauptprogramm kann Unterprogramme aufrufen. Ein Unterprogramm kann wiederum andere Unterprogramme aufrufen, es kann sich unter bestimmten Voraussetzungen auch selber aufrufen. Wenn kein vorzeitiger Programmabbruch wegen eines Fehlers erfolgt, endet die Ausführung des Programmes mit der Ausführung der END PROGRAM–Anweisung oder mit der Ausführung einer STOP–Anweisung innerhalb des Hauptprogrammes oder eines der Modul-Unterprogramme.

Ein Modul enthält Vereinbarungen, Spezifikationen und Definitionen einschließlich der Definitionen von Modul-Unterprogrammen, die, soweit sie sichtbar sind, anderen Programmeinheiten verfügbar gemacht werden können.

Ein **Unterprogramm** ist eine *Subroutine* oder eine *Funktion*. Unterprogramme sind bestimmte syntaktisch (und im Idealfall sinnvoll) zusammengehörende Programmteile, die zur Ausführung aufgerufen werden können und die Teilaufgaben eines Programmes bearbeiten.

Unterprogramme, die in der Programmiersprache F geschrieben sind, sind als Modul-Unterprogramm definiert. Daneben gibt es auch *externe Unterprogramme* und *vordefinierte Unterprogramme*.

Externe Unterprogramme sind in einer anderen Sprache als F, z. B. in Fortran 90 oder in Fortran 95, geschrieben. Ein externes Unterprogramm kann nur dort zur Ausführung aufgerufen werden, wo ein geeigneter *Schnittstellenblock* mit der Definition der Unterprogrammschnittstelle zur Verfügung steht.

Vordefinierte Unterprogramme werden vom F-System gebrauchsfertig bereitgestellt und können überall innerhalb eines Programmes sofort verwendet werden.

13.1   Hauptprogramm

Ein **Hauptprogramm** ist eine Programmeinheit, deren erste Anweisung eine
PROGRAM–Anweisung ist.

PROGRAM name	⟵ PROGRAM–Anweisung
⋮	⟵ Spezifikationsteil; darf fehlen
⋮	⟵ Ausführungsteil; darf fehlen
END PROGRAM name	⟵ ausführbare END–Anweisung

Die erste Anweisung eines Hauptprogrammes muß eine PROGRAM–Anweisung
sein. Die letzte Anweisung muß eine END PROGRAM–Anweisung sein. Weitere
PROGRAM–Anweisungen dürfen nicht auftreten. Darüber hinaus dürfen in
der Geltungseinheit eines Hauptprogrammes keine MODULE–, FUNCTION–,
SUBROUTINE– oder RETURN–Anweisungen auftreten.

```
program muster
!----------------------------------------------------------------
  use muster_modul                          !        Spezifikationsteil
  :
  real, dimension (4, 10) :: m1, m2, m3
!----------------------------------------------------------------
  open (unit=15, file=..., form=...)        !        Ausfuehrungsteil
  call formen(m1, m2)
  if (m1(3, 4) >= 78.95) then
    print *, m2(3, 4)
  endif
  :
end program muster
```

PROGRAM–Anweisung: Mit Hilfe der PROGRAM–Anweisung wird ein
Programmname spezifiziert. Dieser **name** ist ein globaler Name. Er darf innerhalb des Hauptprogrammes, ja sogar innerhalb des Programmes, nicht als
lokaler Name verwendet werden.

Spezifikationsteil: Der Spezifikationsteil eines Hauptprogrammes darf keine
INTENT–, OPTIONAL–, PRIVATE– oder PUBLIC–Attribute spezifizieren und
keine Typdefinitionen oder Schnittstellenblöcke enthalten. Und für keine Variable im Spezifikationsteil eines Hauptprogrammes darf ein Anfangswert spezifiziert werden.

Ausführungsteil: Der Ausführungsteil enthält die ausführbaren Anweisungen und Anweisungsgruppen des Hauptprogrammes.

END PROGRAM–Anweisung: In der END PROGRAM–Anweisung wird zusätzlich der **name** des Hauptprogrammes angegeben. Es handelt sich um die physikalisch letzte Zeile eines Hauptprogrammes.

13.2   Module

Ein **Modul** ist eine nicht-ausführbare Programmeinheit, die nur Definitionen (auch Unterprogrammdefinitionen), Spezifikationen und Vereinbarungen enthalten kann. Die *sichtbaren* Definitionen, Spezifikationen und Vereinbarungen eines Moduls können anderen Geltungseinheiten *zugänglich* gemacht werden.

Ein Modul kann mit Hilfe einer USE–Anweisung aufgerufen, d. h. nutzbar gemacht, werden. Das bedeutet, daß die sichtbaren Größen des Moduls derjenigen Geltungseinheit, die die USE–Anweisung enthält, zugänglich gemacht werden. Ein Modul darf zwar in diesem Sinne ebenfalls (andere) Module nutzen (d. h., es darf USE–Anweisungen enthalten), es darf sich aber weder direkt noch indirekt selbst aufrufen.

MODULE name	⟵ MODULE–Anweisung
⋮	⟵ Spezifikationsteil
⋮	⟵ Unterprogrammteil; darf fehlen
END MODULE name	⟵ nicht-ausführbare END–Anweisung

Die erste Anweisung eines Moduls muß eine MODULE–Anweisung sein, die letzte Anweisung muß eine END MODULE–Anweisung sein. Weitere MODULE–Anweisungen dürfen nicht auftreten. Ein Modul darf keine PROGRAM–Anweisung enthalten.

Es gibt zwei Sorten Module in F. Die erste Art sammelt Definitionen, Spezifikationen und Vereinbarungen aus anderen Modulen, um sie anderen Geltungseinheiten des Programmes als „Paket" verfügbar machen zu können. Die zweite Art enthält Definitionen, Spezifikationen und Vereinbarungen, die teils nur innerhalb des Moduls sichtbar sind und teils außerhalb des Moduls verfügbar gemacht werden können.

Ein Modul erster Art enthält im Spezifikationsteil nur USE–Anweisungen und eine PUBLIC–Anweisung (ohne Liste). Der Unterprogrammteil fehlt.

MODULE name	⟵ MODULE–Anweisung
USE ...	⟵ USE–Anweisung
⋮	⟵ weitere USE–Anweisungen; dürfen fehlen
PUBLIC	⟵ PUBLIC–Anweisung
END MODULE name	⟵ nicht-ausführbare END–Anweisung

Ein Modul zweiter Art *muß* verwendet werden, wenn man in einem F-Programm benutzerdefinierte Datentypen, generische Namen, Operatoren, Zuweisungen oder F-Unterprogramme definieren will. Darüber hinaus *darf* das Modul Vereinbarungen von Variablen und benannten Konstanten enthalten. Solch ein „privates" Modul hat folgende Form:

MODULE name	⟵ MODULE–Anweisung
⋮	⟵ Spezifikationsteil
CONTAINS	⟵ darf zus. mit den Modul-Unterprogr. fehlen
⋮	⟵ Modul-Unterprogramme
END MODULE name	⟵ nicht-ausführbare END–Anweisung

MODULE–Anweisung: Der **name** des Moduls muß auch in der END-MODULE–Anweisung angegeben werden. Darüber hinaus wird er innerhalb eines Programmes überall dort benötigt, wo die sichtbaren Größen dieses Moduls (mit Hilfe einer USE–Anweisung) zugänglich gemacht werden sollen. Der **name** ist ein globaler Name. Er darf innerhalb des Moduls (und innerhalb der Geltungseinheit mit der USE–Anweisung) nicht als lokaler Name verwendet werden.

```
module liste
  real, public, dimension (10) :: a, e
  ⋮
  character (len=17), private  :: karte
end module liste
```

Spezifikationsteil: Wenn im Spezifikationsteil eines Moduls USE–Anweisungen auftreten, muß dort zur expliziten Angabe der Sichtbarkeit der aus anderen Modulen verfügbar gemachten Größen eine PUBLIC– oder PRIVATE–Anweisung ohne Liste geschrieben werden. Ein Modul ohne USE–Anweisung im Spezifikationsteil darf dort keine PRIVATE– oder PUBLIC–Anweisung ohne Liste enthalten.

Die Reihenfolge der Anweisungen im Spezifikationsteil eines Moduls erster Art ist folgendermaßen vorgeschrieben:

1. USE–Anweisung(en)

2. PUBLIC–Anweisung (ohne Liste)

Die PUBLIC–Anweisung sorgt dafür, daß alle mittels USE–Zuordnung in dem Modul verfügbaren Modulgrößen aus anderen Modulen sichtbar sind und außerhalb des Moduls verfügbar gemacht werden können.

Die Reihenfolge der Anweisungen im Spezifikationsteil eines Moduls zweiter Art ist folgendermaßen vorgeschrieben:

1. USE–Anweisungen: falls erforderlich.

2. IMPLICIT NONE: darf fehlen.

3. PRIVATE–Anweisung (ohne Liste): erforderlich, falls das Modul USE-Anweisungen enthält, andernfalls muß die PRIVATE–Anweisung fehlen.

4. PRIVATE– und PUBLIC–Anweisungen (mit Liste): falls erforderlich.

5. INTRINSIC–Anweisungen: falls erforderlich.

6. Typdefinitionen,   Schnittstellenblöcke,   Typvereinbarungs-Anweisungen: falls erforderlich.

Die PRIVATE–Anweisung (ohne Liste) sorgt dafür, daß alle mittels USE–Zuordnung in dem Modul verfügbaren Größen aus anderen Modulen nicht-sichtbar sind und daher außerhalb des Moduls nicht (durch Aufruf dieses Moduls) verfügbar gemacht werden können.

Der Spezifikationsteil eines Moduls darf kein INTENT– oder OPTIONAL–Attribut enthalten. Die Namen der Modul-Unterprogramme aus dem Unterprogrammteil dürfen im Spezifikationsteil eines Moduls nur in PRIVATE– oder PUBLIC–Anweisungen auftreten. Ausführbare Anweisungen dürfen im Spezifikationsteil eines Moduls überhaupt nicht auftreten.

Für alle in einem Modul spezifizierten, definierten, vereinbarten oder zugänglich gemachten Modulgrößen muß eines der Sichtbarkeitsattribute PRIVATE oder PUBLIC spezifiziert werden, und zwar

- für alle mittels USE–Zuordnung zugänglich gemachten Modulgrößen je nach Art des Moduls mittels einer PUBLIC– oder PRIVATE–Anweisung (ohne Liste); andernfalls

- für Datenobjekte in der Typvereinbarungs-Anweisung,

- für benutzerdefinierte Datentypen in der TYPE–Definitionsanweisung,

- für Modul-Unterprogramme mittels einer PUBLIC– oder PRIVATE–Anweisung (mit Liste),

- für benutzerdefinierte oder erweiterte vordefinierte Operatoren mittels einer PUBLIC– oder PRIVATE–Anweisung (mit Liste),

- für benutzerdefinierte Zuweisungen mittels einer PUBLIC– oder PRIVATE–Anweisung (mit Liste), und

- für generische Namen mittels einer PUBLIC– oder PRIVATE–Anweisung (mit Liste).

Wenn ein benutzerdefinierter Datentyp zwar sichtbar ist, aber seine Typkomponenten unsichtbar sein sollen, muß innerhalb der Typdefinition eine PRIVATE–Anweisung (ohne Liste) angegeben werden.

CONTAINS–Anweisung: Die CONTAINS–Anweisung muß fehlen, wenn das Modul keine Modul-Unterprogramme enthält.

Modul-Unterprogramme: Ein Modul zweiter Art darf Unterprogramme enthalten. Diese Modul-Unterprogramme befinden sich im Anschluß an den Spezifikationsteil des Moduls zwischen der CONTAINS–Anweisung und der END MODULE–Anweisung.

END MODULE–Anweisung: In der END MODULE–Anweisung wird zusätzlich der **name** des Moduls angegeben. Es handelt sich um die physikalisch letzte Zeile eines Moduls.

13.2.1   USE–Anweisung

Mit Hilfe der USE–Anweisung kann ein Modul aufgerufen, d. h. nutzbar gemacht, werden, das zuvor bereits vom F-System verarbeitet worden ist. Man sagt, die Geltungseinheit mit der USE–Anweisung „nutzt" das Modul. Höchstens dort, wo ein bestimmtes Modul nutzbar gemacht ist, können die Definitionen, Spezifikationen und Vereinbarungen dieses Moduls zugänglich sein. Folgende Modulgrößen können nur dann zugänglich gemacht werden, wenn sie sichtbar sind: Variablen (mit eigenem Namen), benannte Konstanten, Modul-Unterprogramme, benutzerdefinierte Datentypen und Schnittstellenblöcke.

USE modul

USE modul, lokaler_name => use-name [, lokaler_name => use-name]...

USE modul, ONLY : nur [, nur]...

Dabei ist **modul** der Name des Moduls, und der **lokale_name** ist jeweils ein lokaler Name in der Geltungseinheit mit der USE–Anweisung. **use-name** ist in dem **modul** jeweils der Name einer *sichtbaren* Größe des Moduls. Eine Größe ist sichtbar, wenn sie das PUBLIC–Attribut hat.

Und **nur** ist jeweils eine Angabe folgender Art :

use-name
lokaler_name => use-name
generischer_name
OPERATOR (operator)
ASSIGNMENT (=)

Die letzten drei Angaben bezeichnen entsprechende generische Schnittstellenblöcke.

Die Größen der Geltungseinheit mit der USE–Anweisung und die gleichnamigen sichtbaren Größen des Moduls werden einander zugeordnet. Man spricht dann von *USE–Zuordnung.*

Eine Geltungseinheit darf mehrere USE–Anweisungen enthalten. Je zwei USE–Anweisungen in einer Geltungseinheit dürfen allerdings weder direkt noch indirekt (durch Aufruf eines zuvor aufgerufenen Moduls) dasselbe Modul aufrufen.

Eine USE–Anweisung *ohne* das Schlüsselwort ONLY macht *alle* sichtbaren Größen des angegebenen Moduls zugänglich. Eine USE–Anweisung *mit* dem Schlüsselwort ONLY macht *nur* die in der ONLY–Liste angegebenen (sichtbaren) Größen des Moduls zugänglich. In beiden Fällen können die sichtbaren Größen mit eigenem Namen, die zugänglich gemacht werden sollen, durch Angabe anderer lokaler Namen in der Geltungseinheit mit der USE–Anweisung umbenannt werden. Dabei kann der Name eines vordefinierten Unterprogrammes nicht umbenannt werden.

Modulgrößen *müssen* umbenannt werden, wenn es Namenskonflikte zwischen den zugänglich gemachten Größen mehrerer Module und/oder zwischen den zugänglich gemachten Größen und lokalen Namen der Geltungseinheit mit der USE–Anweisung gibt.

```
use graphik_lib
```
Alle sichtbaren Größen des Moduls `graphik_lib` werden zugänglich gemacht und haben in der Geltungseinheit mit der USE–Anweisung die gleichen Namen wie in dem Modul.

```
use graphik_lib, kr => kreis, bg => bogen, li => linie
```
Wie zuvor, außer daß die Modulgrößen `kreis`, `bogen` und `linie` in der Geltungseinheit, die die USE–Anweisung enthält, mit den lokalen Namen `kr`, `bg` bzw. `li` identifiziert werden.

USE mit ONLY

Wenn in einer Geltungseinheit nur ein Teil eines Moduls benötigt wird, dann kann in der USE–Anweisung das Schlüsselwort ONLY mit einer ONLY–Liste angegeben werden. In diesem Fall werden *die und nur die* Größen des Moduls zugänglich gemacht, die in der ONLY–Liste namentlich genannt sind. Die USE–Anweisung *mit* ONLY–Liste übersteuert eine USE–Anweisung *ohne* das Schlüsselwort ONLY *nicht.*

```
use statistik_lib, only: gauss, hg => histogramm
```
Es werden nur die Größen `gauss` und `histogramm` zugänglich gemacht. Wie zuvor können die Größen des Moduls umbenannt werden. D. h., innerhalb der Geltungseinheit, die die USE–Anweisung enthält, werden die beiden zugänglich gemachten Größen durch die lokalen Namen `gauss` und `hg` identifiziert.

13.2.2 Typische Anwendungsfälle

Benutzerdefinierte Datentypen: Nichtstandard-Datentypen können nur im Spezifikationsteil eines Moduls definiert werden. Wenn sie außerhalb des Moduls verwendet werden sollen, müssen sie das PUBLIC–Attribut haben.

Datenstrukturen: Datenstrukturen (Strukturen, Strukturobjekte) sind skalare Datenobjekte benutzerdefinierten Typs. Die Typdefinition eines derartigen benutzerdefinierten Typs muß im Spezifikationsteil eines Moduls untergebracht werden. Überall dort, wo in einem Programm (außerhalb des Moduls) Strukturobjekte dieses Typs benötigt werden, kann der benutzerdefinierte Datentyp mit Hilfe einer USE–Anweisung zugänglich gemacht werden, falls er das PUBLIC–Attribut hat. Auf diese Weise ist sichergestellt, daß an allen diesen Stellen wirklich derselbe (und nicht nur der gleiche) Datentyp für die Vereinbarung der betr. Strukturobjekte verwendet wird.

Generische Schnittstellenblöcke: Operator-Schnittstellenblöcke, Zuweisungs-Schnittstellenblöcke und Schnittstellenblöcke mit generischen Namen können nur im Spezifikationsteil eines Moduls spezifiziert werden. Benutzerdefinierte Operatoren, benutzerdefinierte Zuweisungen und generische Unterprogrammnamen können außerhalb des Modul nur dann verfügbar gemacht werden, wenn sie das PUBLIC–Attribut haben.

Abstrakte Datentypen: Ein benutzerdefinierter Datentyp und die Operatoren für diesen Datentyp können mit dem PUBLIC–Attribut versehen in ein Modul eingebettet werden. Und die Implementierungen dieser Operatoren, d. h. die zugehörigen Modulfunktionen, können mit dem PRIVATE–Attribut versehen werden. Auf diese Weise sind die Datentypen und die Operationen auf diesen Datentypen sichtbar. Und die Implementierung der Operationen bleibt außerhalb des Moduls verborgen.

Globale Daten: Im Spezifikationsteil eines Moduls können mit Hilfe von Typvereinbarungs-Anweisungen Daten(objekte) vereinbart werden. Diese Datenobjekte haben globalen Charakter, wenn sie sichtbar sind. D. h., ein derartiges Datenobjekt gibt es physikalisch nur ein einziges Mal, auch wenn das Modul von mehreren Geltungseinheiten genutzt wird.

Programmbibliothek: Man kann im Spezifikationsteil eines Moduls Schnittstellenblöcke für externe Unterprogramme (z. B. einer Programmbibliothek) unterbringen. Überall dort, wo diese Schnittstellenblöcke mit Hilfe einer USE–Anweisung zugänglich gemacht sind, können die externen Unterprogramme aufgerufen werden, und das F-System kann überprüfen, ob der Aufruf solch eines Unterprogrammes zur Schnittstellendefinition in dem Schnittstellenblock paßt.

F-Unterprogramme: Ein in F geschriebenes Unterprogramm muß als Modul-Unterprogramm in ein Modul eingebettet werden. Andere F-Unterprogramme werden nicht unterstützt.

13.3 Unterprogramme

Ein **Unterprogramm** ist entweder eine *Funktion* oder eine *Subroutine*. Funktionen und Subroutinen unterscheiden sich formal hinsichtlich der Art des Aufrufes und hinsichtlich der Art der Unterprogrammdefinition.

Außer den *benutzerdefinierten* Unterprogrammen, für deren Definition i. allg. der Programmierer verantwortlich ist, gibt es *vordefinierte* Unterprogramme, die das F-System bereitstellt.

Ein Unterprogramm ist kein selbständiger Teil eines Programmes, sondern es kann nur zur Ausführung aufgerufen werden. Bei Ausführung eines Unterprogrammes ist i. allg. ein Informationsaustausch zwischen dem aufrufenden Hauptprogramm oder Unterprogramm und dem aufgerufenen Unterprogramm möglich.

Klassifikation der Unterprogramme

Es gibt mehrere Arten von Unterprogrammen, die sich durch charakteristische Eigenschaften voneinander unterscheiden:

- Ein **Modul-Unterprogramm** ist ein Teil eines Moduls. Wenn es sichtbar ist, kann es anderen Programmeinheiten zugänglich gemacht werden. Ein in F geschriebenes Unterprogramm, ist grundsätzlich ein Modul-Unterprogramm.

- Ein **vordefiniertes Unterprogramm** ist ein Unterprogramm, das dem F-Programmierer als Teil des F-Systems fix und fertig zur Verwendung bereitgestellt wird.

- Ein **externes Unterprogramm** ist ein benutzerdefiniertes Unterprogramm, das nicht in F, sondern in einer anderen Programmiersprache, z. B. in Fortran 90 oder Fortran 95, geschrieben ist.

Eine **Operatorfunktion** ist eine Modulfunktion, die die Wirkungsweise eines benutzerdefinierten Operators festlegt oder die die Wirkungsweise eines vordefinierten Operators erweitert.

Eine **Zuweisungssubroutine** ist eine Modulsubroutine, die die Wirkungsweise einer benutzerdefinierten Zuweisung festlegt.

Ein **Formalparameter-Unterprogramm** ist ein Formalparameter, der mit Hilfe eines Schnittstellenblockes als Unterprogramm spezifiziert ist und der in einem Unterprogrammaufruf als Name des aufgerufenen Unterprogrammes auftreten kann.

Eine Funktion wird ausschließlich innerhalb eines Ausdruckes aufgerufen. Dabei kann der Funktionsaufruf explizit als Operand in dem Ausdruck auftreten. Der

Funktionsaufruf kann aber auch implizit, d. h. automatisch, bei Ausführung einer benutzerdefinierten Operation oder einer erweiterten vordefinierten Operation erfolgen.

Eine Subroutine wird entweder explizit mit Hilfe einer CALL–Anweisung oder implizit bei Ausführung einer benutzerdefinierten Zuweisungsanweisung aufgerufen.

Der Name eines Unterprogrammes kennzeichnet die Unterprogramm-Schnittstelle. Eine solche **Unterprogramm-Schnittstelle** hat folgende charakteristische Eigenschaften:

- Art des Unterprogrammes (Funktion oder Subroutine),
- spezifischer Name des Unterprogrammes,
- Namen der Formalparameter,
- Art der Formalparameter (Datengröße oder Unterprogramm),
- Eigenschaften der Formalparameter,
- generischer Name des Unterprogrammes (soweit vorhanden) und ggf.
- Eigenschaften des Funktionswertes.

Die Ausführung eines in F geschriebenen Unterprogrammes beginnt mit der ersten ausführbaren Anweisung, die der FUNCTION– oder SUBROUTINE–Anweisung folgt.

13.3.1   Modulfunktionen

Eine in F geschriebene Funktion beginnt (abgesehen von optionalen führenden Kommentarzeilen) mit einer FUNCTION–Anweisung, endet mit einer END-FUNCTION–Anweisung, enthält dazwischen mindestens eine Typvereinbarungs-Anweisung für die Ergebnisvariable und eine ausführbare Anweisung und enthält ggf. Kommentarzeilen.   Sie darf keine MODULE–, SUBROUTINE– oder PROGRAM–Anweisungen enthalten.   Solch eine benutzerdefinierte Funktion muß grundsätzlich in ein umgebendes Modul eingebettet werden.   Es handelt sich also um eine Modulfunktion. Eine Modul-Funktion ist Teil des umgebenden Moduls und hat mittels Umgebungszuordnung Zugang zu bestimmten Größen des umgebenden Moduls.

Eine Modulfunktion kann von jedem Modul-Unterprogramm innerhalb des umgebenden Moduls aufgerufen werden. Falls sie das PUBLIC–Attribut hat, kann sie mittels USE–Zuordnung auch anderen Geltungseinheiten eines Programmes zugänglich gemacht werden und dort aufgerufen werden.

Eine Funktion wird aufgerufen und ausgeführt, entweder wenn der Funktionsname als Operand in einem Ausdruck verarbeitet wird oder wenn eine benutzerdefinierte Operation ausgeführt wird. Die aufgerufene Funktion liefert der aufrufenden Geltungseinheit an der Stelle des Aufrufes einen Wert, nämlich den

Funktionswert. Außerdem kann eine Funktion mit dem aufrufenden Haupt- oder Unterprogramm über eine Parameterliste Informationen austauschen. Sobald in der aufgerufenen Funktion eine RETURN– oder die END FUNCTION-Anweisung ausgeführt wird, wird die Kontrolle an die aufrufende Geltungseinheit zurückgegeben.

```
module hilfs_lib
  public :: drehen, fehler
  ⋮
contains                               ! Es folgen  Modul-Unterprogramme
  function drehen (winkel) result (dreh)
    real, intent(in) :: winkel
    real             :: dreh
    real             :: pi
    ⋮
    dreh = cos(winkel + pi)
    call fehler(x=dreh)                ! Aufruf der Modulsubroutine
  end function drehen
  subroutine fehler (x)
    real, intent(in) :: x
    if (x <= 0.0) then
       stop "X-Wert negativ"
    endif
  end subroutine fehler
end module hilfs_lib

program ebene
  use hilfs_lib                        ! Bezugnahme auf das Modul
  ⋮
  xpunkt = r * drehen(winkel=phi)  ! Aufruf der Modulfunktion
  ⋮
  call fehler(x=xpunkt-10)             ! Aufruf der Modulsubroutine
  ⋮
end program ebene
```

13.3.1.1   Funktionsdefinition

[...] **FUNCTION fname ([...]) RESULT (...)**   ⟵ FUNCTION-Anweisung

  ⋮   ⟵ Spezifikationsteil

  ⋮   ⟵ Ausführungsteil

END FUNCTION fname   ⟵ ausführbare END-Anweisung

Die Reihenfolge der Spezifikationsanweisungen im Spezifikationsteil einer Funktionsdefinition ist folgendermaßen vorgeschrieben:

1. USE–Anweisungen: falls erforderlich.

2. INTRINSIC–Anweisungen: falls erforderlich.

3. Schnittstellenblöcke und Typvereinbarungs-Anweisungen mit Attributen für die Formalparameter: falls erforderlich.

4. Typvereinbarungs-Anweisung mit Attributen für die Ergebnisvariable.

5. Sonstige Typvereinbarungs-Anweisungen: falls erforderlich.

Eine lokale Variable, die im Spezifikationsteil einer Funktion vereinbart ist, darf kein SAVE-Attribut haben. Für solch eine Variable kann daher auch kein Anfangswert spezifiziert werden.

Die Unterprogrammdefinitionen aller Modul-Unterprogramme eines bestimmten Moduls werden im Anschluß an den Spezifikationsteil des Moduls zwischen die CONTAINS–Anweisung und END MODULE–Anweisung eingefügt.

FUNCTION–Anweisung

Mit Hilfe der FUNCTION–Anweisung spezifiziert man den Namen einer Funktion, die Ergebnisvariable der Funktion, ggf. eine Formalparameterliste und die Rekursivität. Die FUNCTION–Anweisung muß die erste Anweisung einer Funktion sein.

[RECURSIVE] FUNCTION fname ( ) RESULT (ergebnis)

[RECURSIVE] FUNCTION fname (forpar [, forpar]...) RESULT (ergebnis)

Das Schlüsselwort RECURSIVE muß für eine rekursive Funktion spezifiziert werden. **fname** ist der **spezifische Name** der Funktion. Mit Hilfe eines Schnittstellenblockes kann man zusätzlich einen *generischen Namen* spezifizieren. **forpar** ist jeweils ein Formalparameter, und zwar ist es entweder der Name einer Variablen oder der Name eines Formalparameter-Unterprogrammes. Dabei müssen die optionalen Formalparameter den nicht-optionalen Formalparametern folgen. Und **ergebnis** ist der Name der *Ergebnisvariablen.*

Funktionswert

Eine Funktion, d.h. die Ergebnisvariable einer Funktion, hat einen Typ, ggf. einen Typparameter und ggf. eine Zeichendatenlänge. Diese Attribute müssen explizit mit Hilfe einer Typvereinbarungs-Anweisung (im Spezifikationsteil der Funktion) spezifiziert werden. Falls eine Funktion benutzerdefinierten Typs ist, muß dieser Datentyp dort mittels USE–Zuordnung oder Umgebungszuordnung zugänglich sein.

Die Ergebnisvariable einer Funktion darf weitere Attribute, nämlich das DIMENSION– und das POINTER–Attribut, haben, die im Spezifikationsteil der Funktion spezifiziert werden müssen. Die Ergebnisvariable einer feldwertigen Nichtzeiger-Funktion muß ein Feld mit expliziter Gestalt sein. Die Indexgrenzen dürfen nicht-konstante Spezifikationsausdrücke sein.

Bei Rückkehr in das aufrufende Haupt- oder Unterprogramm ist der Funktionswert einer Funktion durch den Wert der Ergebnisvariablen gegeben. Diese Ergebnisvariable ist eine lokale Variable der Funktion. Jede Verwendung des Funktionsnamens innerhalb des Ausführungsteils der Funktion ist ein rekursiver Aufruf der Funktion. Der Funktionsname darf in der Geltungseinheit der Funktion nicht in Typvereinbarungs-Anweisungen oder Spezifikationsanweisungen auftreten. Im Fall einer Zeichenfunktion darf für die Ergebnisvariable als Zeichendatenlänge kein * spezifiziert werden.

```
function mwert (x) result (mw)
  real, dimension (:), intent(in) :: x
  real     :: mw
  integer :: i, n
  n = size(x)
  mw = 0.0
  do i=1,n
    mw = mw + i/real(n)*x(i)
  enddo
  mw = mw/n
end function mwert
```

Keine Zeigerfunktion: Wenn der Funktionswert *kein* Zeiger ist, dann muß die Ergebnisvariable der Funktion bei Ausführung der Funktion definiert, d. h. mit einem Wert versehen, werden. Dieser Wert darf auch innerhalb der Funktion weiterverwendet oder sogar geändert werden. Wenn schließlich innerhalb der Funktion eine RETURN– oder END FUNCTION-Anweisung ausgeführt wird, dann ist der aktuelle Wert dieser Variablen der Funktionswert, der als Operand in der aufrufenden Geltungseinheit weiterverwendet wird.

Zeigerfunktion: Wenn der Funktionswert ein Zeiger ist, dann muß der Ergebnisvariablen der Funktion bei Ausführung der Funktion ein Zeigerziel zugeordnet werden, oder der Zeiger muß den definierten Zuordnungsstatus „nicht-zugeordnet" erhalten. Die Ergebnisvariable einer Funktion darf ein Feld, d. h. in diesem Falle ein Feldzeiger, sein. Die Gestalt eines solchen Funktionswertes ist durch Gestalt der Ergebnisvariablen beim Rücksprung in das aufrufende Haupt- oder Unterprogramm gegeben.

Bei Verwendung einer Zeigerfunktion sollte man daran denken, daß der Programmierer keine Möglichkeit hat, das explizit für das Ergebnis erzeugte Zeigerziel später explizit wieder freizugeben.

Formalparameter

Die Namen der Formalparameter sind lokale Namen. Wenn es sich um Datenobjekte handelt, werden sie mit Hilfe nachfolgender Typvereinbarungs-Anweisungen innerhalb der Funktion genauer spezifiziert.

Formalparameter, die Felder sind, müssen innerhalb der Funktion als Feld spezifiziert werden. Dabei muß ein Nichtzeiger-Feld als Feld mit übernommener Gestalt spezifiziert werden. Für Formalparameter vom Zeichentyp muß die Zeichendatenlänge * spezifiziert werden.

Für jeden Formalparameter, der kein Zeiger und kein Formalparameter-Unterprogramm ist, muß INTENT(IN) spezifiziert werden.

Wenn ein Formalparameter das OPTIONAL–Attribut hat, müssen alle in der Formalparameterliste nachfolgenden Formalparameter ebenfalls das OPTIONAL–Attribut haben.

Ausführungsteil

Jedes in einer Funktion explizit aufgerufene Unterprogramm muß eine Funktion sein. Implizite Aufrufe von Funktionen bei Ausführung eines Operators oder implizite Aufrufe von Subroutinen bei Ausführung einer benutzerdefinierten Zuweisung sind zulässig.

Eine Variable, die mittels USE–Zuordnung oder Umgebungszuordnung zugänglich ist oder die ein Formalparameter ist, darf nicht verwendet werden

- als linke Seite einer Zuweisungsanweisung,

- als Eingabelistenelement in einer READ–Anweisung,

- als interne Datei in einer WRITE–Anweisung,

- als IOSTAT–Parameter in einer E/A-Anweisung,

- als rechte Seite einer Zeigerzuweisungs-Anweisung,

- als rechte Seite einer Zuweisungsanweisung, deren linke Seite (bei vollständiger Auflösung) eine „Elementarkomponente" mit POINTER–Attribut hat,

- als Objekt oder Statusvariable in einer ALLOCATE– oder DEALLOCATE–Anweisung,

- als Objekt in einer NULLIFY–Anweisung, oder

- als Aktualparameter für einen Formalparameter mit POINTER–Attribut.

Eine Subroutine, die explizit bei Ausführung einer benutzerdefinierten Zuweisung aufgerufen wird und jede dort aufgerufene Subroutine müssen allen Regeln genügen, die auch für Variablen in Funktionen gelten, außer daß der erste Formalparameter einer solchen Subroutine das INTENT(OUT)- oder INTENT(INOUT)–Attribut haben darf.

Folgende Anweisungen dürfen in einer Funktion nicht auftreten:

- OPEN und CLOSE,

- BACKSPACE, REWIND und ENDFILE,

- INQUIRE,

- READ und WRITE, außer die E/A-Einheit ist eine interne Datei oder hat UNIT = ∗ und einen FMT-Parameter oder ist eine READ–Anweisung ohne E/A-Parameterliste.

END FUNCTION–Anweisung

In der END FUNCTION–Anweisung muß der Funktionsname **fname** angegeben werden. Es handelt sich um die physikalisch letzte Zeile einer Funktion.

Rekursive Funktionen

Das Schlüsselwort RECURSIVE ist immer dann in der FUNCTION-Anweisung erforderlich, wenn sich die Funktion direkt oder indirekt selbst aufruft.

```
recursive function fff (feld) result (f)
  real, dimension (:), intent(in) :: feld
  real, dimension (size(feld))    :: f
  integer :: n
  n = size(feld)
  if (n <= 1) then
    f = feld
  else
    n = n/2
    f(:n)   = fff(feld(:n))
    f(n+1:) = fff(feld(n+1:)) + f(n)
  endif
end function fff
```

13.3.1.2 Expliziter Aufruf einer Funktion

Der explizite Funktionsaufruf liefert an der Stelle des Aufrufes einen Wert für diesen Ausdruck, nämlich den Funktionswert.

fname ( )

fname (ap [, ap]...)

Dabei ist **fname** der (spezifische oder generische) Name einer Funktion. Und **ap** ist jeweils eine Aktualparameterspezifikation, die als Schlüsselwortparameter oder stellungsgerecht als Stellungsparameter geschrieben werden kann.

Bei *stellungsgerechter* Schreibweise wird lediglich der Aktualparameter hingeschrieben. Ein *Schlüsselwortparameter* hat die Form **formalparameter = aktualparameter.** Dabei ist **formalparameter** der Name eines Formalparameters aus der Schnittstelle der aufgerufenen Funktion, der als Schlüsselwort für den zuzuordnenden Aktualparameter verwendet wird.

Eine Funktion, die mit leerer Formalparameterliste definiert ist, muß mit leerer Aktualparameterliste aufgerufen werden; d. h., die Klammern dürfen in diesem Fall nicht fehlen. Wenn in der Aktualparameterliste ein Schlüsselwortparameter spezifiziert ist, müssen alle nachfolgenden Aktualparameter ebenfalls mit Schlüsselwort spezifiziert werden.

Eigenschaften des im Funktionsaufruf verwendeten Namens **fname**

In der Geltungseinheit mit dem Funktionsaufruf sind keine Spezifikationen für den Funktionswert erforderlich,

- weil beim Aufruf innerhalb des Moduls mit der Modulfunktion alle Eigenschaften der Funktion allen anderen Modul-Unterprogrammen des Moduls bereits bekannt sind, oder

- weil beim Aufruf außerhalb des Moduls die charakteristischen Eigenschaften der Funktion mittels USE–Anweisung zugänglich gemacht werden.

```
program abc
  :
real, dimension (100) :: jan, feb
real                  :: minmw, ref
  :
minmw = mw(jan) * 100.0
ref   = mw(feb) * 10.0
if (ref < minmw) then
  minmw = ref
endif
  :
end program abc
```

Unabhängig davon, ob es sich bei der Funktion **mw** um eine Modulfunktion oder um eine externe Funktion handelt, braucht im Hauptprogramm keine reelle Größe mit dem Namen **mw** vereinbart zu werden.

Ausführung

Ein Funktionsaufruf wird in folgender Weise ausgeführt:

1. Auswertung der Aktualparameter, die Ausdrücke mit Operatoren sind oder die eingeklammert sind; und Berechnung der Position der Aktualparameter, die Teilobjekte sind.

2. Übergabe der Parameter.

3. Ausführung der Funktion beginnend mit der ersten ausführbaren Anweisung der Funktion.

4. Rücksprung in das aufrufende Haupt- oder Unterprogramm. An der Stelle des Funktionsaufrufes steht damit der Funktionswert als Operand zur Verfügung.

Rekursiver Aufruf: Für jeden Aufruf der Funktion wird ein separates **Ausführungsexemplar** der Funktion ausgeführt. Ein Ausführungsexemplar hat einen eigenen Satz Formalparameter und es hat einen eigenen Satz lokaler nicht-gesicherter Variablen.

Alle anderen Größen werden von allen Ausführungsexemplaren der Funktion gemeinsam benutzt. Das gilt z. B. für Größen, die mittels USE–Zuordnung oder Umgebungszuordnung zugänglich sind. Für solche Größen gibt es aber bestimmte Einschränkungen hinsichtlich ihrer Verwendungsmöglichkeiten in der Funktion.

13.3.1.3 Operatorfunktionen

Eine *Operatorfunktion* ist eine spezielle Modul-Funktion, die die Bedeutung eines *benutzer*definierten Operators oder eines erweiterten *vor*definierten Operators definiert. Sie wird automatisch bei Ausführung des zugehörigen Operators aufgerufen.

Eine Funktion kommt überhaupt nur als Operatorfunktion in Betracht, wenn sie folgenden Bedingungen genügt:

Die Funktion muß einen oder zwei Formalparameter haben. Diese müssen Variablen sein und dürfen keine optionalen Formalparameter sein.

Ob eine derartige Funktion dann tatsächlich implizit, d. h. automatisch, als Operatorfunktion aufgerufen wird, ist von weiteren Bedingungen abhängig (s. 7.5.1).

13.3.2 Modulsubroutinen

Eine Subroutine beginnt (abgesehen von führenden Kommentarzeilen) mit einer SUBROUTINE–Anweisung, endet mit einer END SUBROUTINE–Anweisung und enthält dazwischen ggf. ausführbare Anweisungen, nichtausführbare Anweisungen und Kommentarzeilen. Sie darf keine MODULE–, FUNCTION– oder PROGRAM–Anweisung enthalten. Solch eine benutzerdefinierte Subroutine muß grundsätzlich in ein umgebendes Modul eingebettet werden. Es handelt sich also um eine Modulsubroutine. Eine Modul-Subroutine ist Teil des umgebenden Moduls und hat mittels Umgebungszuordnung Zugang zu bestimmten Größen des umgebenden Moduls.

Eine Subroutine wird aufgerufen und ausgeführt, entweder wenn in der aufrufenden Geltungseinheit eine CALL–Anweisung verarbeitet wird oder wenn eine benutzerdefinierte Zuweisungsanweisung ausgeführt wird. Eine Subroutine kann mit dem aufrufenden Haupt- oder Unterprogramm über eine Parameterliste Informationen austauschen. Sobald in der aufgerufenen Subroutine eine RETURN– oder die END SUBROUTINE–Anweisung ausgeführt wird, wird die Kontrolle an die aufrufende Geltungseinheit zurückgegeben.

Eine Modulsubroutine kann von jedem Modul-Unterprogramm innerhalb des umgebenden Moduls aufgerufen werden. Falls sie das PUBLIC–Attribut hat, kann sie mittels USE–Zuordnung auch anderen Geltungseinheiten eines Programmes zugänglich gemacht werden und dort aufgerufen werden (s. das Beispiel in 13.3.1)

13.3.2.1 Subroutinendefinition

[RECURSIVE] SUBROUTINE sname (...) ⟵ SUBROUTINE–Anweisung

⋮ ⟵ Spezifikationsteil; darf fehlen

⋮ ⟵ Ausführungsteil; darf fehlen

END SUBROUTINE sname ⟵ ausführbare END–Anweisung

Die Reihenfolge der Spezifikationsanweisungen im Spezifikationsteil einer Subroutinendefinition ist folgendermaßen vorgeschrieben:

1. USE–Anweisungen: falls erforderlich.

2. INTRINSIC–Anweisungen: falls erforderlich.

3. Schnittstellenblöcke und Typvereinbarungs-Anweisungen mit Attributen für die Formalparameter: falls erforderlich.

4. Sonstige Typvereinbarungs-Anweisungen: falls erforderlich.

Die Unterprogrammdefinitionen aller Modul-Unterprogramme eines bestimmten Moduls werden im Anschluß an den Spezifikationsteil des Moduls zwischen die CONTAINS–Anweisung und END MODULE–Anweisung eingefügt.

Eine Subroutine, die in einer Funktion aufgerufen wird, muß bestimmten Einschränkungen genügen, die in 13.3.1.1 beschrieben werden.

SUBROUTINE–Anweisung

Mit Hilfe der SUBROUTINE–Anweisung spezifiziert man den Namen einer Subroutine und ggf. eine Formalparameterliste. Die SUBROUTINE–Anweisung muß die erste Anweisung einer Subroutine sein.

[**RECURSIVE**] **SUBROUTINE sname ( )**

[**RECURSIVE**] **SUBROUTINE sname (forpar [, forpar]...)**

Das Schlüsselwort RECURSIVE muß für eine rekursive Subroutine spezifiziert werden. **sname** ist der **spezifische** Name der Subroutine. Mit Hilfe eines Schnittstellenblockes kann man zusätzlich einen *generischen Namen* spezifizieren. **forpar** ist jeweils ein Formalparameter, und zwar ist es entweder der Name einer Variablen oder der Name eines Formalparameter-Unterprogrammes. Dabei müssen die optionalen Formalparameter den nicht-optionalen Formalparametern folgen.

```
subroutine sum (x, y, r)
  real, dimension (:), intent(in)  :: x, y
  real, dimension (:), intent(out) :: r
  r = x + y
  where (r > 775.0)
    r = 775.0
  endwhere
end subroutine sum
```

Formalparameter

Die Namen der Formalparameter sind lokale Namen. Wenn es sich um Datenobjekte handelt, werden sie mit Hilfe nachfolgender Typvereinbarungs-Anweisungen innerhalb der Funktion genauer spezifiziert.

Formalparameter, die Felder sind, müssen innerhalb der Subroutine als Feld spezifiziert werden. Dabei muß ein Nichtzeiger-Feld als Feld mit übernommener Gestalt spezifiziert werden. Für Formalparameter vom Zeichentyp muß die Zeichendatenlänge Stern * spezifiziert werden.

Für jeden Formalparameter, der kein Zeiger und kein Formalparameter-Unterprogramm ist, muß ein INTENT–Attribut spezifiziert werden.

Wenn ein Formalparameter das OPTIONAL–Attribut hat, müssen alle nachfolgenden Formalparameter ebenfalls das OPTIONAL–Attribut haben.

END SUBROUTINE–Anweisung

In der END SUBROUTINE–Anweisung muß der Name **sname** der Subroutine angegeben werden. Es handelt sich um die physikalisch letzte Zeile einer Subroutine.

Rekursive Subroutinen

Das Schlüsselwort RECURSIVE ist immer dann in der SUBROUTINE–Anweisung erforderlich, wenn sich die Subroutine direkt oder indirekt selbst aufruft.

13.3.2.2 Expliziter Aufruf einer Subroutine, CALL–Anweisung

Mit Hilfe einer CALL–Anweisung wird eine Subroutine aufgerufen.

CALL sname ( )

CALL sname (ap [, ap]...)

Dabei ist **sname** der (spezifische oder generische) Name einer Subroutine. Und **ap** ist jeweils eine Aktualparameterspezifikation, die als Schlüsselwortparameter oder stellungsgerecht als Stellungsparameter geschrieben werden kann.

Bei *stellungsgerechter* Schreibweise wird lediglich der Aktualparameter hingeschrieben. Ein *Schlüsselwortparameter* hat die Form **formalparameter = aktualparameter**. Dabei ist **formalparameter** der Name eines Formalparameters aus der Schnittstelle der aufgerufenen Subroutine, der als Schlüsselwort für den zuzuordnenden Aktualparameter verwendet wird.

Eine Subroutine, die mit leerer Formalparameterliste definiert ist, muß mit leerer Aktualparameterliste aufgerufen werden; d. h., die Klammern dürfen in diesem Fall nicht fehlen. Wenn in der Aktualparameterliste ein Schlüsselwortparameter spezifiziert ist, müssen alle nachfolgenden Aktualparameter ebenfalls mit Schlüsselwort spezifiziert werden.

Ausführung

Eine CALL–Anweisung wird in folgender Weise ausgeführt:

1. Auswertung der Aktualparameter, die Ausdrücke mit Operatoren sind oder die eingeklammert sind; und Berechnung der Position der Aktualparameter, die Teilobjekte sind.

2. Übergabe der Parameter.

3. Ausführung der Subroutine beginnend mit der ersten ausführbaren Anweisung der Subroutine.

4. Rücksprung in das aufrufende Haupt- oder Unterprogramm.

```
program su
  ⋮
real, dimension (100) :: jan, feb, j1996
read (unit=14) jan, feb
call sum(jan, feb, j1996)
write (unit=16) j1996
  ⋮
end program su
```

Mit dem Rücksprung in die aufrufende Geltungseinheit ist die Ausführung der CALL–Anweisung beendet, und das Programm wird mit der Ausführung der WRITE–Anweisung fortgesetzt.

Rekursiver Aufruf: Für jeden Aufruf der Subroutine wird ein separates **Ausführungsexemplar** der Subroutine ausgeführt. Ein Ausführungsexemplar hat einen eigenen Satz Formalparameter und es hat einen eigenen Satz lokaler nicht-gesicherter Variablen.

Alle anderen Größen werden von allen Ausführungsexemplaren der Subroutine gemeinsam benutzt. Das gilt z. B. für Größen, die mittels USE–Zuordnung oder Umgebungszuordnung zugänglich sind. Wenn z. B. eine gesicherte Variable in einem Ausführungsexemplar einer Subroutine definiert wird, dann kann diese Variable im nächsten Ausführungsexemplar mit diesem Wert weiterverwendet werden.

13.3.2.3 Zuweisungssubroutinen

Eine *Zuweisungssubroutine* ist eine spezielle Modulsubroutine, die Bedeutung einer *benutzer*definierten Zuweisungsanweisung definiert. Sie wird automatisch bei Ausführung der benutzerdefinierten Zuweisungsanweisung aufgerufen.

Eine Subroutine kommt überhaupt nur dann als Zuweisungssubroutine in Betracht, wenn sie folgenden Bedingungen genügt:

Die Subroutine muß zwei Formalparameter haben. Diese Formalparameter müssen Variablen sein und dürfen keine optionalen Formalparameter sein. Der erste Formalparameter muß das INTENT(OUT)– oder INTENT(INOUT)–Attribut haben, und der zweite Formalparameter muß das INTENT(IN)–Attribut haben.

Ob eine derartige Subroutine dann tatsächlich implizit, d. h. automatisch, als Zuweisungssubroutine aufgerufen wird, ist von weiteren Bedingungen abhängig (s. 8.2).

13.3.3   Externe Unterprogramme

Ein externes Unterprogramm ist ein benutzerdefiniertes Unterprogramm, das nicht in ein Modul eingebettet ist und das nicht in der Programmiersprache F, sondern in einer anderen Programmiersprache, z. B. in Fortran 90 oder Fortran 95, geschrieben ist und das dem F-Programm fix und fertig zum Aufruf zur Verfügung steht.

Aufruf eines externen Unterprogrammes

Der Aufruf einer externen Funktion oder einer externen Subroutine hat die gleiche Form und die gleichen Eigenschaften wie der Aufruf einer Modulfunktion bzw. wie der Aufruf einer Modulsubroutine.

An der Stelle des Aufrufs eines externen Unterprogrammes muß ein *einfacher Schnittstellenblock* mit einer Schnittstellendefinition des externen Unterprogrammes verfügbar sein. Dieser Schnittstellenblock muß im Spezifikationsteil eines Moduls bereitgestellt werden und muß mittels USE–Zuordnung zugänglich gemacht werden, wenn der Unterprogrammaufruf außerhalb des Moduls auftritt.

13.3.4   Formalparameter-Unterprogramme

Ein Formalparameter, der ein Unterprogramm identifiziert, wird als **Formalparameter-Unterprogramm** bezeichnet. Im Spezifikationsteil des Unterprogrammes mit solch einem Formalparameter muß (ggf. nach den USE- und IMPLICIT NONE–Anweisungen) ein *einfacher Schnittstellenblock* mit einer Schnittstellendefinition des Formalparameter-Unterprogrammes angegeben werden. Unabhängig davon, ob das Formalparameter-Unterprogramm aufgerufen wird oder nicht, kann man an der Schnittstellendefinition erkennen, ob es sich um eine *Formalparameter-Funktion* oder um eine *Formalparameter-Subroutine* handelt.

Aufruf eines Formalparameter-Unterprogrammes

Der Aufruf einer Formalparameter-Funktion oder einer Formalparameter-Subroutine hat die gleiche Form und die gleichen Eigenschaften wie der Aufruf einer Modulfunktion bzw. wie der Aufruf einer Modulsubroutine.

13.3.5 Schnittstellenblöcke

Mit Hilfe eines **Schnittstellenblockes** kann man Eigenschaften einer oder mehrerer Unterprogramm-Schnittstellen spezifizieren.

Ein Schnittstellenblock kann folgende Spezifikationen enthalten:

- Eine oder mehrere *Schnittstellendefinitionen*, in denen *alle* Eigenschaften der Unterprogramm-Schnittstellen von externen Unterprogrammen oder von Formalparameter-Unterprogrammen spezifiziert sind. Ein derartiger Schnittstellenblock wird als *einfacher Schnittstellenblock* bezeichnet.

- Einen *generischen Namen* und und die Namen bestimmter Modul-Unterprogramme. Ein derartiger generischer Schnittstellenblock wird als *Schnittstellenblock mit generischem Namen* bezeichnet.

  Mit Hilfe eines derartigen Schnittstellenblockes spezifiziert man einen (gemeinsamen) generischen Namen für die innerhalb des Schnittstellenblockes mit ihren spezifischen Namen spezifizierten Modul-Unterprogramme.

- Die Bezeichnung eines Operators und die Namen der Modulfunktionen, die die Operatorfunktionen dieses Operators sind. Ein derartiger generischer Schnittstellenblock wird als *Operator-Schnittstellenblock* bezeichnet.

- Das Zuweisungssymbol und die Namen der Modulsubroutinen, die die Zuweisungssubroutinen dieser benutzerdefinierten Zuweisung sind. Ein derartiger generischer Schnittstellenblock wird als *Zuweisungs-Schnittstellenblock* bezeichnet.

Ein Schnittstellenblock darf im Spezifikationsteil von Unterprogrammen oder Modulen spezifiziert werden. Ein Schnittstellenblock ist selbst Teil des Spezifikationsteils der umgebenden Geltungseinheit. Die Spezifikationen eines Schnittstellenblockes sind der umgebenden Geltungseinheit verfügbar, aber umgekehrt sind die Spezifikationen der umgebenden Geltungseinheit innerhalb eines Schnittstellenblockes unbekannt.

```
module graph
  public :: kreis, strich, drehung, seg
  interface                      ! Schnittstellenblock fuer
    subroutine kreis (x, y, r) ! externes Unterprogramm
      :
    end subroutine kreis
  end interface
  interface strich               ! generischer Name
    module procedure seg         ! spezifischer Name
  end interface
contains                         ! es folgen Modul-Unterprogramme
```

```
function drehung (winkel) result (box)
  interface                        ! Schnittst.bl. im Modul-Unterpr.
    subroutine winkel (c)          ! Formalparameter-Unterprogramm
      ⋮
    end subroutine winkel
  end interface
  ⋮                                ⟵ sonst. Spezifik. der Modulfunktion
  ⋮                                ⟵ Ausführungsteil der Modulfunktion
end function drehung
subroutine seg (a, b)              ! Modulsubroutine
  ⋮
end subroutine seg
end module graph

program hp
  use graph
  ⋮                                ⟵ restl. Spezifikationsteil des Hauptpr.
  ⋮                                ⟵ Ausführungsteil des Hauptpr.
end program hp
```

Ein **einfacher Schnittstellenblock** für externe Unterprogramme oder für Formalparameter-Unterprogramme hat folgende Form:

INTERFACE

> ⋮   ⟵ *Schnittstellendefinition(en)*

END INTERFACE

Ein solcher Schnittstellenblock ermöglicht den Aufruf der spezifizierten Formalparameter-Unterprogramme oder externen Unterprogramme. Ein Schnittstellenblock, der im Spezifikationsteil eines Unterprogrammes auftritt, darf keine Schnittstellendefinition für das Unterprogramm enthalten.

Schnittstellendefinition: Der Schnittstellenblock muß mindestens eine Schnittstellendefinition enthalten, die mit einer FUNCTION- oder SUBROUTINE-Anweisung beginnt und mit einer END FUNCTION- bzw. END SUBROUTINE-Anweisung endet, und die dazwischen ggf. Spezifikationsanweisungen zur weiteren Charakterisierung der Schnittstelle, d. h. des Funktionswertes (soweit vorhanden) und der Formalparameter (soweit vorhanden), enthält.

In einem Schnittstellenblock dürfen in einer Schnittstellendefinition nur für solche Datengrößen Attribute spezifiziert werden, die Funktionswerte oder Formalparameter sind. Eine Schnittstellendefinition muß INTENT-Attribute für alle Formalparameter spezifizieren, die keine Zeiger und keine Unterprogramme sind.

Im Fall eines Schnittstellenblockes für ein externes Unterprogramm muß sichergestellt sein, daß die Schnittstellendefinition innerhalb des Schnittstellenblockes mit der eigentlichen Unterprogrammdefinition verträglich ist.

Im Fall eines Schnittstellenblockes für ein Formalparameter-Unterprogramm muß sichergestellt sein, daß die charakteristischen Eigenschaften aller zugeordneten Aktualparameter-Unterprogramme mit den charakteristischen Eigenschaften des Formalparameter-Unterprogrammes übereinstimmen; es gibt zwei Ausnahmen: Die Namen der Formalparameter des Formalparameter-Unterprogrammes und des zugeordneten Aktualparameter-Unterprogrammes dürfen verschieden voneinander sein und die Namen des Formalparameter-Unterprogrammes und des zugeordneten Aktualparameter-Unterprogrammes dürfen verschieden voneinander sein.

Ein Schnittstellenblock mit der Schnittstellendefinition eines Formalparameter-Unterprogrammes spezifiziert, daß es sich um eine Funktion oder um eine Subroutine handelt, deren Schnittstelle genau die im Schnittstellenblock spezifizierten Eigenschaften hat.

Außerhalb des Schnittstellenblockes darf der Name des Formalparameter-Unterprogrammes (im Spezifikationsteil des umgebenden Unterprogrammes) in keiner anderen Spezifikationsanweisung auftreten.

Ein **Schnittstellenblock mit generischem Namen** hat folgende Form:

INTERFACE generischer_name

> **MODULE PROCEDURE ...** ⟵ MODULE PROCEDURE–Anweisung(en);
> dürfen nicht fehlen
>
> ⋮

END INTERFACE

Die MODULE PROCEDURE–Anweisung dient der Spezifikation der spezifischen Namen der Modul-Unterprogramme. Sie hat folgende Form:

MODULE PROCEDURE modulunterprogrammname
> **[, modulunterprogrammname]...**

Mit Hilfe eines derartigen Schnittstellenblockes spezifiziert man einen generischen Namen für die in diesem Schnittstellenblock spezifizierten Modul-Unterprogramme. Diese Modul-Unterprogramme können so wahlweise mit ihrem jeweiligen spezifischen Namen oder mit diesem generischen Namen aufgerufen werden. Wenn der generische Name eines Unterprogrammes verfügbar und der spezifische Name nicht-sichtbar ist, kann man das Unterprogramm außerhalb des Moduls über den generischen Namen aber nicht über den spezifischen Namen aufrufen.

Falls in dem Schnittstellenblock mit generischem Namen mehrere Unterprogramme spezifiziert sind, wird der generische Name durch die in dem Schnittstellenblock spezifizierten spezifischen Unterprogrammnamen *überladen*. Dabei darf der generische Name nicht mit einem der spezifischen Unterprogrammnamen innerhalb des Schnittstellenblockes übereinstimmen. Er darf aber mit einem anderen generischen Namen übereinstimmen, der in derselben Geltungseinheit verfügbar ist. In jedem Fall darf der Schnittstellenblock aber entweder nur Funktionen oder nur Subroutinen spezifizieren.

Das Überladen eines generischen Unterprogrammnamens mit spezifischen Unterprogrammnamen ist solange zulässig, wie sichergestellt ist, daß eine gegebene Schnittstelle höchstens zu einem einzigen Unterprogramm paßt. Das Überladen mit dem Namen eines vordefinierten Unterprogrammes darf nicht zu einem mehrdeutigen Aufruf führen (s. unten).

Operator-Schnittstellenblöcke, Zuweisungs-Schnittstellenblöcke

Operator-Schnittstellenblöcke und Zuweisungs-Schnittstellenblöcke werden im Zusammenhang mit benutzerdefinierten Operatoren bzw. benutzerdefinierten Zuweisungen behandelt.

13.3.6 Überladene generische Unterprogrammnamen

Normalerweise identifiziert ein bestimmter Unterprogrammname in einer Geltungseinheit höchstens ein einziges Unterprogramm. Modul-Unterprogramme können aber zusätzlich zu ihrem *spezifischen* Namen einen *generischen* Namen haben, der mit Hilfe eines Schnittstellenblockes (mit generischem Namen) spezifiziert werden kann.

Innerhalb dieses Schnittstellenblockes können aber auch mehr als nur ein einziges Unterprogramm spezifiziert werden. Dann sagt man, daß der (generische) Unterprogrammname **überladen** ist, weil er mehrere Unterprogramme identifiziert. Das Überladen eines generischen Unterprogrammnamens mit spezifischen Unterprogrammnamen ist solange zulässig, wie sichergestellt ist, daß beim Aufruf über den generischen Namen genau eines der spezifischen Unterprogramm betroffen ist.

Darum müssen sich je zwei derartige Funktionen oder je zwei derartige Subroutinen mit gleichen generischen Namen beim Aufruf über den gemeinsamen Namen unterscheiden lassen. Je zwei derartige Funktionen oder je zwei derartige Subroutinen mit gleichen generischen Namen lassen sich sicher dann voneinander unterscheiden, wenn das eine Unterprogramm mehr nicht-optionale Formalparameter hat als das andere Unterprogramm insgesamt Formalparameter mit gleichen Datentyp, Typparameter und Rang hat. Sie sind ebenfalls unterscheidbar, wenn eines der beiden Unterprogramme sowohl einen nicht-optionalen Formalparameter hat, der sich von dem Formalparameter in gleicher Position des anderen Unterprogrammes hinsichtlich seiner Eigenschaften unterscheidet, als auch einen nicht-optionalen Formalparameter hat, der sich von dem Formalparameter gleichen Namens des anderen Unterprogrammes hinsichtlich seiner Eigenschaften unterscheidet. Diese unterscheidenden Eigenschaften sind: Präsenz, Datentyp, Typparameter oder Rang. Die Formalparameter gleicher Position, die die Unterscheidung ermöglichen, müssen entweder die gleichen sein, die die Unterscheidung anhand der Formalparameter gleichen Namens ermöglichen, oder sie müssen in den jeweiligen Parameterlisten vor den Parametern gleichen Namens auftreten.

Vordefinierte Unterprogramme

Wenn der in der INTERFACE–Anweisung des Schnittstellenblockes spezifizierte generische Name der Name eines vordefinierten Unterprogrammes ist, dann erweitern die Modul-Unterprogramme, deren Namen in dem Schnittstellenblock spezifiziert sind, die vordefinierte Bedeutung des vordefinierten Unterprogrammes. In diesem Fall gelten die obigen Regeln für die Eindeutigkeit der Schnittstellen der spezifischen Unterprogramme, die alle diesen gemeinsamen generischen Namen haben so, wie wenn das vordefinierte Unterprogramm aus einer Kollektion „vordefinierter Modul-Unterprogramme" bestünde, deren Namen zusätzlich zu den Namen der benutzerdefinierten Unterprogramme in dem Schnittstellenblock spezifiziert wären.

Man beachte, daß der Name eines erweiterten vordefinierten Unterprogrammes zuvor in einer INTRINSIC–Anweisung angegeben werden muß.

13.3.7   Rücksprung aus Modul-Unterprogramm

Wenn in einem aufgerufenen Modul-Unterprogramm die zugehörige END-SUBROUTINE– oder END FUNCTION–Anweisung oder eine RETURN–Anweisung ausgeführt wird, dann wird die Ausführung des Unterprogrammes (oder des Ausführungsexemplares des Unterprogrammes) beendet, die Kontrolle wird an das aufrufende Haupt- oder Unterprogramm zurückgegeben, und gleichzeitig wird die Zuordnung zwischen den Aktualparametern des Unterprogrammaufrufes und den Formalparametern des aufgerufenen Unterprogrammes aufgehoben.

Falls das aufgerufene Unterprogramm eine Funktion ist, steht damit der Funktionswert dieser Funktion an der Stelle des Aufrufes im aufrufenden Haupt- oder Unterprogramm als Operand zur Verfügung.

Falls das aufgerufene Unterprogramm eine Subroutine ist, ist damit gleichzeitig die Ausführung der CALL–Anweisung des aufrufenden Haupt- oder Unterprogrammes beendet.

RETURN–Anweisung

Die RETURN–Anweisung hat folgende Form:

RETURN

Eine RETURN–Anweisung darf nur in der Geltungseinheit eines Modul-Unterprogrammes auftreten. Mehrere RETURN–Anweisungen sind zulässig.

Wenn in einer Subroutine eine RETURN–Anweisung ausgeführt wird, oder wenn die END SUBROUTINE–Anweisung ausgeführt wird, dann wird das aufrufende Haupt- oder Unterprogramm anschließend mit der Ausführung derjenigen Anweisung fortgesetzt, die im Sinne des normalen sequentiellen Kontrollflusses der CALL–Anweisung folgt.

```
module dis
  public :: diskriminante
contains
subroutine diskriminante (n)
  integer, intent(inout) :: n
  select case (n)
    case (:-1)
      write (unit=*, fmt=*) " Diskriminante ist negativ"
      return
    case (0)
      write (unit=*, fmt=*) " Diskriminante ist Null"
      return
    case (:1)
      write (unit=*, fmt=*) " Diskriminante ist positiv"
  end select
  :
end subroutine diskriminante
end module dis

program ret
use dis
integer :: d
read (unit=*, fmt=*) d
call diskriminante(d)
:
end program ret
```

Unabhängig davon, ob in der aufgerufenen Subroutine **diskriminante** eine der
RETURN–Anweisungen oder die END SUBROUTINE–Anweisung ausgeführt
wird, in jedem Fall wird das rufende Hauptprogramm mit derjenigen Anweisung
fortgesetzt, die der CALL–Anweisung folgt.

13.4   Programminterner Informationsaustausch

Beim Informationsaustausch zwischen Hauptprogramm und Unterprogrammen
oder zwischen Unterprogrammen untereinander können Informationen über Daten und Unterprogrammnamen ausgetauscht werden. Dieser Informationsaustausch ist über Parameterlisten, Ergebnisvariablen von Funktionen, gemeinsame
lokale Variablen und externe Dateien möglich. Externe Dateien ermöglichen den
Informationsaustausch mit der Außenwelt eines Programmes; sie werden im Kapitel 11 behandelt.

13.4.1   Parameterlisten

Eine *Aktualparameterliste* tritt in einem Unterprogrammaufruf auf, während
eine *Formalparameterliste* in einer FUNCTION– oder SUBROUTINE–Anweisung innerhalb einer Unterprogrammdefinition oder in einer Schnittstellendefinition innerhalb eines Schnittstellenblockes auftritt. Bei Ausführung des Unterprogrammaufrufes werden die Aktualparameter des Unterprogrammaufrufes
den korrespondierenden Formalparametern des aufgerufenen Unterprogrammes
zugeordnet.

Der Informationsaustausch mit Hilfe von Aktual- und Formalparameterliste wird
als **Parameterübergabe** bezeichnet. Parameter gestatten zunächst einmal den
Austausch von Werten. Außerdem können beim Aufruf eines benutzerdefinierten
Unterprogrammes bestimmte Unterprogrammnamen an das aufgerufene Unterprogramm *übergeben* werden.

Im Zusammenhang mit Formalparametern spricht man von einem **Eingabeparameter**, wenn ein Formalparameter zwar Informationen vom aufrufenden
Haupt- oder Unterprogramm erhalten kann, aber selbst keine Ergebnisse an das
aufrufende Haupt- oder Unterprogramm liefern kann. Man spricht von einem
Ausgabeparameter, wenn ein Formalparameter zwar keine Informationen vom
aufrufenden Haupt- oder Unterprogramm erhalten kann, aber Ergebnisse an das
aufrufende Haupt- oder Unterprogramm liefern kann. Und man spricht von einem **Eingabe-/Ausgabe-Parameter**, wenn ein Formalparameter sowohl Informationen vom aufrufenden Haupt- oder Unterprogramm erhalten kann als
auch Ergebnisse an dieses Haupt- oder Unterprogramm liefern kann.

Vordefinierte Funktionen können grundsätzlich keine Ergebnisse über Parameter an das aufrufende Haupt- oder Unterprogramm zurückliefern.

Auch wenn Formalparameter von Subroutinen im Prinzip Ergebnisse an das aufrufende Haupt- oder Unterprogramm zurückliefern könnten, dürfen sie in bestimmten Fällen dennoch nicht als Ausgabeparameter verwendet werden.

13.4.1.1   Formalparameterliste

Formalparameter werden in einer Unterprogrammdefinition als Stellvertreter für die Aktualparameter verwendet, denn die Aktualparameter werden erst zum Zeitpunkt der Ausführung des Unterprogrammaufrufes den korrespondierenden Formalparametern zugeordnet.

Formalparameter eines (benutzerdefinierten) Modul-Unterprogrammes können in der Unterprogrammdefinition und zwar in der Formalparameterliste der FUNCTION- oder SUBROUTINE-Anweisung spezifiziert werden. Die Formalparameter eines externen Unterprogrammes müssen in einem Schnittstellenblock spezifiziert werden. Die Formalparameter eines Formalparameter-Unterprogrammes müssen ebenfalls in einem Schnittstellenblock spezifiziert werden. Die Formalparameter der vordefinierten Unterprogramme sind vordefiniert, und brauchen nicht spezifiziert zu werden.

Eigenschaften von Formalparametern

Für einen Formalparameter darf kein Anfangswert und kein PARAMETER-, SAVE- oder ALLOCATABLE-Attribut spezifiziert werden und sein Name darf nicht in einer INTRIN-SIC-Anweisung auftreten. Der Name eines Formalparameters darf nicht mit dem Unterprogrammnamen in der FUNCTION- oder SUBROUTINE-Anweisung übereinstimmen.

Formalparameter haben bestimmte charakteristische Eigenschaften, von denen es abhängt, welche Eigenschaften die Aktualparameter haben müssen, die beim Unterprogrammaufruf diesen Formalparametern zugeordnet werden. Jeder Formalparameter ist entweder der Name einer Variablen oder der Name eines Unterprogrammes.

Datenobjekt: Ein Formalparameter, der ein Datenobjekt identifiziert, hat folgende charakteristische Eigenschaften: Typ, ggf. Typparameter, ggf. Zeichendatenlänge, Rang, ggf. INTENT-Attribut, ggf. OPTIONAL-Attribut, ggf. POINTER-Attribut, ggf. TARGET-Attribut, ggf. Abhängigkeit des Typparameters oder variabler Indexgrenzen vom Wert oder von den Eigenschaften anderer Datengrößen.

Unterprogramm: Ein Formalparameter, der ein Unterprogramm identifiziert, hat folgende charakteristische Eigenschaften: Art des Unterprogrammes (Funktion oder Subroutine), ggf. OPTIONAL–Attribut (im Fall einer Funktion), charakteristische Eigenschaften der Formalparameter und (im Fall einer Funktion) charakteristische Eigenschaften des Funktionswertes.

13.4.1.2 Aktualparameterliste

Aktualparameter können in der Aktualparameterliste eines Unterprogrammaufrufes spezifiziert werden. Die Aktualparameterliste darf ggf. leer sein. Die Form der Aktualparameterliste wird ausführlich im Zusammenhang mit dem Aufruf einer Funktion oder Subroutine beschrieben.

Als Aktualparameter dürfen Konstanten, Variablen, Funktionsaufrufe, Unterprogrammnamen oder Ausdrücke mit Operatoren und/oder mit Klammern spezifiziert werden.

Datengrößen: Wenn der Aktualparameter eine Datengröße ist, dann muß der korrespondierende Formalparameter der Name einer Variablen sein.

Unterprogrammname: Wenn der Aktualparameter ein Unterprogrammname ist, dann muß der korrespondierende Formalparameter ein Formalparameter-Unterprogramm identifizieren. Es dürfen nur Modul-Unterprogrammnamen als Aktualparameter spezifiziert werden.

Schlüsselwort(aktual)parameter

Die Namen der Formalparameter eines Unterprogrammes dürfen überall dort in der Aktualparameterliste des Aufrufes des Unterprogrammes als Parameterschlüsselwort verwendet werden, wo das Unterprogramm aufrufbar ist.

Wenn in der Aktualparameterliste ein Schlüsselwortparameter spezifiziert ist, dann müssen auch alle nachfolgenden Aktualparameter als Schlüsselwortparameter spezifiziert werden. Oder umgekehrt: Wenn ein Aktualparameter als Stellungsparameter, d. h. ohne Parameterschlüsselwort, spezifiziert ist, dann muß das entsprechende Parameterschlüsselwort auch bei allen vorangehenden Aktualparametern der Aktualparameterliste fehlen. Wenn für einen optionalen Formalparameter in der Aktualparameterliste *kein* Aktualparameter angegeben ist, dann dürfen für die nachfolgenden Formalparameter nur Schlüsselwort(aktual)parameter spezifiziert werden.

13.4.2   Parameterzuordnung

Bei der Ausführung einer CALL–Anweisung oder eines Funktionsaufrufes werden die Aktualparameter (der Aktualparameterliste des Unterprogrammaufrufes) den korrespondierenden Formalparametern (der Formalparameterliste des aufgerufenen Unterprogrammes) zugeordnet. **Zuordnung** bedeutet in diesem Zusammenhang, daß eine bestimmte Datengröße oder ein bestimmtes Unterprogramm auf zweifache Art identifiziert wird, nämlich im aufrufenden Haupt- oder Unterprogramm durch den Aktualparameter und im aufgerufenen Unterprogramm durch den Formalparameter.

Wenn in der Aktualparameterliste keine Schlüsselwortparameter, sondern nur Stellungsparameter spezifiziert sind, werden die Aktualparameter den Formalparametern stellungsgerecht einander zugeordnet; d. h., der erste Aktualparameter wird dem ersten Formalparameter, der zweite Aktualparameter dem zweiten Formalparameter, usw. zugeordnet. Wenn in der Aktualparameterliste ein Schlüsselwortparameter angegeben ist, dann wird der Aktualparameter demjenigen Formalparameter zugeordnet, dessen Name mit dem Parameterschlüsselwort übereinstimmt.

Wenn es *optionale* Formalparameter gibt, darf die Anzahl der Aktualparameter in der Aktualparameterliste kleiner als die Anzahl der Formalparameter in der Formalparameterliste sein. Denn jedem nicht-optionalen Formalparameter *muß* ein Aktualparameter zugeordnet werden, und jedem optionalen Formalparameter *darf* ein Aktualparameter zugeordnet werden.

```fortran
subroutine loese (fkt, loesung, methode, strategie, druck)
  interface
    function fkt (x) result (ar)
      real, intent(in) :: x
      real             :: ar
    end function fkt
  end interface
  real, intent(out)            :: loesung
  integer, optional, intent(in) :: methode, strategie, druck
  :
end subroutine loese
```

Wo diese Subroutine verfügbar ist, könnte sie z. B. folgendermaßen aufgerufen werden, wobei die Reihenfolge der Schlüsselwortparameter untereinander freigestellt ist:

```fortran
call loese(f, 11)
call loese(f, loesung=11)
call loese(f, loesung=11, methode=drei, strategie=lang)
call loese(f, 11, drei, strategie=lang, druck=2)
```

Überall dort, wo im aufgerufenen Unterprogramm der Name eines Formalparameters aus der Formalparameterliste auftritt, wird diesem Formalparameter beim Unterprogrammaufruf der korrespondierende Aktualparameter zugeordnet. Die Zuordnung bleibt für die Dauer dieser Ausführung des aufgerufenen Unterprogrammes bestehen und zwar auch dann, wenn ein oder mehrere Aktualparameter von Variablen abhängen, die durch die Ausführung des Unterprogrammes redefiniert werden.

Wenn beim rekursiven Aufruf ein weiteres Ausführungsexemplar des Unterprogrammes ausgeführt wird, hat es wiederum einen *eigenen* Satz Formalparameter. Die Zuordnung der Aktualparameter zu den Formalparametern dieses Ausführungsexemplares bleibt ebenfalls nur für die Dauer der Ausführung des Unterprogrammaufrufes bestehen.

Die Parameterzuordnung wird aufgehoben, wenn in dem aufgerufenen Unterprogramm eine RETURN- oder END FUNCTION- bzw. END SUBROUTINE- Anweisung ausgeführt wird. Zwischen zwei Aufrufen eines Unterprogrammes sind seine Formalparameter daher undefiniert.

Parameterzuordnung kann über mehrere Ebenen von Unterprogrammaufrufen hinweg erfolgen; d. h., ein Formalparameter darf in demselben Unterprogramm als Aktualparameter eines Unterprogrammaufrufes auftreten.

```
function fu (xx) result (y)
  ⋮
  call sub(xx)
  ⋮
end function fu
```

Hier wird der Formalparameter **xx** als Aktualparameter weitergereicht.

13.4.2.1 Datenobjekte als Formalparameter

Wenn der Aktualparameter eine Datengröße ist, dann muß der korrespondierende Formalparameter eine Variable (mit eigenem Namen) sein. Außerdem ist folgendes zu beachten:

- Die einander zugeordneten Parameter müssen gleichen Typs sein,

- ihre Typparameter müssen übereinstimmen (soweit vorhanden), und

- ihr Rang muß übereinstimmen.

Wenn diese Bedingungen erfüllt sind, stimmen die Parameter auch hinsichtlich ihrer Gestalt überein, weil ein Formalparameter-Feld ohne POINTER-Attribut immer als Feld mit übernommener Gestalt vereinbart werden muß.

Ausdrücke, Feldelemente, Teilfelder und Teil-Zeichenfolgen können als Aktualparameter den korrespondierenden Formalparametern nicht sofort, sondern erst
nach einer bestimmten (internen) Vorbehandlung zugeordnet werden. Wenn solche Aktualparameter Ausdrücke zur Berechnung ihrer Position enthalten, bleibt
diese Position solange fixiert, wie die Zuordnung der Parameter besteht, auch
wenn die betr. Ausdrücke Variablen enthalten, die redefiniert werden, während
die Zuordnung besteht.

Wenn der Formalparameter kein POINTER- oder TARGET-Attribut hat, werden die dem Aktualparameter zugeordneten Zeiger nicht dem Formalparameter
zugeordnet; sie bleiben dem Aktualparameter zugeordnet. Wenn der Formalparameter kein Zeiger ist und der zugeordnete Aktualparameter ein Zeiger ist,
dann muß dem Aktualparameter ein Zeigerziel zugeordnet sein, und dem Formalparameter wird dieses Zeigerziel des Aktualparameters zugeordnet. Wenn
der Formalparameter das TARGET-Attribut hat und der zugeordnete Aktualparameter kein TARGET-Attribut hat oder ein Teilfeld mit einem Vektorindex
ist, dann werden dem Formalparameter zugeordnete Zeiger beim Rücksprung in
das aufrufende Haupt- oder Unterprogramm undefiniert. Wenn der Formalparameter und der zugeordnete Aktualparameter das TARGET-Attribut haben
und wenn zugleich der Aktualparameter kein Teilfeld mit einem Vektorindex
ist, werden die dem Aktualparameter zugeordneten Zeiger dem korrespondierenden Formalparameter zugeordnet; und beim Rücksprung in das aufrufende
Haupt- oder Unterprogramm bleiben die dem Formalparameter zugeordneten
Zeiger dem Aktualparameter zugeordnet.

Parameter benutzerdefinierten Typs

Ein Aktualparameter benutzerdefinierten Typs darf wie üblich einem Formalparameter desselben Typs zugeordnet werden. Das ist dort sichergestellt, wo für
die Typvereinbarung des Aktual- und des Formalparameters *dieselbe* Typdefinition verfügbar ist. Diese Typdefinition kann nur mittels Umgebungszuordnung
oder USE-Zuordnung an beiden Stellen verfügbar sein.

13.4.2.2   Implizite Zuordnung zweier Formalparameter

Der Aufruf eines Unterprogrammes kann bewirken, daß zwei Formalparameter
des aufgerufenen Unterprogrammes einander zugeordnet werden.

```
call sub(a, a)
⋮

subroutine sub (x, y)
  ⋮
end subroutine sub
```

Den Formalparametern **x** und **y** wird jeweils derselbe Aktualparameter a zugeordnet. Dadurch sind (implizit) die Parameter **x** und **y** einander zugeordnet.

Bei einem derartigen Aufruf darf infolge der Ausführung des aufgerufenen Unterprogrammes keiner der implizit einander zugeordneten Formalparameter definiert, redefiniert oder undefiniert werden, auch nicht durch einen anderen Unterprogrammaufruf innerhalb des ersten Unterprogrammes.

Wenn sich zwei Aktualparameter lediglich überlappen, dann dürfen zumindest diejenigen Teile der korrespondierenden Formalparameter nicht definiert, redefiniert oder undefiniert werden, die den sich überlappenden Teilen der Aktualparameter zugeordnet sind.

13.4.2.3   Länge von Zeichenformalparametern

Wenn der Formalparameter vom Zeichentyp ist, muß der zugeordnete Aktualparameter ebenfalls vom Zeichentyp sein. Der Formalparameter muß die Zeichendatenlänge ∗ haben. Er übernimmt bei jedem Aufruf des Unterprogrammes automatisch die Zeichendatenlänge des zugeordneten Aktualparameters.

```
module mod
  public :: sub, chrfkt
contains
  subroutine sub ()
    character (len=4), save :: temp = "Auto"
    character (len=13)       :: z
    z = chrfkt(temp)                    ! <-- 2. Aufruf
    ⋮
  end subroutine sub
  function chrfkt (fpar) result (kette)
    character (len=*), intent(in) :: fpar
    character (len=9)             :: kette
    ⋮
    kette = fpar // "bahn"
  end function chrfkt
end module mod

program abc
use mod
character (len=5)  :: aktpar
character (len=14) :: y
aktpar = "Eisen"
y = chrfkt(aktpar) // "wagen"          ! <-- 1. Aufruf
⋮
end program abc
```

Der Formalparameter **fpar** der Zeichenfunktion **chrfkt** hat beim Aufruf im Hauptprogramm die Länge 5 und beim Aufruf in der Subroutine die Länge 4.

13.4.2.4 Skalare Parameter

Einem skalaren Formalparameter eines Unterprogrammes kann höchstens ein skalarer Aktualparameter zugeordnet werden. Wenn der Aktualparameter skalar ist, dann muß der korrespondierende Formalparameter ebenfalls skalar sein.

13.4.2.5 Felder als Formalparameter

Ein Formalparameter, der ein Feld ist, wird als **Formalparameter-Feld** bezeichnet. Der zugeordnete Aktualparameter muß ebenfalls ein Feld sein, dessen Rang gleich dem Rang des zugeordneten Formalparameter-Feldes ist.

Felder mit übernommener Gestalt

Im Fall eines Nichtzeiger-Formalparameters muß ein Formalparameter-Feld als Feld mit übernommener Gestalt spezifiziert werden. Dadurch ist beim Unterprogrammaufruf die Größe jeder einzelnen Dimension des Formalparameter-Feldes automatisch gleich der Größe der entsprechenden Dimension des zugeordneten Aktualparameter-Feldes.

Wenn der Formalparameter und der zugeordnete Aktualparameter Feldgrößen sind, dann wird jedes Feldelement des Aktualparameters demjenigen Feldelement des Formalparameters zugeordnet, das in der internen Kette der Feldelemente die gleiche Position hat. Daher werden auch im mehrdimensionalen Fall korrespondierende Feldelemente einander zugeordnet.

Variable Formalparameter-Felder

Für den Fall, daß bei der Dimensionierung eines Formalparameter-Feldes nicht ausschließlich Konstantenausdrücke angegeben werden, spricht man von einem *variablen Formalparameter-Feld*.

Als untere Indexgrenzen dürfen Spezifikationsausdrücke mit Variablen und Funktionsaufrufen angegeben werden. Die oberen Indexgrenzen müssen fehlen. Die verwendeten Variablen müssen entweder ganzzahlige skalare Formalparameter sein oder mittels USE–Zuordnung oder Umgebungszuordnung zugänglich gemachte ganzzahlige Variablen sein. Die Funktionen dürfen vordefinierte ganzzahlige skalare Funktionen sein, deren Aktualparameter ebenfalls nur solche Spezifikationsausdrücke sind.

```
function xquer (l, x) result (xquer_res)
  integer, intent(in)              :: l
  real, intent(in), dimension (l:) :: x
  real                             :: xquer_res
  integer :: n
  n = size(x)
  xquer_res = 0.0                  ! \
  do i=l,l+n-1                     ! |
    xquer_res = xquer_res + x(i)   ! > xquer_res = sum(x) / n
  enddo                            ! |
  xquer_res = xquer_res / n        ! /
end function xquer
```

Die untere Indexgrenze wird als Parameter übergeben. Die Größe des Formalparameterfeldes wird mit Hilfe der vordefinierten Funktion SIZE berechnet.

13.4.2.6 Zeiger als Formalparameter

Wenn der Formalparameter ein Zeiger ist, dann muß der zugeordnete Aktualparameter ebenfalls ein Zeiger sein.

Bei der Parameterübergabe erhält der Formalparameter-Zeiger den Zeigerzuordnungsstatus des zugeordneten Aktualparameters. Falls der Aktualparameter aktuell zeigerzugeordnet ist, wird dem Formalparameter-Zeiger dasjenige Zeigerziel zugeordnet, das dem Aktualparameter-Zeiger zugeordnet ist. Diese Zielzuordnung darf während der Ausführung des Unterprogrammes geändert werden. Das kann entweder mit Hilfe einer ALLOCATE–Anweisung oder mit Hilfe einer Zeigerzuweisungs-Anweisung geschehen. In diesem Fall übernimmt der Aktualparameter beim Rücksprung in das aufrufende Haupt- oder Unterprogramm den Zuordnungsstatus des Formalparameters, außer das Zeigerziel des Formalparameters ist eine Variable, die beim Verlassen des Unterprogrammes undefiniert wird. In diesem zuletzt genannten Ausnahmefall hat der Aktualparameter-Zeiger nach Ausführung des Unterprogrammes den Zuordnungsstatus „undefiniert".

Ein Zeiger mit undefiniertem Zuordnungsstatus darf erst dann wiederverwendet werden, wenn er mit Hilfe einer ALLOCATE–Anweisung, Zeigerzuweisungs-Anweisung oder einer NULLIFY–Anweisung einen definierten Zuordnungsstatus bekommen hat.

13.4.2.7 Einschränkungen bei der Zuordnung von Datengrößen

Solange eine Datengröße bei Ausführung eines Unterprogrammes einem Formalparameter zugeordnet ist, unterliegt sie bestimmten Beschränkungen. Ein Formalparameter darf jedenfalls *nicht* redefiniert werden,

- wenn der zugeordnete Aktualparameter eine Konstante, ein Funktionsaufruf oder ein anderer Ausdruck mit Operatoren oder mit Klammern ist,

- wenn der zugeordnete Aktualparameter mehr als einmal in der Aktualparameterliste spezifiziert ist, oder

- wenn der zugeordnete Aktualparameter ein Teilfeld mit einem Vektorindex ist.

Solange eine Datengröße einem Formalparameter zugeordnet ist, darf ihr Zuweisungsstatus überhaupt nicht verändert werden. Solange eine Datengröße einem Formalparameter zugeordnet ist, darf jede Maßnahme, die den Wert der Datengröße oder eines Teils davon beeinflußt, nur über den Formalparameter erfolgen, außer der Formalparameter hat das POINTER–Attribut, der Teil ist ein Zeigerobjekt oder Teil eines Zeigerobjektes, oder der Formalparameter hat das TARGET–Attribut aber kein INTENT(IN)–Attribut, der Formalparameter ist kein Zeiger und der zugeordnete Aktualparameter ist ein Zeigerziel, das kein Teilfeld mit einem Vektorindex ist. Wenn irgendein Teil einer Datengröße dadurch definiert wird, daß ein Formalparameter definiert wird, dann darf auf diesen Teil der Datengröße während der Ausführung des Unterprogrammes nur über den Formalparameter zugegriffen werden. Das gilt für den gesamten Geltungsbereich des Unterprogrammes und nicht nur für die nachfolgenden Anweisungszeilen.

13.4.2.8 Unterprogramme als Formalparameter

Einem Formalparameter-Unterprogramm darf als Aktualparameter nur der spezifische Name eines Modul-Unterprogrammes zugeordnet werden. Ein Formalparameter-Unterprogramm einer Funktion muß eine Formalparameter-Funktion sein.

Wenn ein spezifischer Name gleich einem generischen Namen ist, dann wird nur das spezifische Unterprogramm zugeordnet. D. h., das Formalparameter-Unterprogramm kann keine generischen Eigenschaften vom Aktualparameter übernehmen.

13.4.3 Optionale Formalparameter

Ein Formalparameter, für den das OPTIONAL–Attribut spezifiziert ist, ist ein **optionaler Formalparameter**. In einer Formalparameterliste müssen die optionalen Formalparameter allen nicht-optionalen Formalparametern folgen. Für einen optionalen Formalparameter braucht beim Unterprogrammaufruf kein Aktualparameter spezifiziert und zugeordnet zu werden. Falls dennoch ein Aktualparameter spezifiziert wird, darf dieser Aktualparameter selbst ein Formalparameter des aufrufenden Unterprogrammes sein. Wenn dieser zuletzt betrachtete Formalparameter ebenfalls ein optionaler Formalparameter ist, gilt auch hier, daß kein Aktualparameter spezifiziert zu werden braucht. Entsprechendes gilt für noch tiefer geschachtelte Unterprogrammaufrufe.

Beim Aufruf eines Unterprogrammes, das einen optionalen Formalparameter hat, kann es also vorkommen, daß diesem Formalparameter entweder bei diesem Aufruf gar kein Aktualparameter zugeordnet wird, oder daß ihm (ggf. über mehrere geschachtelte Unterprogrammaufrufe zurückgeblickt) in irgendeinem Unterprogrammaufruf der Aufruffolge kein Aktualparameter zugeordnet wird. In dieser Situation ist dem zuerst betrachteten optionalen Formalparameter auf jeden Fall schließlich kein Aktualparameter zugeordnet, der selbst *kein* Formalparameter ist. Man sagt, der Formalparameter ist **nicht präsent**.

Ein Formalparameter, dem ein Aktualparameter zugeordnet ist, der selber kein Formalparameter des aufrufenden Unterprogrammes ist, ist **präsent**.

Und ein nicht-optionaler Formalparameter des aufrufenden Unterprogrammes muß präsent sein. Für einen Formalparameter, der *nicht* optional ist, muß bei jedem Aufruf des Unterprogrammes grundsätzlich ein Aktualparameter spezifiziert werden. Wenn dieser Aktualparameter selbst ein Formalparameter des aufrufenden Unterprogrammes ist, dann muß diesem ein Aktualparameter zugeordnet sein. Entsprechendes gilt für noch tiefer geschachtelte Unterprogrammaufrufe, bis ggf. über mehrere Aufrufe zurück erstmalig ein Aktualparameter zugeordnet worden ist, der selbst *kein* Formalparameter ist.

Ein nicht-präsenter Formalparameter unterliegt folgenden Einschränkungen:

Wenn er ein formales Datenobjekt ist, darf es weder benutzt werden, noch darf es definiert, d. h. mit einem Wert versehen, werden. Wenn er ein Unterprogramm ist, darf dieses Formalparameter-Unterprogramm bei der Ausführung des Programmes nicht aufgerufen werden. Er darf nicht als Aktualparameter einem nicht-optionalen Formalparameter zugeordnet werden außer dem A–Parameter der vordefinierten Funktion PRESENT. Ein Teilobjekt eines derartigen Formalparameters darf nicht als Aktualparameter für einen optionalen Formalparameter angegeben werden. Falls er ein Zeiger ist, darf er nicht als Aktualparameter für einen Nichtzeiger-Formalparameter angegeben werden, außer für den A–Parameter der vordefinierten Funktion PRESENT.

Abgesehen von den genannten Ausnahmen, darf ein nicht-optionaler Formalparameter zwar als Aktualparameter für einen optionalen Formalparameter angegeben werden, dieser optionale Formalparameter ist dann ebenfalls nicht präsent, d. h., ihm ist kein Aktualparameter zugeordnet.

13.4.4   Formalparameter mit INTENT–Attribut

Für einen Formalparameter, der ein Nichtzeiger-Datenobjekt identifiziert, muß
ein INTENT–Attribut spezifiziert werden, um die Verwendungsmöglichkeiten
des Formalparameters anzugeben.

Ein Formalparameter mit INTENT(IN)–Attribut ist ein Eingabeparameter, der
in dem Unterprogramm zwar benutzt aber nicht definiert oder undefiniert werden darf. Ein Formalparameter mit INTENT(OUT)–Attribut ist ein Ausgabeparameter. Er ist zu Beginn der Ausführung des Unterprogrammes undefiniert. Ein Formalparameter mit INTENT(INOUT)–Attribut ist ein Ein-
gabe-/Ausgabeparameter, der ggf. zu Beginn der Ausführung definiert ist und
der definiert oder redefiniert werden kann.

Ein Formalparameter mit INTENT(IN)–Attribut oder ein Teilobjekt solch eines Formalparameters darf nicht verwendet werden als linke Seite einer Zuweisungsanweisung, als Eingabelistenelement einer READ–Anweisung, als interne Datei in einer WRITE–Anweisung, als ganzzahlige Variable im IOSTAT-
oder SIZE–Parameter einer Ein/Ausgabe-Anweisung, als definierbarer Parameter einer INQUIRE–Anweisung, als Statusvariable in einer ALLOCATE– oder
DEALLOCATE–Anweisung oder als Aktualparameter im Aufruf eines Unterprogrammes, das den Aktualparameter redefinieren kann.

Wenn für einen Formalparameter entweder das INTENT(OUT)– oder das
INTENT(INOUT)–Attribut spezifiziert ist, dann muß der zugeordnete Aktual-
parameter definierbar sein. Wenn für den Formalparameter das INTENT(OUT)–
Attribut spezifiziert ist, dann wird der zugeordnete Aktualparameter bei der
Parameterübergabe automatisch undefiniert.

Man beachte, daß es unabhängig vom spezifizierten INTENT–Attribut weitere
Einschränkungen für Formalparameter gibt. Beispielsweise darf ein Formalparameter nicht als Laufvariable einer DO-Schleife verwendet werden.

14 Vordefinierte Unterprogramme

Ein **vordefiniertes Unterprogramm** ist ein vom F-System gebrauchsfertig bereitgestelltes Unterprogramm. Jedes F-System muß mindestens die hier beschriebenen vordefinierten Unterprogramme zur Verfügung stellen.

14.1 Vordefinierte Funktionen

Eine vordefinierte Funktion ist eine *Abfragefunktion*, eine *elementweise wirkende Funktion* oder eine *Transformationsfunktion*.

Abfragefunktionen liefern als Funktionswert Informationen über solche Eigenschaften der Parameter, die nicht vom Wert der Parameter abhängen. Wenn beim Aufruf der Aktualparameter nur aus einer Variablen besteht, braucht ihr Wert nicht definiert zu sein.

Elementweise wirkende Funktionen sind mit skalaren Formalparametern vordefiniert. Es können auch Feldgrößen als Aktualparameter spezifiziert werden; dann liefern solche Funktionen als Funktionswert ein Feld, dessen Elemente jeweils berechnet werden, wie wenn die skalare Funktion für entsprechende Elemente der Aktualparameter berechnet würde.

Transformationsfunktionen sind die restlichen vordefinierten Funktionen. Sie sind meistens für Parameter definiert, die Feldgrößen sind. Der Funktionswert einer Transformationsfunktion hat ggf. einen anderen Rang als der (oder die) Parameter.

Die meisten vordefinierten Funktionen dürfen wahlweise mit Aktualparametern unterschiedlichen Datentyps aufgerufen werden. In solch einem Fall hat das Ergebnis (außer beim Aufruf von INT, REAL, NINT oder ABS) den gleichen Datentyp wie der erste Aktualparameter.

```
integer, parameter :: double = selected_real_kind(14,200)
print *, sqrt(2.0)
print *, sqrt(2.0_double)
```

Die erste PRINT–Anweisung druckt den Wert $\sqrt{2}$ als voreingestellt reellen Wert in „einfacher Genauigkeit" z. B. als 1.414214. Und die zweite PRINT–Anweisung druckt $\sqrt{2}$ in „erhöhter Genauigkeit" z. B. als 1.414213562373096.

Die Namen vordefinierter Funktionen dürfen *nicht* als Aktualparameter im Aufruf eines Unterprogrammes angegeben werden.

Maskierte Aktualparameter: Einige vordefinierte Feldfunktionen haben einen *optionalen* MASK–Parameter, mit dessen Hilfe eine logische Maske spezifiziert werden kann, wenn nicht alle, sondern nur ausgewählte Feldelemente eines

anderen nicht-optionalen Parameters verarbeitet werden sollen. Wenn dieser
optionale MASK–Parameter spezifiziert ist, dann brauchen diejenigen Feldelemente des nicht-optionalen Parameters *nicht* definiert zu sein, die *nicht* ausgewählt worden sind. Man beachte, daß es auch einen *nicht-optionalen* MASK–
Parameter gibt, der ebenfalls eine logische Maske definiert.

14.1.1 Tabelle der vordefinierten Funktionen

Name	Anz. d. Param.	Typ des 1. Param.	Typ des Ergebn.	Funktion oder Bedeutung
ABS	1	ganzzahlig reell komplex	ganzzahlig reell reell	Absolutwert, Betrag: $y = \|x\|$ $y = \sqrt{(\Re(x))^2 + ((\Im(x))^2}$
ACOS	1	reell	reell	Arcuscosinus: $y = \arccos x$ y im Bogenmaß
ADJUSTL	1	Zeichen	Zeichen	linksbündig ausrichten
ADJUSTR	1	Zeichen	Zeichen	rechtsbündig ausrichten
AIMAG	1	komplex	reell	Imaginärteil d. kompl. Param.: $y = \Im(x)$
AINT	1 [,2]	reell	reell	Stutzen: $y = \text{int}\, x$
ALL	1 [,2]	logisch	logisch	wahr, wenn alle Werte wahr
ALLOCATED	1	beliebig	logisch	Zuweisungsstatus
ANINT	1 [,2]	reell	reell	Runden $y = \text{int}(x + 0.5)$, falls $x \geq 0$ $y = \text{int}(x - 0.5)$, falls $x < 0$
ANY	1 [,2]	logisch	logisch	wahr, wenn ein Wert wahr ist
ASIN	1	reell	reell	Arcussinus: $y = \arcsin x$ y im Bogenmaß
ASSOCIATED	1 [,2]	beliebig	logisch	Zeigerzuordnungsstatus
ATAN	1	reell	reell	Arcustangens: $y = \arctan x$ y Bogenmaß
ATAN2	2	reell	reell	Arcustangens: $y = \arctan x1/x2$ y im Bogenmaß
BIT_SIZE	1	ganzzahlig	ganzzahlig	Bitanzahl des Zahlenmodells
BTEST	2	ganzzahlig	logisch	testet ein Bit
CEILING	1	reell	ganzzahlig	kleinste ganze Zahl $\geq x$
CHAR	1	ganzzahlig	Zeichen	Zeichen in Position x der ASCII–Sortierfolge

Name	Anz. d. Param.	Typ des 1. Param.	Typ des Ergebn.	Funktion oder Bedeutung
CMPLX	1 [,2,3]	ganzzahlig reell komplex	komplex komplex komplex	Typumwandlung: numer. Typ in kompl. Typ
CONJG	1	komplex	komplex	konjugiert komplexer Wert $y = \Re(x) - i\,\Im(x)$
COS	1	reell komplex	reell komplex	Cosinus: $y = \cos x$ x im Bogenmaß
COSH	1	reell	reell	Cosinus hyperbolicus: $y = \cosh x$
COUNT	1 [,2]	logisch	ganzzahlig	Anzahl wahrer Elemente
CSHIFT	3	beliebig	wie 1. Par.	Ringverschiebung
DIGITS	1	ganzzahlig reell	ganzzahlig ganzzahlig	Anzahl signifikanter Ziffern des Zahlenmodells von x
DOT_ PRODUCT	2	numerisch logisch	numerisch logisch	Skalarprodukt
EOSHIFT	3 [,4]	beliebig	wie 1. Par.	Randwertverschiebung
EPSILON	1	reell	reell	kleinste Modellzahl mit Exponent 0
EXP	1	reell komplex	reell komplex	e–Funktion: $y = e^x$
EXPONENT	1	reell	ganzzahlig	Exponententeil der Modellzahl x
FLOOR	1	reell	ganzzahlig	größte ganze Zahl $\leq x$
FRACTION	1	reell	reell	gebrochener Teil der Modellzahl x
HUGE	1	ganzzahlig reell	ganzzahlig reell	größte Zahl des Zahlenmodells
IAND	2	ganzzahlig	ganzzahlig	logisches Produkt
IBCLR	2	ganzzahlig	ganzzahlig	setzt ein Bit auf 0
IBITS	3	ganzzahlig	ganzzahlig	extrahiert Bitfolge
IBSET	2	ganzzahlig	ganzzahlig	setzt ein Bit auf 1
ICHAR	1	Zeichen	ganzzahlig	Position in ASCII–Sortierf.
IEOR	2	ganzzahlig	ganzzahlig	exklusives Oder
INDEX	2 [,3]	Zeichen	ganzzahlig	Position einer Teil-Zeichenf. innerhalb einer Zeichenfolge

14

Name	Anz. d. Param.	Typ des 1. Param.	Typ des Ergebn.	Funktion oder Bedeutung
INT	1 [,2]	ganzzahlig reell komplex	ganzzahlig ganzzahlig ganzzahlig	Typumwandlung: numerischer Typ in ganzzahligen Typ
IOR	2	ganzzahlig	ganzzahlig	inklusives Oder
ISHFT	2	ganzzahlig	ganzzahlig	verschiebt $x1$ logisch um $x2$ Bits
ISHFTC	2 [,3]	ganzzahlig	ganzzahlig	Ringverschieb. rechter Bits
KIND	1	beliebig	ganzzahlig	liefert Typparameterwert
LBOUND	1 [,2]	beliebig	ganzzahlig	untere Indexgrenzen
LEN	1	Zeichen	ganzzahlig	Länge einer Zeichengröße
LEN_TRIM	1	Zeichen	ganzzahlig	Länge ohne nachfol. Leerz.
LOG	1	reell komplex	reell komplex	natürlicher Logarithmus: $y = \ln x$, Basis e
LOGICAL	1 [,2]	logisch	logisch	Typparameterumwandlung
LOG10	1	reell	reell	gewöhnl. Logrithmus: $y = \log x$, Basis 10
MATMUL	2	numerisch logisch	numerisch logisch	Matrizenmultiplikation
MAX	2 [,3,...]	ganzzahlig reell	ganzzahlig reell	Auswahl des größten Wertes: $y = \max(x1, x2, ...)$
MAXEXPONENT	1	reell	ganzzahlig	größter Exponent des Zahlenmodells
MAXLOC	1 [,2]	ganzzahlig reell	ganzzahlig ganzzahlig	Indexliste des größten Wertes
MAXVAL	1 [,2,3]	ganzzahlig reell	ganzzahlig reell	größter Wert eines Feldes
MERGE	3	beliebig	wie 1. Par.	Feld aus 2 Feldern bilden
MIN	2 [,3,...]	ganzzahlig reell	ganzzahlig reell	Auswahl des kleinsten Wertes: $y = \min(x1, x2, ...)$
MINEXPONENT	1	reell	ganzzahlig	kleinster Exponent des Zahlenmodells
MINLOC	1 [,2]	ganzzahlig reell	ganzzahlig ganzzahlig	Indexliste des kleinsten Wertes
MINVAL	1 [,2,3]	ganzzahlig reell	ganzzahlig reell	kleinster Wert eines Feldes

Name	Anz. d. Param.	Typ des 1. Param.	Typ des Ergebn.	Funktion oder Bedeutung
MODULO	2	ganzzahlig reell	ganzzahlig reell	Modulo-Funktion
NEAREST	2	reell	reell	nächste darstellbare Zahl
NINT	1 [,2]	reell	ganzzahlig	nächste ganzzahlige Zahl $y = \text{int}(x + 0.5),\ x \geq 0$ $y = \text{int}(x - 0.5),\ x < 0$
NOT	1	ganzzahlig	ganzzahlig	logisches Komplement
PACK	2 [,3]	beliebig	wie 1. Par.	in 1-dim. Feld packen
PRECISION	1	reell komplex	ganzzahlig ganzzahlig	dezimale Genauigkeit
PRESENT	1	beliebig	logisch	Präsenzstatus e-s Param.
PRODUCT	1 [,2,3]	numerisch	wie 1. Par.	Produkt von Feldelementen
RADIX	1	ganzzahlig reell	ganzzahlig ganzzahlig	Basis des Zahlenmodells
RANGE	1	numerisch	ganzzahlig	dezimaler Exponentenbereich
REAL	1 [,2]	ganzzahlig reell komplex	reell reell reell	Typumwandlung: numerischer Typ in reellen Typ
REPEAT	2	Zeichen	Zeichen	wiederholte Verkettung
RESHAPE	2 [,3,4]	ganzzahlig	wie 2. Par.	Feld umgestalten
RRSPACING	1	reell	reell	Reziprokwert des Abstandes der Modellzahlen bei x
SCALE	2	reell	reell	Skalierung: $y = x1 * b^{x2}$
SCAN	2 [,3]	Zeichen	ganzzahlig	Position eines von mehreren Zeichen in einer Zeichenfolge
SELECTED_ INT_KIND	1	ganzzahlig	ganzzahlig	kleinster Typparameter eines ganzzahligen Typs
SELECTED_ REAL_KIND	1 [,2]	ganzzahlig	ganzzahlig	kleinster Typparameter eines reellen Typs
SET_ EXPONENT	2	reell	reell	Exponententeil einer Zahl festlegen
SHAPE	1	beliebig	ganzzahlig	Gestalt eines Datenobjektes
SIGN	2	ganzzahlig reell	ganzzahlig reell	Vorzeichenübertrag $y = \|x1\|,\ \text{falls } x2 \geq 0$ $y = -\|x1\|,\ \text{falls } x2 < 0$

14

Name	Anz. d. Param.	Typ des 1. Param.	Typ des Ergebn.	Funktion oder Bedeutung
SIN	1	reell	reell	Sinus: $y = \sin x$
		komplex	komplex	x im Bogenmaß
SINH	1	reell	reell	Sinus hyperbol.: $y = \sinh x$
SIZE	1 [,2]	beliebig	ganzzahlig	Anzahl der Feldelemente
SPACING	1	reell	reell	absoluter Abstand der Modellzahlen bei x
SPREAD	3	beliebig	wie 1. Par.	erweitert Feld um eine Dim.
SQRT	1	reell	reell	Quadratwurzel: $y = \sqrt{x}$
		komplex	komplex	
SUM	1 [,2,3]	numerisch	wie 1. Par.	Summe von Feldelementen
TAN	1	reell	reell	Tangens: $y = \tan x$ x im Bogenmaß
TANH	1	reell	reell	Tangens hyperb.: $y = \tanh x$
TINY	1	reell	reell	kleinste Zahl des Zahlenmodells
TRANSPOSE	1	beliebig	wie Param.	transponiert 2-dim. Feld
TRIM	1	Zeichen	Zeichen	entfernt nachfol. Leerz.
UBOUND	1 [,2]	beliebig	ganzzahlig	obere Indexgrenzen
UNPACK	3	beliebig	wie 1. Par.	1-dim. Feld entpacken
VERIFY	2 [,3]	Zeichen	ganzzahlig	verifiziert eine Menge von Zeichen in Zeichenfolge

14.2 Vordefinierte Subroutinen

Die Namen der vordefinierten Subroutinen dürfen *nicht* als Aktualparameter im
Aufruf eines Unterprogrammes angegeben werden.

Name	Anz. d. Param.	Funktion oder Bedeutung
DATE_AND_TIME	1 [,2,3,4]	liefert Uhrzeit und Datum
MVBITS	5	kopiert Bits zwischen ganzz. Objekten
RANDOM_NUMBER	1	liefert Pseudozufallszahl
RANDOM_SEED	0 [,1]	Abfrage und Start des Zufallszahlengenerators
SYSTEM_CLOCK	1 [,2,3]	liefert Angaben der Echtzeituhr

14.3 Aufruf eines vordefinierten Unterprogrammes

Ein vordefiniertes Unterprogramm wird genauso wie ein benutzerdefiniertes Unterprogramm (explizit) aufgerufen. Beim Aufruf müssen die Aktualparameter in der üblichen Weise zu den korrespondierenden Formalparametern der Unterprogrammdefinition passen.

Der Typ des Funktionswertes einer vordefinierten Funktion ist meistens durch den Typ des ersten zugeordneten Aktualparameters gegeben.

Aktualparameter: Aktualparameter können im gesamten Programm als Schlüsselwortparameter spezifiziert werden, denn auch die Namen der Formalparameter der vordefinierten Unterprogramme sind vordefiniert. Hier gelten die gleichen Regeln wie für die Schlüsselwortparameter benutzerdefinierter Unterprogramme.

```
i = index(z, substring="Kap.")
y = exp(x=ee)
```

Ein Typparameterwert einer Literalkonstanten im Aufruf eines vordefinierten Unterprogrammes muß in Form einer benannten Konstante geschrieben werden.

Formalparameter KIND: Ein Aktualparameter im Aufruf einer vordefinierten Funktion, der dem Formalparameter KIND zugeordnet wird, muß eine skalare benannte Konstante sein, deren Wert eine Darstellungsmethode spezifiziert, die von dem F-System unterstützt wird.

Aufruf einer elementweise wirkenden Funktion: Wenn eine elementweise wirkende Funktion aufgerufen wird, hat der Funktionswert die gleiche Gestalt wie der Aktualparameter mit dem größten Rang. Beim Aufruf dürfen auch Feldgrößen als Aktualparameter spezifiziert werden. Falls mehrere Aktualparameter dieser Art spezifiziert werden, müssen die Feldgrößen die gleiche Gestalt haben. Dann ist der Funktionswert ebenfalls ein Feld und hat die gleiche Gestalt wie diese(r) Aktualparameter. Und der Wert jedes Feldelementes des Funktionswertes wird so berechnet, wie wenn die skalare Funktion jeweils einzeln für die korrespondierenden (skalaren) Feldelemente der Aktualparameter aufgerufen worden wäre. Dabei hat die Reihenfolge der skalaren Auswertungen keinen Einfluß auf den Funktionswert.

Abfragefunktionen: Wenn beim Aufruf von BIT_SIZE, DIGITS, EPSILON, HUGE, MAXEXPONENT, MINEXPONENT, PRECISION, RADIX, RANGE oder TINY der Aktualparameter nur aus einem Zeiger besteht, darf der Zeigerzuordnungsstatus „undefiniert" oder „nicht-zugeordnet" sein, und wenn der Aktualparameter das ALLOCATABLE–Attribut hat, braucht das dynamische Feld nicht zugewiesen zu sein.

14.4 Unterprogrammdefinitionen

Optionale Parameter werden in diesem Anhang in eckige Klammern eingeschlossen. Die verwendete [...]-Notation wird nicht allen Möglichkeiten gerecht. Deshalb der Hinweis, daß die Aktualparameterliste beim Aufruf eines vordefinierten Unterprogrammes in keinem Fall ein führendes Komma enthalten darf, und daß es einige vordefinierte Unterprogramme mit mehreren optionalen Parametern gibt, von denen mindestens ein Parameter präsent sein muß.

Es folgen die Unterprogrammdefinitionen der vordefinierten Funktionen und Subroutinen. Die Parameter der vordefinierten Funktionen haben das INTENT(IN)–Attribut, wenn sie keine Zeiger sind und wenn für sie kein anderes INTENT–Attribut explizit vorgegeben ist.

ABS (A), Funktion

ABS ist eine elementweise wirkende Funktion, die als Funktionswert den Absolutwert, d. h. den Betrag, des Parameters liefert. Der Parameter A darf ganzzahlig, reell oder komplex sein. Das Ergebnis hat den gleichen Typ und Typparameter wie A, wenn A ganzzahlig oder reell ist. Wenn A komplex ist, ist das Ergebnis reell. Wenn A komplex ist, dann ist der Funktionswert gleich der systemabhängigen Approximation von $\sqrt{(\Re(A))^2 + (\Im(A))^2}$.

ACOS (X), Funktion

ACOS ist eine elementweise wirkende Funktion, die als Funktionswert den Arcuscosinus liefert. Der Funktionswert wird im Bogenmaß dargestellt. Der Parameter X ist reell mit $|X| \leq 1$. Der Funktionswert ist reell und hat den gleichen Typparameterwert wie X. Der Wertebereich der Funktion ist $0 \leq ACOS(X) \leq \pi$.

ADJUSTL (STRING), Funktion

ADJUSTL ist eine elementweise wirkende Funktion, die eine Zeichenfolge linksbündig anpaßt, indem führende Leerzeichen entfernt werden und am Ende Leerzeichen eingefügt werden. Der Parameter STRING ist vom Zeichentyp. Der Funktionswert ist vom Zeichentyp und hat die gleiche Länge wie STRING.

ADJUSTR (STRING), Funktion

ADJUSTR ist eine elementweise wirkende Funktion, die eine Zeichenfolge rechtsbündig anpaßt, indem Leerzeichen am Ende entfernt werden und am Anfang Leerzeichen eingefügt werden. Der Parameter STRING ist vom Zeichentyp. Der Funktionswert ist vom Zeichentyp und hat die gleiche Länge wie STRING.

AIMAG (Z), Funktion

AIMAG ist eine elementweise wirkende Funktion, die als Funktionswert den Imaginärteil des komplexen Parameters Z liefert. Der Funktionswert ist reell und hat den gleichen Typparameterwert wie der Parameter Z.

AINT (A [, KIND]), Funktion

AINT ist eine elementweise wirkende Funktion, die als Funktionswert den Wert des Parameters A ohne seinen gebrochenen Zahlenanteil liefert. Die Funktion *hackt* den gebrochenen Zahlenanteil ab. Der Parameter A ist reell. Der Funktionswert ist reell. Wenn KIND angegeben ist, hat der Funktionswert den Typparameterwert KIND; andernfalls ist er voreingestellt reell.

ALL (MASK [, DIM]), Funktion

ALL ist eine Tranformationsfunktion, die feststellt, ob *alle* Werte in MASK *wahr* sind oder ob alle Werte in MASK entlang der Dimension DIM *wahr* sind. Der Parameter MASK ist eine logische Feldgröße. Der optionale Parameter DIM ist ganzzahlig skalar. Und der Funktionswert ist logisch mit dem gleichen Typparameterwert wie MASK.

ALLOCATED (ARRAY), Funktion

ALLOCATED ist eine Abfragefunktion, die anzeigt, ob das dynamische Feld ARRAY aktuell zugewiesen ist oder nicht. Der Parameter ARRAY ist ein dynamisches Feld beliebigen Typs. Der Funktionswert ist voreingestellt logisch skalar.

ANINT (A [, KIND]), Funktion

ANINT ist eine elementweise wirkende Funktion, die als Funktionswert die nächstliegende ganze reelle Zahl liefert; d. h., es wird gerundet. Der Parameter A ist reell. Wenn KIND nicht angegeben ist, hat der Funktionswert den gleichen Typ und Typparameterwert wie A; andernfalls ist er reell mit dem Typpameterwert KIND.

ANY (MASK [, DIM]), Funktion

ANY ist eine Transformationsfunktion, die feststellt, ob überhaupt ein Wert in MASK *wahr* ist, oder ob überhaupt ein Wert entlang der Dimension DIM *wahr* ist. Der Parameter MASK ist eine logische Feldgröße. Der optionale Parameter DIM ist ganzzahlig skalar. Und der Funktionswert ist logisch mit dem gleichen Typparameterwert wie MASK.

ASIN (X), Funktion

ASIN ist eine elementweise wirkende Funktion, die als Funktionswert den Arcussinus liefert. Der Funktionswert wird im Bogenmaß dargestellt. Der Parameter X ist reell mit $|X| \leq 1$. Der Funktionswert ist reell und hat den gleichen Typparameterwert wie X. Der Wertebereich der Funktion ist $-\pi/2 \leq \mathrm{ASIN}(X) \leq \pi/2$.

ASSOCIATED (POINTER [, TARGET]), Funktion

ASSOCIATED ist eine Abfragefunktion, die anzeigt, ob der gegebene Zeiger POINTER aktuell einem Zeigerziel zugeordnet ist oder ob der gegebene Zeiger dem vorgegebenen Zeigerziel TARGET zugeordnet ist. Der Parameter POINTER ist ein Zeiger beliebigen Typs; sein Zeigerzuordnungsstatus darf nicht undefiniert sein. Der optionale Parameter TARGET muß ein Zeiger oder ein Zeigerziel sein und den gleichen Datentyp, ggf. Typparameter und Rang und ggf. die gleiche Zeichendatenlänge wie POINTER haben. Der Funktionswert ist voreingestellt logisch skalar.

Wenn TARGET nicht angegeben ist, dann liefert die Funktion den Wert .TRUE., wenn POINTER einem Zeigerziel zugeordnet ist; andernfalls ist der Funktionswert .FALSE..

Wenn TARGET angegeben und ein Zeigerziel ist, dann liefert die Funktion den Wert .TRUE., wenn POINTER dem TARGET zugeordnet ist; andernfalls liefert sie den Wert .FALSE..

Wenn TARGET angegeben und ein Zeiger ist, dann liefert die Funktion den Wert .TRUE., wenn das Zeigerziel, das POINTER zugeordnet ist, dasselbe ist, das TARGET zugeordnet ist; andernfalls oder wenn POINTER oder TARGET nicht-zugeordnet ist, liefert sie den Wert .FALSE..

ATAN (X), Funktion

ATAN ist eine elementweise wirkende Funktion, die als Funktionswert den Arcustangens im Bogenmaß liefert. Der Parameter X ist reell. Der Funktionswert ist reell und hat den gleichen Typparameterwert wie X. Der Wertebereich der Funktion ist $-\pi/2 \leq \mathrm{ATAN}(X) \leq \pi/2$.

ATAN2 (Y, X), Funktion

ATAN2 ist eine elementweise wirkende Funktion, die als Funktionswert den Arcustangens des Quotienten y/x liefert. Der Parameter Y ist reell. Der Parameter X hat den gleichen Typ und Typparameterwert wie Y. Der Funktionswert ist reell und hat den gleichen Typparameterwert wie Y. Der Funktionswert ist der Hauptwert des Argumentes der komplexen Zahl (X, Y) im Bogenmaß. Wenn $X \neq 0$ ist, dann ist dieser Wert gleich $\arctan Y/X$; und der Wertebereich der Funktion ist $-\pi < \mathrm{ATAN2}(Y, X) \leq \pi$. Die Parameter X und Y dürfen nicht zugleich Null sein.

BIT_SIZE (I), Funktion

BIT_SIZE ist eine Abfragefunktion, die die Anzahl s der Bits für solche ganzzahligen Werte in dem Zahlenmodell für Bitmanipulationen liefert, die den gleichen Typparameter wie I haben. Der Parameter I ist ganzzahlig skalar oder feldwertig. Falls der Aktualparameter für I ein Variablenname ist, braucht die Variable nicht definiert zu sein; falls er ein Zeiger ist, braucht er nicht zugeordnet zu sein; und falls er ein dynamisches Feld ist, braucht es nicht zugewiesen zu sein. Das Ergebnis ist ganzzahlig skalar und hat den gleichen Typparameter wie I.

BTEST (I, POS), Funktion

BTEST ist eine elementweise wirkende Funktion, die ein Bit des ganzzahligen Parameters I testet. POS ist ganzzahlig mit $0 \leq POS < BIT\_SIZE(I)$. Das Ergebnis ist voreingestellt logisch. Es hat den Wert *wahr*, falls das Bit POS in I den Wert 1 hat; und es hat den Wert *falsch*, falls Bit POS in I den Wert 0 hat.

CEILING (A), Funktion

CEILING ist eine elementweise wirkende Funktion, die als Funktionswert die kleinste ganzzahlige Zahl liefert, die größer oder gleich A ist. Der Parameter A ist reell. Der Funktionswert ist voreingestellt ganzzahlig.

CHAR (I), Funktion

CHAR ist eine elementweise wirkende Funktion, die als Funktionswert das Zeichen in Position I der ASCII–Sortierfolge liefert. Der Parameter I ist ganzzahlig mit $0 \leq I \leq 127$. Der Funktionswert ist von Zeichentyp und hat die Zeichendatenlänge 1. Es gilt:

$ICHAR(CHAR(i)) = i$ für $0 \leq i \leq 127$.

$CHAR(ICHAR(z)) = z$ für jedes Zeichen z, das das F-System darstellen kann.

CMPLX (X [, Y] [, KIND]), Funktion

CMPLX ist eine elementweise wirkende Funktion, die X oder (X, Y) in den komplexen Typ umwandelt. Der Parameter X ist ganzzahlig, reell oder komplex. Der optionale Parameter Y ist ganzzahlig oder reell. Der Funktionswert ist komplex. Wenn KIND angegeben ist, hat er den Typparameterwert KIND, andernfalls ist er voreingestellt komplex.

Wenn Y nicht spezifiziert und X nicht komplex ist, hat die Funktion den gleichen Funktionswert wie CMPLX(X, 0) oder CMPLX (X, 0, KIND).

Wenn Y nicht spezifiziert und X komplex ist, hat die Funktion den gleichen Funktionswert wie CMPLX(X, AIMAG(X)) oder CMPLX(X, AIMAG(X), KIND).

CMPLX(X, Y, KIND) hat den komplexen Wert
(REAL(X, KIND), REAL(Y, KIND)).

CONJG (Z), Funktion

CONJG ist eine elementweise wirkende Funktion, die als Funktionswert den konjugiert komplexen Wert des komplexen Parameters liefert. Der Funktionswert ist komplex und hat den gleichen Typparameterwert wie der Parameter Z.

COS (X), Funktion

COS ist eine elementweise wirkende Funktion, die als Funktionswert den Cosinus liefert. Der Parameter X ist reell oder komplex und wird im Bogenmaß angegeben. Der Funktionswert hat den gleichen Typ und Typparameterwert wie X.

COSH (X), Funktion

COSH ist eine elementweise wirkende Funktion, die als Funktionswert den Hyperbelcosinus liefert. Der Parameter X ist reell. Der Funktionswert ist reell und hat den gleichen Typparameterwert wie X.

COUNT (MASK [, DIM]), Funktion

COUNT ist eine Transformationsfunktion, die die Anzahl der *wahren* Feldelemente des logischen Feldes MASK zählt, oder die die Anzahl der *wahren* Feldelemente von MASK entlang der Dimension DIM zählt. Der optionale Parameter DIM ist ganzzahlig skalar. Der Funktionswert ist voreingestellt ganzzahlig.

CSHIFT (ARRAY, SHIFT [, DIM]), Funktion

CSHIFT ist eine Transformationsfunktion, die eine Ringverschiebung auf der eindimensionalen Feldgröße ARRAY durchführt, oder die eine Ringverschiebung auf allen vollständigen eindimensionalen Teilfeldern der zwei- oder mehrdimensionalen Feldgröße ARRAY entlang der Dimension DIM durchführt. Feldelemente, die an einem Ende herausgeschoben werden, werden am anderen Ende wieder hineingeschoben. Verschiedene Teilfelder können um unterschiedliche Beträge in verschiedene Richtungen verschoben werden. Der optionale Parameter DIM ist ganzzahlig skalar. Wenn DIM fehlt, wird der Wert DIM = 1 verwendet. Der Parameter ARRAY ist ein Feld beliebigen Typs. Der Parameter SHIFT ist ganzzahlig und muß skalar sein, wenn ARRAY ein eindimensionales Feld ist. Der Funktionswert hat den gleichen Typ und ggf. Typparameterwert und ggf. die gleiche Zeichendatenlänge wie ARRAY. Wenn SHIFT skalar ist, dann ergibt sich der Funktionswert durch SHIFT-malige Ringverschiebung jedes eindimensionalen Teilfeldes, das sich über die Dimension DIM erstreckt. Wenn SHIFT = 1 ist, handelt es sich z. B. bei einem eindimensionalen Feld um eine Ringverschiebung nach links. Wenn SHIFT ein Feld ist, dann muß die Gestalt von SHIFT der Gestalt von ARRAY ohne die Dimension DIM entsprechen. In diesem Fall gibt SHIFT einen Wert für jede einzelne Verschiebung an.

DATE_AND_TIME ([DATE] [, TIME] [, ZONE] [, VALUES]), Subroutine

DATE_AND_TIME ist eine Subroutine, die über ihre (Ausgabe-)Parameter wahlweise verschiedene Zeitangaben und/oder Datumsangaben liefert. Die Form der Zeit- und Datumsangaben entspricht den Empfehlungen aus ISO 8601:1988. Die verschiedenen Zeitangaben eines Aufrufes beziehen sich auf denselben Zeitpunkt.

DATE ist ein optionaler skalarer Parameter mit INTENT(OUT)–Attribut. Es ist eine Variable vom Zeichentyp mit der Zeichendatenlänge $\geq$ 8. Die ersten 8 Zeichen enthalten nach Ausführung der Subroutine eine Zeichenfolge der Art *CCYYMMDD*, wobei *CC* das Jahrhundert, *YY* das Jahr innerhalb des Jahrhunderts, *MM* der Monat innerhalb des Jahres und *DD* der Tag innerhalb des Monats ist. Wenn das F-System keinen Kalender zur Verfügung hat, der diesen Wert liefern kann, wird DATE mit Leerzeichen aufgefüllt.

TIME ist ein optionaler skalarer Parameter mit INTENT(OUT)–Attribut. Es ist eine Variable vom Zeichentyp mit der Zeichendatenlänge $\geq$ 10. Die ersten 10 Zeichen enthalten nach Ausführung der Subroutine eine Zeichenfolge der Art *hhmmss.sss*, wobei *hh* die Stunde des Tages, *mm* die Minuten der Stunde und *ss.sss* die Sekunden und Millisekunden der Minute sind. Wenn das F-System keine Uhr zur Verfügung hat, die diesen Wert liefern kann, wird TIME mit Leerzeichen aufgefüllt.

ZONE ist ein optionaler skalarer Parameter mit INTENT(OUT)–Attribut. Es ist eine Variable vom Zeichentyp mit der Zeichendatenlänge $\geq$ 5. Die ersten 5 Zeichen enthalten nach Ausführung der Subroutine eine Zeichenfolge der Art $\pm hhmm$, wobei *hh* und *mm* der Zeitunterschied in Stunden und Minuten gegenüber der UTC–Zeit (= Mittlere Greenwich-Zeit) ist. Wenn das F-System keine Uhr zur Verfügung hat, die diesen Wert liefern kann, wird ZONE mit Leerzeichen aufgefüllt.

VALUES ist ein optionaler Parameter mit INTENT(OUT)–Attribut. VALUES ist eine eindimensionale voreingestellt ganzzahlige Feldvariable mit mindestens 8 Feldelementen. Die ersten 8 Feldelemente enthalten nach Ausführung der Subroutine folgende Werte: das Jahr (z. B. 1995), den Monat des Jahres, den Tag des Monates, den Zeitunterschied zur UTC–Zeit in Minuten, die Stunde des Tages zwischen 0 und 23, die Minuten der Stunde zwischen 0 und 59, die Sekunden der Minute zwischen 0 und 60 und die Millisekunden der Sekunde zwischen 0 bis 999. Wenn das F-System keinen Kalender und/oder keine Uhr unterstützt, wird anstelle der fehlenden Information jeweils der Wert −HUGE(0) ausgegeben.

DIGITS (X), Funktion

DIGITS ist eine Abfragefunktion, die als Funktionswert die Anzahl der signifikanten Ziffern des Zahlenmodelles für Zahlen mit dem gleichen Typ und Typparameterwert liefert, wie sie auch der Parameter X hat. X ist ein ganzzahliger oder reeller Skalar oder eine Feldgröße. Der Funktionswert ist voreingestellt ganzzahlig skalar.

DOT_PRODUCT (VECTOR_A, VECTOR_B), Funktion

DOT_PRODUCT ist eine Transformationsfunktion, die das Skalarprodukt zweier eindimensionaler numerischer Felder oder zweier eindimensionaler logischer Felder berechnet. Wenn der erste Parameter numerisch ist, braucht der numerische Typ des zweiten Parameters nicht mit dem numerischen Typ des ersten Parameters übereinzustimmen. In jedem Falle müssen die Felder jedoch die gleiche Größe haben. Wenn die Parameter numerisch sind, sind Typ und Typparameterwert des Funktionswertes entsprechend den üblichen Regeln gleich denjenigen des Ausdruckes (VECTOR_A * VECTOR_B). Wenn VECTOR_A ganzzahlig oder reell ist, dann ist der Funktionswert gleich dem Wert von SUM(VECTOR_A * VECTOR_B). Und wenn VECTOR_A komplex ist, dann ist der Funktionswert gleich dem Wert von SUM(CONJG(VECTOR_A) * VECTOR_B). Wenn die Parameter logisch sind, ist der Funktionswert ebenfalls logisch. Und der Typparameterwert des Funktionswertes ist entsprechend den üblichen Regeln gleich demjenigen des Ausdruckes (VECTOR_A .AND. VECTOR_B). Dann ist der Funktionswert gleich dem Wert von ANY(VECTOR_A .AND. VECTOR_B). Der Funktionswert ist skalar.

EOSHIFT (ARRAY, SHIFT [, BOUNDARY] [, DIM]), Funktion

EOSHIFT ist eine Transformationsfunktion, die eine Verschiebung der eindimensionalen Feldgröße ARRAY durchführt, oder die eine Verschiebung aller vollständigen eindimensionalen Teilfelder der zwei- oder mehrdimensionalen Feldgröße ARRAY entlang der gegebenen Dimension DIM durchführt. DIM ist ganzzahlig skalar. Feldelemente werden an einem Ende herausgeschoben, und am anderen Ende werden Kopien eines Randwertes BOUNDARY wieder hineingeschoben. BOUNDARY hat den gleichen Typ und ggf. Typparameterwert und ggf. die gleiche Zeichendatenlänge wie ARRAY. BOUNDARY darf fehlen, wenn ARRAY voreingestellten Typs ist; in diesem Fall werden die Randwerte Null, .FALSE. bzw. Leerzeichen verwendet. Unterschiedliche Teilfelder können unterschiedliche Randwerte haben und können um unterschiedliche Beträge SHIFT in verschiedene Richtungen verschoben werden. ARRAY ist eine Feldgröße beliebigen Typs, kein Skalar. SHIFT ist ganzzahlig. SHIFT muß eine skalare Größe sein, wenn ARRAY eindimensional ist; andernfalls darf SHIFT eine Größe sein, deren Gestalt der Gestalt von ARRAY ohne die Dimension DIM entspricht. In diesem Fall gibt SHIFT einen Wert für jede einzelne Verschiebung an. Der Funktionswert hat den gleichen Typ und ggf. Typparameterwert und ggf. die gleiche Zeichendatenlänge wie ARRAY.

EPSILON (X), Funktion

EPSILON ist eine Abfragefunktion, die als Funktionswert eine positive Modellzahl liefert, die fast vernachlässigbar ist gegenüber der Einheit in dem Zahlenmodell, das Zahlen mit dem gleichen Typ und Typparameterwert darstellt, wie sie auch der reelle Parameter X hat. Der Funktionswert ist reell und hat den gleichen Typparameterwert wie X.

EXP (X), Funktion

EXP ist eine elementweise wirkende Funktion, die als Funktionswert den Wert der Exponentialfunktion berechnet. Der Parameter X ist reell oder komplex. Der Funktionswert hat den gleichen Typ und Typparameterwert wie X.

EXPONENT (X), Funktion

EXPONENT ist eine elementweise wirkende Funktion, die als Funktionswert den Exponententeil des als Modellzahl dargestellten reellen Parameters X liefert. Der Funktionswert ist voreingestellt ganzzahlig. Wenn $X = 0$ ist, dann ist der Funktionswert gleich Null.

FLOOR (A), Funktion

FLOOR ist eine elementweise wirkende Funktion, die als Funktionswert die größte ganzzahlige Zahl liefert, die kleiner oder gleich einer gegebenen reellen Zahl ist. Der Parameter A ist reell. Der Funktionswert ist voreingestellt ganzzahlig.

FRACTION (X), Funktion

FRACTION ist eine elementweise wirkende Funktion, die als Funktionswert den gebrochenen Teil der Modellzahlendarstellung des reellen Parameters liefert. Der Parameter X ist reell. Der Funktionswert ist reell und hat den gleichen Typparameterwert wie X.

HUGE (X), Funktion

HUGE ist eine Abfragefunktion, die als Funktionswert die größte Zahl des Zahlenmodelles mit dem gleichen Typ und Typparameterwert liefert, wie sie auch der angegebene Parameter hat. Der Parameter X ist ein ganzzahliger oder reeller Skalar oder eine Feldgröße. Der Funktionswert ist skalar und hat den gleichen Typ und Typparameterwert wie X.

IAND (I, J), Funktion

IAND ist eine elementweise wirkende Funktion, die das logische Und aller Bits in
I und korrespondierender Bits in J liefert. Die Parameter I und J sind ganzzahlig und haben den gleichen Typparameter. Das Ergebnis ist ganzzahlig und hat
den gleichen Typparameter wie die Parameter. Die ganzzahligen Werte sind Bitmuster, die entsprechend dem Zahlenmodell für Bitmanipulationen interpretiert
werden. Folgende Wahrheitstafel beschreibt die Wirkung der Funktion:

I	1	1	0	0
J	1	0	1	0
IAND(I, J)	1	0	0	0

IBCLR (I, POS), Funktion

IBCLR ist eine elementweise wirkende Funktion, die einen ganzzahligen Wert
liefert, dessen Bitmuster demjenigen von I gleicht, außer daß das Bit an Position
POS auf 0 gesetzt ist. Der Parameter I ist ganzzahlig, er wird entsprechend
dem Zahlenmodell für Bitmanipulationen als Bitmuster interpretiert. POS ist
ganzzahlig mit $0 \leq POS < BIT\_SIZE(I)$. Das Ergebnis ist ganzzahlig und hat
den gleichen Typparameter wie I.

IBITS (I, POS, LEN), Funktion

IBITS ist eine elementweise wirkende Funktion, die eine Teilfolge des Bitmusters
von I liefert. Der Parameter I ist ganzzahlig. POS ist ganzzahlig mit $POS \geq 0$
und $POS + LEN \leq BIT\_SIZE(I)$. LEN ist ganzzahlig mit $LEN \geq 0$. Das Ergebnis ist ganzzahlig und hat den gleichen Typparameter wie I. Der rechte Teil
des Ergebnisses hat das gleiche Bitmuster wie die Bitfolge von LEN Bits, die
bei Bitposition POS in I beginnt. Die restlichen führenden Bits des Ergebnisses werden werden auf 0 gesetzt. Die ganzzahligen Werte sind Bitmuster, die
entsprechend dem Zahlenmodell für Bitmanipulationen interpretiert werden.

IBSET (I, POS), Funktion

IBSET ist eine elementweise wirkende Funktion, die einen ganzzahligen Wert
liefert, dessen Bitmuster demjenigen von I gleicht, außer daß das Bit an Position
POS auf 1 gesetzt ist. Der Parameter I ist ganzzahlig, er wird entsprechend
dem Zahlenmodell für Bitmanipulationen als Bitmuster interpretiert. POS ist
ganzzahlig mit $0 \leq POS < BIT\_SIZE(I)$. Das Ergebnis ist ganzzahlig und hat
den gleichen Typparameter wie I.

ICHAR (C), Funktion

ICHAR ist eine elementweise wirkende Funktion, die als Funktionswert die Position des gegebenen Zeichens C in der ASCII–Sortierfolge liefert. Die Funktion

ICHAR ist das Gegenstück zur Funktion CHAR. Der Parameter C ist vom Zeichentyp und hat die Zeichendatenlänge 1. Der Funktionswert ist voreingestellt ganzzahlig.

Es gilt: $ICHAR(CHAR(i)) = i$ und $CHAR(ICHAR(z)) = z$.

IEOR (I, J), Funktion

IEOR ist eine elementweise wirkende Funktion, die das logische exklusive Oder aller Bits in I und korrespondierender Bits in J liefert. Die Parameter I und J sind ganzzahlig und haben den gleichen Typparameter. Das Ergebnis ist ganzzahlig und hat den gleichen Typparameter wie die Parameter. Die ganzzahligen Werte sind Bitmuster, die entsprechend dem Zahlenmodell für Bitmanipulationen interpretiert werden. Folgende Wahrheitstafel beschreibt die Wirkung der Funktion:

I	1	1	0	0
J	1	0	1	0
IEOR(I, J)	0	1	1	0

INDEX (STRING, SUBSTRING [, BACK]), Funktion

INDEX ist eine elementweise wirkende Funktion, die als Funktionswert die Anfangsposition der Teil-Zeichenfolge SUBSTRING innerhalb der Zeichenfolge STRING liefert. Wenn die gegebene Teil-Zeichenfolge mehrmals auftritt, dann liefert der Funktionswert die Anfangsposition des ersten Auftretens oder (auf Wunsch) des letzten Auftretens der Teil-Zeichenfolge. Die Parameter STRING und SUBSTRING sind vom Zeichentyp. Der optionale Parameter BACK ist logisch. Der Funktionswert ist voreingestellt ganzzahlig. Der Funktionswert ist 0, wenn die Teil-Zeichenfolge nicht in STRING auftritt, oder wenn die Länge von STRING kleiner als die Länge von SUBSTRING ist. Wenn BACK nicht angegeben ist oder wenn BACK den Wert .FALSE. hat, dann ist der Funktionswert gleich der Anfangsposition des ersten Auftretens der Teil-Zeichenfolge SUBSTRING; wenn SUBSTRING die Länge 0 hat, ist der Funktionswert gleich 1. Wenn BACK angegeben ist und den Wert .TRUE. hat, dann ist der Funktionswert gleich der Anfangsposition des letzten Auftretens der Teil-Zeichenfolge SUBSTRING; wenn SUBSTRING die Länge 0 hat, ist der Funktionswert gleich LEN(STRING) + 1.

INT (A [, KIND]), Funktion

INT ist eine elementweise wirkende Funktion, die eine Typumwandlung durchführt. Der Parameter A ist ganzzahlig, reell oder komplex. Der Funktionswert ist voreingestellt ganzzahlig, wenn KIND fehlt; andernfalls hat er den Typparameterwert KIND. Wenn A ganzzahlig ist, ist der Funktionswert gleich A. Wenn

A reell ist, wird der Wert in Richtung auf Null gekürzt. Wenn A komplex ist, wird der Wert des Realteils genommen und in Richtung auf Null gekürzt.

IOR (I, J), Funktion

IOR ist eine elementweise wirkende Funktion, die das logische inklusive Oder aller Bits in I und korrespondierender Bits in J liefert. Die Parameter I und J sind ganzzahlig und haben den gleichen Typparameter. Das Ergebnis ist ganzzahlig und hat den gleichen Typparameter wie die Parameter. Die ganzzahligen Werte sind Bitmuster, die entsprechend dem Zahlenmodell für Bitmanipulationen interpretiert werden. Folgende Wahrheitstafel beschreibt die Wirkung der Funktion:

I	1	1	0	0
J	1	0	1	0
IOR(I, J)	1	1	1	0

ISHFT (I, SHIFT), Funktion

ISHFT ist eine elementweise wirkende Funktion, die ein Bitmuster liefert, das demjenigen von I gleicht, außer daß es um SHIFT Positionen verschoben ist. Der Parameter I ist ganzahlig. Der Parameter SHIFT ist ganzzahlig mit |SHIFT| < BIT_SIZE(I). Das Ergebnis ist ganzzahlig und hat den gleichen Typparameter wie I. Falls SHIFT > 0 ist, wird das Bitmuster nach links verschoben. Falls SHIFT < 0 ist, wird das Bitmuster nach rechts verschoben. Bits, die links oder rechts herausgeschoben werden, gehen verloren. Die entstehenden Lücken werden mit Nullen aufgefüllt. Die ganzzahligen Werte sind Bitmuster, die entsprechend dem Zahlenmodell für Bitmanipulationen interpretiert werden.

ISHFTC (I, SHIFT [, SIZE])), Funktion

ISHFTC ist eine elementweise wirkende Funktion, die ein Bitmuster liefert, das demjenigen von I gleicht, außer daß die SIZE äußerst rechten Bits um SHIFT Positionen zirkular verschoben sind. Der Parameter I ist ganzahlig. Der Parameter SHIFT ist ganzzahlig mit |SHIFT| < BIT_SIZE(I). Der optionale Parameter SIZE ist ganzzahlig mit 0 < SIZE < BIT_SIZE(I). Falls SIZE fehlt, wird SIZE = BIT_SIZE(I) verwendet. Das Ergebnis ist ganzzahlig und hat den gleichen Typparameter wie I. Falls SHIFT > 0 ist, werden die äußerst rechten SIZE Bits von I zirkular nach links verschoben. Falls SHIFT < 0 ist, werden die äußerst rechten SIZE Bits von I zirkular nach rechts verschoben. Die ganzzahligen Werte sind Bitmuster, die entsprechend dem Zahlenmodell für Bitmanipulationen interpretiert werden.

KIND (X), Funktion

KIND ist eine Abfragefunktion, die als Funktionswert den Typparameterwert
des Parameters liefert. Der Parameter X ist skalar oder feldwertig und beliebigen numerischen oder logischen Typs. Der Funktionswert ist voreingestellt
ganzzahlig skalar.

LBOUND (ARRAY [, DIM]), Funktion

LBOUND ist eine Abfragefunktion, die als Funktionswert entweder alle unteren Indexgrenzen oder die untere Indexgrenze der Dimension DIM des Feldes
ARRAY liefert. Der Parameter ARRAY ist ein Feld beliebigen Typs, kein Skalar. Der optionale Parameter DIM ist ganzzahlig skalar. Der Funktionswert ist
voreingestellt ganzzahlig. Wenn DIM präsent ist, ist der Funktionswert skalar.
Wenn ARRAY ein Teilfeld ist oder ein anderer Feldausdruck ist, der kein Gesamtfeld und keine Strukturkomponente ist, dann ist LBOUND(ARRAY, DIM)
gleich 1. Wenn ARRAY ein Gesamtfeld oder eine Strukturkomponente vom
Rang DIM ist, ist LBOUND(ARRAY, DIM) gleich dem Wert der unteren Indexgrenze der Dimension DIM von ARRAY, wenn die Dimension DIM des Feldes ARRAY nicht die Größe Null hat. Andernfalls ist der Funktionswert gleich
1. Wenn DIM nicht angegeben ist, ist der Funktionswert ein eindimensionales
Feld, dessen Größe gleich dem Rang von ARRAY ist, und dessen Feldelemente
die unteren Indexgrenzen von ARRAY enthalten.

LEN (STRING), Funktion

LEN ist eine Abfragefunktion, die als Funktionswert die Länge der Zeichengröße
STRING liefert. Der Funktionswert ist voreingestellt ganzzahlig.

LEN_TRIM (STRING), Funktion

LEN_TRIM ist eine elementweise wirkende Funktion, die als Funktionswert die
Länge der Zeichengröße STRING liefert, wobei die nachgeschleppten Leerzeichen
jedoch nicht mitgezählt werden. Der Funktionswert ist voreingestellt ganzzahlig.

LOG (X), Funktion

LOG ist eine elementweise wirkende Funktion, die als Funktionswert den natürli-
chen Logarithmus liefert. Der Parameter X ist reell oder komplex. Wenn X
reell ist, muß $X > 0$ sein. Wenn X komplex ist, muß $X \neq (0, 0)$ sein. Der
Funktionswert hat den gleichen Typ und Typparameterwert wie X. Ein komplexer Funktionswert ist der Hauptwert mit dem Imaginärteil ω im Intervall
$-\pi < \omega \leq \pi$.

LOGICAL (L [, KIND]), Funktion

LOGICAL ist eine elementweise wirkende Funktion, die eine Typumwandlung durchführt. Der Parameter L ist logisch. Der Funktionswert ist voreingestellt logisch, wenn KIND fehlt; andernfalls hat er den Typparameterwert KIND. Der Funktionswert ist gleich dem Wert von L.

LOG10 (X), Funktion

LOG10 ist eine elementweise wirkende Funktion, die als Funktionswert den gewöhnlichen Logarithmus liefert. Der Parameter X ist reell mit $X > 0$. Der Funktionswert ist reell und hat den gleichen Typparameterwert wie X.

MATMUL (MATRIX_A, MATRIX_B), Funktion

MATMUL ist eine Transformationsfunktion, die eine Matrizenmultiplikation für ein- oder zweidimensionale Felder numerischen oder logischen Typs durchführt. Der Parameter MATRIX_A ist eine ganzzahlige, reelle, komplexe oder logische Feldgröße. Der Parameter MATRIX_B ist eine numerische Feldgröße, wenn MATRIX_A numerisch ist; er ist eine logische Feldgröße, wenn MATRIX_A logisch ist. Der numerische Typ von MATRIX_A muß nicht mit dem numerischen Typ von MATRIX_B übereinstimmen. Wenn MATRIX_A eindimensional ist, muß MATRIX_B zweidimensional sein. Und umgekehrt, wenn MATRIX_A zweidimensional ist, muß MATRIX_B eindimensional sein. Die Größe der ersten (oder einzigen) Dimension von MATRIX_B muß gleich der Größe der letzten (oder einzigen) Dimension von MATRIX_A sein. Typ und Typparameterwert des Funktionswertes ergeben sich (entsprechend den üblichen Regeln für numerische oder logische Ausdrücke) aus den Typen der Parameter. Der Funktionswert ist in jedem Fall ein Feldwert. Die Gestalt des Funktionswertes ist von der Gestalt der Parameter abhängig:

Wenn MATRIX_A die Gestalt (n, m) und MATRIX_B die Gestalt (m, k) hat, dann hat der Funktionswert die Gestalt (n, k). Wenn die Parameter numerisch sind, dann ist das Feldelement (i, j) des Funktionswertes gleich dem Wert SUM(MATRIX_A$(i, :)$ * MATRIX_B$(:, j)$). Und wenn die Parameter logisch sind, dann ist das Feldelement (i, j) des Funktionswertes gleich dem Wert ANY(MATRIX_A$(i, :)$ .AND. MATRIX_B$(:, j)$).

Wenn MATRIX_A die Gestalt (m) und MATRIX_B die Gestalt (m, k) hat, dann hat der Funktionswert die Gestalt (k). Wenn die Parameter numerisch sind, dann ist das Feldelement (j) des Funktionswertes gleich dem Wert SUM(MATRIX_A$(:)$ * MATRIX_B$(:, j)$). Und wenn die Parameter logisch sind, dann ist das Feldelement (j) des Funktionswertes gleich dem Wert ANY(MATRIX_A$(:)$ .AND. MATRIX_B$(:, j)$).

Wenn MATRIX_A die Gestalt (n, m) und MATRIX_B die Gestalt (m) hat, dann hat der Funktionswert die Gestalt (n). Wenn die Parameter numerisch sind, dann ist das Feldelement (i) des Funktionswertes gleich dem Wert SUM(MATRIX_A$(i, :)$ * MATRIX_B$(:)$). Und wenn die Parameter logisch sind, dann ist das Feldelement (i) des Funktionswertes gleich dem Wert ANY(MATRIX_A$(i, :)$ .AND. MATRIX_B$(:)$).

MAX (A1, A2 [, A3, ...]), Funktion

MAX ist eine elementweise wirkende Funktion, die als Funktionswert den größten Wert der Parameter liefert. Die Parameter A1, A2 und die optionalen Parameter sind ganzzahlig oder reell. Sie haben alle den gleichen Typ und Typparameterwert. Der Funktionswert hat den gleichen Typ und Typparameterwert wie die Parameter.

MAXEXPONENT (X), Funktion

MAXEXPONENT ist eine Abfragefunktion, die als Funktionswert den größten Exponent des Zahlenmodelles reeller Zahlen mit dem gleichen Typ und Typparameterwert liefert, wie sie auch der Parameter X hat. X ist ein reeller Skalar oder eine Feldgröße. Der Funktionswert ist voreingestellt ganzzahlig skalar.

MAXLOC (ARRAY [, MASK]), Funktion

MAXLOC ist eine Transformationsfunktion, die das erste Feldelement aus den Feldelementen eines gegebenen Feldes lokalisiert, das den größten Wert hat, wobei die Auswahl auf eine ausgewählten Teilmenge von Feldelementen beschränkt werden kann. Der Parameter ARRAY ist ein ganzzahliges oder reelles Feld; kein Skalar. Der optionale Parameter MASK ist logisch und hat die gleiche Gestalt wie ARRAY. Der Funktionswert ist voreingestellt ganzzahlig. Der Funktionswert von MAXLOC(ARRAY) ist ein eindimensionales Feld, dessen Größe gleich dem Rang von ARRAY ist und dessen Feldelemente der Reihe nach die Werte der Indexliste eines Feldelementes von ARRAY enthalten, das den größten Wert *aller* Feldelemente von ARRAY enthält. Der Funktionswert von MAXLOC(ARRAY, MASK=MASK) berücksichtigt bei der Bestimmung der Position des Feldelementes mit dem größten Wert nur diejenigen Feldelemente von ARRAY, denen *wahre* Feldelemente in MASK entsprechen. Es werden nicht die vereinbarten Indexgrenzen berücksichtigt, sondern es wird angenommen, daß die unteren Indexgrenzen jeweils 1 sind. Wenn es mehr als nur einen einzigen Maximalwert gibt, entspricht der Funktionswert der Indexliste des ersten Feldelementes dieser Art (entsprechend der internen Verkettung der Feldelemente).

MAXVAL (ARRAY [, DIM] [, MASK]), Funktion

MAXVAL ist eine Transformationsfunktion, die den größten Wert entweder aller Feldelemente des Feldes ARRAY oder nur entlang der Dimension DIM liefert, wobei die Auswahl auf eine ausgewählten Teilmenge von Feldelementen beschränkt werden kann. Der Parameter ARRAY ist ein ganzzahliges oder reelles Feld; kein Skalar. Der optionale Parameter DIM ist eine ganzzahlige skalare Größe. Der optionale Parameter MASK ist logisch und hat die gleiche Gestalt wie ARRAY. Der Funktionswert hat den gleichen Typ und Typparameterwert wie ARRAY. Wenn DIM nicht angegeben ist oder wenn ARRAY ein eindimensionales Feld ist, ist der Funktionswert skalar. Der Funktionswert von MAXVAL(ARRAY) ist gleich dem größten Wert aller Feldelemente von ARRAY. Der Funktionswert von MAXVAL(ARRAY, MASK=MASK) ist gleich dem größten Wert derjenigen Feldelemente von ARRAY, denen *wahre* Feldelemente in MASK entsprechen. Wenn DIM angegeben ist, ist der Funktionswert ein Feld, dessen Rang um 1 kleiner ist als der Rang von ARRAY und dessen Gestalt gleich der Gestalt von ARRAY jedoch ohne die Dimension DIM ist. Die Funktion wird auf allen eindimensionalen Teilfeldern ausgeführt, die sich durch die Dimension DIM erstrecken.

MERGE (TSOURCE, FSOURCE, MASK), Funktion

MERGE ist eine elementweise wirkende Funktion, deren Funktionswert aus zwei gegebenen Werten zusammengemischt wird. Der Parameter TSOURCE ist beliebigen Typs. FSOURCE hat den gleichen Typ und ggf. Typparameterwert und ggf. die gleiche Zeichendatenlänge wie TSOURCE. Der Parameter MASK ist logisch. Der Funktionswert hat den gleichen Typ und ggf. Typparameterwert und ggf. die gleiche Zeichendatenlänge wie TSOURCE. Er ist gleich TSOURCE, wo MASK *wahr* ist; andernfalls ist er gleich FSOURCE.

MIN (A1, A2 [, A3, ...]), Funktion

MIN ist eine elementweise wirkende Funktion, die als Funktionswert den kleinsten Wert der Parameter liefert. Die Parameter A1, A2 und die optionalen Parameter sind ganzzahlig oder reell. Sie haben alle den gleichen Typ und Typparameterwert. Der Funktionswert hat den gleichen Typ und Typparameterwert wie die Parameter.

MINEXPONENT (X), Funktion

MINEXPONENT ist eine Abfragefunktion, die als Funktionswert den kleinsten Exponent des Zahlenmodelles reeller Zahlen mit dem gleichen Typ und Typparameterwert liefert, wie sie auch der Parameter X hat. X ist ein reeller Skalar oder eine Feldgröße. Der Funktionswert ist voreingestellt ganzzahlig skalar.

MINLOC (ARRAY [, MASK]), Funktion

MINLOC ist eine Transformationsfunktion, die das erste Feldelement aus den Feldelementen eines gegebenen Feldes lokalisiert, das den kleinsten Wert hat, wobei die Auswahl auf eine ausgewählten Teilmenge von Feldelementen beschränkt werden kann. Der Parameter ARRAY ist ein ganzzahliges oder reelles Feld; kein Skalar. Der optionale Parameter MASK ist logisch und hat die gleiche Gestalt wie ARRAY. Der Funktionswert ist voreingestellt ganzzahlig. Der Funktionswert von MINLOC(ARRAY) ist ein eindimensionales Feld, dessen Größe gleich dem Rang von ARRAY ist und dessen Feldelemente der Reihe nach die Werte der Indexliste eines Feldelementes von ARRAY enthalten, das den kleinsten Wert *aller* Feldelemente von ARRAY enthält. Der Funktionswert von MINLOC(ARRAY, MASK=MASK) berücksichtigt bei der Bestimmung der Position des Feldelementes mit dem kleinsten Wert nur diejenigen Feldelemente von ARRAY, denen *wahre* Feldelemente in MASK entsprechen. Es werden nicht die vereinbarten Indexgrenzen berücksichtigt, sondern es wird angenommen, daß die unteren Indexgrenzen jeweils 1 sind. Wenn es mehr als nur einen einzigen Minimalwert gibt, entspricht der Funktionswert der Indexliste des ersten Feldelementes dieser Art (entsprechend der internen Verkettung der Feldelemente).

MINVAL (ARRAY [, DIM] [, MASK]), Funktion

MINVAL ist eine Transformationsfunktion, die den kleinsten Wert entweder aller Feldelemente des Feldes ARRAY oder nur entlang der Dimension DIM liefert, wobei die Auswahl auf eine ausgewählten Teilmenge von Feldelementen beschränkt werden kann. Der Parameter ARRAY ist ein ganzzahliges oder reelles Feld; kein Skalar. Der optionale Parameter DIM ist eine ganzzahlige skalare Größe. Der optionale Parameter MASK ist logisch und hat die gleiche Gestalt wie ARRAY. Der Funktionswert hat den gleichen Typ und Typparameterwert wie ARRAY. Wenn DIM nicht angegeben ist, oder wenn ARRAY ein eindimensionales Feld ist, ist der Funktionswert skalar. Der Funktionswert von MINVAL(ARRAY) ist gleich dem kleinsten Wert aller Feldelemente von ARRAY. Der Funktionswert von MINVAL(ARRAY, MASK=MASK) ist gleich dem kleinsten Wert derjenigen Feldelemente von ARRAY, denen *wahre* Feldelemente in MASK entsprechen. Wenn DIM angegeben ist, ist der Funktionswert ein Feld, dessen Rang um 1 kleiner ist als der Rang von ARRAY und dessen Gestalt gleich der Gestalt von ARRAY jedoch ohne die Dimension DIM ist. Die Funktion wird auf allen eindimensionalen Teilfeldern ausgeführt, die sich durch die Dimension DIM erstrecken.

MODULO (A, P), Funktion

MODULO ist eine elementweise wirkende Funktion, die als Funktionswert den Wert A modulo P liefert. Der Parameter A ist ganzzahlig oder reell. Und der Parameter P hat den gleichen Typ und Typparameterwert wie A. Der Funktionswert hat den gleichen Typ und Typparameterwert wie A. Wenn die Parameter ganzzahlig sind, dann ist der Funktionswert gleich
(A − FLOOR(REAL(A)/REAL(P)) * P). Und wenn die Parameter reell sind,

dann ist der Funktionswert gleich $(A - FLOOR(A/P) * P)$. Wenn $P = 0$ ist, ist der Funktionswert systemabhängig.

MVBITS (FROM, FROMPOS, LEN, TO, TOPOS), Subroutine

MVBITS ist eine elementweise wirkende Subroutine, die ein Bitmuster kopiert. Die Bitfolge beginnt bei Position FROMPOS in FROM und hat die Länge LEN. Es wird nach TO kopiert beginnend bei Position TOPOS. Die Parameter FROM, FROMPOS, LEN und TOPOS haben das INTENT(IN)–Attribut und sind ganzzahlig. FROMPOS ist ≥ 0 mit FROMPOS + LEN $\leq$ BIT_SIZE(FROM). LEN ist ≥ 0. TOPOS ist ≥ 0 mit TOPOS + LEN $\leq$ BIT_SIZE(TO). Der Parameter TO hat das INTENT(INOUT)–Attribut und ist eine ganzzahlige Variable, die den gleichen Typparameter wie FROM hat. Die ganzzahligen Werte sind Bitmuster, die entsprechend dem Zahlenmodell für Bitmanipulationen interpretiert werden.

NEAREST (X, S), Funktion

NEAREST ist eine elementweise wirkende Funktion, die als Funktionswert die (in gegebener Richtung) nächste Maschinenzahl liefert, die den gleichen Typ und Typparameterwert wie X hat. Der Parameter X ist reell. S ist reell und ungleich Null. Als Funktionswert wird die nächste darstellbare Zahl geliefert, die größer als X ist, wenn S positiv ist. Und wenn S negativ ist, wird die nächste darstellbare Zahl geliefert, die kleiner als X ist.

NINT (A [, KIND]), Funktion

NINT ist eine elementweise wirkende Funktion, die als Funktionswert die nächstliegende ganzzahlige Zahl liefert; d. h., es wird gerundet. Der Parameter A ist reell. Wenn KIND nicht angegeben ist, ist der Funktionswert voreingestellt ganzzahlig; andernfalls hat er den Typparameterwert KIND.

NOT (I), Funktion

NOT ist eine elementweise wirkende Funktion, die das logische Komplement aller Bits in I liefert. Der Parameter I ist ganzzahlig. Das Ergebnis ist ganzzahlig und hat den gleichen Typparameter wie der Parameter. Die ganzzahligen Werte sind Bitmuster, die entsprechend dem Zahlenmodell für Bitmanipulationen interpretiert werden. Folgende Wahrheitstafel beschreibt die Wirkung der Funktion:

I	0	1
NOT(I)	1	0

PACK (ARRAY, MASK [, VECTOR]), Funktion

PACK ist eine Transformationsfunktion, die als Funktionswert ein eindimensionales Feld liefert, in das bestimmte Feldelemente von ARRAY gepackt werden, die anhand einer konformen logischen Maske MASK ausgewählt werden. Der Parameter ARRAY ist ein Feld beliebigen Typs, kein Skalar. MASK ist logisch, ein Feld oder ein Skalar, konform mit ARRAY. Der optionale Parameter VECTOR ist ein eindimensionales Feld mit gleichem Typ, Typparameterwert und ggf. der gleichen Zeichendatenlänge wie ARRAY, das mindestens so groß ist wie die Anzahl der *wahren* Feldelemente von MASK. Wenn MASK skalar ist mit dem Wert .TRUE., dann muß VECTOR mindestens so groß wie ARRAY sein.

Der Funktionswert hat den gleichen Typ, Typparameterwert und ggf. die gleiche Zeichendatenlänge wie ARRAY. Wenn VECTOR präsent ist, hat der eindimensionale Funktionswert soviele Feldelemente wie VECTOR. Wenn VECTOR nicht präsent und MASK ein Feld ist, dann hat der eindimensionale Funktionswert soviele Feldelemente wie die Anzahl der *wahren* Feldelemente von MASK. Wenn VECTOR nicht präsent und MASK skalar ist, hat der Funktionswert soviele Feldelemente wie ARRAY.

Das *ite* Feldelement des Funktionswertes ist gleich dem Wert desjenigen Feldelementes von ARRAY, das dem *iten* *wahren* Feldelement von MASK entspricht. Dabei ist die Reihenfolge der Feldelemente von MASK und von ARRAY durch die eindimensionale interne Verkettung der Feldelemente gegeben.

Wenn VECTOR präsent ist und selbst mehr Feldelemente hat, als MASK *wahre* Feldelemente hat, dann werden die restlichen Feldelemente des Funktionswertes mit den restlichen Feldelementen von VECTOR aufgefüllt.

PRECISION (X), Funktion

PRECISION ist eine Abfragefunktion, die als Funktionswert die dezimale Genauigkeit des Zahlenmodelles reeller Zahlen mit dem gleichen Typ und Typparameterwert liefert, wie sie auch der Parameter X hat. Der Parameter X ist reell oder komplex. Der Funktionswert ist voreingestellt ganzzahlig.

PRESENT (A), Funktion

PRESENT ist eine Abfragefunktion, die als Funktionswert die Information liefert, ob der Parameter A präsent ist, der der Name eines optionalen Formalparameters ist, der in dem Unterprogramm mit dem Unterprogrammaufruf von PRESENT zugänglich ist. Der Parameter A darf skalar oder feldwertig, beliebigen Datentyps, ein Zeiger oder ein Formalparameter-Unterprogramm sein. A hat kein INTENT–Attribut. Der Funktionswert ist voreingestellt logisch skalar. Wenn A präsent ist, ist der Funktionswert gleich .TRUE.. Wenn A nicht präsent ist, ist der Funktionswert gleich .FALSE..

PRODUCT (ARRAY [, DIM] [, MASK]), Funktion

PRODUCT ist eine Transformationsfunktion, die das Produkt entweder aller
Feldelemente des Feldes ARRAY oder nur entlang der Dimension DIM liefert,
wobei die Auswahl auf eine ausgewählten Teilmenge von Feldelementen beschränkt werden kann. Der Parameter ARRAY ist ein ganzzahliges, reelles, oder
komplexes Feld; kein Skalar. Der optionale Parameter DIM ist ein ganzzahliger
Skalar. Der optionale Parameter MASK ist ein logisches Feld, das konform mit
ARRAY ist. Der Funktionswert hat den gleichen Typ und Typparameterwert
wie ARRAY. Wenn MASK und DIM nicht präsent sind, ist der Funktionswert
skalar und ist gleich dem Produkt aller Feldelemente von ARRAY. Wenn DIM
angegeben ist, dann ist der Funktionswert ein Feld (oder wenn ARRAY eindimensional ist, ein Skalar), dessen Rang um 1 kleiner ist als der Rang von ARRAY
und dessen Gestalt gleich der Gestalt von ARRAY jedoch ohne die Dimension
DIM ist. Das Produkt der Feldelemente wird in diesem Fall auf allen eindimensionalen Teilfeldern durchgeführt, die sich durch die Dimension DIM erstrecken.
Wenn MASK präsent ist, wird das Produkt in jedem Fall nur über diejenigen
Feldelemente von ARRAY durchgeführt, denen *wahre* Feldelemente in MASK
entsprechen.

RADIX (X), Funktion

RADIX ist eine Abfragefunktion, die als Funktionswert die Basis des Zahlenmodelles derjenigen Zahlen liefert, die den gleichen Typ und Typparameterwert
wie der Parameter X haben. Der Parameter X ist ein ganzzahliger oder reeller
Skalar oder ein Feld. Der Funktionswert ist voreingestellt ganzzahlig skalar.

RANDOM_NUMBER (HARVEST), Subroutine

RANDOM_NUMBER ist eine vordefinierte Subroutine, die eine Pseudozufallszahl oder ein Feld von Pseudozufallszahlen aus der Gleichverteilung über dem
Intervall $0 \leq x < 1$ liefert. Der Parameter HARVEST hat das INTENT(OUT)-
Attribut; es ist eine reelle skalare Variable oder Feldvariable, die bei Ausführung
der Subroutine mit den Pseudozufallszahl(en) (re)definiert wird.

RANDOM_SEED ([SIZE] [, PUT] [, GET]), Subroutine

RANDOM_SEED ist eine vordefinierte Subroutine, die die Zufallszahlenfolge
initialisiert oder wieder startet. Die Pseudozufallszahlen kann man sich mit
Hilfe der vordefinierten Subroutine RANDOM_NUMBER der Reihe nach verschaffen. Die Erzeugung der Folge der Pseudozufallszahlen kann an beliebiger
Stelle unterbrochen werden, und sie kann exakt an dieser Stelle wieder aufgenommen werden. Es muß entweder genau ein Parameter präsent sein, oder es
darf gar kein Parameter angegeben werden. Wenn kein Parameter angegeben
ist, initialisiert das F-System die Verteilung mit einem systemabhängigen Wert.

SIZE ist ein optionaler Parameter mit INTENT(OUT)–Attribut; es ist eine voreingestellt ganzzahlige skalare Variable, die nach Ausführung der Subroutine die Anzahl N derjenigen ganzen Zahlen enthält, mit deren Hilfe das verwendete F-System jeweils die nächste Pseudozufallszahl berechnet. PUT ist ein optionaler Parameter mit INTENT(IN)–Attribut; es ist ein voreingestellt ganzzahliges eindimensionales Feld mit mindestens N Feldelementen. Diese Werte werden vom Zufallszahlengenerator verwendet, um die Berechnung der Folge der Pseudozufallszahlen an der durch die N Zahlen bestimmten Stelle (wieder) aufnehmen zu können. GET ist ein optionaler Parameter mit INTENT(OUT)–Attribut; es ist eine voreingestellt ganzzahlige eindimensionale Feldvariable mit mindestens N Feldelementen, die nach Ausführung der Subroutine die N aktuellen ganzen Zahlen enthält, mit deren Hilfe die Berechnung der Pseudozufallszahlen exakt an derselben Stelle wieder aufgenommen werden kann.

Die Initialisierung des Zufallszahlengenerators durch einen bestimmten Wert für PUT erfolgt auf systemabhängige Art und Weise. Der für GET gelieferte Wert braucht nicht mit dem Wert des PUT–Parameters eines unmittelbar zuvor ausgeführten Aufrufs von RANDOM_SEED übereinzustimmen. Beide Werte würden bei Verwendung als PUT–Parameter jedoch dafür sorgen, daß die von RANDOM_NUMBER erzeugten Pseudozufallszahlenfolgen identisch sind.

RANGE (X), Funktion

RANGE ist eine Abfragefunktion, die als Funktionswert den dezimalen Exponentenbereich des Zahlenmodelles der ganzzahligen oder reellen Zahlen mit dem gleichen Typ und Typparameterwert liefert, wie sie auch der Parameter X hat. Der Parameter X ist ein ganzzahliger, reeller oder komplexer Skalar oder eine Feldgröße. X muß nicht definiert, d. h. mit einem gültigen Wert versehen, sein. Der Funktionswert ist voreingestellt ganzzahlig skalar. Wenn X ganzzahlig ist, dann ist der Funktionswert gleich dem Wert von INT(LOG10(HUGE(X))). Wenn X reell oder komplex ist, dann ist der Funktionswert gleich dem Wert von INT(MIN(LOG10(*huge*)), –LOG10(*tiny*))). Dabei ist *huge* die größte positive reelle Modellzahl und *tiny* die kleinste positive reelle Modellzahl mit gleichem Typ und Typparameterwert wie X.

REAL (A [, KIND]), Funktion

REAL ist eine elementweise wirkende Funktion, die eine Typumwandlung durchführt. Der Parameter A ist ganzzahlig, reell oder komplex. Der Funktionswert ist reell und hat den Typparameterwert KIND, wenn KIND präsent ist. Wenn der Parameter KIND fehlt, dann ist der Funktionswert voreingestellt reell, wenn A ganzzahlig oder reell ist; wenn A komplex ist, hat er den Typparameterwert von A. Der Funktionswert ist gleich dem Wert von A. Wenn A komplex ist, wird nur der Realteil von A berücksichtigt.

REPEAT (STRING, NCOPIES), Funktion

REPEAT ist eine Transformationsfunktion, die mehrere Kopien einer Zeichenfolge miteinander verkettet. Der Parameter STRING ist ein Skalar vom Zeichentyp. Und NCOPIES ist ganzzahlig nicht-negativ skalar. Der Funktionswert ist skalar vom Zeichentyp. Der Funktionswert ist gleich der Zeichenfolge, die aus NCOPIES verketteten Kopien des Wertes von STRING besteht.

RESHAPE (SOURCE, SHAPE [, PAD] [, ORDER]), Funktion

RESHAPE ist eine Transformationsfunktion, die ein Feld liefert, das die Gestalt SHAPE hat und das den gleichen Typ und ggf. Typparameterwert und ggf. die gleiche Zeichendatenlänge wie SOURCE hat. SOURCE ist ein Feld beliebigen Typs, kein Skalar. SHAPE ist ein ganzzahliges eindimensionales Feld mit höchstens 7 Feldelementen. Die Feldelemente von SHAPE müssen alle nicht-negativ sein. Wenn PAD nicht präsent ist oder die Größe Null hat, darf die Größe des Feldes SOURCE nicht kleiner als das Produkt der Feldelemente von SHAPE (also PRODUCT(SHAPE)) sein; das Produkt der Feldelemente von SHAPE ist gleich der Größe des Feldes des Funktionswertes. Der optionale Parameter PAD ist ein Feld und hat den gleichen Typ und ggf. Typparameterwert und ggf. die gleiche Zeichendatenlänge wie SOURCE. Der optionale Parameter ORDER ist ein ganzzahliges eindimensionales Feld mit der gleichen Gestalt wie SHAPE. Der Wert von ORDER muß eine Permutation von $(1, 2, ... , n)$ sein, wobei n die Größe von SHAPE ist. Wenn ORDER fehlt, sind die Feldelemente des Funktionswertes der Reihe nach gleich den Feldelementen von SOURCE der Reihe nach, ggf. gefolgt von Feldelementen von PAD der Reihe nach. Mit „der Reihe nach" ist hier die eindimensionale interne Verkettung der Feldelemente gemeint. Wenn ORDER präsent ist, dann entsprechen die Werte der Feldelemente des Funktionswertes in der permutierten Indexreihenfolge (ORDER(1), ORDER(2), ..., ORDER(n)) den Werten der Feldelemente von SOURCE der Reihe nach und — wenn nötig — weiteren Feldelementen von PAD der Reihe nach, wenn nötig gefolgt von weiteren Kopien von PAD der Reihe nach.

RRSPACING (X), Funktion

RRSPACING ist eine elementweise wirkende Funktion, die für Zahlen des Zahlenmodelles mit dem gleichen Typ und Typparameterwert wie der Parameter X als Funktionswert den reziproken Wert des relativen Abstandes der Modellzahlen in der Umgebung des Parameters liefert. Der Parameter X ist reell. Der Funktionswert ist reell und hat den gleichen Typparameterwert wie X.

SCALE (X, I), Funktion

SCALE ist eine elementweise wirkende Funktion, die als Funktionswert den Wert des Parameters X um den Faktor $basis^I$ skaliert. Der Parameter X ist reell. Der

Parameter I ist ganzzahlig. Der Funktionswert ist reell und hat den gleichen Typparameterwert wie X.

SCAN (STRING, SET [, BACK]), Funktion

SCAN ist eine elementweise wirkende Funktion, die als Funktionswert die Position eines von mehreren Zeichen von STRING innerhalb der Zeichenfolge SET liefert. Die Parameter STRING und SET sind vom Zeichentyp. Der optionale Parameter BACK ist logisch. Der Funktionswert ist voreingestellt ganzzahlig. Wenn in STRING keines der Zeichen von SET enthalten ist oder wenn die Zeichendatenlänge von STRING oder SET Null ist, dann ist der Funktionswert gleich Null. Andernfalls: Wenn BACK nicht angegeben ist, oder BACK präsent ist und den Wert .FALSE. hat, dann ist der Funktionswert gleich der Position des ersten Zeichens (von links) in STRING, das zugleich in SET ist. Wenn BACK den Wert .TRUE. hat, dann ist der Funktionswert gleich der Position des letzten Zeichens (d. h. des ersten Zeichens von rechts) in STRING, das zugleich in SET ist.

SELECTED_INT_KIND (R), Funktion

SELECTED_INT_KIND ist eine Tranformationsfunktion, die als Funktionswert einen Typparameterwert eines ganzzahligen Datentyps mit dem minimalen Wertebereich $-10^R < n < 10^R$ liefert. Der Parameter R ist ganzzahlig skalar. Der Funktionswert ist voreingestellt ganzzahlig skalar. Wenn das F-System keinen derartigen ganzzahligen Datentyp unterstützt, ist der Funktionswert gleich -1. Wenn das F-System mehrere ganzzahlige Datentypen mit dem gleichen minimalen Wertebereich unterstützt, wird als Funktionswert der Typparameterwert des Datentyps mit dem kleinsten dezimalen Exponentenbereich geliefert. Wenn das F-System mehrere Datentypen dieser Art mit gleichem minimalen dezimalen Exponentenbereich unterstützt, wird als Funktionswert der kleinste der zugehörigen Typparameterwerte geliefert.

SELECTED_REAL_KIND ([P] [, R]), Funktion

SELECTED_REAL_KIND ist eine Tranformationfunktion, die als Funktionswert einen Typparameterwert eines reellen Datentyps liefert mit der dezimalen Genauigkeit von mindestens P Ziffern (so wie sie auch von der Funktion PRECISION geliefert wird) und mit dem minimalen dezimalen Exponentenbereich R (so wie er auch von der Funktion RANGE geliefert wird). Wenn das F-System keinen derartigen reellen Datentyp unterstützt, ist der Funktionswert gleich -1, wenn die minimale Genauigkeit P nicht unterstützt wird, ist der Funktionswert gleich -2, wenn der minimale Exponentenbereich R nicht unterstützt wird, und ist der Funktionswert gleich -3, wenn weder die minimale Genauigkeit P noch der minimale Exponentenbereich R unterstützt werden. Wenn das F-System mehrere reelle Datentypen mit den vorgegebenen Parametern unterstützt, wird als Funktionswert der Typparameterwert des Datentyps mit der kleinsten dezimalen Genauigkeit geliefert. Wenn das F-System mehrere Datentypen dieser Art mit gleicher minimaler dezimaler Genauigkeit unterstützt, wird als Funktionswert der kleinste der zugehörigen Typparameterwerte geliefert.

SET_EXPONENT (X, I), Funktion

SET_EXPONENT ist eine elementweise wirkende Funktion, die als Funktionswert einen reellen Wert liefert, dessen gebrochener Teil gleich dem gebrochenen Teil der Modellzahlendarstellung des Parameters X ist und dessen Exponententeil gleich dem Parameter I ist. Der Parameter X ist reell. Der Parameter I ist ganzzahlig. Der Funktionswert ist reell und hat den gleichen Typparameterwert wie X. Der Funktionswert ist gleich dem Wert $(X \times basis^{I-exponent})$.

SHAPE (SOURCE), Funktion

SHAPE ist eine Abfragefunktion, die als Funktionswert die Gestalt von SOURCE liefert. Der Parameter SOURCE ist ein Skalar oder ein Feld beliebigen Typs, er darf kein nicht-zugeordneter Zeiger und kein nicht-zugewiesenes dynamisches Feld sein. Der Funktionswert ist ein voreingestellt ganzzahliges eindimensionales Feld, dessen Größe gleich dem Rang von SOURCE ist und das die Gestalt von SOURCE enthält. Wenn SOURCE skalar ist, hat der Funktionswert die Größe Null.

SIGN (A, B), Funktion

SIGN ist eine elementweise wirkende Funktion, deren Funktionswert dem Betrage nach gleich dem Betrag von A ist. Und das Vorzeichen des Funktionswertes ist gleich dem Vorzeichen von B. Die Parameter müssen beide ganzzahlig oder beide reell sein und sie müssen den gleichen Typparameterwert haben. Der Funktionswert hat den gleichen Typ und Typparameterwert wie A.

SIN (X), Funktion

SIN ist eine elementweise wirkende Funktion, die als Funktionswert den Sinus liefert. Der Parameter X ist reell oder komplex und wird Bogenmaß angegeben. Der Funktionswert hat den gleichen Typ und Typparameterwert wie X.

SINH (X), Funktion

SINH ist eine elementweise wirkende Funktion, die als Funktionswert den Hyperbelsinus liefert. Der Parameter X ist reell. Der Funktionswert ist reell und hat den gleichen Typparameterwert wie X.

SIZE (ARRAY [, DIM]), Funktion

SIZE ist eine Abfragefunktion, die als Funktionswert die Größe des Feldes ARRAY oder die Größe des Feldes ARRAY entlang der Dimension DIM (also die Größe einer Dimension) liefert. Der Parameter ARRAY ist ein Feld beliebigen Typs, kein Skalar. Der optionale Parameter DIM ist ganzzahlig skalar. Der Funktionswert ist voreingestellt ganzzahlig skalar. Wenn DIM nicht angegeben ist, ist der Funktionswert gleich der Anzahl aller Feldelemente von ARRAY. Wenn DIM präsent ist, ist der Funktionswert gleich der Größe der Dimension DIM des Feldes ARRAY.

SPACING (X), Funktion

SPACING ist eine elementweise wirkende Funktion, die für Zahlen des Zahlenmodelles mit dem gleichen Typ und Typparameterwert, wie sie auch der Parameter X hat, als Funktionswert den Wert des absoluten Abstandes der Modellzahlen in der Umgebung von X liefert. Der Parameter X ist reell. Der Funktionswert ist reell und hat den gleichen Typparameterwert wie X.

SPREAD (SOURCE, DIM, NCOPIES), Funktion

SPREAD ist eine Transformationsfunktion, die einen Funktionswert liefert, dessen Rang um eins größer ist als der Rang von SOURCE, und das entlang dieser zusätzlichen Dimension DIM aus NCOPIES Kopien von SOURCE besteht. Der Parameter SOURCE ist ein Skalar oder Feld beliebigen Typs. DIM und NCOPIES sind ganzzahlig skalar. Der Funktionswert hat den gleichen Typ und ggf. Typparameterwert und ggf. die gleiche Zeichendatenlänge wie SOURCE.

Wenn SOURCE skalar ist, dann ist der Funktionswert ein eindimensionales Feld mit MAX(NCOPIES, 0) Elementen, die alle den gleichen Wert SOURCE haben. Wenn SOURCE eine Feldgröße mit der Gestalt $(d_1, d_2, ..., d_n)$, dann ist die Gestalt des Funktionswertes gleich $(d_1, d_2, ..., d_{DIM-1}, \mathrm{MAX(NCOPIES, 0)}, d_{DIM+1}, ..., d_n)$. Und das Feldelement des Funktionswertes mit der Indexliste $(r_1, r_2, ..., r_{n+1})$ ist gleich dem Wert von
SOURCE$(r_1, r_2, ..., r_{DIM-1}, r_{DIM+1}, ..., r_{n+1})$.

SQRT (X), Funktion

SQRT ist eine elementweise wirkende Funktion, die als Funktionswert die Quadratwurzel von X liefert. Der Parameter X ist reell oder komplex. Wenn X reell ist, muß $X \geq 0$ sein. Der Funktionswert hat den gleichen Typ und Typparameterwert wie X. Wenn X komplex ist, ist der Funktionswert der Hauptwert, dessen Realteil nicht-negativ ist. Wenn der Realteil des Funktionswertes gleich Null ist, dann ist der Imaginärteil des Funktionswertes nicht-negativ.

SUM (ARRAY [, DIM] [, MASK]), Funktion

SUM ist eine Transformationsfunktion, die die Summe entweder aller Feldelemente des Feldes ARRAY oder nur entlang der Dimension DIM liefert, wobei die Auswahl auf eine ausgewählten Teilmenge von Feldelementen beschränkt werden kann. Der Parameter ARRAY ist ein ganzzahliges, reelles, oder komplexes Feld; kein Skalar. Der optionale Parameter DIM ist ein ganzzahliger Skalar. Der optionale Parameter MASK ist ein logisches Feld, das konform mit ARRAY ist. Der Funktionswert hat den gleichen Typ und Typparameterwert wie ARRAY. Wenn MASK und DIM nicht präsent sind, ist der Funktionswert skalar und ist gleich der Summe aller Feldelemente von ARRAY. Wenn DIM angegeben ist, dann ist der Funktionswert ein Feld (oder wenn ARRAY eindimensional ist, ein Skalar), dessen Rang um 1 kleiner ist als der Rang von ARRAY und dessen Gestalt gleich der Gestalt von ARRAY jedoch ohne die Dimension DIM ist. Die Summe der Feldelemente wird in diesem Fall auf allen eindimensionalen Teilfeldern durchgeführt, die sich durch die Dimension DIM erstrecken. Wenn MASK präsent ist, wird die Summe in jedem Fall nur über diejenigen Feldelemente von ARRAY gebildet, denen *wahre* Feldelemente von MASK entsprechen.

SYSTEM_CLOCK ([COUNT] [, COUNT_RATE] [, COUNT_MAX]), Subroutine

SYSTEM_CLOCK ist eine Subroutine, die über ihre (Ausgabe-)Parameter wahlweise eine Zeitangabe und/oder Angaben zur Echtzeituhr (d. h. Systemuhr) liefert. Alle Parameter sind voreingestellt ganzzahlig skalar und haben das INTENT(OUT)–Attribut.

COUNT ist ein optionaler Parameter, der nach Ausführung der Subroutine den aktuellen Wert der Zeitangabe dieser Systemuhr enthält. Bei jedem Takt der Systemuhr wird der systemabhängige Wert weitergezählt, bis der Wert COUNT_MAX erreicht ist. Beim nächsten Takt der Systemuhr wird der Wert wieder auf 0 zurückgesetzt. Wenn es keine Systemuhr gibt, wird COUNT gleich dem Wert –HUGE(0) gesetzt.

COUNT_RATE ist ein optionaler Parameter, der nach Ausführung der Subroutine eine systemabhängige Approximation der Taktrate der Systemuhr, d. h. der Anzahl der Takte pro Sekunde enthält. Wenn es keine Systemuhr gibt, wird COUNT_RATE gleich dem Wert Null gesetzt.

COUNT_MAX ist ein optionaler Parameter, der nach Ausführung der Subroutine den maximal möglichen Wert von COUNT enthält. Wenn es keine Systemuhr gibt, wird COUNT_MAX gleich dem Wert Null gesetzt.

TAN (X), Funktion

TAN ist eine elementweise wirkende Funktion, die als Funktionswert den Tangens liefert. Der Parameter X ist reell und wird im Bogenmaß angegeben. Der Funktionswert ist reell und hat den gleichen Typparameterwert wie X.

TANH (X), Funktion

TANH ist eine elementweise wirkende Funktion, die als Funktionswert den Hyperbeltangens liefert. Der Parameter X ist reell. Der Funktionswert ist reell und hat den gleichen Typparameterwert wie X.

TINY (X), Funktion

TINY ist eine Abfragefunktion, die als Funktionswert die kleinste Zahl des Zahlenmodelles mit dem gleichen Typ und Typparameterwert liefert, wie sie auch der angegebene Parameter hat. Der Parameter X ist ein reeller Skalar oder eine Feldgröße. Der Funktionswert ist ein reeller Skalar und hat den gleichen Typparameterwert wie X.

TRANSPOSE (MATRIX), Funktion

TRANSPOSE ist eine Transformationsfunktion, die als Funktionswert die Transponierte des Feldes MATRIX liefert. Der Parameter MATRIX ist ein zweidimensionales Feld beliebigen Typs. Der Funktionswert hat den gleichen Typ und ggf. Typparameterwert und ggf. die gleiche Zeichendatenlänge wie MATRIX. Der Funktionswert ist ein zweidimensionales Feld mit der Gestalt (n, m), wobei (m, n) die Gestalt von MATRIX ist. Das Feldelement (i, j) des Funktionswertes ist gleich dem Wert von MATRIX(j, i) und zwar für $i = 1, 2, ..., n$ und $j = 1, 2, ..., m$.

TRIM (STRING), Funktion

TRIM ist eine Transformationsfunktion, deren Funktionswert gleich der Zeichenfolge STRING jedoch ohne deren nachgeschleppte Leerzeichen ist. STRING ist ein Skalar vom Zeichentyp. Der Funktionswert ist vom Zeichentyp. Die Zeichendatenlänge des Funktionswertes ist gleich der Länge von STRING vermindert um die Anzahl der nachgeschleppten Leerzeichen in STRING.

UBOUND (ARRAY [, DIM]), Funktion

UBOUND ist eine Abfragefunktion, die als Funktionswert entweder alle oberen Indexgrenzen oder die obere Indexgrenze der Dimension DIM des Feldes ARRAY liefert. Der Parameter ARRAY ist ein Feld beliebigen Typs, kein Skalar. Der optionale Parameter DIM ist ganzzahlig skalar. Der Funktionswert ist voreingestellt ganzzahlig. Wenn DIM präsent ist, ist der Funktionswert skalar. Wenn ARRAY ein Teilfeld ist oder ein anderer Feldausdruck ist, der kein Gesamtfeld

und keine Strukturkomponente ist, dann ist der Funktionswert gleich der Anzahl der Feldelemente der Dimension DIM. Wenn die Dimension DIM des Feldes
ARRAY nicht die Größe Null hat, dann ist der Funktionswert gleich dem Wert
der oberen Indexgrenze der Dimension DIM. Und wenn die Dimension DIM des
Feldes ARRAY die Größe Null hat, dann ist der Funktionswert gleich 0. Wenn
DIM nicht angegeben ist, ist der Funktionswert ein eindimensionales Feld, dessen Größe gleich dem Rang von ARRAY ist und dessen Feldelemente die oberen
Indexgrenzen von ARRAY enthalten.

UNPACK (VECTOR, MASK, FIELD), Funktion

UNPACK ist eine Transformationsfunktion, die als Funktionswert ein Feld liefert, in das bestimmte Feldelemente von VECTOR und ggf. weitere Werte von
FIELD eingemischt sind. Der Parameter VECTOR ist ein eindimensionales Feld
beliebigen Typs, kein Skalar. Das Feld muß mindestens so groß wie die Anzahl
der *wahren* Feldelemente in MASK sein. Der Parameter MASK ist ein logisches
Feld. Der Parameter FIELD hat den gleichen Typ, ggf. Typparameterwert und
ggf. die gleiche Zeichendatenlänge wie VECTOR. FIELD ist ein Skalar oder ein
Feldwert und konform mit MASK. Der Funktionswert ist ein Feld, das den gleichen Typ und ggf. Typparameterwert und ggf. die gleiche Zeichendatenlänge
wie VECTOR hat und das die gleiche Gestalt wie MASK hat. Das Feldelement
des Funktionswertes, das dem *i*ten *wahren* Feldelement in MASK entspricht,
ist gleich dem Wert von VECTOR(i) für $i = 1, 2, \ldots, t$, wobei t die Anzahl der
wahren Feldelemente in MASK ist; dabei werden die Feldelemente von MASK
und die Feldelemente des Funktionswertes der Reihe nach im Sinne der internen eindimensionalen Verkettung betrachtet. Alle anderen Feldelemente des
Funktionswertes sind gleich dem Wert von FIELD, wenn FIELD skalar ist, oder
jeweils gleich dem Wert des entsprechenden Feldelementes von FIELD, wenn
FIELD ein Feldwert ist.

VERIFY (STRING, SET [, BACK]), Funktion

VERIFY ist eine elementweise wirkende Funktion, die als Funktionswert den
Wert Null liefert, wenn alle Zeichen von STRING in SET enthalten sind. Wenn
das nicht der Fall ist, dann liefert der Funktionswert die Position eines Zeichens
von STRING, das *nicht* in SET enthalten ist. Wenn der optionale Parameter
BACK nicht angegeben ist oder wenn er angegeben ist und den Wert .FALSE.
hat, dann ist der Funktionswert gleich der Position des ersten Zeichens (von
links) in STRING, das nicht zugleich in SET ist. Und wenn BACK präsent
ist und den Wert .TRUE. hat, dann ist der Funktionswert gleich der Position
des letzten Zeichens (d. h. des ersten Zeichen von rechts) in STRING, das nicht
zugleich in SET ist.

A ASCII–Zeichensatz und ASCII–Sortierfolge

b7 b6 b5 →	0 0 0	0 0 1	0 1 0	0 1 1	1 0 0	1 0 1	1 1 0	1 1 1
Bits b4 b3 b2 b1	Steuer-zeichen		Symbole, Ziffern		Gro-buchstaben		Klein-buchstaben	
0 0 0 0	NUL	DLE	SP	0	@	P	`	p
0 0 0 1	SOH	DC1	!	1	A	Q	a	q
0 0 1 0	STX	DC2	"	2	B	R	b	r
0 0 1 1	ETX	DC3	#	3	C	S	c	s
0 1 0 0	EOT	DC4	$	4	D	T	d	t
0 1 0 1	ENQ	NAK	%	5	E	U	e	u
0 1 1 0	ACK	SYN	&	6	F	V	f	v
0 1 1 1	BEL	ETB	'	7	G	W	g	w
1 0 0 0	BS	CAN	(	8	H	X	h	x
1 0 0 1	HT	EM	)	9	I	Y	i	y
1 0 1 0	LF	SUB	*	:	J	Z	j	z
1 0 1 1	VT	ESC	+	;	K	[	k	{
1 1 0 0	FF	FS	,	<	L	\	l	|
1 1 0 1	CR	GS	–	=	M	]	m	}
1 1 1 0	SO	RS	.	>	N	^	n	~
1 1 1 1	SI	US	/	?	O	_	o	DEL

Legende:

Der ASCII-Zeichensatz ist ein normierter Zeichensatz. Hinsichtlich Buchstaben, Ziffern und Sonderzeichen des F-Zeichensatzes sind ISO/IEC 646: 1991 und ANSI X3.4-1986 identisch.

Ein ASCII-Zeichen wird mit 7 Bits verschlüsselt. Der normierte ASCII-Zeichensatz umfaßt deshalb insgesamt 128 Zeichen. Die ersten 32 Zeichen (hex 00 bis hex 1F) des ASCII-Zeichensatzes sind einerseits *Steuerzeichen* und andererseits *Graphikzeichen*. Fast alle anderen Zeichen (hex 20 bis hex 7E) werden als *druckbare* ASCII-Zeichen bezeichnet.

Der ASCII–Zeichensatz hat eine Sortierfolge. Das erste Zeichen hat die Position 0, das zweite Zeichen die Position 1, usw.

Der ASCII–Zeichensatz des Zeichentyps umfaßt zunächst einmal alle Zeichen des F-Zeichensatzes. Zusätzlich zum F-Zeichensatz darf ein F-System weitere *darstellbare Zeichen* des ASCII–Zeichensatzes unterstützen, die aber nur in Zeichen-Literalkonstanten, in Kommentaren und in formatgebundenen Datensätzen auftreten dürfen.

Die vordefinierte Funktion ICHAR liefert für ein gegebenes Zeichen die Position dieses Zeichens in der ASCII-Sortierfolge. Beispielsweise liefert ICHAR("X") den Wert 88. Umgekehrt liefert die vordefinierte Funktion CHAR für eine nicht-negative ganze Zahl dasjenige Zeichen, das in der ASCII-Sortierfolge dieser Position entspricht; also liefert CHAR(88) den Buchstaben „X".

B Zahlenmodelle

Den Standardfunktionen für numerische Manipulationen und den numerischen
Abfragefunktionen liegen bestimmte Zahlenmodelle zugrunde, die dazu dienen,
die Eigenschaften der Zahlen des verwendeten Fortran-Systems zu beschreiben.
Diese Zahlenmodelle haben verschiedene Parameter, so daß sie den tatsächlich
verfügbaren Zahlen des Rechners, auf dem das ausführbare Fortran-Programm
rechnet, bestens angepaßt werden können.

Man beachte: Diese Zahlenmodelle schreiben nicht vor, wie ein Fortran-System
Zahlen darzustellen hat und wie sich die zu verhalten haben, sondern umgekehrt
wird die Darstellung und das Verhalten der tatsächlich verwendeten Zahlen mit
den Mitteln der (abstrakten) Zahlenmodelle beschrieben.

B.1 Modelle für ganzzahlige Zahlen

Die Modelle für ganzzahlige Zahlen i sind wie folgt definiert:

$$i = s \times \sum_{k=1}^{q} w_k \times r^{k-1}$$

mit	Wert	Bedeutung
s	$+1$ oder -1	Vorzeichen
r	natürliche Zahl > 1	Basis
q	natürliche Zahl > 0	maximale Stellenzahl
w_k	jeweils eine natürliche Zahl mit $0 \leq w_k < r$	Ziffer

Die Parameter r und q bestimmen die Wertemenge der ganzzahligen Modellzahlen.

Beispiel: Für das Modell $i = s \times \sum_{k=1}^{31} w_k \times 2^{k-1}$ ist $q = 31$ und $r = 2$.

B.2 Modelle für reelle Zahlen

Die Modelle für reelle Zahlen x sind wie folgt definiert:

$$x = \begin{cases} 0 & (= b^0 \times \sum_{k=1}^{p} 0 \times b^{-k}) \\ s \times b^e \times \sum_{k=1}^{p} f_k \times b^{-k} \end{cases}$$

mit	Wert	Bedeutung
s	$+1$ oder -1	Vorzeichen
b	natürliche Zahl > 1	Basis
p	natürliche Zahl > 1	maximale Stellenzahl
f_k	jeweils eine natürliche Zahl mit $0 \leq f_k < b$, wobei $f_1 > 0$ ist	Ziffer
e	ganze Zahl mit $e_{min} \leq e \leq e_{max}$	Exponent

Die Parameter b, p, e_{min} und e_{max} bestimmen die Wertemenge der (reellen) Gleitpunktmodellzahlen.

Beispiel: Für das Modell

$$x = \begin{cases} 0 \\ s \times 2^e \times (1/2 + \sum_{k=2}^{24} f_k \times 2^{-k}), & -126 \leq e \leq 127 \end{cases}$$

ist $b = 2$, $p = 24$, $e_{min} = -126$ und $e_{max} = 127$.

B.3 Zahlenmodelle für Bitmanipulationen

Bitmanipulationen werden immer auf ganzzahligen Daten ausgeführt. Zu diesem Zwecke ist ein **Bit** als eine Binärziffer w an der Position k eines skalaren nichtnegativen ganzzahligen Datenobjektes definiert. Diesem ganzzahligen Objekt liegt hier folgendes Modell zugrunde:

$$j = \sum_{k=0}^{s-1} w_k \times 2^k$$

mit	Wert	Bedeutung
s	natürliche Zahl > 0	maximale Stellenzahl
w_k	jeweils 0 oder 1	Ziffer, Bit

Der Parameter s bestimmt hier die Wertemenge der Modellzahlen.

Beispiel: Für das Modell $j = \sum_{k=0}^{31} w_k \times 2^k$ ist $s = 32$.
Es handelt sich um ein ganzzahliges Zahlenmodell für 32 Bits.

Diese Modelle für Bitmanipulationen definieren also, daß die ganzzahligen Daten aus einer geordneten Folge von s Bits bestehen, die von rechts nach links von 0 bis $(s-1)$ durchnumeriert werden. Diese Vorstellung ist nur im Zusammenhang mit den Standardunterprogrammen für Bitmanipulationen zulässig; in allen anderen Fällen muß das Modell für ganzzahlige Zahlen verwendet werden.

C Programmbeispiel

```
! Copyright (c) 1994 Unicomp, Inc.
!
! Developed at Unicomp, Inc.
!
! Permission to use, copy, modify, and distribute this
! software is freely granted, provided that this notice
! is preserved.

module tree_sort_module

public :: insert, print_tree

type, public :: node
   integer :: value
   type (node), pointer :: left, right
end type node

integer, public :: number

contains

   recursive subroutine insert (t)

      type (node), pointer :: t  ! A tree

      ! If (sub)tree is empty, put number at root
      if (.not. associated (t)) then
         allocate (t)
         t % value = number
         nullify (t % left)
         nullify (t % right)
      ! Otherwise, insert into correct subtree
      else if (number < t % value) then
         call insert (t % left)
      else
         call insert (t % right)
      end if

   end subroutine insert
```

```fortran
      recursive subroutine print_tree (t)
      ! Print tree in infix order

         type (node), pointer :: t   ! A tree

         if (associated (t)) then
            call print_tree (t % left)
            print *, t % value
            call print_tree (t % right)
         end if

      end subroutine print_tree

end module tree_sort_module

program tree_sort
! Sorts a file of integers by building a
! tree, sorted in infix order.
! This sort has expected behavior n log n,
! but worst case (input is sorted) n ** 2.

   use tree_sort_module

   type (node), pointer :: t   ! A tree
   integer :: ios

   nullify (t)  ! Start with empty tree
   do
      read (unit=*, fmt=*, iostat = ios) number
      if (ios < 0) then
         exit
      end if
      call insert (t) ! Put next number in tree
   end do
   ! Print nodes of tree in infix order
   call print_tree (t)

end program tree_sort
```

Dieses und weitere Beispiele finden Sie im Internet unter
http://www.imagine1.com/imagine1/example_code.html

D F versus Fortran 90

Folgende Liste gibt einen groben Überblick über diejenigen Sprachmittel von
Fortran 90, die in F nicht definiert sind:

- alternatives RETURN
- & als erstes nichtleeres Zeichen einer Zeile
- Apostrophe als Begrenzer von Zeichen-Literalkonstanten
- arithmetische IF–Anweisung
- Feldspezifikation nach dem ::
- ASSIGN–Anweisung, gesetztes GOTO und ganzzzahlige Variable im FMT–
  Parameter
- Funktion mit übernommener Länge
- Feld mit übernommener Größe
- Stern als Formalparameter
- Attributspezifikations-Anweisungen ALLOCATABLE, DATA, DIMENSION,
  INTENT, OPTIONAL, PARAMETER, POINTER, TARGET, SAVE
- BLOCK DATA–Programmeinheiten
- BOZ–Konstanten
- Verzweigung zum END IF außerhalb der IF–Anweisungsgruppe
- Zeichenlängenangabe nach dem ::
- CALL–Anweisung in einer Funktion
- anderer Zeichensatz als der ASCII–Zeichensatz
- Zeichenkonstanten-Format
- COMMON
- berechnetes GOTO
- CONTINUE–Anweisung
- voreingestellte Länge für Zeichendaten
- Typdefinition außerhalb des Spezifikationsteils eines Moduls
- DO–Anweisung mit einem Komma nach dem DO
- DO–Abschlußanweisung außer END DO
- DOUBLE PRECISION (außer via KIND)
- Laufvariable ist Formalparameter, Zeiger, Ergebnisvariable oder verfügbar
  mittels USE– oder Umgebungszuordnung
- DO WHILE–Schleife
- Formatelemente B, BN, BZ, D, E, EN, G, H, O, P, X und Z
- ENTRY–Anweisung
- EQUIVALENCE-Anweisung

- feste (FORTRAN 77) Form des Quelltextes
- FORMAT–Anweisung
- Funktion mit Nebenwirkung (außer STOP, formatgebundene E/A mit Standard-E/A-Einheiten)
- generischer Schnittstellenblock außerhalb des Spezifikationsteils eines Moduls
- GOTO–Anweisung
- implicite Schnittstelle
- IMPLICIT–Anweisung außer IMPLICIT NONE im Hauptprogramm oder in einem Modul
- implicite Typvereinbarung
- implizite Schleife in E/A-Liste
- INCLUDE–Zeile
- Initialisierung von Variablen im Hauptprogramm oder in einer Funktion
- BACKSPACE, REWIND und ENDFILE jeweils ohne Klammern
- E/A-Parameter BLANK=, DELIM=, END=, ERR=, NML= und PAD=
- internes Unterprogramm
- INTRINSIC als Attribut in einer Typvereinbarungs-Anweisung
- Standardfunktionen ACHAR, DBLE, DIM, DPROD, IACHAR, LGE, LGT, LLE, LLT, MOD und TRANSFER
- vordefiniertes Unterprogramm als Aktualparamater
- KIND–Typparameter für den Zeichentyp
- logischer Auswahlausdruck und Selektor in CASE–Anweisungsgruppe
- logische IF–Anweisung
- Namen mit Unterstrich am Ende
- NAMELIST–Ein-/Ausgabe
- optionales Komma in DO–Anweisung
- PAUSE–Anweisung
- reelle Laufvariable
- Vergleichsoperatoren in Buchstabenform: .EQ., .LT., usw.
- Parameterzuordnung über Elementfolgen
- SEQUENCE–Anweisung, benutzerdefinierter Typ mit SEQUENCE–Attribut
- geschachtelte DO–Schleife mit gemeinsamer Abschlußanweisung
- Fortsetzen grammatischer Grundelemente auf Folgezeilen (das gilt auch für zusammengesetzte Schlüsselwörter wie END IF)
- Formelfunktion
- Anweisungsmarke
- Mehrfachanweisungen getrennt durch Semikolon

- Stop-Code in STOP–Anweisung
- Speicherfolge
- Speichereinheit
- Typangabe in FUNCTION–Anweisung
- USE–Anweisung mit leerer ONLY–Liste
- WHERE–Anweisung (aber WHERE–Anweisungsgruppe ist zulässig)

Folgende Liste gibt einen groben Überblick über diejenigen Sprachmittel von Fortran 90, die in einem F–Programm erforderlich sind:

- TYPE–Definitionsanweisung muß eines der Attribute PUBLIC oder PRIVATE enthalten

- für Modulgrößen muß jeweils PUBLIC oder PRIVATE spezifiziert werden

- Attribute von Datenobjekten müssen in der Typvereinbarungs-Anweisung spezifiziert werden

- CALL–Anweisung muß mit Klammern geschrieben werden

- CHARACTER–Anweisung muß mit Längenangabe geschrieben werden

- CLOSE–Anweisung muß ausgeführt werden, ehe für die Datei eine weitere OPEN–Anweisung ausgeführt werden kann

- Komma als Trennzeichen in einer Formatangabe

- komplexe Literalkonstante muß als Paar reeller Literalkonstanten ggf. mit gleichem KIND–Typparameter geschrieben werden

- DEFAULT–Selektor, falls vorhanden, muß letzter Selektor sein

- Typdefinition muß in einem Modul erfolgen

- Formalparameter einer Funktion muß INTENT(IN) haben, falls es sich nicht um einen Zeiger oder ein Unterprogramm handelt

- Formalparameter vom Zeichentyp muß mit übernommener Länge vereinbart werden

- Formalparameter-Feld, das kein Zeiger ist, muß als Feld mit übernommener gestalt vereinbart werden

- Formalparameter-Unterprogramm einer Funktion muß eine Funktion sein

- END–Anweisung muß in ihrer längsten Form geschrieben werden, also END PROGRAM *name*, END FUNCTION *name*, usw.

- Aufruf eines externen Unterprogrammes nur wo ein Schnittstellenblock mit einer Schnittstellendefinition des externen Unterprogrammes verfügbar ist

- F–Funktion darf keine Nebenwirkungen haben außer STOP und bestimmte E/A-Anweisungen für Standard-E/A-Einheiten

- Definition eines F–Unterprogrammes muß in einem Modul erfolgen

- FUNCTION–Anweisung muß eine RESULT–Klausel enthalten

- generischer Schnittstellenblock muß in einem Modul spezifiziert werden

- E/A-Parameter nur mit führendem Schlüsselwort (z. B. UNIT=)

- KIND–Typparameter müssen als benannte Konstanen geschrieben werden

- grammatische Grundelemente müssen kleingeschrieben werden

- Hauptprogramm muß eine PROGRAM–Anweisung haben

- Modulgrößen müssen ein explizit spezifiziertes PUBLIC– oder PRIVATE–Attribut haben

- Module haben eine besondere Form

- Datenobjekte mit Namen müssen explizit vereinbart werden

- Nichtzeiger-Formalparameter (außer Unterprogramme) müssen ein INTENT–Attribut haben

- OPEN–Anweisung muß mit POSITION–, STATUS– und ACTION–Parameter geschrieben werden

- optionale Parameter, falls vorhanden, müssen allen nicht-optionalen Parametern folgen

- systemabhängiger Zeichensatz ist der ASCII–Zeichensatz

- reelle Literalkonstanten müssen die Form n.n (wahlweise mit nachfolgendem Exponent und/oder KIND–Typparameter) haben

- SAVE–Attribut muß für initialisierte Variable spezifiziert werden

- Spezifikationsanweisungen müssen mit :: geschrieben werden (wo das in Fortran wahlweise möglich ist)

- Anweisungen im Spezifikationsteil eines Hauptprogrammes, Moduls und Modul-Unterprogrammes müssen in bestimmter Reihenfolge angeordnet werden

- benutzerdefinierte Namen müssen sich von reservierten Namen unterscheiden

- die (Groß-Klein-)Schreibweise benutzerdefinierte Namen ist signifikant

- benutzerdefiniertes F-Unterprogramm muß in ein Modul eingebettet werden

- SUBROUTINE–Anweisung muß mit Klammern geschrieben werden

E Syntaxdiagramme

Die Syntax der Programmiersprache F wird hier mit Hilfe von Eisenbahnschienen-Diagrammen graphisch dargestellt. Diese graphische Darstellung ist leichter zu lesen als formale Syntaxregeln in BNF-Form.

Die Diagramme sind kein 100%ig äquivalenter Ersatz für die Original-BNF-Syntax, wie sie in `http://www.imagine1.com/imagine1/bnf.html`[1] beschieben ist. Aber normalerweise können diejenigen Sprachmittel, die nicht mit Hilfe von BNF-Regeln beschrieben werden können, auch nicht mit Eisenbahnschienen-Diagrammen dargestellt werden. Beispielsweise kann zwar die Reihenfolge der Anweisungen dargestellt werden, aber es kann nicht beschrieben werden, wie ein komplettes Programm, eine Programmeinheit oder ein Unterprogramm in Programmzeilen aufgeteilt wird. Um die Lesbarkeit der Diagramme zu erleichtern, sind grammatische Grundelemente mit Großbuchstaben geschrieben; d. h., die Diagramme zeigen nicht die korrekte Quelltext-Schreibweise grammatischer Grundelemente.

Weder die BNF-Regeln noch die Diagramme können die Programmiersprache F vollständig und präzise genug darstellen und sie können nicht als alleinige Grundlage für die Syntaxanalyse verwendet werden. Wo eine Regel bzw. ein Diagramm unvollständig ist, wird sie bzw. es durch eine oder mehrere Zusatzbedingungen ergänzt.

Die BNF-Syntax der Programmiersprache F ist von der Fortran 90-Syntax [6] abgeleitet. Darum sind die Diagramme innerhalb dieses Anhangs entsprechend dem Standarddokument klassifiziert und numeriert.

E.1 Notation in dieser Syntax

Zeichen des F-Zeichensatzes werden `in dieser Schrift` gesetzt. Sie bilden meistens Endsymbole. Kursive Buchstaben und Wörter (häufig mit Bindestrich und abgekürzt) repräsentieren Metavariablen, für die der Programmierer im Quelltext spezielle grammatische Elemente einfügen muß.

Innerhalb der Bezeichnung vieler Metavariablen werden folgende Abkürzungen verwendet:

---

[1] oder via Imagine1 Home-Page `http://www.imagine1.com/imagine1`

stmt	für	Anweisung		*attr*	für	Attribut
expr	für	Ausdruck		*decl*	für	Vereinbarung
op	für	Operator		*desc*	für	Format
int	für	ganzzahlig		*spec*	für	Angabe, Parameter
arg	für	Parameter		*def*	für	Definition

The Metavariablen *letter*, *digit* und *special-character* sind wie im F-Zeichensatz (s. Kap. 1) definiert.

Um die Anzahl der Diagramme insgesamt gering zu halten und um die Zusatzbedingungen vermitteln zu können, werden folgende Diagramme vorausgesetzt:

xyz-list

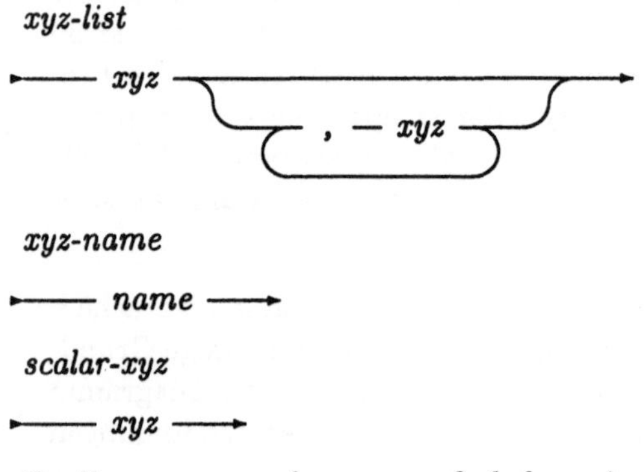

xyz-name

scalar-xyz

Bedingung: *scalar-xyz* muß skalar sein.

E.2 Begriffe und Konzepte

R201 *program*

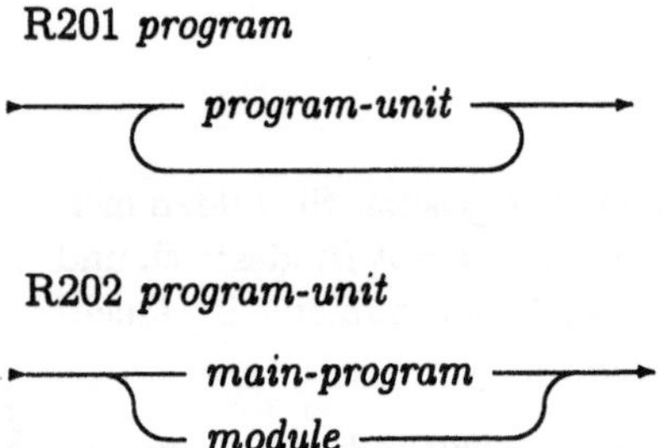

R202 *program-unit*

R1101 *main-program*

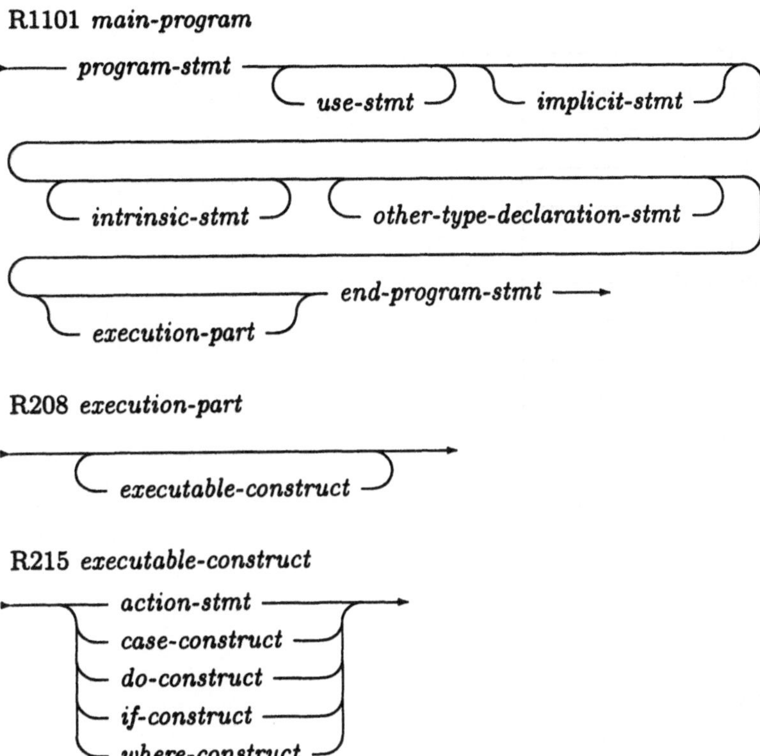

R208 *execution-part*

executable-construct

R215 *executable-construct*

action-stmt
case-construct
do-construct
if-construct
where-construct

R216 *action-stmt*

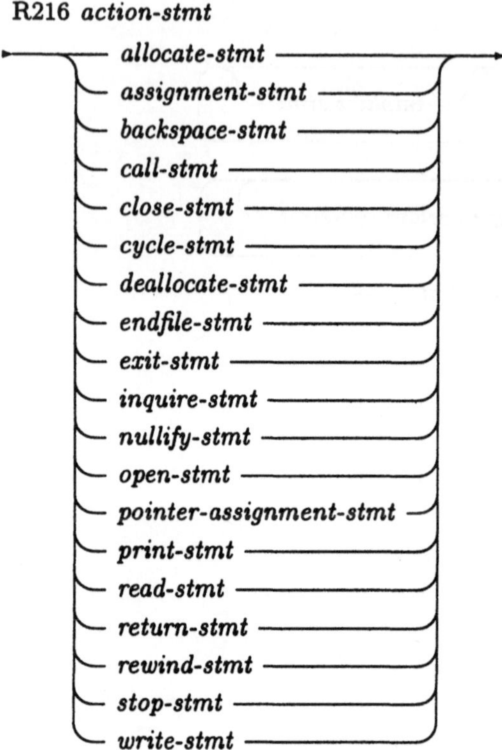

E.3 Zeichen, grammatische Grundelemente und Form des Quelltextes

R301 *character*

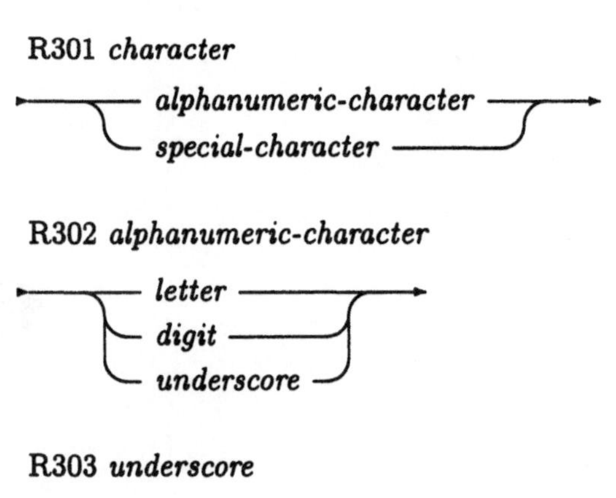

R302 *alphanumeric-character*

R303 *underscore*

R304 _name_

R304x _historical-name_

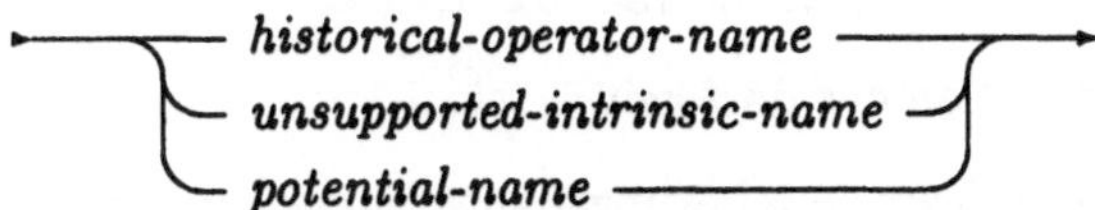

R304y _historical-operator-name_

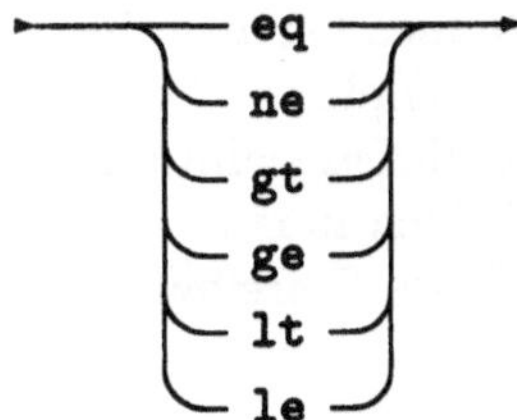

R304z _potential-name_

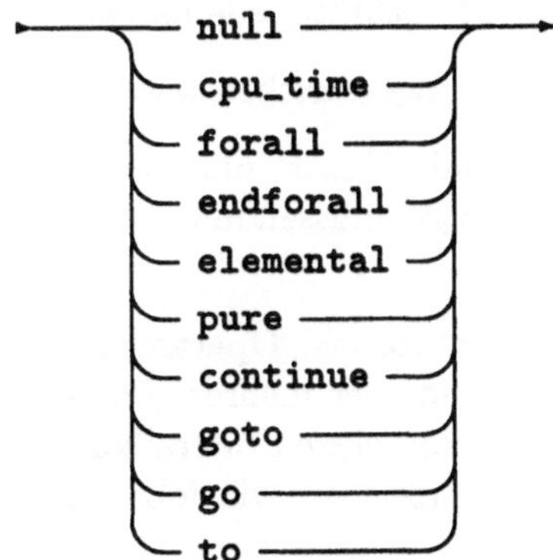

Bedingung: Ein Name darf, unabhängig von seiner Schreibweise mit Groß- oder Kleinbuchstaben, nicht einem _historical-name_, einer logischen Literalkonstanten, einem logischen Operator oder dem Namen eines vordefinierten Unterprogrammes gleichen.

Bedingung: Ein Name darf, unabhängig von seiner Schreibweise mit Groß- oder Kleinbuchstaben, nicht einem Anweisungs-Schlüsselwort gleichen, außer es handelt sich um ein Schlüsselwort, das als Bezeichner eines Parameters (mit nachfolgendem Gleichheitszeichen) in einer *spec-list* verwendet wird, oder es handelt sich um die Namen `stat` oder `iolength`.

Bedingung: Die maximale Länge eines Namens beträgt 31 Zeichen.

Bedingung: Das letzte Zeichen eines Namens darf kein _ sein.

Bedingung: Alle Variablen müssen in Typvereinbarungs-Anweisungen vereinbart werden oder sie müssen mittels USE- oder Umgebungszuordnung verfügbar gemacht werden.

Bedingung: Namen von Größen, Namen von Datentypen, Namen benutzerdefinierter Operatoren, Parameter-Schlüsselwörter für benutzerdefinierte Unterprogramme und Namen benutzerdefinierter Unterprogramme dürfen wahlweise mit Groß- und/oder Kleinbuchstaben geschrieben werden. Jedoch müssen alle Zugriffe zu einem bestimmten Namen die gleiche einmal gewählte Schreibweise verwenden.

Bedingung: Die Namen aller vordefinierten Unterprogramme und ihrer Formalparameter müssen mit Kleinbuchstaben geschrieben werden.

Bedingung: Alle Unterprogramme müssen eine explizite Schnittstelle haben.

Bedingung: Alle Anweisungs-Schlüsselwörter müssen kleingeschrieben werden.

Bedingung: Die logischen Literalkonstanten .TRUE. und .FALSE. und die logischen Operatoren .NOT., .OR., .AND., .EQV. und .NEQV. müssen mit Kleinbuchstaben geschrieben werden.

Bedingung: Leerzeichen dürfen nicht in Namen, Schlüsselwörtern, Operatoren, Begrenzern oder Literalkonstanten auftreten, außer daß ein oder mehrere Leerzeichen vor oder nach dem *real-part* oder *imag-part* einer komplexen Literalkonstanten auftreten dürfen und daß ein oder mehrere Leerzeichen wie folgt in bestimmten Schlüsselwörtern auftreten dürfen:

Schlüsselwort	alternative Schreibweise
elseif	else if
enddo	end do
endfile	end file
endfunction	end function
endif	end if
endinterface	end interface
endmodule	end module
endprogram	end program
endselect	end select
endsubroutine	end subroutine
endtype	end type
endwhere	end where
inout	in out
selectcase	select case

Bedingung: Ein Name, Schlüsselwort, Begrenzer oder Operator darf nicht geteilt und auf der nächsten Zeile fortgesetzt werden. Schlüsselwörter mit optionalen Leerzeichen dürfen nicht geteilt und auf der nächsten Zeile fortgesetzt werden.

Bedingung: Keine Zeile darf mit dem Zeichen **&** beginnen.

R305 *constant*

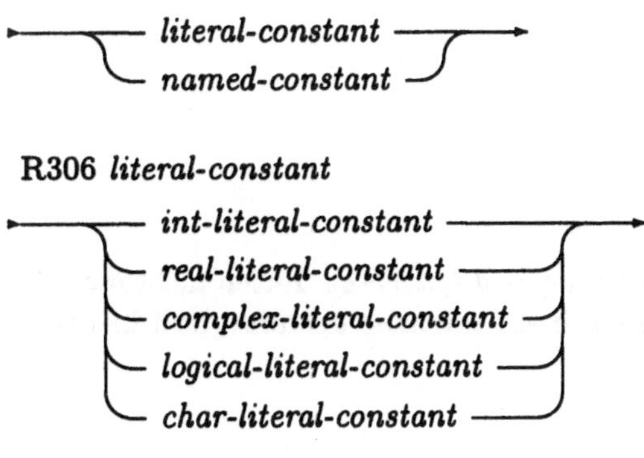

R306 *literal-constant*

R307 *named-constant*

R308 *int-constant*

—— *constant* ——▸

Bedingung: *int-constant* muß ganzzahligen Typs sein.

R309 *char-constant*

—— *constant* ——▸

Bedingung: *char-constant* muß vom Zeichentyp sein.

R310 *intrinsic-operator*

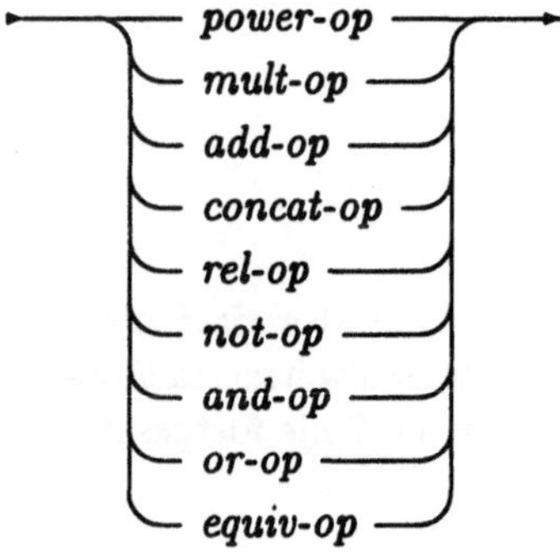

R311 *defined-operator*

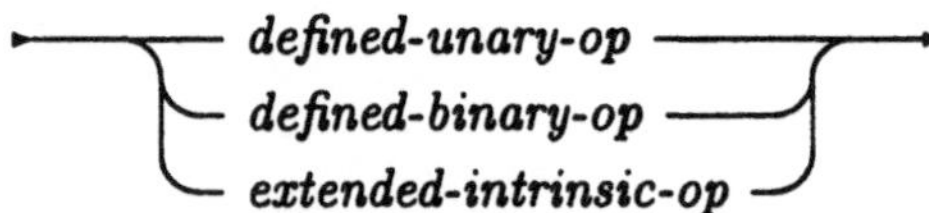

R312 *extended-intrinsic-op*

—— *intrinsic-operator* ——▸

Bedingung: Ein *defined-unary-op* und ein *defined-binary-op* dürfen nicht mehr als 31 Buchstaben enthalten und dürfen keinem *intrinsic-operator* und keiner *logical-literal-constant* gleichen.

E.4 Vordefinierte und benutzerdefinierte Datentypen

R401 *signed-digit-string*

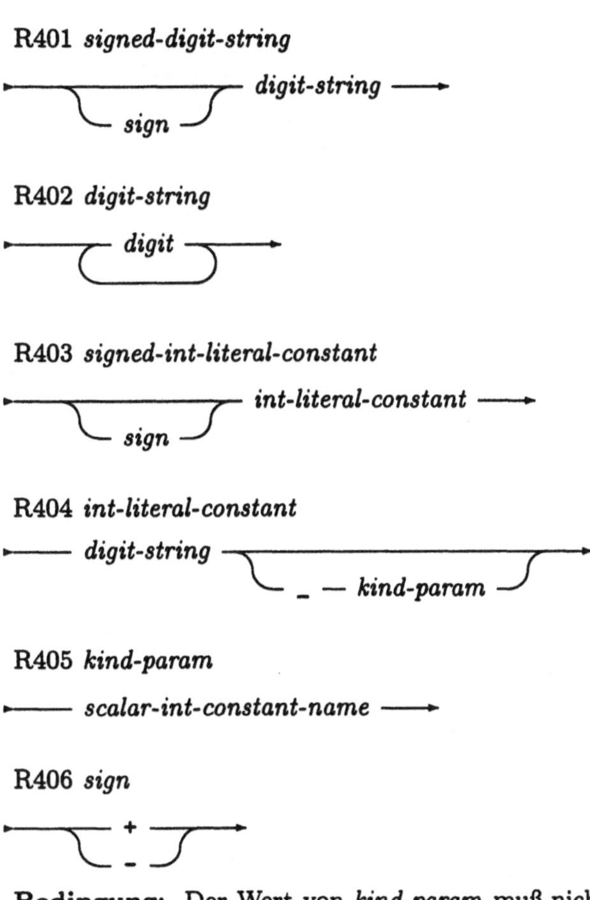

R402 *digit-string*

R403 *signed-int-literal-constant*

R404 *int-literal-constant*

R405 *kind-param*

    — *scalar-int-constant-name* —→

R406 *sign*

Bedingung: Der Wert von *kind-param* muß nicht-negativ sein.

Bedingung: Der Wert von *kind-param* muß eine Darstellungsmethode spezifizieren, die das F-System unterstützt.

R412 *signed-real-literal-constant*

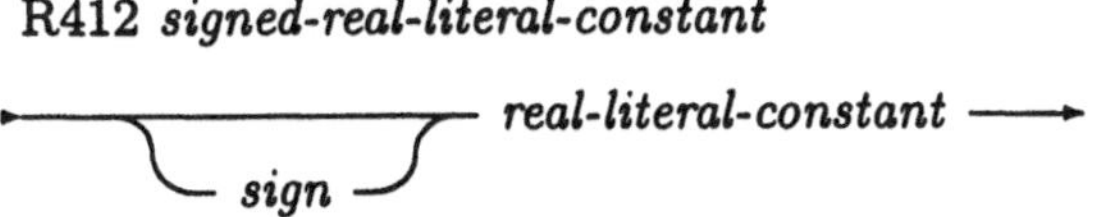

R413 *real-literal-constant*

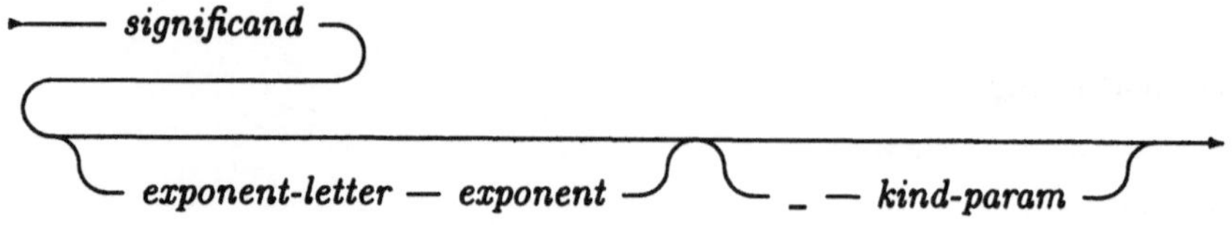

        ┌── significand ─┐
    ●───┤   ├──▶
        └─ exponent-letter — exponent ─┤ ├─ _ — kind-param ─┘

R414 *significand*

    ●───── digit-string — . — digit-string ──▶

R415 *exponent-letter*

    ●───── E ──▶

R416 *exponent*

    ●───── signed-digit-string ──▶

Bedingung: Der Wert von *kind-param* muß eine Approximationsmethode spezifizieren, die das F-System unterstützt.

R417 *complex-literal-constant*

    ●───── (— real-part — , — imag-part —) ──▶

R418 *real-part*

    ●───── signed-real-literal-constant ──▶

R419 *imag-part*

    ●───── signed-real-literal-constant ──▶

Bedingung: Der *real-part* und der *imag-part* dürfen entweder beide keinen *kind-param* haben oder sie müssen beide den gleichen *kind-param* haben.

R420 *char-literal-constant*

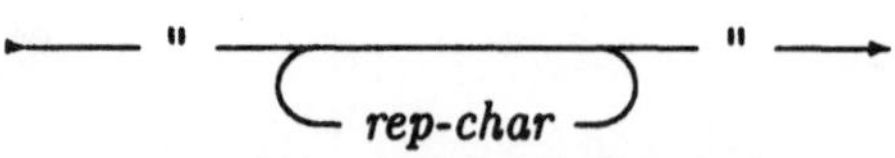

    ●───── " ──┬──────────┬── " ──▶
               └─ rep-char ┘

Man beachte: Wenn innerhalb einer *char-literal-constant* ein Begrenzer dargestellt werden soll, muß er verdoppelt werden.

R421 *logical-literal-constant*

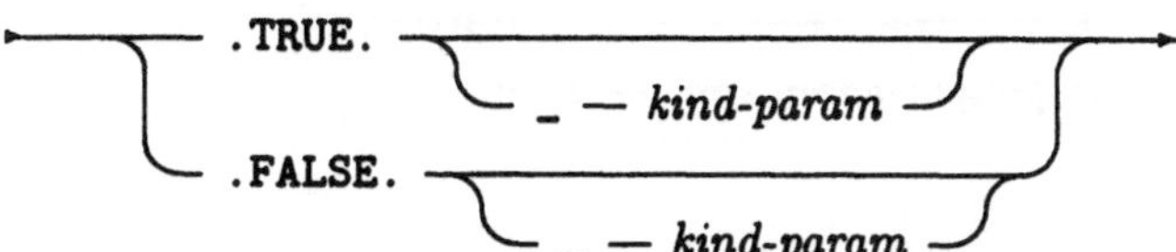

Bedingung: Der Wert von *kind-param* muß eine Darstellungsmethode spezifizieren, die das F-System unterstützt.

Bedingung: Eine ganzzahlige, reelle oder logische Literalkonstante, eine Zeichen-Literalkonstante, ein *real-part* oder *imag-part* darf nicht geteilt und auf der nächsten Zeile fortgesetzt werden.

R422 *derived-type-def*

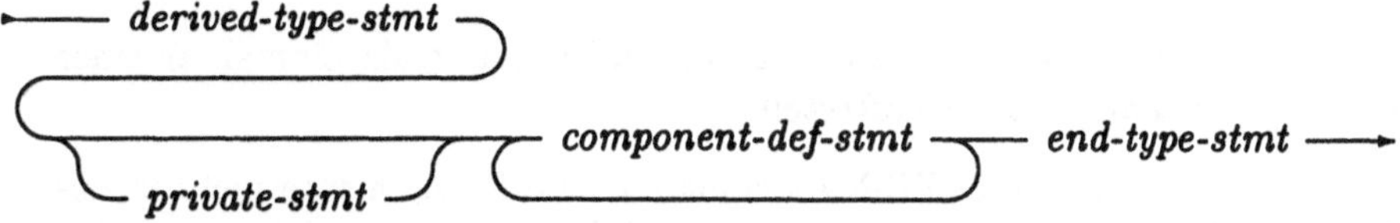

R423 *derived-type-stmt*

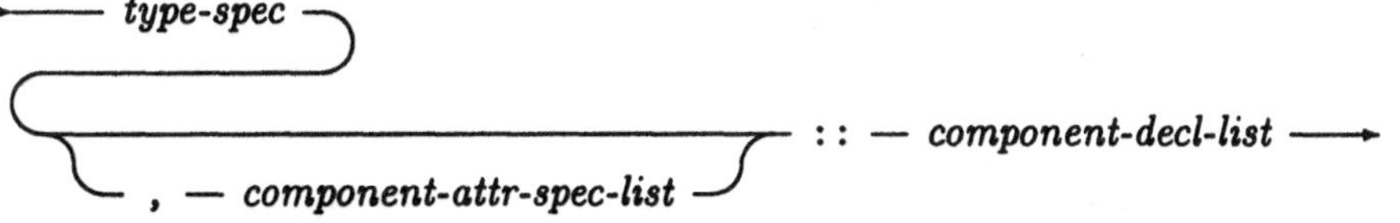

R424 *private-stmt*

──── PRIVATE ──▶

Bedingung: Der *type-name* eines benutzerdefinierten Datentyps darf keinem Namen eines vordefinierten Datentyps und keinem *type-name* eines anderen verfügbaren benutzerdefinierten Datentyps gleichen.

R425 *component-def-stmt*

Bedingung: Die Zeichendatenlänge *char-len-param-value* in einer *type-spec* muß ein konstanter Spezifikationsausdruck sein.

R426 *component-attr-spec*

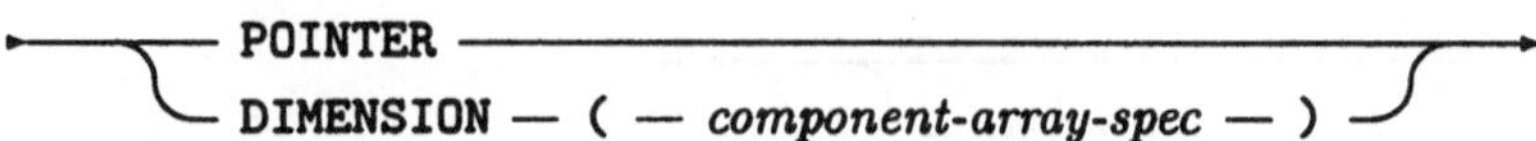

R427 *component-array-spec*

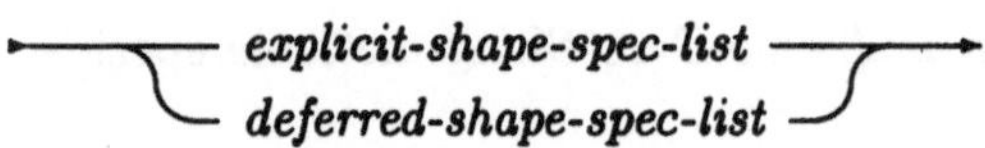

Bedingung: Falls eine Komponente eines benutzerdefinierten Datentyps einen Typ hat, der nicht-sichtbar (privat) ist, dann muß entweder die Typdefinition die PRIVATE–Anweisung (ohne Liste) enthalten oder der benutzerdefinierte Datentyp muß nicht-sichtbar (privat) sein.

Bedingung: Falls ein benutzerdefinierter Datentyp nicht-sichtbar (privat) ist, darf die Typdefinition keine PRIVATE–Anweisung enthalten.

Bedingung: Eine *component-attr-spec* darf nicht mehr als einmal in einer gegebenen *component-def-stmt* auftreten.

Bedingung: Falls das POINTER–Attribut für eine Komponente nicht spezifiziert ist, muß eine *type-spec* in der *component-def-stmt* einen vordefinierten Datentyp oder einen zuvor definierten benutzerdefinierten Datentyp spezifizieren.

Bedingung: Falls das POINTER–Attribut für eine Komponente spezifiziert ist, muß eine *type-spec* in der *component-def-stmt* einen vordefinierten Datentyp oder irgendeinen verfügbaren benutzerdefinierten Datentyp, einschließlich den gerade zu definierenden Datentyp, spezifizieren.

Bedingung: Falls das POINTER–Attribut spezifiziert ist, muß eine *component-array-spec* eine *deferred-shape-spec-list* sein.

Bedingung: Falls das POINTER–Attribut nicht spezifiziert ist, muß eine *component-array-spec* eine *explicit-shape-spec-list* sein.

Bedingung: Jede Indexgrenze in der *explicit-shape-spec* muß ein konstanter Spezifikationsausdruck sein.

R428 *component-decl*

◆────── *component-name* ──────▶

R430 *end-type-stmt*

◆────── END TYPE — *type-name* ──────▶

Bedingung: Der *type-name* muß der gleiche sein wie in der korrespondierenden *derived-type-stmt*.

R431 *structure-constructor*

—— *type-name* — (— *expr-list* —) ——→

R432 *array-constructor*

—— (/ — *ac-value-list* — /) ——→

R433 *ac-value*

—— *expr* ——
—— *ac-implied-do* ——

R434 *ac-implied-do*

—— (— *ac-value-list* — , — *ac-implied-do-control* —) ——→

R435 *ac-implied-do-control*

—— *ac-do-variable* — = —
—— *scalar-int-expr* — , — *scalar-int-expr* ——
, — *scalar-int-expr* ——

R436 *ac-do-variable*

—— *scalar-int-variable* ——→

Bedingung: Eine *ac-do-variable* muß eine benannte Variable sein, darf kein Formalparameter sein, darf kein POINTER–Attribut haben, darf nicht initialisiert sein, darf nicht das SAVE–Attribut haben, darf nicht mittels USE–Zuordnung oder Umgebungszuordnung zugänglich sein und darf in der Geltungseinheit nur als *ac-do-variable* verwendet werden.

Bedingung: Alle *ac-value*-Ausdrücke in dem *array-constructor* müssen den gleichen Datentyp, den gleichen KIND–Typparameter und die gleiche Zeichendatenlänge haben.

E.5   Vereinbarungen und Spezifikationen von Datenobjekten

R501 *type-declaration-stmt*

R502 *type-spec*

R503 *attr-spec*

R504 *entity-decl*

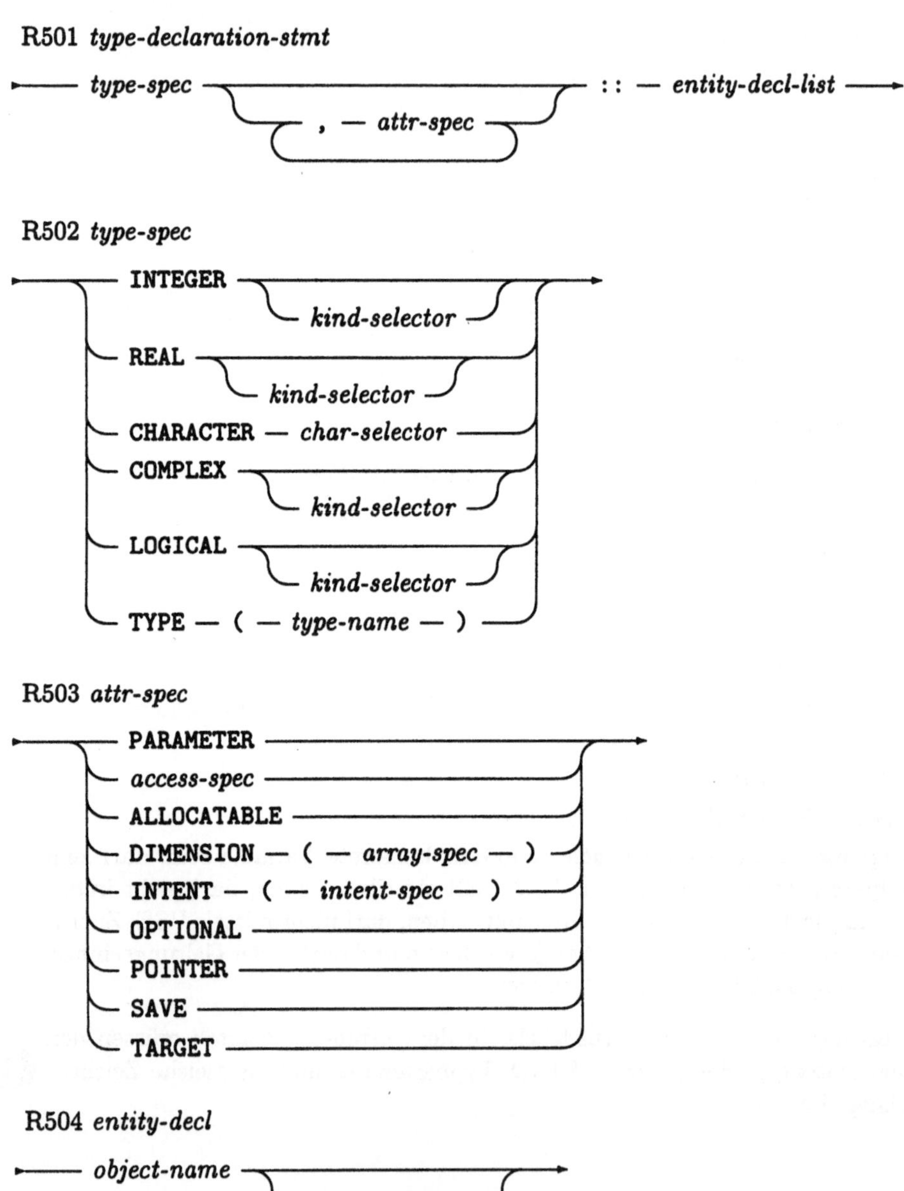

R505 *initialization*

————— **=** — *initialization-expr* ——→

R506 *kind-selector*

————— (— KIND — **=** — *scalar-int-constant-name* —) ——→

Bedingung: Die gleiche *attr-spec* darf nicht mehr als einmal in einer gegebenen *type-declaration-stmt* auftreten.

Bedingung: Das ALLOCATABLE–Attribut darf nur in einer Vereinbarung eines Feldes verwendet werden, das kein Formalparameter und keine Ergebnisvariable einer Funktion ist.

Bedingung: Für ein Feld, das mit einem POINTER– oder ALLOCATABLE–Attribut vereinbart ist, muß eine *array-spec* spezifiziert werden, die eine *deferred-shape-spec-list* ist.

Bedingung: Eine *array-spec* für einen *object-name*, der die Ergebnisvariable einer Funktion ohne POINTER–Attribut ist, muß eine *explicit-shape-spec-list* sein.

Bedingung: Falls das POINTER–Attribut spezifiziert ist, darf weder das TARGET– noch das INTENT–Attribut spezifiziert werden.

Bedingung: Falls das TARGET–Attribut spezifiziert ist, darf weder das POINTER– noch das PARAMETER–Attribut spezifiziert werden.

Bedingung: Das PARAMETER–Attribut darf nicht für Formalparameter, Zeiger, dynamische Felder und nicht für Ergebnisvariable von Funktionen spezifiziert werden.

Bedingung: Das INTENT– und das OPTIONAL–Attribut dürfen nur für Formalparameter spezifiziert werden.

Bedingung: Eine Größe darf kein PUBLIC–Attribut haben, wenn ihr Datentyp das PRIVATE–Attribut hat.

Bedingung: Das SAVE–Attribut darf nicht für ein Objekt spezifiziert werden, das ein Formalparameter, ein Unterprogramm, die Ergebnisvariable einer Funktion, ein automatisches Datenobjekt oder ein Objekt mit PARAMETER–Attribut ist.

Bedingung: Ein Feld darf nicht zugleich das ALLOCATABLE–Attribut und das POINTER–Attribut haben.

Bedingung: Wenn die Anweisung das PARAMETER–Attribut enthält, muß *initialization* auftreten.

Bedingung: Wenn *object-name* ein Formalparameter, die Ergebnisvariable einer Funktion, ein dynamisches Feld oder ein automatisches Objekt ist, darf *initialization* nicht auftreten.

Bedingung: Falls *initialization* in einem Hauptprogramm auftritt, muß das Objekt das PARAMETER–Attribut haben.

Bedingung: Falls *initialization* auftritt, darf das Objekt kein POINTER–Attribut haben.

Bedingung: Der Wert des *scalar-int-constant-name* in *kind-selector* muß nicht-negativ sein und muß eine Darstellungsmethode spezifizieren, die das F-System unterstützt.

Bedingung: Falls *initialization* auftritt, muß die Anweisung entweder ein PARAMETER–Attribut oder ein SAVE–Attribut enthalten.

R507 *char-selector*

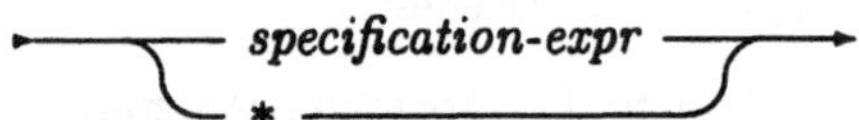

R510 *char-len-param-value*

Bedingung: Für einen Formalparameter muß der *char-len-param-value* ein * sein.

Bedingung: Nur für einen Formalparameter oder eine benannte Konstante darf der *char-len-param-value* ein * sein.

R511 *access-spec*

Bedingung: Eine *access-spec* darf nur im Spezifikationsteil eines Moduls auftreten.

Bedingung: Eine *access-spec* muß in jeder *type-declaration-statement* im Spezifikationsteil eines Moduls auftreten.

R512 *intent-spec*

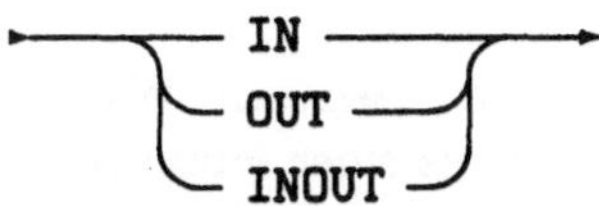

Bedingung: Das INTENT–Attribut darf nicht für einen Formalparameter spezifiziert werden, der ein Formalparameter-Unterprogramm oder ein Formalparameter-Zeiger ist.

Bedingung: Ein Formalparameter mit dem INTENT(IN)–Attribut oder ein Teilobjekt solch eines Formalparameters, darf nicht auftreten als

1. die *variable* einer *assignment-stmt*,

2. eine *input-item* in einer *read-stmt*,

3. eine *internal-file-unit* in einer *write-stmt*,

4. ein IOSTAT– oder SIZE–Parameter in einer Ein-/Ausgabe-Anweisung,

5. eine definierbare Variable in einer INQUIRE–Anweisung,

6. eine *stat-variable* oder ein *allocate-object* in einer *allocate-stmt* oder einer *deallocate-stmt*, oder

7. ein Aktualparameter im Aufruf eines Unterprogrammes, wobei der korrespondierende Formalparameter das INTENT(OUT)– oder INTENT(INOUT)–Attribut hat.

R513 *array-spec*

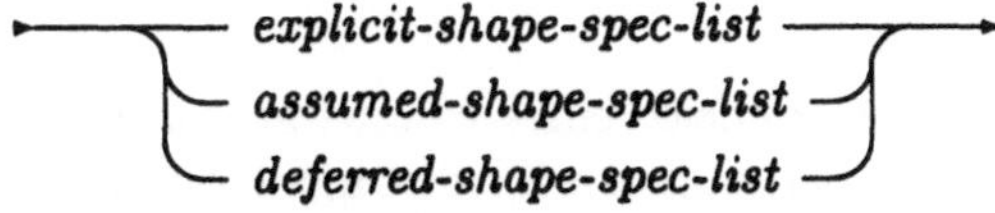

Bedingung: Der maximale Rang ist sieben.

R514 *explicit-shape-spec*

R515 *lower-bound*

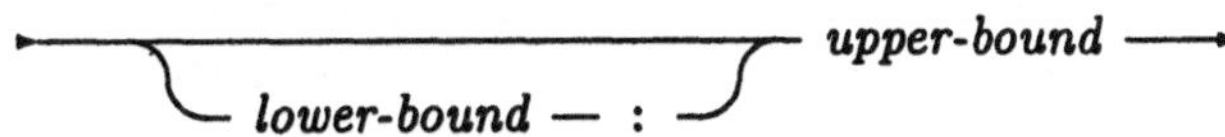

R516 *upper-bound*

►——— *specification-expr* ———►

Bedingung: Ein Feld mit expliziter Gestalt, dessen Indexgrenzen vom Wert nicht-konstanter Ausdrücke abhängen, muß die Ergebnisvariable einer Funktion oder ein automatisches Feld eines Unterprogrammes sein.

R517 *assumed-shape-spec*

Bedingung: Alle Formalparameter-Felder müssen Felder mit übernommener Gestalt sein.

Bedingung: Nur Formalparameter-Felder dürfen Felder mit übernommener Gestalt sein.

R518 *deferred-shape-spec*

►——— : ———►

R522 *access-stmt*

►——— *access-spec* ———
        └— :: — *access-id-list* ┘

R523 *access-id*

►——┬— *local-name* —┬——►
    └— *generic-spec* ┘

Bedingung: Jeder *local-name* muß eine *generic-spec* eines *module-procedure-interface-block* oder der Name eines Unterprogrammes sein, das nicht mittels USE–Zuordnung verfügbar ist. Jede solche *generic-spec* und jedes solche Unterprogramm muß in einer *access-stmt* genannt werden.

Bedingung: Ein Modul-Unterprogramm, das einen Formalparameter oder Funktionswert eines Datentyps mit PRIVATE–Attribut hat, muß das PRIVATE–Attribut haben und darf keinen generischen Bezeichner mit PUBLIC–Attribut haben.

R540 *implicit-stmt*

►——— IMPLICIT NONE ———►

Bedingung: Eine *implicit-stmt* darf nur im Spezifikationsteil eines Hauptprogrammes oder eines privaten Moduls auftreten.

E.6   Verwendung von Datenobjekten

R601 *variable*

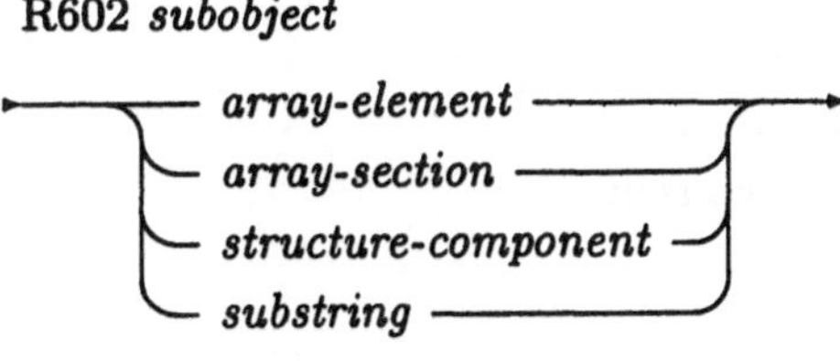

Bedingung: *array-variable-name* muß der Name eines Datenobjektes sein, das ein Feld ist.

Bedingung: *array-variable-name* darf kein PARAMETER–Attribut haben.

Bedingung: *scalar-variable-name* darf kein PARAMETER–Attribut haben.

Bedingung: *subobject* darf kein Teilobjekt (z. B. Teil-Zeichenfolge) bezeichnen, dessen Ausgangsobjekt eine Konstante ist.

R602 *subobject*

R603 *logical-variable*

── *variable* ──→

Bedingung: *logical-variable* muß logischen Typs sein.

R604 *default-logical-variable*

── *variable* ──→

Bedingung: *default-logical-variable* muß voreingestellt logischen Typs sein.

R605 *char-variable*

── *variable* ──→

Bedingung: *char-variable* muß vom Zeichentyp sein.

R607 *int-variable*

►—— *variable* ——►

Bedingung: *int-variable* muß ganzzahligen Typs sein.

R608 *default-int-variable*

►—— *variable* ——►

Bedingung: *default-int-variable* muß voreingestellt ganzzahligen Typs sein.

R609 *substring*

►—— *parent-string* — (— *substring-range* —) ——►

R610 *parent-string*

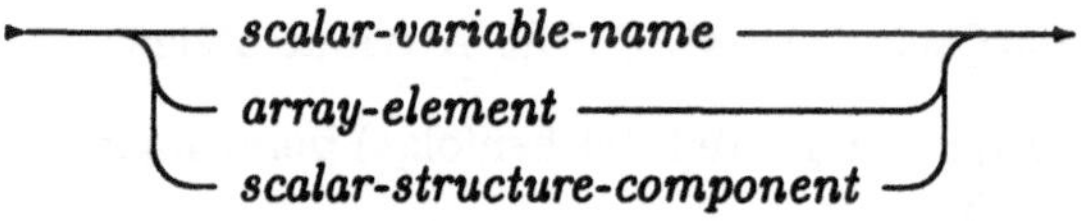

►——┬—— *scalar-variable-name* ————┬——►
   ├— *array-element* ————————┤
   └— *scalar-structure-component* —┘

R611 *substring-range*

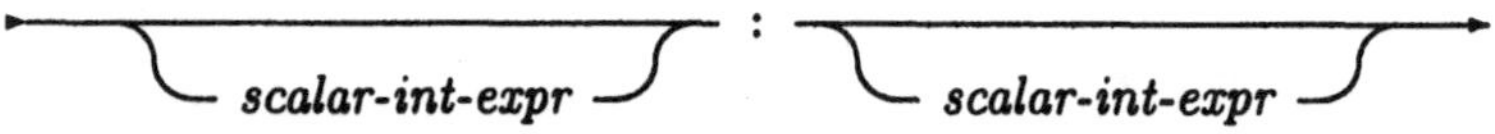

►——┬————————————┬ : ┬————————————┬——►
   └— *scalar-int-expr* —┘   └— *scalar-int-expr* —┘

Bedingung: *parent-string* muß vom Zeichentyp sein.

R612 *data-ref*

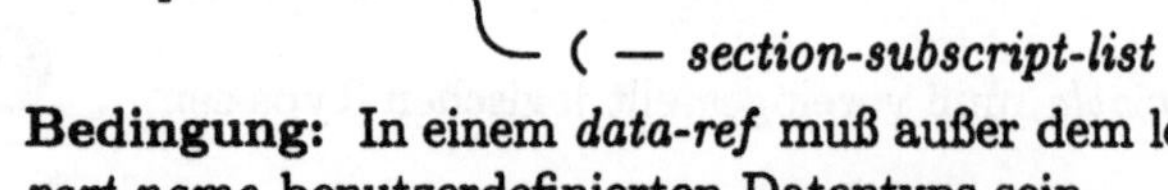

►—— *part-ref* ——┬————————————┬——►
         └◄— % — *part-ref* —┘

R613 *part-ref*

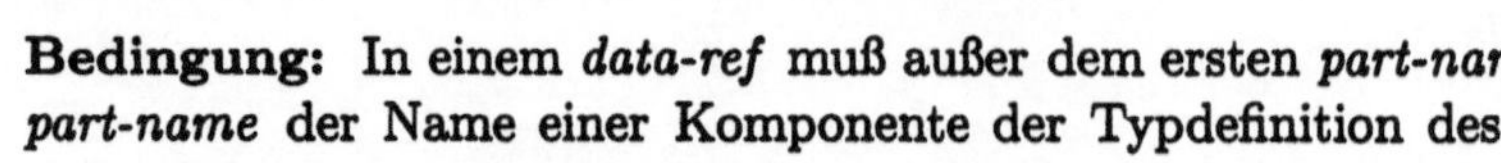

►—— *part-name* ——┬—————————————————┬——►
          └— (— *section-subscript-list* —) —┘

Bedingung: In einem *data-ref* muß außer dem letzten *part-name* jeder andere *part-name* benutzerdefinierten Datentyps sein.

Bedingung: In einem *data-ref* muß außer dem ersten *part-name* jeder andere *part-name* der Name einer Komponente der Typdefinition des Datentyps des vorhergehenden *part-name* sein.

Bedingung: In einem *part-ref* mit einer *section-subscript-list* muß die Anzahl der *section-subscripts* gleich dem Rang von *part-name* sein.

Bedingung: In einem *data-ref* darf es höchstens einen *part-ref* geben, dessen Rang ungleich Null ist. Ein *part-name* rechts von einem *part-ref*, dessen Rang ungleich Null ist, darf kein POINTER–Attribut haben.

R614 *structure-component*

▸——— *data-ref* ——▸

Bedingung: In einer *structure-component* muß es mehr als einen *part-ref* geben, und der letzte *part-ref* muß die Form *part-name* haben.

R615 *array-element*

▸——— *data-ref* ——▸

Bedingung: In einem *array-element* muß jeder *part-ref* den Rang Null haben, und der letzte *part-ref* muß eine *subscript-list* enthalten.

R616 *array-section*

▸——— *data-ref* ——————————————————▸
         ▸—— (— *substring-range* —) —▸

Bedingung: In einer *array-section* muß genau ein *part-ref* einen Rang ungleich Null haben, und zwar muß entweder der letzte *part-ref* eine *section-subscript-list* mit von Null verschiedenem Rang haben oder ein anderer *part-ref* muß einen Rang ungleich Null haben.

Bedingung: In einem *array-section* mit einem *substring-range* muß der letzte *part-name* vom Zeichentyp sein.

R617 *subscript*

▸——— *scalar-int-expr* ——▸

R618 *section-subscript*

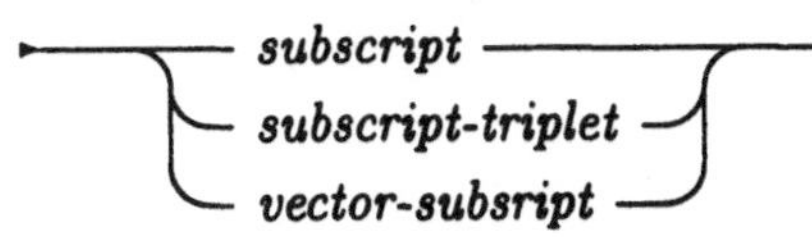

R619 *subscript-triplet*

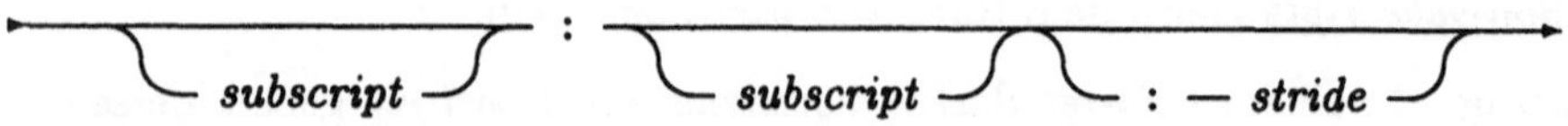

R620 *stride*

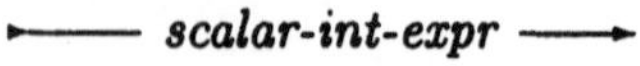

scalar-int-expr

R621 *vector-subscript*

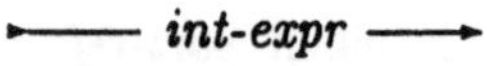

int-expr

Bedingung: Ein *vector-subscript* muß ein ganzzahliger Feldausdruck mit dem Rang eins sein.

R622 *allocate-stmt*

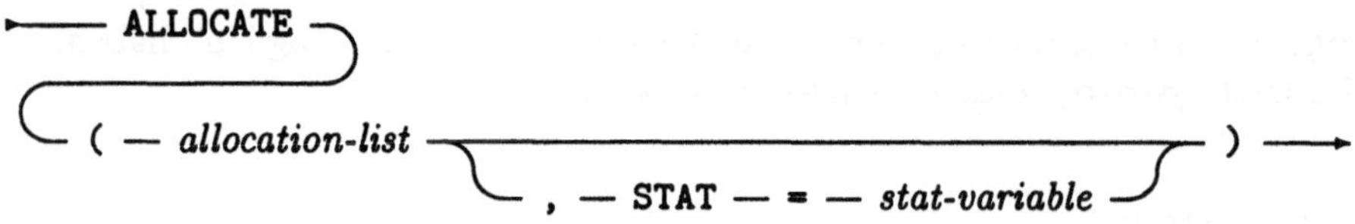

ALLOCATE

(— allocation-list , — STAT — = — stat-variable)

R623 *stat-variable*

scalar-int-variable

R624 *allocation*

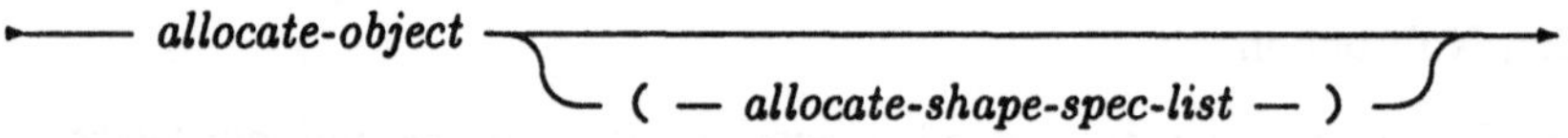

allocate-object (— allocate-shape-spec-list —)

R625 *allocate-object*

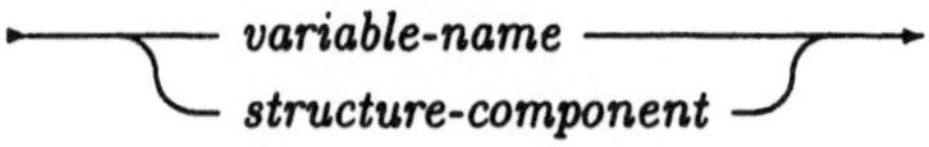

variable-name
structure-component

R626 *allocate-shape-spec*

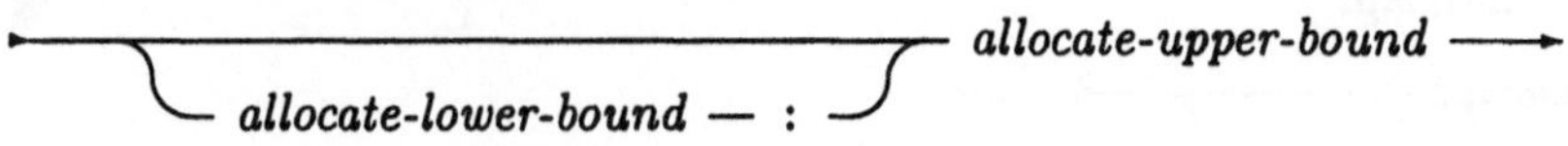

allocate-lower-bound — : allocate-upper-bound

R627 *allocate-lower-bound*

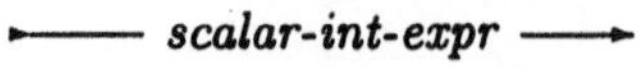

scalar-int-expr

R628 *allocate-upper-bound*

▸—— *scalar-int-expr* ——▸

Bedingung: Jedes *allocate-object* muß ein Zeiger oder ein dynamisches Feld sein.

Bedingung: Die Anzahl der *allocate-shape-specs* in einer *allocate-shape-spec-list* muß gleich dem Rang des Zeigers oder des dynamischen Feldes sein.

R629 *nullify-stmt*

▸—— NULLIFY — (— *pointer-object-list* —) ——▸

R630 *pointer-object*

▸———— *variable-name* ————▸
    structure-component

Bedingung: Jedes *pointer-object* muß das POINTER–Attribut haben.

R631 *deallocate-stmt*

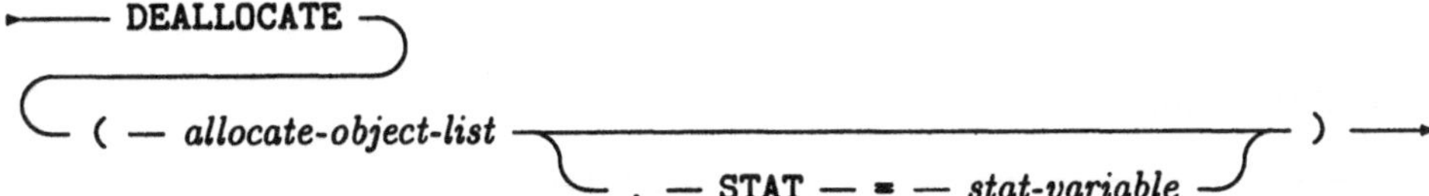

Bedingung: Jedes *allocate-object* muß ein Zeiger oder ein dynamisches Feld sein.

E.7 Ausdrücke und Zuweisung

R701 *primary*

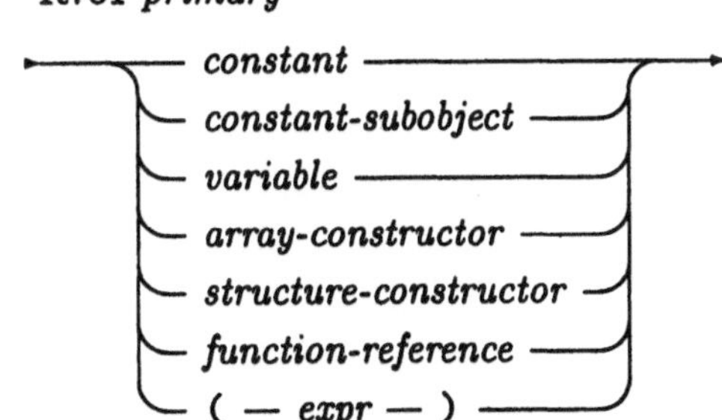

R702 *constant-subobject*

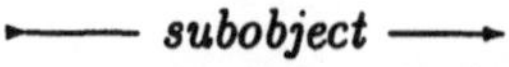

►—— *subobject* ——►

Bedingung: *subobject* muß ein Teilobjekt bezeichnen, dessen Ausgangsobjekt eine benannte Konstante ist.

R703 *level-1-expr*

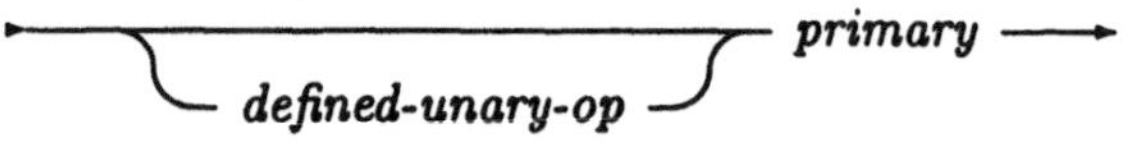

►————————————————┬— *primary* ——►
     └— *defined-unary-op* —┘

R704 *defined-unary-op*

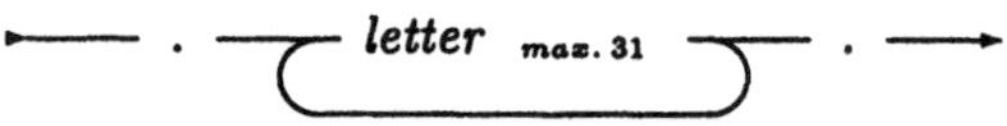

►—— . —┬— *letter* ₘₐₓ. ₃₁ —┬— . ——►
     └———————————┘

Bedingung: Ein *defined-unary-op* darf nicht mehr als 31 Buchstaben enthalten.

R705 *mult-operand*

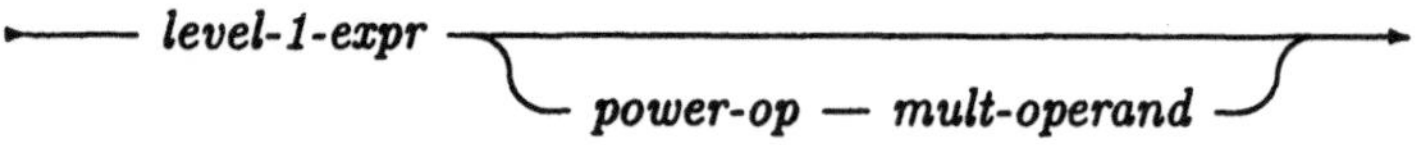

►—— *level-1-expr* —————————————————►
     └— *power-op* — *mult-operand* —┘

R706 *add-operand*

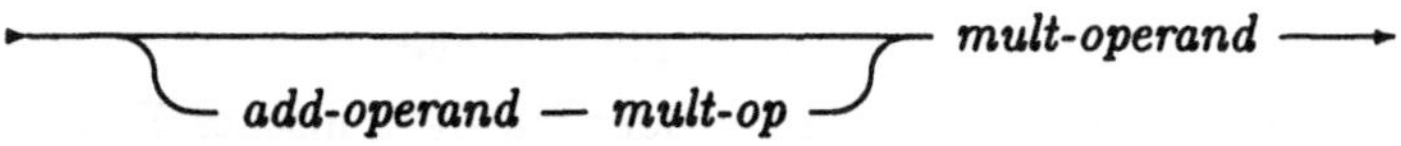

►————————————————┬— *mult-operand* ——►
     └— *add-operand* — *mult-op* —┘

R707 *level-2-expr*

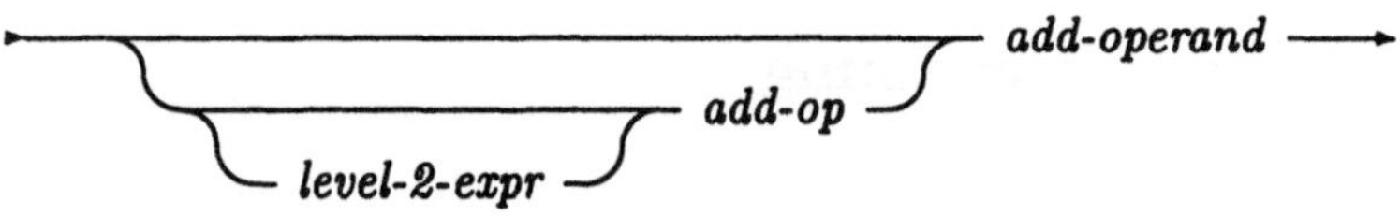

►—————————————————————┬— *add-operand* ——►
     └— *level-2-expr* —┘— *add-op* —┘

R708 *power-op*

►—— ** ——►

R709 *mult-op*

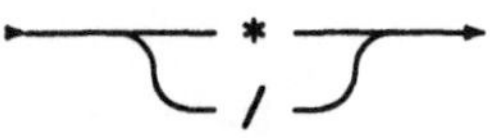

►—┬— * —┬—►
  └— / —┘

R710 *add-op*

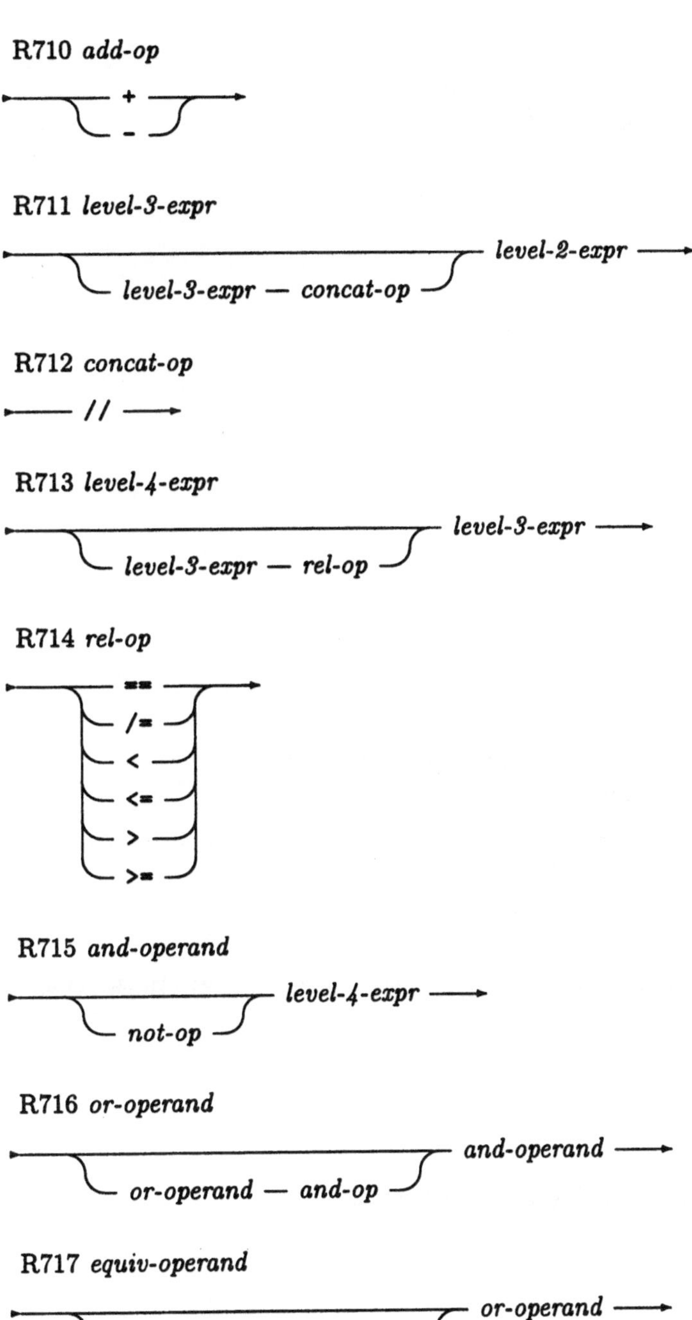

R711 *level-3-expr*

R712 *concat-op*

R713 *level-4-expr*

R714 *rel-op*

R715 *and-operand*

R716 *or-operand*

R717 *equiv-operand*

R718 *level-5-expr*

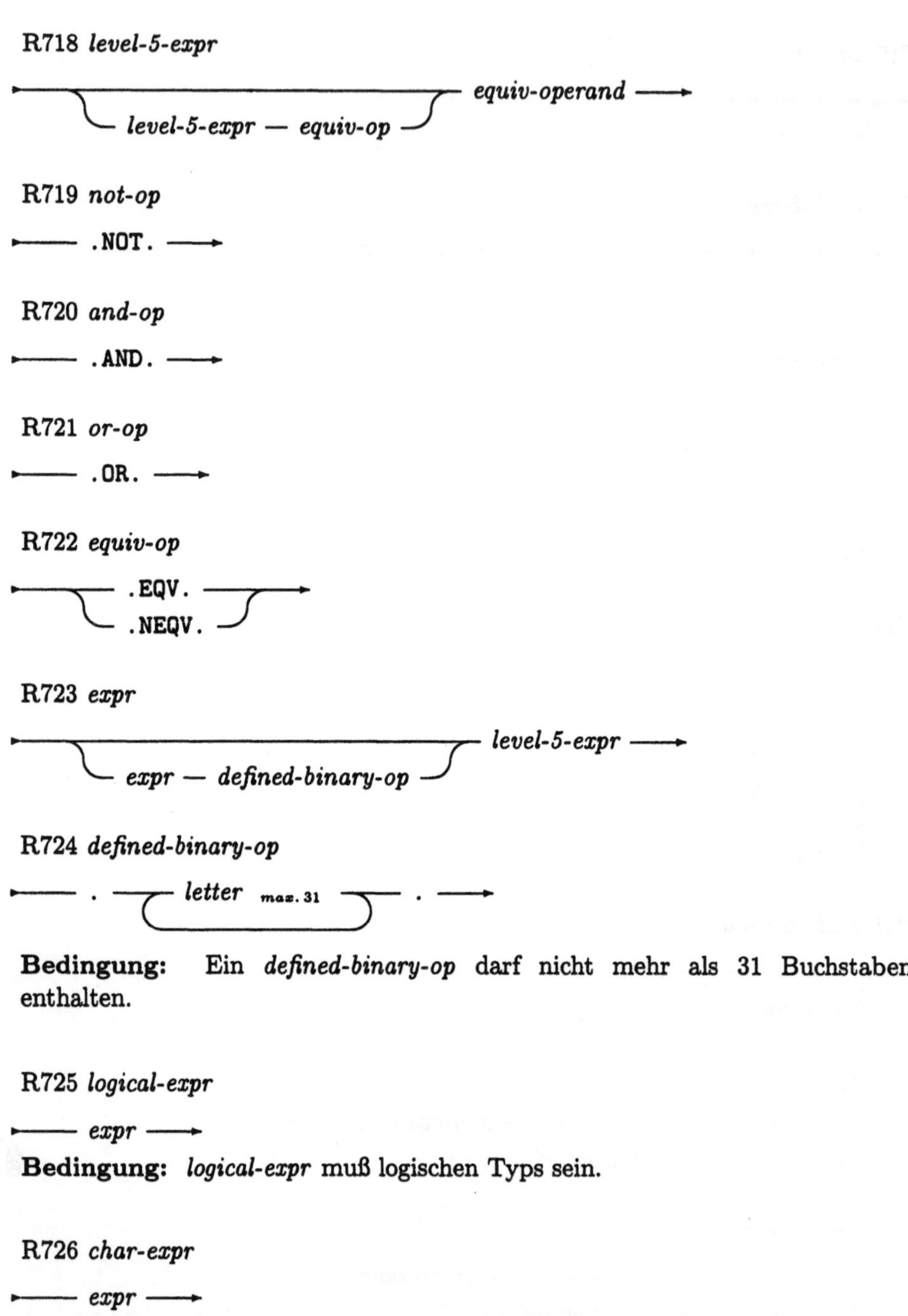

R719 *not-op*

R720 *and-op*

R721 *or-op*

R722 *equiv-op*

R723 *expr*

R724 *defined-binary-op*

Bedingung: Ein *defined-binary-op* darf nicht mehr als 31 Buchstaben enthalten.

R725 *logical-expr*

Bedingung: *logical-expr* muß logischen Typs sein.

R726 *char-expr*

Bedingung: *char-expr* muß vom Zeichentyp sein.

R728 *int-expr*

►——— *expr* ——►

Bedingung: *int-expr* muß gannzahligen Typs sein.

R729 *numeric-expr*

►——— *expr* ——►

Bedingung: *numeric-expr* muß ganzzahligen, reellen oder komplexen Typs sein.

R730 *initialization-expr*

►——— *expr* ——►

Bedingung: *initialization-expr* muß ein Initialisierungsausdruck sein.

R731 *char-initialization-expr*

►——— *char-expr* ——►

Bedingung: *char-initialization-expr* muß ein Initialisierungsausdruck sein.

R732 *int-initialization-expr*

►——— *int-expr* ——►

Bedingung: *int-initialization-expr* muß ein Initialisierungsausdruck sein.

R733 *logical-initialization-expr*

►——— *logical-expr* ——►

Bedingung: *logical-initialization-expr* muß ein Initialisierungsausdruck sein.

R734 *specification-expr*

►——— *scalar-int-expr* ——►

Bedingung: Der *scalar-int-expr* muß ein eingeschränkter Ausdruck sein.

R735 *assignment-stmt*

►——— *variable* — = — *expr* ——►

R736 *pointer-assignment-stmt*

─── *pointer-object* ── ➡> ── *target* ──➤

R737 *target*

─┬── *variable* ──┬──➤
 └── *expr* ──┘

Bedingung: Das *pointer-object* muß das POINTER–Attribut haben.

Bedingung: Die *variable* muß das TARGET–Attribut haben, ein Teilobjekt eines Objektes mit TARGET–Attribut sein, oder sie muß das POINTER–Attribut haben.

Bedingung: Das *target* muß den gleichen Datentyp, den gleichen KIND–Typparameter, die gleiche Zeichendatenlänge und den gleichen Rang wie der Zeiger haben.

Bedingung: Das *target* darf kein Feld mit Vektorindex sein.

Bedingung: Der *expr* muß als Ergebnis einen Zeiger liefern.

R739 *where-construct*

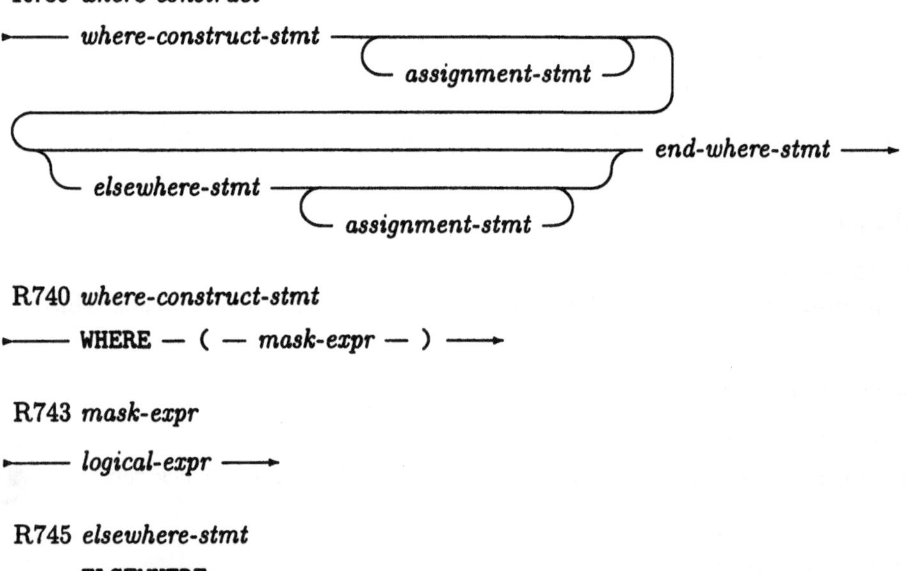

R740 *where-construct-stmt*

─── WHERE ── (── *mask-expr* ──) ──➤

R743 *mask-expr*

─── *logical-expr* ──➤

R745 *elsewhere-stmt*

─── ELSEWHERE ──➤

R746 *end-where-stmt*

▶──── END WHERE ────▶

Bedingung: In jeder *assignment-stmt* müssen der *mask-expr* und die zu definierende *variable* Felder mit gleicher Gestalt sein.

Bedingung: Die *assignment-stmt* darf keine benutzerdefinierte Zuweisungsanweisung sein.

E.8 Ablaufsteuerung

R801 *block*

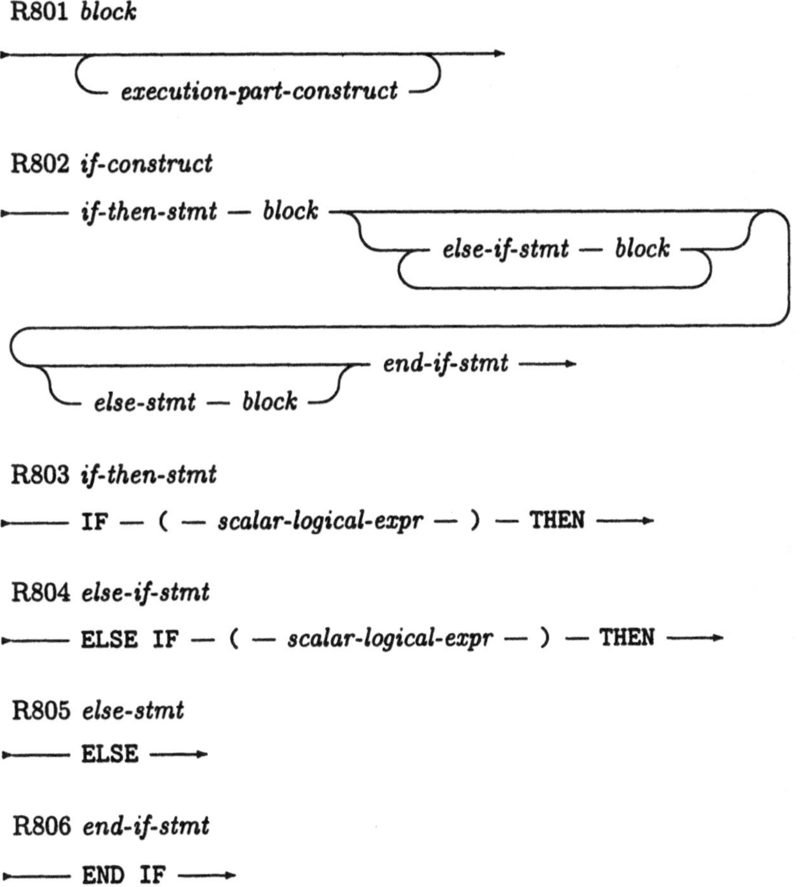

R802 *if-construct*

R803 *if-then-stmt*

▶──── IF ── (── *scalar-logical-expr* ──) ── THEN ────▶

R804 *else-if-stmt*

▶──── ELSE IF ── (── *scalar-logical-expr* ──) ── THEN ────▶

R805 *else-stmt*

▶──── ELSE ────▶

R806 *end-if-stmt*

▶──── END IF ────▶

R808 *case-construct*

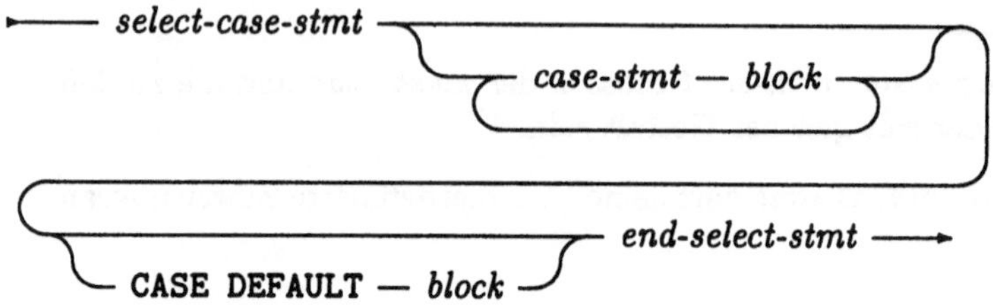

select-case-stmt

case-stmt — *block*

CASE DEFAULT — *block*   *end-select-stmt*

R809 *select-case-stmt*

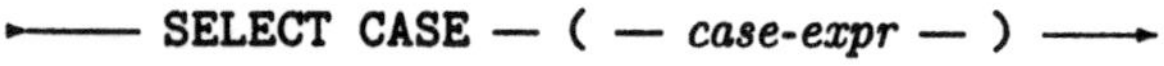

SELECT CASE — (— *case-expr* —)

R810 *case-stmt*

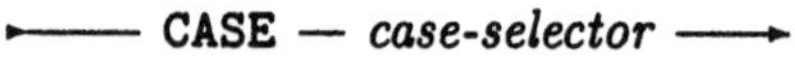

CASE — *case-selector*

R811 *end-select-stmt*

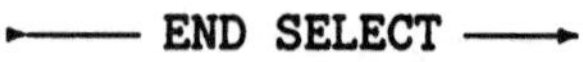

END SELECT

R812 *case-expr*

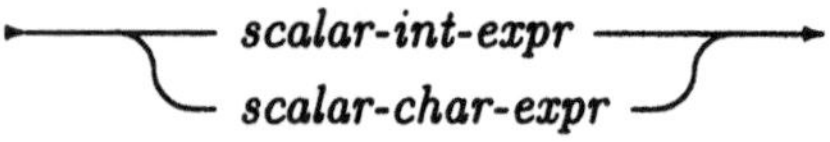

scalar-int-expr
scalar-char-expr

R813 *case-selector*

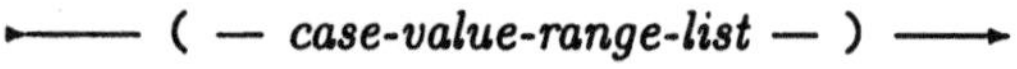

(— *case-value-range-list* —)

R814 *case-value-range*

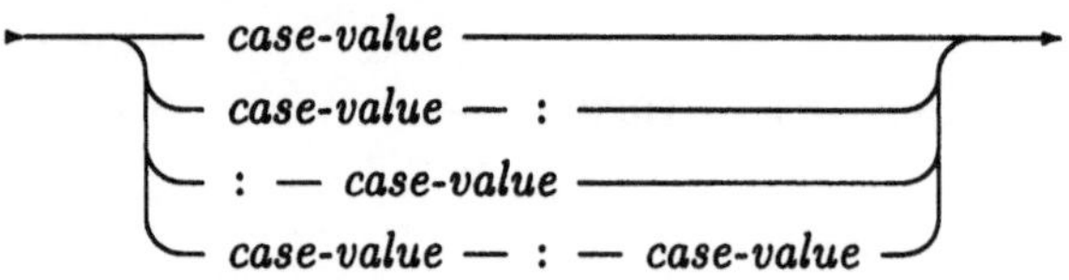

case-value
case-value — :
: — *case-value*
case-value — : — *case-value*

R815 *case-value*

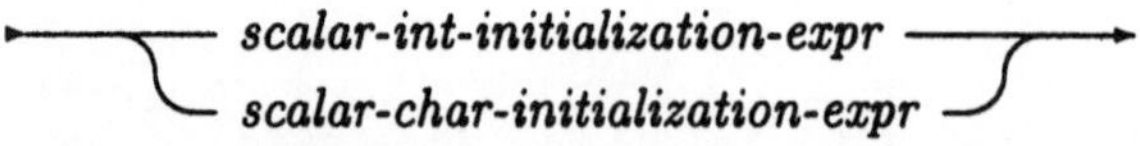

scalar-int-initialization-expr
scalar-char-initialization-expr

Bedingung: In einer gegebenen *case-construct* muß jeder *case-value* den gleichen Datentyp wie der *case-expr* haben. Im Fall des Zeichentyps sind unterschiedliche Längen erlaubt.

Bedingung: In einer gegebenen *case-construct* dürfen sich die *case-value-ranges* nicht überlappen; das heißt, es darf keinen möglichen Wert des *case-expr* geben, der zu mehr als nur einem einzigen *case-value-range* paßt.

R816 *do-construct*

——— *block-do-construct* ——→

R817 *block-do-construct*

——— *do-stmt* — *do-block* — *end-do* ——→

R818 *do-stmt*

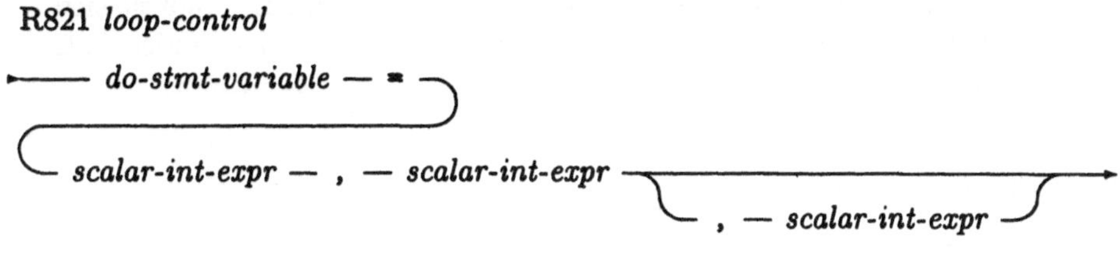

Bedingung: Der *do-construct-name* darf keinem Namen einer verfügbaren Größe gleichen.

Bedingung: Der gleiche *do-construct-name* darf nicht für mehrere *do-stmt*s in einer Geltungseinheit verwendet werden.

R821 *loop-control*

——— *do-stmt-variable* — ▪ ——
  scalar-int-expr — , — *scalar-int-expr* ——
    , — *scalar-int-expr* ——

R822 *do-variable*

——— *scalar-int-variable* ——→

Bedingung: Eine *do-stmt-variable* muß eine benannte Variable sein, darf kein Formalparameter sein, darf kein POINTER–Attribut haben und darf nicht mittels USE–Zuordnung oder Umgebungszuordnung zugänglich sein.

R823 *do-block*

——— *block* ——→

R824 *end-do*

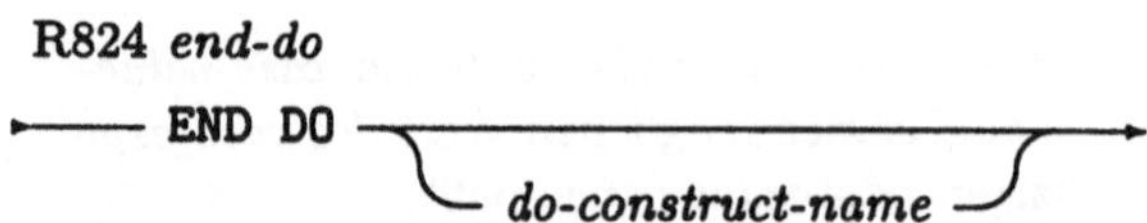

Bedingung: Falls die *do-stmt* durch einen *do-construct-name* gekennzeichnet ist, muß das korrespondierende *end-do* den gleichen *do-construct-name* spezifizieren. Falls die *do-stmt* nicht durch einen *do-construct-name* gekennzeichnet ist, darf das korrespondierende *end-do* keinen *do-construct-name* spezifizieren.

R834 *cycle-stmt*

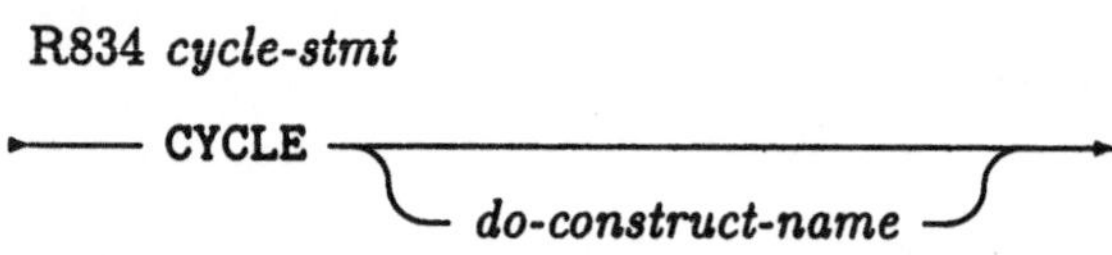

Bedingung: Falls eine *cycle-stmt* einen *do-construct-name* enthält, muß sie sich im Wirkungsbereich der so gekennzeichneten *do-construct* befinden; andernfalls muß sie sich im Wirkungsbereich wenigstens einer *do-construct* befinden.

R835 *exit-stmt*

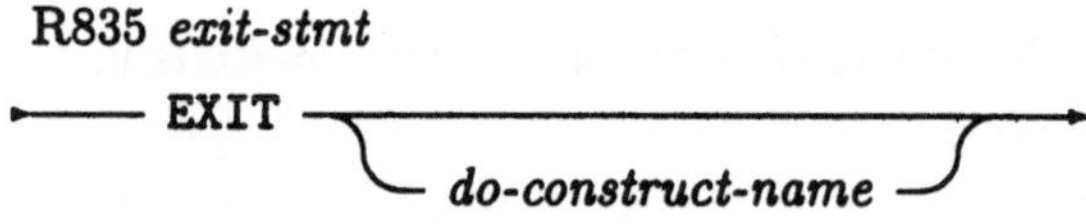

Bedingung: Falls eine *exit-stmt* einen *do-construct-name* enthält, muß sie sich im Wirkungsbereich der so gekennzeichneten *do-construct* befinden; andernfalls muß sie sich im Wirkungsbereich wenigstens einer *do-construct* befinden.

R840 *stop-stmt*

```
———— STOP ——▶
```

E.9   Ein-/Ausgabe-Anweisungen

R901 *io-unit*

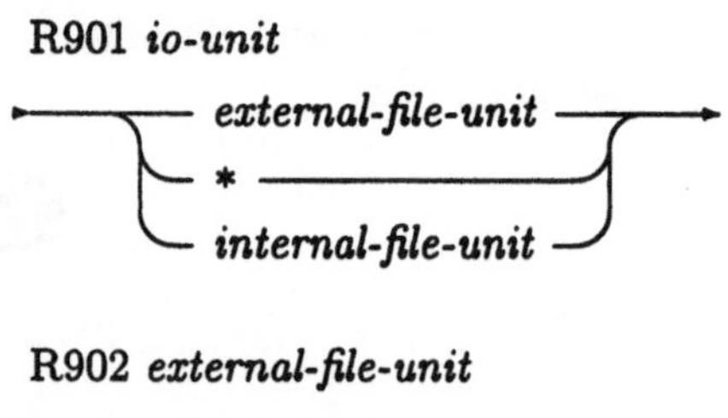

R902 *external-file-unit*

```
———— scalar-int-expr ——▶
```

R903 *internal-file-unit*

►─── *char-variable* ───►

Bedingung: Die *char-variable* darf kein Teilfeld mit einem Vektorindex sein.

R904 *open-stmt*

►─── OPEN ─ (─ *connect-spec-list* ─) ───►

R905 *connect-spec*

UNIT ─ = ─ *external-file-unit*
IOSTAT ─ = ─ *scalar-default-int-variable*
FILE ─ = ─ *file-name-expr*
STATUS ─ = ─ *scalar-char-expr*
ACCESS ─ = ─ *scalar-char-expr*
FORM ─ = ─ *scalar-char-expr*
RECL ─ = ─ *scalar-int-expr*
POSITION ─ = ─ *scalar-char-expr*
ACTION ─ = ─ *scalar-char-expr*

R906 *file-name-expr*

►─── *scalar-char-expr* ───►

Bedingung: Eine *connect-spec-list* muß die Parameter UNIT = *io-unit*, STATUS = *scalar-char-expr* und ACTION = *scalar-char-expr* jeweils genau einmal spezifizieren und darf die anderen Parameter jeweils höchstens einmal spezifizieren.

R907 *close-stmt*

►─── CLOSE ─ (─ *close-spec-list* ─) ───►

R908 *close-spec*

UNIT ─ = ─ *external-file-unit*
IOSTAT ─ = ─ *scalar-default-int-variable*
STATUS ─ = ─ *scalar-char-expr*

Bedingung: Eine *close-spec-list* muß den Parameter UNIT = *io-unit* genau einmal spezifizieren und darf die anderen Parameter jeweils höchstens einmal spezifizieren.

R909 *read-stmt*

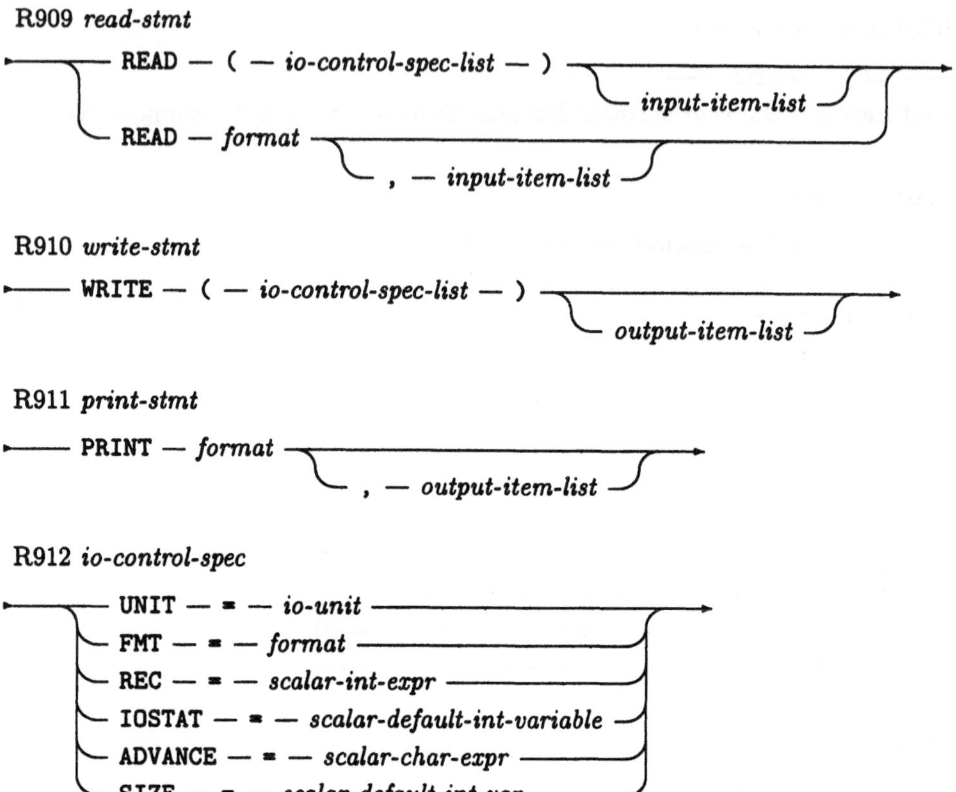

R910 *write-stmt*

R911 *print-stmt*

R912 *io-control-spec*

Bedingung: Eine *io-control-spec-list* muß den Parameter UNIT = *io-unit* genau einmal spezifizieren und darf die anderen Parameter jeweils höchstens einmal spezifizieren.

Bedingung: Ein SIZE–Parameter darf nicht in einer *write-stmt* auftreten.

Bedingung: Falls im UNIT–Parameter eine interne Datei spezifiziert ist, darf die *io-control-spec-list* keinen REC–Parameter enthalten.

Bedingung: Falls der REC–Parameter angegeben ist, darf *format*, falls vorhanden, kein Stern zur Spezifikation listengesteuerter Ein-/Ausgabe sein.

Bedingung: Ein ADVANCE–Parameter darf nur in einer formatgebundenen sequentiellen Ein-/Ausgabe-Anweisung mit einer expliziten Formatangabe angegeben werden, deren Ein-/Ausgabe-Parameterliste im UNIT–Parameter keine interne Datei spezifiziert.

Bedingung: Falls ein SIZE–Parameter angegeben ist, muß außerdem ein ADVANCE–Parameter spezifiziert werden.

R913 *format*

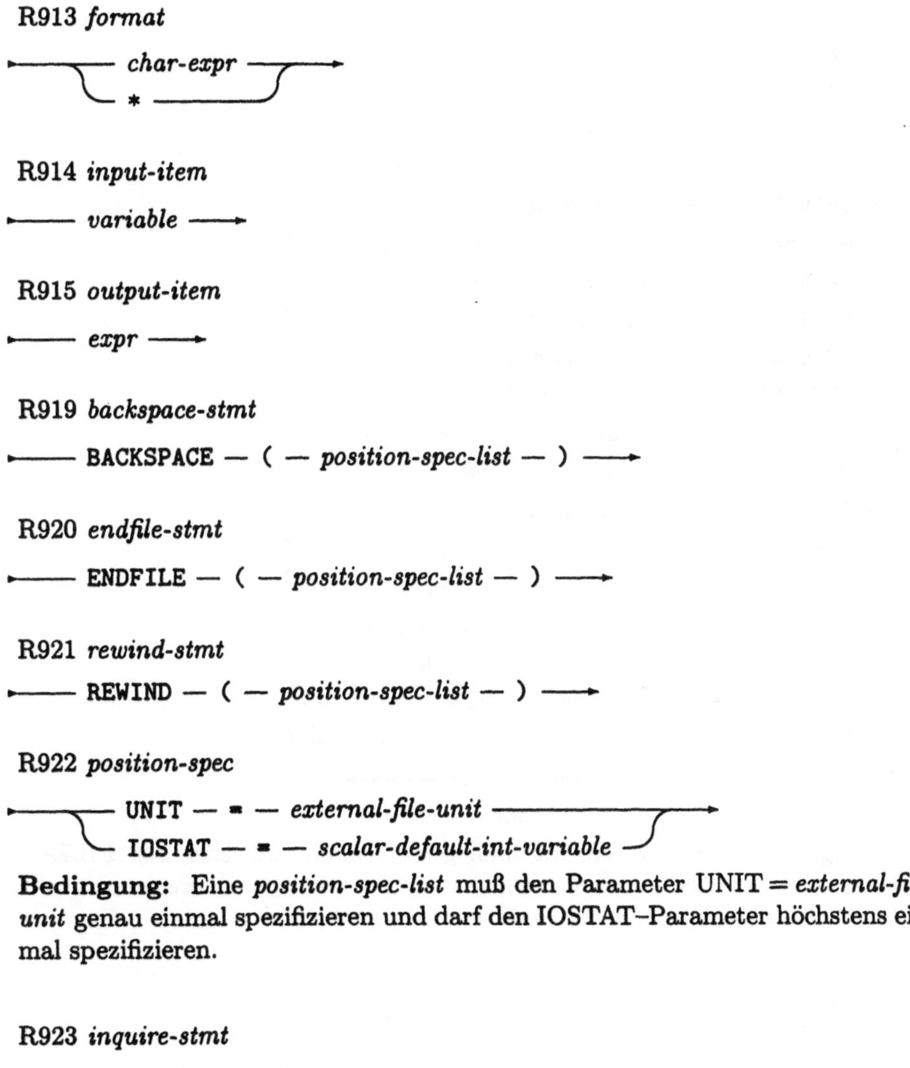

R914 *input-item*

R915 *output-item*

R919 *backspace-stmt*

R920 *endfile-stmt*

R921 *rewind-stmt*

R922 *position-spec*

Bedingung: Eine *position-spec-list* muß den Parameter UNIT = *external-file-unit* genau einmal spezifizieren und darf den IOSTAT–Parameter höchstens einmal spezifizieren.

R923 *inquire-stmt*

R924 *inquire-spec*

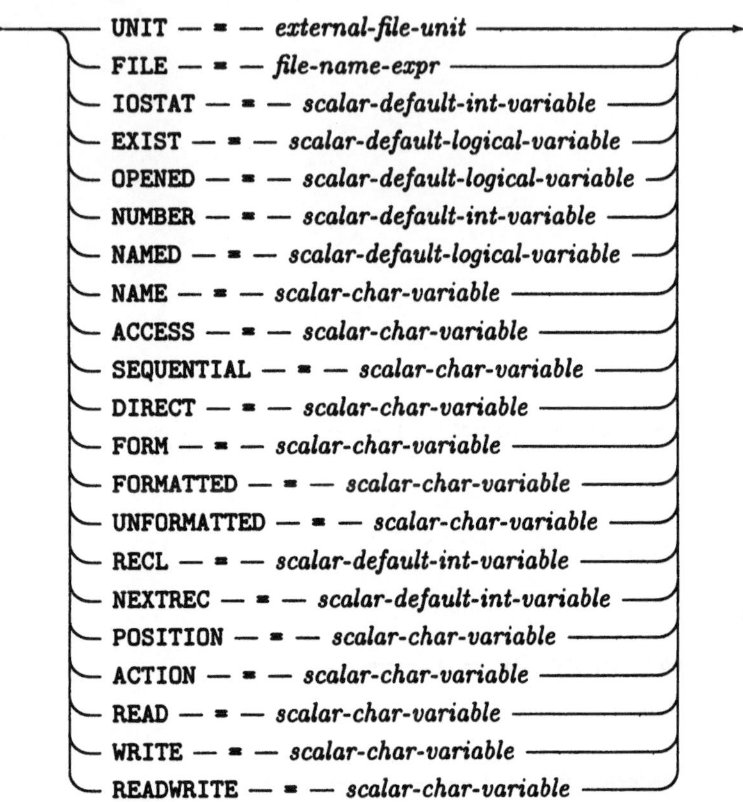

Bedingung: Eine *inquire-spec-list* muß genau einmal entweder den FILE–
Parameter oder den UNIT–Parameter, aber nicht beide, spezifizieren und darf
die anderen Parameter jeweils höchstens einmal spezifizieren.

E.10   Ein-/Ausgabe-Formatierung

R1002 *format-specification*

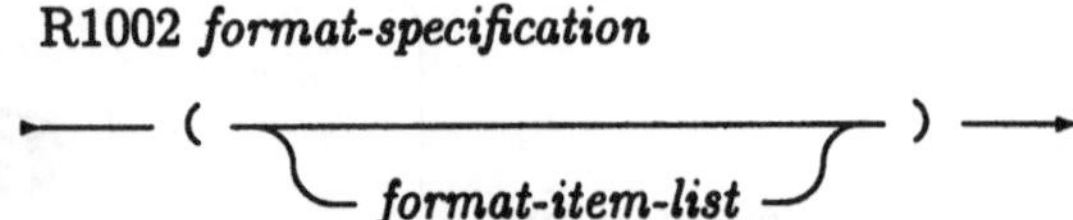

R1003 *format-item*

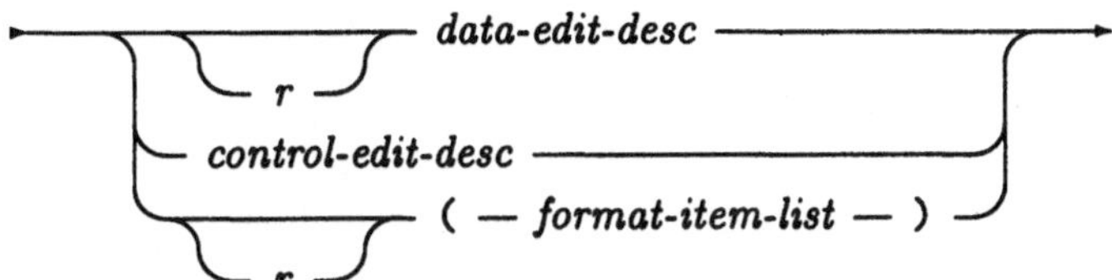

R1004 *r*

───── *int-literal-constant* ──────▶

Bedingung: *r* muß positiv sein.

Bedingung: *r* muß ohne KIND–Typparameter geschrieben werden.

R1005 *data-edit-desc*

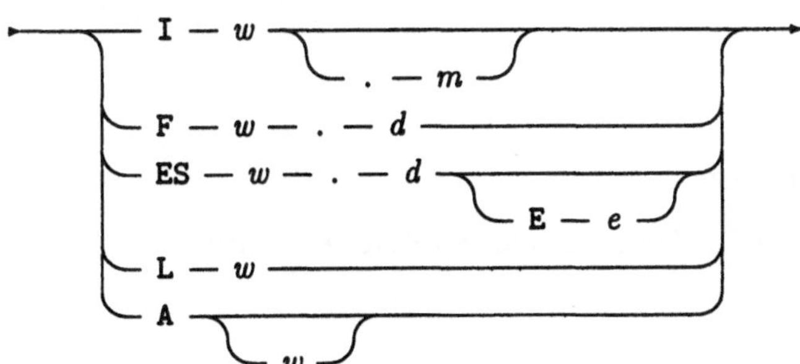

R1006 *w*

───── *int-literal-constant* ──────▶

R1007 *m*

───── *int-literal-constant* ──────▶

R1008 *d*

───── *int-literal-constant* ──────▶

R1009 *e*

───── *int-literal-constant* ──────▶

Bedingung: *w* und *e* müssen positiv sein.

Bedingung: *w*, *m*, *d* und *e* müssen ohne KIND–Typparameter geschrieben werden.

R1010 *control-edit-desc*

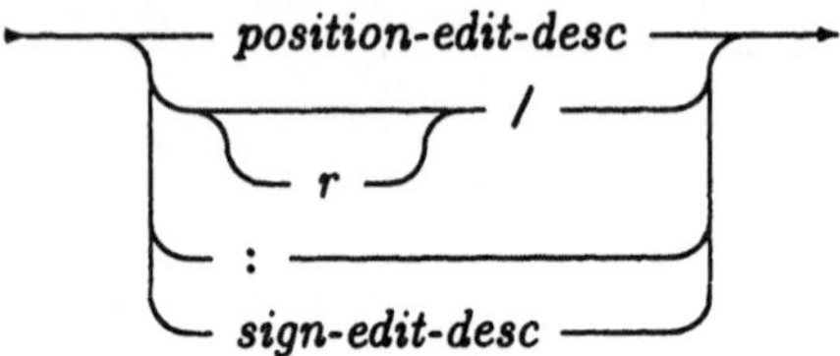

R1012 *position-edit-desc*

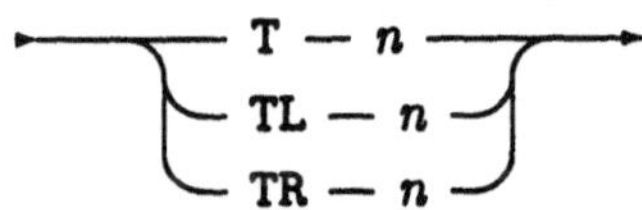

R1013 *n*

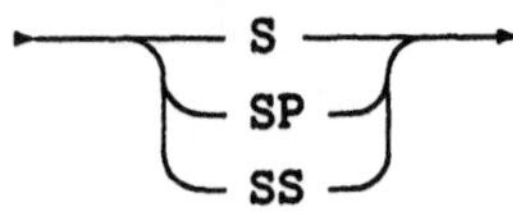

Bedingung: *n* muß positiv sein.

Bedingung: *n* muß ohne KIND–Typparameter geschrieben werden.

R1014 *sign-edit-desc*

E.11   Programmeinheiten

R1101 *main-program*

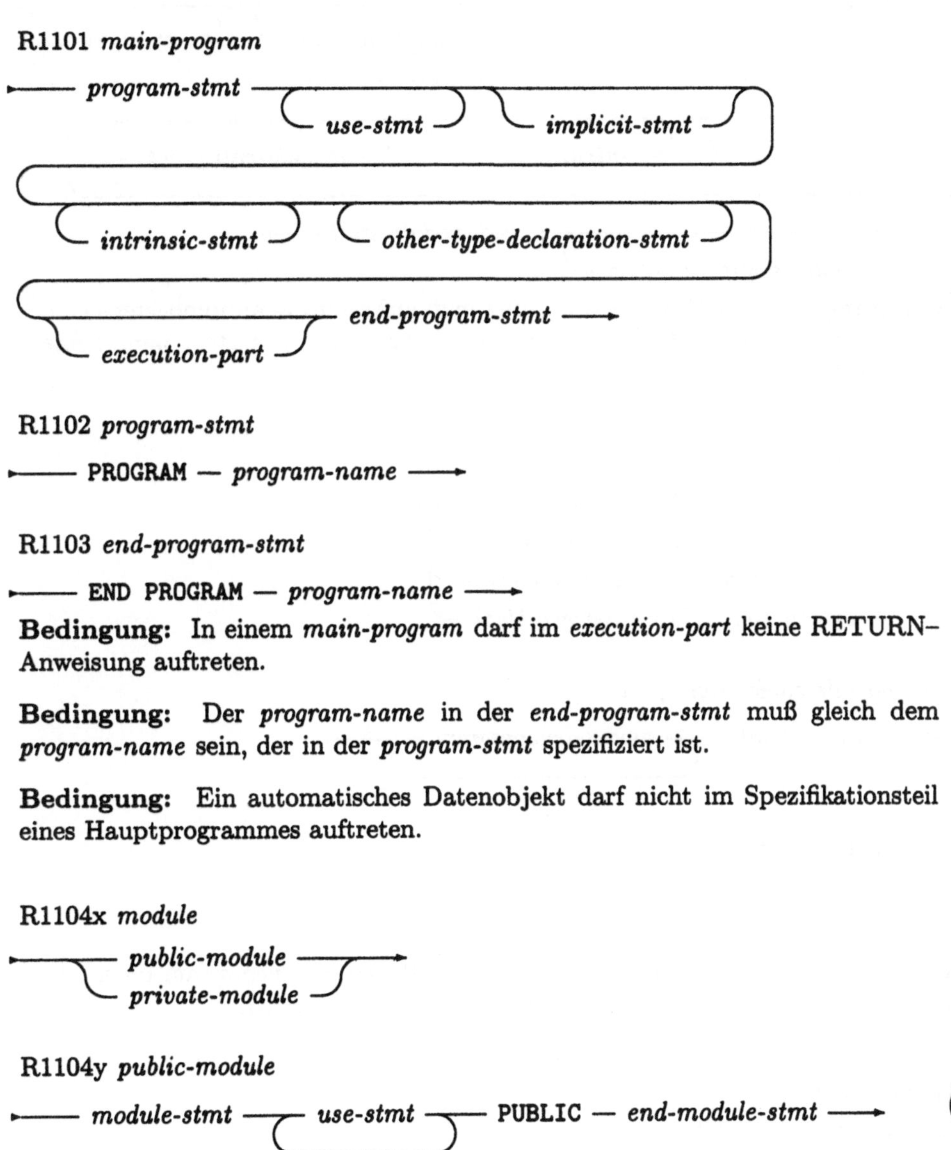

R1102 *program-stmt*

►——— PROGRAM — *program-name* ——►

R1103 *end-program-stmt*

►——— END PROGRAM — *program-name* ——►

Bedingung: In einem *main-program* darf im *execution-part* keine RETURN–Anweisung auftreten.

Bedingung: Der *program-name* in der *end-program-stmt* muß gleich dem *program-name* sein, der in der *program-stmt* spezifiziert ist.

Bedingung: Ein automatisches Datenobjekt darf nicht im Spezifikationsteil eines Hauptprogrammes auftreten.

R1104x *module*

R1104y *public-module*

R1104 *private-module*

module-stmt / use-stmt / implicit-stmt / PRIVATE

access-stmt / intrinsic-stmt / module-entity-def

module-subprogram-part / end-module-stmt →

Bedingung: Ein PRIVATE–Anweisung muß auftreten, wenn mindestens eine *use-stmt* auftritt. Eine PRIVATE–Anweisung darf nicht auftreten, wenn keine *use-stmt*s auftreten.

R1104z *module-entity-def*

derived-type-def
other-type-declaration-stmt
module-procedure-interface-block
external-procedure-interface-block

R212 *module-subprogram-part*

contains-stmt — module-subprogram →

R213 *module-subprogram*

function-subprogram
subroutine-subprogram

Bedingung: Jedes *function-subprogram* und *subroutine-subprogram* innerhalb eines *private-module* muß in einer *access-stmt* genannt werden.

R1105 *module-stmt*

MODULE — module-name →

R1106 *end-module-stmt*

END MODULE — module-name →

Bedingung: Der *module-name* in der *end-module-stmt* muß gleich dem *module-name* sein, der in der *module-stmt* spezifiziert ist.

Bedingung: Ein automatisches Datenobjekt darf nicht im Spezifikationsteil eines Moduls auftreten.

R1107 *use-stmt*

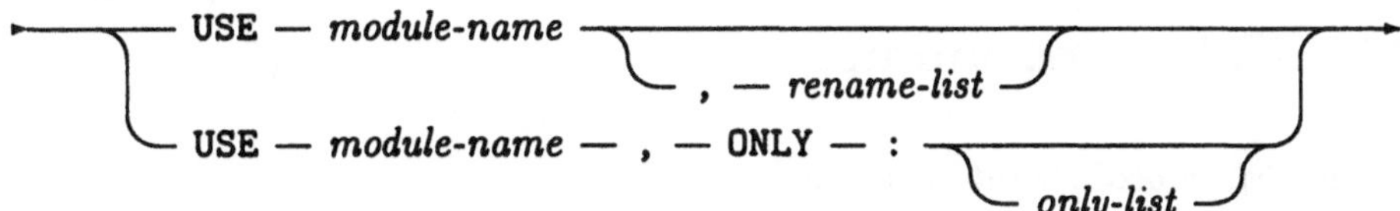

Bedingung: Ein *module-name* darf in einer Geltungseinheit höchsten in einer USE–Anweisung auftreten.

Bedingung: Ein Modul darf in einer Geltungseinheit nicht durch mehr als eine USE–Anweisung zugänglich gemacht werden.

Bedingung: Das Modul muß in einer zuvor verarbeiteten Programmeinheit auftreten.

Bedingung: In der *only-list* muß mindestens ein *only* enthalten sein.

R1108 *rename*

local-name — => — *use-name*

R1109 *only*

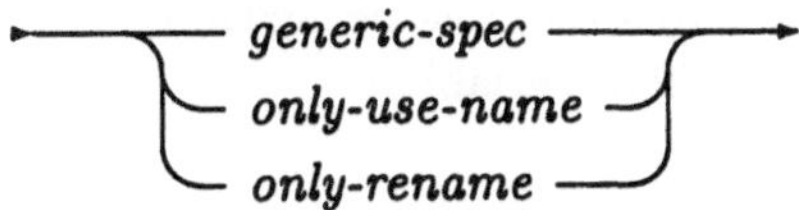

R1110 *only-use-name*

use-name

R1111 *only-rename*

local-name — => — *use-name*

Bedingung: Jede *generic-spec* muß eine sichtbare Größe in dem Modul sein.

Bedingung: Jeder *use-name* muß der Name einer sichtbaren Größe in dem Modul sein.

Bedingung: *use-name* darf nicht der Name eines vordefinierten Unterprogrammes sein.

Bedingung: In einer *use-stmt* darf ein *use-name* nur ein einziges Mal auftreten.

Bedingung: Zwei zugängliche Größen dürfen nicht den gleichen lokalen Namen haben.

E.12   Unterprogramme

R1201 *module-procedure-interface-block*

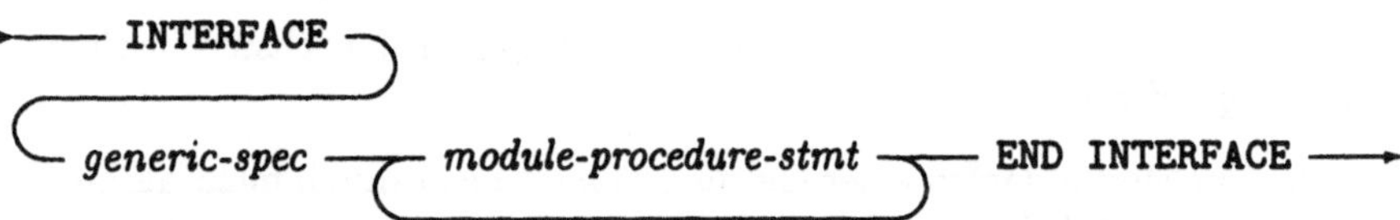

Bedingung: Jede *generic-spec* in einem *private-module* muß in einer *access-stmt* aufgeführt werden.

Bedingung: Falls *generic-spec* zugleich der Name eines vordefinierten Unterprogrammes ist, muß der generische Name zuvor innerhalb des Moduls in einer INTRINSIC–Anweisung auftreten.

Bedingung: Falls *generic-spec* dem Namen eines vordefinierten Unterprogrammes gleicht, müssen sich die Parameter für *generic-spec* von den Parametern für das vordefinierte Unterprogramm so unterscheiden, daß ein eindeutiger Aufruf möglich ist.

Bedingung: *generic-spec* darf nicht der gleiche Name sein wie derjenige eines zugänglichen Unterprogrammes oder einer zugänglichen Variablen.

R1206 *module-procedure-stmt*

▶—— MODULE PROCEDURE — *procedure-name-list* ——▶

Bedingung: Ein *procedure-name* in einer *module-procedure-stmt* darf nicht der Name eines Unterprogrammes sein, das im selben Spezifikationsteil zuvor in einer *module-procedure-stmt* spezifiziert worden ist und das dort den gleichen generischen Bezeichner hat.

Bedingung: Jeder *procedure-name* muß als Modul-Unterprogramm zugänglich sein.

R1207 *generic-spec*

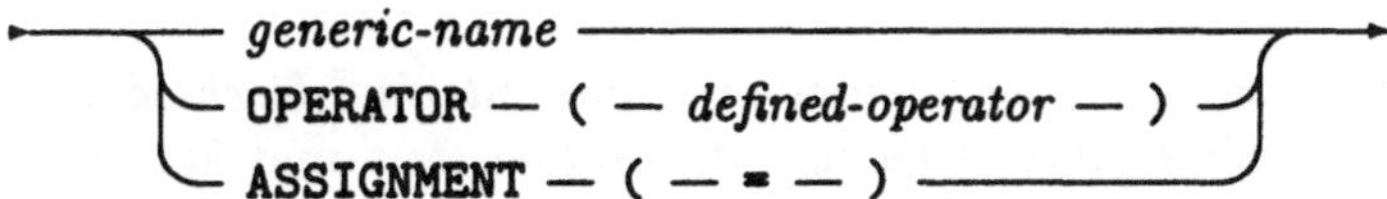

Bedingung: *generic-name* darf nicht gleich dem Namen eines Modul-Unterprogrammes sein.

R1202 *dummy-procedure-interface-block*

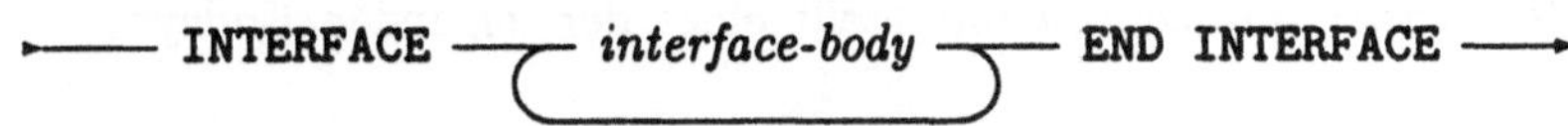

Bedingung: Jeder Formalparameter, der ein Unterprogramm identifiziert, muß in genau einem Schnittstellenblock auftreten.

Bedingung: Jedes Unterprogramm muß ein Formalparameter sein.

R1202x *external-procedure-interface-block*

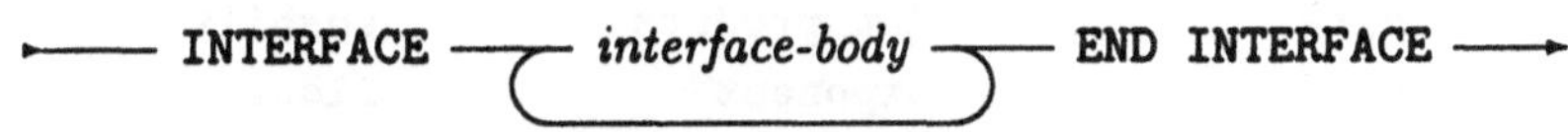

Bedingung: Der Name eines externen Unterprogrammes darf nicht der Name eines zugänglichen Modul-Unterprogrammes sein.

Bedingung: Ein externes Unterprogramm darf nicht als Aktualparameter verwendet werden.

Bedingung: Der *interface-body* eines Formalparameter-Unterprogrammes oder eines externen Unterprogrammes muß INTENT–Attribute für alle Formalparameter spezifizieren, die keine Zeiger oder Unterprogramme sind.

R1205 *interface-body*

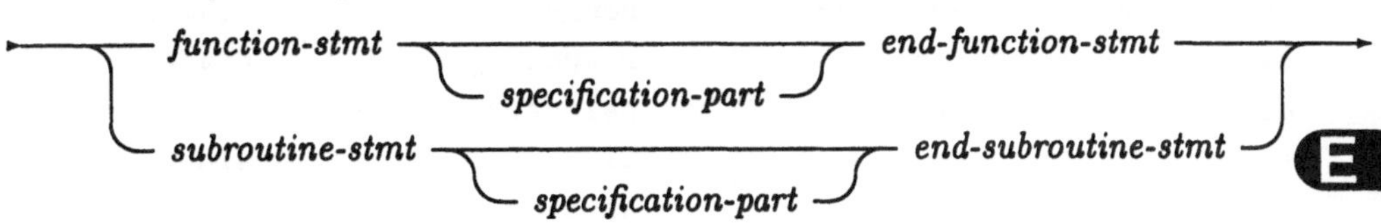

R1209 *intrinsic-stmt*

INTRINSIC — *intrinsic-procedure-name-list*

Bedingung: Jeder *intrinsic-procedure-name* muß der Name eines vordefinierten Unterprogrammes sein.

Bedingung: Der Spezifikationsteil eines *dummy-procedure-interface-block* oder *external-procedure-interface-block* darf keine *type-declaration-stmt* und keinen Schnittstellenblock für eine Variable oder für ein Unterprogramm enthalten, die bzw. das kein Formalparameter oder keine Ergebnisvariable einer Funktion ist.

R1298 *intrinsic-procedure-name*

Die Metavariable *intrinsic-procedure-name* stellt eines der folgenden Endsymbole dar:

abs	acos	adjustl	adjustr
aimag	aint	all	allocated
anint	any	asin	associated
atan	atan2	bit_size	btest
ceiling	char	cmplx	conjg
cos	cosh	count	cshift
date_and_time	digits	dot_product	eoshift
epsilon	exp	exponent	floor
fraction	huge	iand	ibclr
ibits	ibset	ichar	ieor
index	int	ior	ishft
ishftc	kind	lbound	len
len_trim	log	log10	logical
matmul	max	maxexponent	maxloc
maxval	merge	min	minexponent
minloc	minval	modulo	mvbits
nearest	nint	not	pack
precision	present	product	radix
random_number	random_seed	range	real
repeat	reshape	rrspacing	scale
scan	selected_int_kind	selected_real_kind	set_exponent
shape	sign	sin	sinh
size	spacing	spread	sqrt
sum	system_clock	tan	tanh
tiny	transpose	trim	ubound
unpack	verify		

R1299 *unsupported-intrinsic-name*

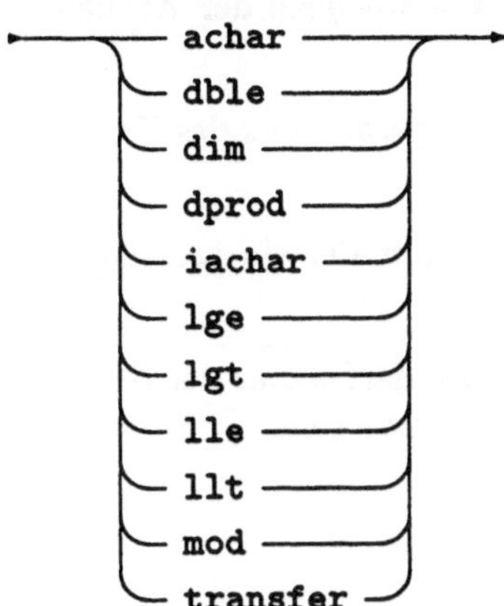

Bedingung: Im Aufruf einer vordefinierten Funktion mit dem Parameter KIND muß der zugeordnete Aktualparameter eine benannte Konstante sein.

R1210 *function-reference*

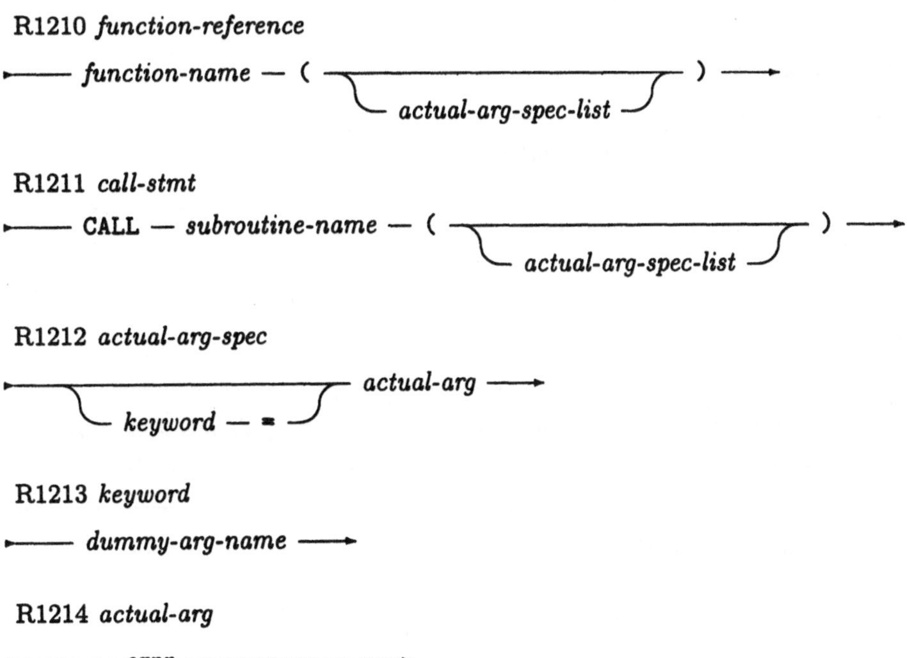

R1211 *call-stmt*

R1212 *actual-arg-spec*

R1213 *keyword*

R1214 *actual-arg*

Bedingung: *keyword=* darf nur dann in einer *actual-arg-spec* fehlen, wenn die Angabe *keyword=* bereits in allen vorangehenden *actual-arg-specs* der Aktualparameterliste fehlt.

Bedingung: Jedes *keyword* muß der Name eines Formalparameters des Unterprogrammes sein.

Bedingung: In einem Funktionsaufruf muß ein *actual-arg*, der ein *procedure-name* ist, der Name einer Funktion sein.

Bedingung: Ein *actual-arg*, der ein *procedure-name* ist, darf weder der Name eines vordefinierten Unterprogrammes noch ein *generic-name* sein.

R1216 *function-subprogram*

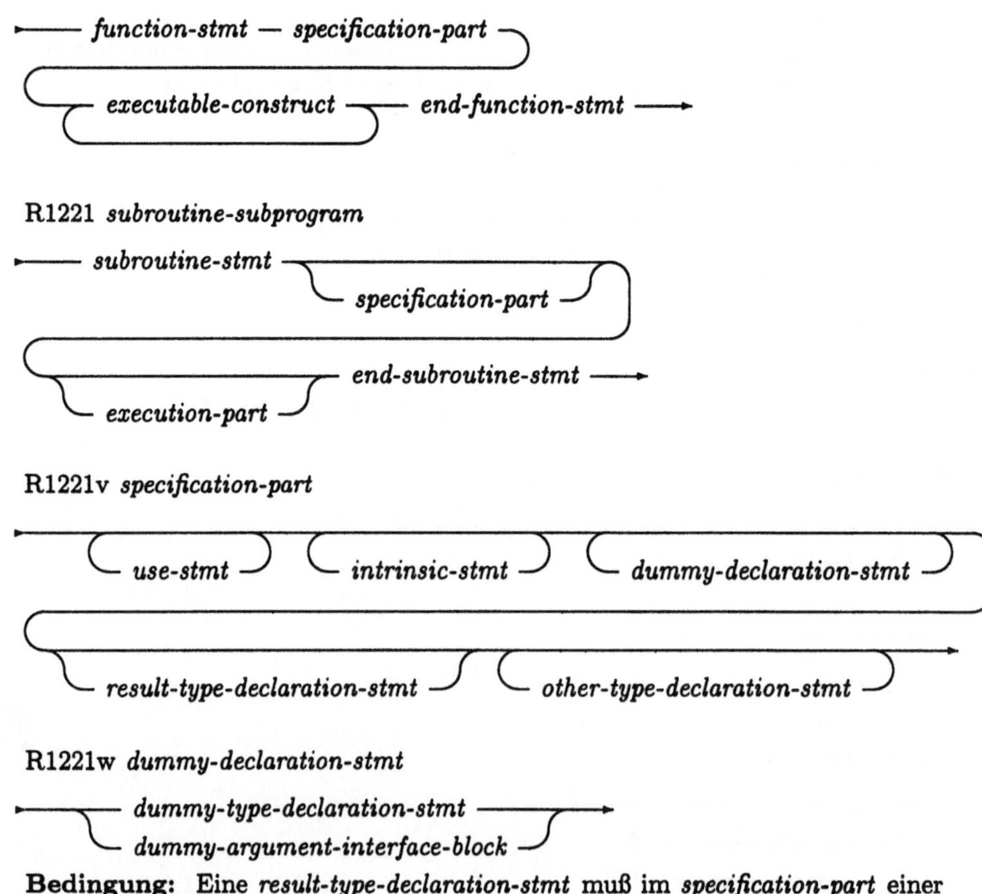

R1221 *subroutine-subprogram*

R1221v *specification-part*

R1221w *dummy-declaration-stmt*

Bedingung: Eine *result-type-declaration-stmt* muß im *specification-part* einer Funktion angegeben werden.

Bedingung: Eine *result-type-declaration-stmt* darf nicht im *specification-part* einer Subroutine auftreten.

R1221x *dummy-type-declaration-stmt*

⊢——— *type-declaration-stmt* ——▸

Bedingung: Jede Größe in der *entity-decl-list* einer *dummy-type-declaration-stmt* muß ein Formalparameter sein.

R1221y *result-type-declaration-stmt*

⊢——— *type-declaration-stmt* ——▸

Bedingung: In der *entity-decl-list* einer *result-type-declaration-stmt* muß genau eine Größe auftreten, und es muß dich dabei um die Ergebnisvariable der Funktion handeln.

R1221z *other-type-declaration-stmt*

⊢——— *type-declaration-stmt* ——▸

Bedingung: Keine Größe in der *entity-decl-list* einer *other-type-declaration-stmt* darf ein Formalparameter oder die Ergebnisvariable einer Funktion sein.

R1217 *function-stmt*

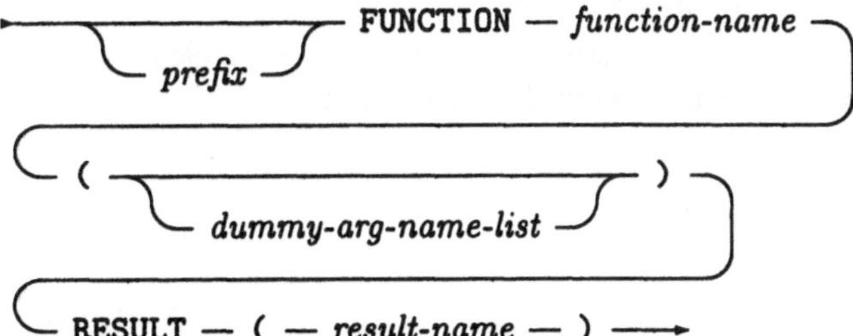

Bedingung: Der *function-name* darf in keiner Spezifikationsanweisung in der Geltungseinheit der Funktion auftreten.

R1218 *prefix*

⊢——— RECURSIVE ——▸

R1220 *end-function-stmt*

►——— END FUNCTION — *function-name* ——►

Bedingung: *result-name* darf nicht gleich dem *function-name* sein.

Bedingung: Der *function-name* in der *end-function-stmt* muß gleich dem *function-name* sein, der in der *function-stmt* spezifiziert ist.

R1222 *subroutine-stmt*

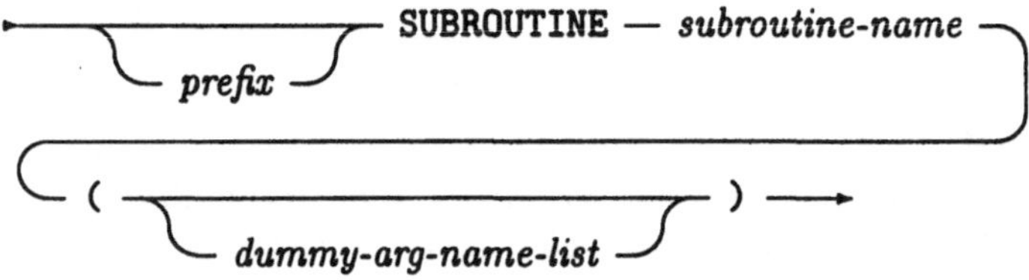

R1223 *dummy-arg*

►——— *dummy-arg-name* ——►

Bedingung: Falls ein *dummy-arg* das OPTIONAL–Attribut hat, müssen alle nachfolgenden *dummy-args* in der *dummy-arg-name-list* ebenfalls das OPTIONAL–Attribut haben.

R1224 *end-subroutine-stmt*

►——— END SUBROUTINE — *subroutine-name* ——►

Bedingung: Der *subroutine-name* in der *end-subroutine-stmt* muß gleich dem *subroutine-name* sein, der in der *subroutine-stmt* spezifiziert ist.

R1226 *return-stmt*

►——— RETURN ——►

Bedingung: Die *return-stmt* darf nur in der Geltungseinheit einer Funktion oder einer Subroutine auftreten.

R1227 *contains-stmt*

►——— CONTAINS ——►

Bedingung: Eine lokale Variable, die im Spezifikationsteil einer Funktion vereinbart ist, darf kein SAVE–Attribut haben (und kann infolgedessen nicht initialisiert werden).

Bedingung: Im *specification-part* einer Funktion muß für alle Formalparameter, die kein Unterprogramm identifizieren und kein POINTER–Attribut haben, das INTENT(IN)–Attribut spezifiziert werden.

Bedingung: Im *specification-part* einer Subroutine muß für alle Formalparameter, die kein Unterprogramm identifizieren und kein POINTER–Attribut haben, ein INTENT–Attribut spezifiziert werden.

Bedingung: In einer Funktion darf eine Variable, die mittels USE–Zuordnung oder Umgebungszuordnung zugänglich ist oder ein Formalparameter einer Funktion ist, in folgendem Zusammenhang nicht verwendet werden:

1. als die *variable* einer *assignment-stmt*;

2. als ein *input-item* in einer *read-stmt*;

3. als eine *internal-file-unit* in einer *write-stmt*;

4. im IOSTAT–Parameter einer Ein-/Ausgabe-Anweisung;

5. als das *pointer-object* einer *pointer-assignment-stmt*;

6. als das *target* einer *pointer-assignment-stmt*;

7. als der *expr* einer *assignment-stmt*, in der die *variable* benutzerdefinierten Typs ist, falls der benutzerdefinierte Typ auf irgendeiner Stufe der Komponentenauswahl eine Zeigerkomponente hat;

8. als ein *allocate-object* oder eine *stat-variable* in einer *allocate-stmt* oder *deallocate-stmt*, oder als ein *pointer-object* in einer *nullify-stmt*; oder

9. als ein Aktualparameter, der einem Formalparameter mit POINTER–Attribut zugeordnet ist.

Bedingung: Ein Unterprogramm, daß in einer Funktion explizit oder implizit aufgerufen wird, muß eine Funktion sein oder muß implizit von einer benutzerdefinierten Zuweisung aufgerufen werden.

Bedingung: Jede Subroutine, die implizit von einer benutzerdefinierten Zuweisung aus einer Funktion heraus aufgerufen wird, und jedes Unterprogramm, das während der Ausführung der implizit aufgerufenen Subroutine aufgerufen wird, muß alle obigen Bedingungen für Variablen in einer Funktion erfüllen, außer daß der erste Parameter der Subroutine das INTENT(OUT)– oder INTENT(INOUT)–Attribut haben darf.

Bedingung: Eine Funktion darf keine *open-stmt*, *close-stmt*, *backspace-stmt*, *endfile-stmt*, *rewind-stmt* und keine *inquire-stmt* enthalten.

Bedingung: Eine Funktion darf keine *read-stmt* oder *write-stmt* enthalten, außer die Anweisung spezifiziert eine interne Datei oder UNIT = * und einen FMT–Parameter oder ist eine *read-stmt* ohne *io-control-spec-list*.

Stichwortverzeichnis

F

Springer und Umwelt

CD-ROM

Die CD-ROM enthält 9 F–Compiler und diverse syntaktisch vollständige und/oder lauffähige Programmbeispiele.

Compiler

F-Compiler für folgende Plattformen:

1. Unix-Workstations (SunOS, Solaris 2, Solaris 2 mit gcc, AIX, IRIX, HP-UX, DEC Alpha Unix)

2. PC (Windows 95/NT)

3. PC (Linux)

Bei den ersten beiden Klassen handelt es sich um Probe-Compiler mit folgenden Eigenschaften:

- es sind nicht-optimierende Compiler

- es können keine Unterprogramme aufgerufen werden, die *nicht* in F geschrieben sind

- es darf nur eine USE-Anweisung auftreten; in einem Modul darf gar keine USE–Anweisung auftreten

- es werden nur kleine Programme akzeptiert (weniger als 60 oder 100 Zeilen)

Trotz dieser Einschränkungen können Sie kleine Programmbausteine schreiben und überprüfen lassen, Sie können die klare Struktur des F–Codes kennenlernen und Sie können methodisches Programmieren mit F üben. Da jedes F–Programm ein Fortran-Programm ist, können Sie die gültigen Bausteine anschließend auch mit einem Fortran 90/95–Compiler verarbeiten.

Die Compiler-Version für Linux-PCs kennt die obigen Einschränkungen hinsichtlich der USE–Anweisungen und der maximalen Größe des Quelltextes nicht. Wenn Sie neue Fortran-Programme entwicklen, aber keinen Fortran-Compiler haben, können Sie das Handbuch „Die Programmiersprache F" als style-guide und diesen F–Compiler als (kostenlosen) Fortran-Compiler verwenden.

Programmbeispiele

Auch wenn einige der Programmbeispiele zu groß für den einen oder anderen der obigen Probe-Compiler sind, sind sie doch sehr gut lesbar. Sie zeigen die Klarheit von F–Programmen und sie zeigen, wie man die Programmiersprache F zur Programmierung anspruchsvoller F- oder Fortran-Anwendungen verwenden kann. Eines der kleineren Programme befindet sich auch im Anhang C dieses Handbuches "Die Programmiersprache F".

Die CD-ROM enthält außerdem die Programmbeispiele von Loren Meissner zu seinem Buch „Essential Fortran 90&95". Nähere Angaben zu dem Buch finden Sie unter http://www.imagine1.com/imagine1/books.html.